V&R Academic

Wolfgang Balzer / Daniel Kurzawe /
Klaus Manhart

Künstliche Gesellschaften mit PROLOG

Grundlagen sozialer Simulation

Mit 30 Abbildungen

V&R unipress

Bibliografische Information der Deutschen Nationalbibliothek

Die Deutsche Nationalbibliothek verzeichnet diese Publikation in der Deutschen
Nationalbibliografie; detaillierte bibliografische Daten sind im Internet über
http://dnb.d-nb.de abrufbar.

ISBN 978-3-8471-0332-5
ISBN 978-3-8470-0332-8 (E-Book)

Inhalt

1. Kapitel

2. Kapitel

3. Kapitel

4. Kapitel

Vorwort

Dies ist ein Buch über die Simulation künstlicher Gesellschaften mit der logischen Programmiersprache PROLOG. Die Idee für dieses Buchprojekt verfolgen wir in unserer Gruppe munich-simulation-group.org schon seit Anfang der 90er Jahre. Zunächst stand allerdings die Frage im Raum, ob sich der Aufwand für ein umfassendes Werk zu sozialen Simulationen mit PROLOG lohnt. Wir denken: Ja.

In den 70er Jahren wurde mit PROLOG eine innovative und leicht erlernbare Programmiersprache entwickelt, die sich über die Jahre immer größerer Beliebtheit in der Forschung erfreute. Doch ist PROLOG trotz der langen Tradition nicht so verbreitet, wie es der Sprache zusteht. In Zeiten, in den es nicht nur um die Effizienz von Algorithmen geht, sondern auch um Zugänglichkeit, Lesbarkeit und leichte Umsetzbarkeit, ist PROLOG ideal und seiner Zeit noch immer weit voraus.

Wir hoffen, mit unserem Buch einen weiteren Anwendungsbereich dieser schönen und unterrepräsentierten Programmiersprache zu zeigen. Doch wollen wir unsere Publikation nicht als technisches Lehrbuch verstehen - im Gegenteil: PROLOG ist für uns ein Werkzeug, welches uns ganz neue und faszinierende Möglichkeiten eröffnet.

Uns ist bewusst, dass wir uns mit diesem Thema zwischen verschiedenen Welten bewegen: Sie reichen von der Psychologie und den Sozial- und Wirtschaftswissenschaften über die Geisteswissenschaften – Stichwort Digital Humanities – bis hin zur Informatik. Unser Buch enthält Simulationsbeispiele aus vielen dieser Disziplinen, die vorgestellten Techniken sind aber disziplinübergreifend überall anwendbar.

Wir haben zu diesem Buch eine Webseite eingerichtet:

www.kuenstliche-gesellschaften.de.

Diese Seite enthält neben den Programmbeispielen zu den einzelnen Kapiteln auch weitere Informationen und Vertiefungen, welche die Inhalte dieses Buchs ergänzen. Im folgenden Text haben wir auf die Beispiele und die entsprechenden Dateien an den jeweiligen Stellen mit

$\mathcal{KG}$! XYZ   und   dateiXYZ

hingewiesen. X bezeichnet dabei das Kapitel, Y den Abschnitt und Z die Nummer für das vorgestellte Beispiel.

Viele Anregungen für das Buch haben wir von Solveig Hofmann, Karl R. Brendel, Thomas Pitz, Joseph Urban und Dieter Will erhalten, siehe auch unsere Webseite munich-simulation-group.org. Wir danken Phillio Markou und Ruth Reiche für die vielfältige Unterstützung und Hilfe sowie die Diskussionen und speziell Ruth Reiche für die Gestaltung des Umschlagbildes.

München und Göttingen, im August 2014

Einleitung

In diesem Buch geht es um künstliche Gesellschaften – Gesellschaften also, die nicht real, sondern in Rechenmaschinen existieren. Die »Produktion« dieser Gesellschaften geschieht mit Computerprogrammen. Menschen, Gruppen, Unternehmen oder ganze Staaten aus unterschiedlichen historischen Kontexten werden mit ihren vielfältigen Eigenschaften und Beziehungen im Computer nachgebaut und – wie im wirklichen Leben – »aufeinander losgelassen«. Welche Folgen sich daraus ergeben ist einer der interessanten Aspekte dieser künstlichen Gebilde.

Dem breiten Publikum sind solche *Artificial Societies* – wie sie im Englischen heißen – in Form von mehr oder weniger phantasievollen Computerspielen bekannt. Dabei interagiert meist ein menschlicher Spieler am Rechner mit künstlichen Akteuren wie Avataren, Robotern oder Außerirdischen. In der Regel reduziert sich die Interaktion auf Kooperation, wie die Steuerung eines Gemeinwesens, und Konflikte, wie kriegerische Auseinandersetzungen.

Bei Computerspielen stehen Unterhaltung und Zeitvertreib im Vordergrund, die Vermittlung von Wissen und sozialem Know-how ist dabei aber nicht ausgeschlossen. In dem populären Spiel *Civilization* beispielsweise geht es um die Steuerung eines Gemeinwesens über mehrere Jahrhunderte. Vom Spieler wird permanent verlangt, Entscheidungen von erheblicher Tragweite zu treffen – was durchaus Lerneffekte zur Folge haben kann. Wenn ein Spieler mit seiner Zivilisation etwa auf eine andere trifft, muss er sich entscheiden, ob er in diplomatische Beziehungen eintritt, die in Bündnissen oder in einen Krieg münden können.

Computerspiele mit Unterhaltungswert bilden quasi den einen Pol von *Artificial Societies*. Am anderen Ende finden sich hochabstrakte künstliche Gesellschaften, deren Ziel nicht Unterhaltung, sondern Erkenntnis ist. Dies ist der hier verfolgte Ansatz. Die Oberhoheit hat in diesem Fall nicht die Unterhaltungsindustrie, sondern die Wissenschaft. Spielerische Elemente fehlen in diesem wissenschaftlichen Ansatz gänzlich oder stehen zumindest nicht im Vordergrund.

Entsprechend schlicht ist das grafische Gewand solcher Systeme. Der Bau künstlicher Gesellschaften erfolgt in diesem Ansatz einzig zu dem Zweck, Aspekte realer sozialer Gemeinschaften mehr oder weniger abstrakt am Rechner zu simulieren und diese an Stelle der wirklichen Gegenstücke zu analysieren. Künstliche Gesellschaften in diesem Sinn lassen sich damit als Objekte eigener Art untersuchen.

Dieses Vorgehen dürfte Fragen aufwerfen: Warum sollte man das tun? Warum sollte man soziale Phänomene in einem Computer nachbauen und maschinell untersuchen? Dafür gibt es verschiedene Gründe. Einer liegt sicher darin, dass soziale Systeme für wissenschaftliche Untersuchungsmethoden nur sehr eingeschränkt zugänglich sind. Gesellschaften sind keine leblose Ansammlung von Atomen oder Molekülen. Sie sind aus physischen oder ethischen Gründen in der Regel schlecht experimentell manipulierbar und entziehen sich damit der Untersuchung unter kontrollierten Bedingungen. Der Computer bietet hier einen Ausweg. Computer-Gesellschaften lassen sich ungehindert verändern und für jegliche Experimente einsetzen, es gibt keine Beschränkungen ethischer oder physischer Natur.

Ein weiterer Grund für die Konstruktion und Simulation künstlicher Gesellschaften ist: Der Rechner zeigt uns sofort, was aus den im Programm realisierten Annahmen und Daten folgt. Das ist mit den üblichen formalen Modellen oder gar mit Theorien, die in Umgangssprache formuliert sind – wenn überhaupt – nur mit sehr kleinen Aussagen- und Datenmengen möglich. Rechenmaschinen erlauben es hingegen, uns nicht auf simple Hypothesen und kleine Datenmengen beschränken zu müssen, um daraus Folgerungen ziehen zu können. Eine Simulation ermöglicht schnelle und korrekte Ableitungen auch aus einem komplexen, für Menschen nur mehr schwer oder überhaupt nicht mehr überschaubaren System von Hypothesen und Daten. Programme lassen sich durch eine große Fülle theoretischer Aussagen und Daten nicht verwirren, sondern führen immer vollständige und korrekte Ableitungen durch.

Was wir mit diesem Buch also erreichen möchten ist, zu zeigen, wie sich durch Computersimulationen künstliche Systeme erzeugen lassen, die besser zu untersuchen sind als reale Systeme. In diesem Buch werden deshalb erste Schritte ausgeführt, um die wichtigsten Einzelteile und Strukturen, aus denen eine Gesellschaft besteht, allgemein zu beschreiben, in eine Programmiersprache umzusetzen, sie simulativ nachzukonstruieren und in ein Gesamtbild einzuordnen, so dass diese Teile zu einer begrifflichen Einheit werden.

Dabei werden wir nicht ohne philosophische Grundannahmen und Begriffsklärungen auskommen. Terme wie Akteur, Handlung, Einstellung, Intention, Individualismus und Gemeinschaft müssen nicht nur analysiert werden. Um sie in einem ablauffähigen Computerprogramm verwenden zu können, muss man sich auch für eine bestimmte Auslegung dieser Begriffe entscheiden. Insofern ist dieser Text deshalb auch eine kleine »Philosophie der Sozialwissenschaften«, in der wir wissenschaftstheoretische Grundfragen anreißen und diskutieren. Interessante Fragestellungen ergeben sich dabei auch aus der Interaktion von fachlichen Problemen mit ihrer Umsetzung in Rechneralgorithmen.

Bei einigen Programmteilen oder -modulen vertiefen wir uns etwas stärker in begriffliche Einzelheiten, weil an diesen Stellen fatale Simulationsfehler einfach aus Unkenntnis grundsätzlicher, wissenschaftlicher Begriffe entstehen können. Bei anderen Programmmodulen bleiben wir an der Oberfläche, weil dort die Verhältnisse so klar sind, dass Simulationsfehler nicht aus grundsätzlichen Vorplanungen entstehen können oder weil diese Verhältnisse im Moment eben unklar sind.

Inhaltlich greifen wir auf Beispiele aus Ökonomie, Psychologie, Soziologie und Politikwissenschaft zurück. Wir verwenden entweder bereits vorliegende Theorien und Modelle oder benutzen Beispiele, die wir uns selbst überlegt haben. Die dabei verwendeten Konzepte werden im Zuge der Programmierung geklärt und präzisiert und in ein lauffähiges Programm umgesetzt. Viele der verwendeten Techniken und Algorithmen sind neu, andere wurden adaptiert oder an unsere Bedürfnisse angepasst. Ein Großteil davon ist nicht beschränkt auf soziale Systeme im engeren Sinn, sondern lässt sich anwendungsübergreifend einsetzen. Insofern kann dieses Buch für eine Vielzahl von Disziplinen interessant sein – bis hin zur Informatik.

In erster Linie ist unser Buch für LeserInnen geschrieben, die keine speziellen Informatik- oder Programmierkenntnisse besitzen. Das dazu notwendige Grundwissen vermitteln wir im fortlaufenden Text. Für die algorithmische Umsetzung in lauffähige Programme haben wir uns aus historischen und methodischen Gründen für die Programmiersprache PROLOG entschieden. Diese Sprache haben wir mit Bedacht gewählt. Zum einen ist PROLOG eine voll entwickelte, professionelle Hochsprache für Computerprogrammierung, in der im Prinzip alles, was programmierbar ist, umsetzbar ist. Zum anderen ist PROLOG als deklarative und logische Programmiersprache aber auch anders, weil es nicht dem Mainstream der imperativen (»befehlsorientierten«) Computersprachen folgt, wie z.B. C und den objektorientierten Nachfolgern C^{++}, Java und anderen Varianten.

Ein wichtiger Grund, warum wir uns für PROLOG entschieden haben, ist vor allem, dass diese Programmiersprache den natürlichen Sprachen ähnlicher ist als andere Programmiersprachen. Wir glauben zudem, dass PROLOG in einigen Anwendungsbereichen strategisch besser nutzbar ist und auch längere Zeit »am Leben« bleiben wird. Insbesondere lässt sich PROLOG für soziale Simulationen sehr gut und ohne großen Aufwand einsetzen.

In der Literatur wird PROLOG – wie üblich – hauptsächlich für Informatiker beschrieben. Wie haben dies ein Stück weit geändert. Entsprechend beginnen wir nicht mit formalem und technischem Wissen, das nötig ist, um ein Simulationsprogramm mit PROLOG umzusetzen und zum Laufen zu bringen. Stattdessen gehen wir das Thema ohne viel Informationstechnik an: Wir wählen den Weg über die natürliche Sprache und knüpfen an Beispiele an, die viele LeserInnen aus dem Alltagsleben und der wissenschaftlichen Literatur kennen dürften.

Zusammenfassend hat PROLOG aus sozial- und geisteswissenschaftlicher Sicht für uns drei strategische Vorteile. Erstens kann die Syntax und die Grammatik von PROLOG von Sozial- und Geisteswissenschaftlern besser gelernt werden als die rein technisch orientierter Programmiersprachen. Ein PROLOG Programm lässt sich ähnlich schreiben wie einfache, deutsche Sätze und leicht und schnell lesen. Dagegen ist das Lernen und Lesen etwa von C^{++} oder Java deutlich komplexer.

Zweitens können alle Teile eines Simulationsprogramms in derselben Sprache, in PROLOG, geschrieben werden, einschließlich der grafischen Module. Und diese Programmteile können drittens öffentlich ohne Einschränkungen weitergegeben werden. Der einzige Nachteil, den wir sehen, ist, dass PROLOG etwas langsamer arbeitet als die imperativen Computersprachen. Deshalb sollte PROLOG für zeitkritische oder Realzeit-Anwendungen nicht benutzt werden – was in unserem Kontext aber nicht weiter relevant ist.

Zwei Fragen, die unser Hauptthema wie Satelliten umkreisen, beschäftigen uns in diesem Buch immer wieder, obwohl wir sie letztendlich nicht zufriedenstellend beantworten können. Erstens sind Computer deterministische Rechenmaschinen, über deren Resultate keine Zweifel aufkommen können. Die Daten, die wir – oder andere SimulatorInnen – in den Computer eingeben, werden durch das Programm immer zum selben Resultat führen. Für uns stellt sich die Frage: Sind wir hier nicht noch weit entfernt von einer Simulation eines realen, sozialen Systems, welches normalerweise nicht deterministisch abläuft?

Zweitens fragt es sich, in welche Richtung sich Simulationen sozialer Systeme weiter entwickeln werden. Können sie auch durch Wissenschaftler aus den Fachgebieten angewendet werden, die keine speziellen Informatikkenntnisse haben? Wir denken, dass die Entwicklung von Simulationsanwendungen nicht bloß Gegenstand der technisch orientierten Disziplinen sein sollte, sondern auch eine stärkere Beachtung in den Sozial- und Wirtschafts-, aber auch Geisteswissenschaften verdient. Wird Computersimulation also eines Tages zum Curriculum der Soziologie gehören wie die »Methoden der empirischen Sozialforschung«? Oder bleibt sie, wie Stand heute, eine Nischenanwendung?

Wie dem auch sei. Was wir mit diesem Buch erreichen möchten ist, zu zeigen, wie man mit der Methodik der Computersimulation soziale Systeme erzeugen kann und Forschungsaspekte erschließt, die bislang noch kaum durch Simulation bearbeitet wurden. PROLOG verwenden wir in diesem Buch, um diese Welt auch denjenigen zu öffnen, die bis jetzt keinen Zugang zu Simulationsmethoden haben.

1. Kapitel

1.1 Was ist eine künstliche Gesellschaft?

Eine künstliche Gesellschaft[1] steht aus unserer Sicht in einer Beziehung zu einer wirklich existierenden Gesellschaft. Ausgehend von echten sozialen Systemen, wie sie in der Soziologie in vielen Varianten untersucht wurden und werden, ist es naheliegend, künstliche Gesellschaften als eine Verallgemeinerung von realen Gesellschaften anzusehen. Diese Herangehensweise finden wir auch in anderen Bereichen, etwa in der künstlichen Intelligenz.

In diesem Buch führen wir grundlegende Schritte aus, um erstens die Beziehung zwischen realen Gesellschaften und künstlichen Gesellschaften zu klären und zweitens formale Verfahren vorzustellen, wie man Muster und Prozesse aus realen Gesellschaften in künstliche Gesellschaften überträgt.

Wie kommen wir von einer echten zu einer künstlichen Gesellschaft? In diesem Buch benutzen wir dazu die Methode der Computergenerierung mit dem Endziel, künstliche Gesellschaften zu simulieren. Viele andere wissenschaftliche Methoden, die aus Physik, Chemie, Biologie, Ökonomie, Psychologie, Soziologie und Politologie stammen und die ebenfalls zu diesem Ziel beitragen können, werden wir hier nicht erörtern.

Eine künstliche Gesellschaft wird von einer kleinen Gruppe von Menschen erzeugt. Eine reale Gesellschaft dagegen ist nicht durch eine Gruppe gemacht, sie entsteht auf andere, »natürliche« Weise. Bei einer künstlich generierten Gesellschaft können wir Phänomene wissenschaftlich untersuchen,[2] die sozialen Phänomenen in bestimmter Weise ähnlich sind. Anders gesagt, werden soziale Phänomene, deren Untersuchung schwierig oder unmöglich ist, durch künstlich generierte Phänomene ersetzt, so dass die künstlichen Phänomene die wirklichen Phänomene *simulieren*, also in ähnlicher Weise nachbilden. Die Methode der Simulation wird in Anwendungen anderer Disziplinen schon länger benutzt; für soziale Systeme ist dies noch relativ neu. Doch künftig dürften soziale Simulationen zu

---

1 Z.B. (Müller, 1991), (Gilbert und Conte, 1995), (Gilbert, 2008), (Balzer, Brendel und Hofmann, 2008), Online-Zeitschrift *JASSS* und http://ccl.northwestern.edu/netlogo/.

2 Politische, religiöse, moralische, ethische, emotionale, psychische und andere Dimensionen werden wir hier nicht berühren.

einer wesentlichen Erweiterung des Wissens um natürliche Gesellschaften beitragen.

Abbildung 1.1.1 zeigt eine echte Gesellschaft, eine künstliche Gesellschaft und ein *Generierungssystem*, welches die künstliche Gesellschaft erzeugt. Die Abbildung lässt sich auf drei verschiedenen Ebenen verstehen und beschreiben. Auf der ersten Ebene beschreiben wir Abbildung 1.1.1 in normaler, aber abstrakter Sprache. Ein Generierungssystem besteht aus Computern, Programmen, Fakten und einigen Personen, die eine künstliche Gesellschaft entworfen und verwirklicht haben, oder sie einfach als Werkzeug benutzen.

Abb. 1.1.1

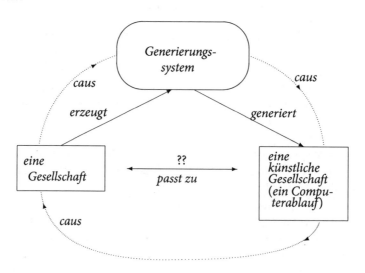

Diese Personen nennen wir die *Konstrukteure* eines Generierungssystems. Die künstliche Gesellschaft, rechts unten, ist das Resultat des Generierungssystems. Anders gesagt, haben die Konstrukteure *etwas* generiert, was es vorher nicht gab. Dieses »Etwas« wird in den folgenden Kapiteln zu einem *Computerablauf* werden. Im Endeffekt wird durch die Konstrukteure eine künstliche Gesellschaft mit Hilfe von Computern, Monitoren und Multimedia-Geräten so generiert, dass wir – und die LeserInnen – die Resultate durch Texte, Formeln, Zahlen oder durch Bilder, Videos und Töne wahrnehmen können und dass die Resultate etwas mit der hier abgebildeten, natürlichen Gesellschaft zu tun haben. Links unten in Abbildung 1.1.1 ist eine echte Gesellschaft dargestellt, mit der sich die Konstrukteure in irgendeiner Weise beschäftigen. Die Konstrukteure haben und hatten vielfältige Wahrnehmungen, die für diese Gesellschaft relevant sind. Wie weit diese Wahrnehmungen mit den künstlichen Phänomenen aus der neu konstruierten, künstlichen Gesellschaft zusammenpassen, ist für uns eine der interessanten Fragen.

Zwischen den drei Systemen in Abbildung 1.1.1 gibt es drei direkte Beziehungen. Die echte Gesellschaft *erzeugt* »irgendwie« das Generierungssystem, das Generierungssystem *generiert* die künstliche Gesellschaft und zwischen der echten und der künstlichen Gesellschaft gibt es eine Beziehung des graduellen Passens. Der kausale Fluss des Gesamtsystems ist durch die gepunkteten Pfeile (*caus*) im Uhrzeigersinn dargestellt.

Wie genau echte und künstliche Gesellschaften zusammenpassen, hängt unter anderem davon ab, wie grob oder wie fein wir vorgehen, um eine künstliche Gesellschaft zu generieren und welche wissenschaftlichen oder weltanschaulichen Dimensionen wir in die Diskussion werfen. In diesem Buch stehen nur wissenschaftliche Aspekte im Zentrum.

Auf dieser ersten, allgemeinen Ebene bleiben viele Frage offen. Wie kann eine wirkliche Gesellschaft durch einige ihrer Mitglieder ein Generierungssystem erzeugen? Wie wird eine künstliche Gesellschaft generiert? Und was genau hat es mit der Relation »passt zu« auf sich? Aus Abbildung 1.1.1 ist ersichtlich, dass die beiden Terme *erzeugt* und *generiert* strukturell zusammengeschaltet die Passungsrelation *passt zu* ergeben. Mit etwas blumigen Worten können wir sagen, dass in Abbildung 1.1.1 eine Gesellschaft dargestellt wird, die durch ein Generierungssystem und durch einen Computerablauf wissenschaftlich vermittelt wird. In welcher Weise soll aber eine künstliche Gesellschaft zu einer echten Gesellschaft passen?

Auf einer zweiten Erklärungsebene betrachten wir die drei Systeme aus der menschlichen Wahrnehmungsperspektive. Das Generierungssystem lässt sich durch uns und durch die LeserInnen mit den Sinnen wahrnehmen, indem wir – in günstigen Fällen – die Konstrukteure, die Computer und die Bildschirme beobachten können. Genauso können wir Texte, Formeln, Zahlen, Bilder und Töne wahrnehmen, die aus der künstlichen Gesellschaft stammen. Symbole und Bilder sehen wir am Monitor, Töne hören wir aus dem Lautsprecher. Beide Geräte werden durch den Computer gesteuert. Texte, Formeln, Zahlen, Bilder und Töne werden durch den Rechner – und letzten Endes durch die Konstrukteure der Hard- und Software – verursacht. Wir sehen, mit anderen Worten, die Produkte und Resultate, die das Generierungssystem hervorgebracht hat. Wir können z.B. am Monitor eine lange Liste von Symbolen erkennen, ein sich in der Zeit veränderndes Balkendiagramm, eine mathematische Funktion oder eine Landschaft, in der menschliche Figuren verschiedene Aktionen ausführen. Und aus dem Lautsprecher hören wir Töne, Worte, Sätze, Geräusche oder auch Musik. Umgekehrt können wir natürlich auch die modellierte, echte Gesellschaft in dieser Weise wahrnehmen, wenn wir in dieser Gesellschaft hier und jetzt leben. Wir sehen bestimmte dargestellte Personen, die wir kennen und wir sehen, wie diese sich gerade verhalten. Wir hören Gespräche und haben weitere, sensorische Eindrücke von sozialen Ereignissen.

Auf dieser Ebene lassen sich auch Beziehungen von der Gesellschaft zum Generierungssystem und von dort zur künstlichen Gesellschaft teilweise direkt wahrnehmen. Wir sehen, wie ein Konstrukteur das Computersystem einschaltet, und wie er das Computerprogramm startet. Wir sehen, wie der Konstrukteur die Resultate aus dem Programmablauf betrachtet und analysiert. Ganz ähnlich können wir einige Personen beim Programmieren und Testen eines Computerprogramms beobachten. Wir können erkennen, wie Personen die Hardware installieren und den Compiler oder Interpreter einer Programmiersprache in den Arbeitsspeicher laden und konfigurieren. Sogar die Passungsrelation lässt sich auf der Wahrnehmungsebene partiell erkennen. Z.B. können wir auf dem Bildschirm den Satz »Peter kauft am Tag x ein Haus« lesen, der in der künstlichen Gesellschaft generiert wurde, und es kann sein, dass der echte Peter in der echten Gesellschaft gerade am Tag x ein Haus kauft. Analog können andere Resultate aus dem Computerablauf ebenso auf diese Person zutreffen. Anders gesagt, kann ein Konstrukteur – und im Prinzip auch jede andere Person – *erkennen*, dass ein System von Computerresultaten mehr oder weniger gut zu seinen Wahrnehmungen der betreffenden Gesellschaft passt.

Auf einer dritten Erklärungsebene beschreiben wir das oben Dargestellte mit theoretischen Ausdrücken wie Hypothese, Gesetz, Fakt, Modell, Programm und Computerablauf. Wir prägen also der künstlichen Gesellschaft – und auch teilweise der wirklichen Gesellschaft – eine bestimmte, mit diesen Termen formulierte Struktur auf. Solche Strukturen werden allerdings durch verschiedene wissenschaftliche Disziplinen wie Soziologie, Politologie, Ökonomie, Informatik, Systemtheorie, Kognitionswissenschaft oder Wissenschaftstheorie anders beschrieben, weil diesen Disziplinen jeweils unterschiedliche Sichtweisen und Begrifflichkeiten unterliegen. Wir vermeiden es daher, eine der »zuständigen« Disziplinen in den Vordergrund zu stellen.

Eine konkrete Gesellschaft genauer zu beschreiben ist schwierig. Die hierfür zuständige Wissenschaft, die Soziologie, ist in verschiedene Richtungen und Schulen aufgespalten, ohne bislang einen Konsens geschaffen zu haben. Oft haben die unterschiedlichen Herangehensweisen zudem nur einen marginalen, gemeinsamen Nenner. Wir können daher auf keine allgemein anerkannte, soziologische Sichtweise oder Theorie zurückgreifen.

Auf der dritten, theoretischen Erklärungsebene lassen sich die drei Systeme in Abbildung 1.1.1 genauer beschreiben. Danach besteht ein Generierungssystem aus insgesamt vier Komponenten: Der Hardware, den Produzenten der Hardware, der Software und den Konstrukteuren der Software. Zur Hardware gehören ein Computer (oder ein Netz von Computern) und Peripheriegeräte wie Bildschirme, Lautsprecher, Drucker, Speicher, Internetanschluss etc.

Die Software besteht normalerweise aus verschiedenen Softwarepaketen mit unterschiedlichen Funktionalitäten. Für uns reicht es aus, einen Ordner mit

PROLOG (und dem Grafikprogramm XPCE) zu finden und einen oder mehrere Ordner, in denen die erstellten Anwenderprogramme liegen. Das zentrale Programm in diesen Ordnern ist das *Hauptprogramm*. Das Hauptprogramm *steuert* den Computerablauf der künstlichen Gesellschaft und muss auf jeden Fall vorhanden sein. Oft enthält ein Simulationsprogramm noch einige weitere Software, normalerweise lässt sich aber das Hauptprogramm immer eindeutig bestimmen.

Die vierte Komponente des Generierungssystems bilden die Personen, die die Software, insbesondere das Hauptprogramm, entwickeln und die wir *Konstrukteure* nennen. Für uns ist diese Gruppe entscheidend; sie kann eine künstliche Gesellschaft erschaffen. Dabei ist es nicht notwendig, dass die Konstrukteure aus der modellierten Gesellschaft stammen. Einige können in diese Gesellschaft komplett integriert sein, andere aus einem völlig anderen Kulturkreis kommen und wieder andere können teilweise integriert sein. Wir sprechen deshalb auch von »dem unbestimmten Konstrukteur« des Generierungssystems.

Der Konstrukteur hat – oder entwickelt – auf der einen Seite ein mentales Bild, ein internes Modell einer Gesellschaft. Er internalisiert verschiedene Züge dieser Gesellschaft. Sein mentales Bild hängt auch von seiner Inspiration ab. Lebt er in dieser Gesellschaft oder kennt er sie nur von außen? Er schreibt ein Programm zur Simulation einer bestimmten Art, eines Ausschnitts oder eines Aspekts einer Gesellschaft. Wenn er die Gesellschaft nur von außen kennt, versucht er je nach seiner Veranlagung, Eigenschaften ins Spiel zu bringen, die er z.B. gehört, gelesen, aus zweiter Hand – z.B. aus der Wissenschaft – erfahren hat, oder die er phantasievoll einbringt. Auf der anderen Seite existiert der Begriff der Gesellschaft und es gibt viele Eigenschaften und Fakten über diese Gesellschaft auch dann, wenn der Konstrukteur nichts von ihnen weiß. Im extremsten Fall sind ihm die Sozialwissenschaften und wissenschaftlichen Begriffe weitgehend unbekannt. Das vom Konstrukteur erstellte Programm basiert in diesem Fall auf einem stark eingeschränkten Wissen; vorhandene Erkenntnisse bleiben ungenutzt. Ein solcher Konstrukteur könnte z.B. monetäre Ziele verfolgen oder Programme für das Militär entwickeln.

Die hier dargestellte, kausale Entwicklung wird in der Schleife also durch ein Nadelöhr gezwängt, nämlich durch den Engpass der mentalen Bilder des Konstrukteurs. Wenn in Abbildung 1.1.1 das Ergebnis der Tätigkeit des Konstrukteurs – die künstliche Gesellschaft – nicht zur realen Gesellschaft passt, geben die Ideen und Vorstellungen des Konstrukteur möglicherweise das reale System nicht adäquat wieder.

Die in Abbildung 1.1.1 dargestellte, echte Gesellschaft beruht auf vieldimensionalen Prozessen. Systemtheoretisch lässt sich eine Gesellschaft als ein System auffassen, das sich mit der Zeit ändert. Je nach Sichtweise und Schule besteht aber ein solches System aus jeweils anderen Bestandteilen. In einer bestimmten

Perspektive, die auch wir hier einnehmen, wird eine Gesellschaft zu einem Prozess, der aus zeitlich begrenzten Zuständen der Gesellschaft zusammengesetzt ist. So gesehen wäre ein solcher Prozess mit einer Gesellschaft identisch.

Ein soziales System hat als Fundament eine historisch evolvierte Sprache und besteht aus Akteuren, Teilen und Teilsystemen (»Subsystemen«). Wenn eines dieser Glieder abstirbt, kann auch die Gesellschaft nicht mehr existieren. In jedem Teilsystem führen Menschen spezielle Tätigkeiten für die Gesellschaft durch – in Politik, Wirtschaft, Erziehung, Medizin, Religion und Kultur.

Die Politik, das politische System, ist ein Netzwerk von Institutionen. Das deutsche politische System beinhaltet den Staat, die Bundesländer, die Städte und Gemeinden, die Parteien, die Parlamente, die Ämter, die Armee, die Polizei, die Gerichte, Gefängnisse und die psychiatrischen Anstalten. Einige der Institutionen werden als Legislative bezeichnet, andere als Exekutive und andere als Jurisdiktion.

Die Wirtschaft, das wirtschaftliche System, umfasst die Herstellung von Gütern, Waren und Dienstleistungen. Die Landwirte stellen Lebensmittel her und die Unternehmen Gebrauchsgegenstände und Dienstleistungen für Menschen und Organisationen.

Das Erziehungssystem bildet die Kinder im Regelfall zu vollwertigen Mitgliedern der Gesellschaft aus. Das medizinische System heilt und versorgt die Kranken und hilft den Pflegebedürftigen. Die Religion integriert Kleingruppen durch überlieferte Sitten und Gebräuche, die unter anderem die Zeugung, das Zusammenleben und den Tod von Menschen beinhalten. Die Kultur schließlich unterhält die Gesellschaft in spielerischer und bedeutungsverändernder Weise.

Alle Akteure und Teilsysteme benutzen die in der Gesellschaft gesprochene Sprache zur Verständigung, sowohl innerhalb eines Teilsystems, als auch zwischen den Teilsystemen. Die Sprache beeinflusst alles, was in der Gesellschaft geschieht: die Handlungen, die Produkte, die Dienstleistungen, die Familien und die Organisationen. Umgekehrt wirkt die Gesellschaft auch ständig auf ihre Sprache.

Da sowohl reale wie auch künstliche Gesellschaften einem zeitlichen Prozess unterliegen, betonen wir die Sprachdimension, und die Art, in welcher sich die Teilsysteme der Gesellschaft in verschiedener Weise in jeder Periode verändern. Jedes Teilsystem unterstützt das andere, aber es kämpft auch mit den anderen Teilsystemen um seinen Platz in der Rangfolge der gesellschaftlichen Wichtigkeit. Im Krieg ist die Armee als letztes Mittel der Politik entscheidend, bei einer Epidemie die Medizin, in Notzeiten die Wirtschaft, bei wirtschaftlicher Hochkonjunktur die Kultur. Und wenn alle anderen Glieder schwach sind, ist die Religion entscheidend.

Neben diesen notwendigen Teilen einer Gesellschaft gibt es andere Teile, die nur in bestimmten Perioden auftreten und wieder absterben oder unwichtig werden. Diese Teile sind nicht für jede Gesellschaft zwingend erforderlich. Sie können aber dennoch eine äußerst wichtige Rolle spielen. Die JuristInnen zum Beispiel

unterstützen die gemeinsamen und in Konkurrenz stehenden Akteure, die Jour-
nalistInnen berichten und bilden Meinungen, die Stadtwerke stellen Trinkwasser
bereit, die WissenschaftlerInnen forschen und die InformatikerInnen beschäftigen
sich mit Daten und Informationen.

Diese hier angedeuteten, zentralen Aspekte der Struktur einer Gesellschaft finden sich in vielen soziologischen Theorien wieder, z.B. (Weber, 1980), (Luhmann,
1997), (Parsons, 1951), (Durkheim, 1984), (Giddens, 1986).

Für die Beschreibung einer Gesellschaft im Allgemeinen sind drei strukturel-
le Bestandteile wichtig. Erstens sind die grundlegenden Ansichten und Annahmen über eine Gesellschaft zentral. In der Wissenschaft wird oft von »Naturgeset-
zen« gesprochen, was aus unserer Sicht mehr vernebelt als erhellt. Wir verwenden
stattdessen den Begriff der *Hypothese*. Einige Hypothesen, welche die Struktur einer Gesellschaft betreffen, haben wir gerade erörtert: Sprachabhängigkeit, Unter-
teilung in Subsysteme, Sitten und Gebräuche, etc. Zweitens gibt es in einer Gesellschaft immer Fakten, die an bestimmte Dinge oder Ereignisse in irgendeiner Form
erinnern. Z.B. kennt heute fast jedes Mitglied der deutschen Gesellschaft die Kanzlerin Angela Merkel oder die abstrakte Position des Kanzlers in dieser Gesellschaft.
Ebenso weiß jedes männliche Mitglied um die erste, gewonnene Fußballweltmeis-
terschaft im Jahr 1954. Drittens lassen sich Modelle entwickeln und darstellen, mit
denen bestimmte Hypothesen und Daten[3] auf ihre Richtigkeit überprüft werden
können. In der Soziologie beschäftigt sich hauptsächlich die *empirische Sozialforschung* als Teildisziplin damit, gesellschaftlich relevante Fakten zu erheben, zu konstruieren, zu sammeln und zu systematisieren, so dass bestimmte Hypothesen an
diesen Fakten »gemessen« werden können, z.B. (Friedrichs, 1985). Beispielsweise lässt sich die Stellung des Bundeskanzlers mit vielen anderen, »systemrelevan-
ten« Fakten und Hypothesen betreffend diese Gesellschaft verknüpfen. Diese drei
strukturellen Grundbestandteile einer Gesellschaft: Hypothesen, Fakten und Modelle finden wir auch in jeder soziologischen Theorie.

Das dritte in Abbildung 1.1.1 abgebildete System, die künstliche Gesellschaft,
wird durch ein Computersystem, ein Programm und durch die beteiligten Konstrukteure generiert. Die Resultate der Generierung werden einerseits, wie
diskutiert, auf der sinnlichen Ebene durch Texte, Formeln, Zahlen, Bilder und Töne
wiedergegeben und an andere Personen weitergegeben. Die Personen sehen die
Resultate am Bildschirm und hören sie aus dem Lautspecher. Sie führen andererseits die Wahrnehmungen zu einem Ganzen zusammen; sie »erkennen« das
Resultat der Generierung; sie verstehen den Sinn dieser künstlichen Gesellschaft.
Einerseits haben also die Konstrukteure »Etwas« verursacht; andererseits verursacht dieses »Etwas« verschiedene Wirkungen. Was ist nun dieses »Etwas«? Es
ist *der Computerablauf,* ein Prozess, der im Rechner stattfindet. In diesem Sinn *ist*
eine künstliche Gesellschaft – prinzipiell – ein Computerablauf sozialer

---

3 Wir verwenden hier *Fakten* und *Daten* synonym.

Phänomene, der durch menschliche Sinne in verschiedener Weise wahrgenommen werden kann.

Der Computerablauf wurde durch die Konstrukteure programmiert und generiert. Der Ablauf erzeugt Wirkungen, die über andere Hilfsprogramme in Texte, Formeln, Zahlen, Bilder und Töne umgewandelt werden. Anders gesagt, starten die Konstrukteure einen Rechenprozess, der durch ein Computerprogramm gesteuert wird. Der Prozess endet, wenn der Rechner keine Programmbefehle mehr findet, die den Prozess weiterführen können, oder wenn er vom Benutzer manuell abgebrochen wird. Dieser Prozess – vom Start des Programms bis zu seinem Ende – ist *ein* Computerablauf. Eine künstliche Gesellschaft wurde generiert, wenn der Ablauf ordnungsgemäß beendet wurde. Während und nach dem Ablauf werden einige mehr oder weniger interessante Resultate mit grafischen oder anderen Tools für die Menschen verwertbar gemacht.

Die im Moment üblichen Computer produzieren deterministische Prozesse, auch wenn in einem Computerprogramm »Wahrscheinlichkeiten« eingebaut sind (z.B. mit dem Befehl random). Ein solcher Ablauf ist durch den Computer, das benutzte Programm, die Daten und den Seed – eine Steuerungskonstante zur Generierung von Zufallszahlen – eindeutig bestimmt. Damit sind auch die Resultate aus einem Ablauf eindeutig festgelegt. Wenn wir immer wieder dieselben Daten und denselben Seed zu Beginn des Programmablaufs eingeben, werden immer dieselben Ergebnisse herauskommen. Wenn aber während der Ablaufzeit auch das Internet Zugriff auf den Computer hat, können aber – wie bekannt – unerwartete Effekte eintreten, die selbst die Resultate des Simulationsablaufs betreffen können.

Normalerweise ist aber bei einem Simulationsprojekt nicht *ein* Ablauf wichtig, sondern eine *Menge* von Abläufen. Mit einem bestimmten Programm und einer bestimmten Menge von Fakten können wir auf demselben Computer viele verschiedene Abläufe – in verschiedenen Zeiten oder mit verschiedenen Seeds – produzieren. Ein Programm und eine Faktenmenge erzeugen auf diese Weise viele verschiedene Abläufe. Diese passen mehr oder weniger zu einer echten Gesellschaft.

Eine interessante Frage in diesem Kontext, die wir hier nicht weiter verfolgen, ist: Was geschieht, wenn ein Simulationsprogramm in zwei verschiedenen Programmiersprachen geschrieben wird? Die Programme sind sicher verschieden. Aber was ist mit zwei Computerabläufen von zwei »gleichen« Programmen, die in zwei Sprachen geschrieben sind? Wie weit können sich die Resultate dieser beiden Abläufe »derselben« Simulation ändern? Wird das Resultat dasselbe sein, wenn wir dieselbe Anzahl für Akteure und dieselben Regeln, aber zwei verschiedene Programmiersprachen verwenden, wie z.B. PROLOG und C^{++}?

Dies bringt uns zur Frage: Wie schnell und effizient ist ein Programm? In technischen und ökonomischen Computeranwendungen messen Benchmarks die Effizienz, Schnelligkeit und auch Kosten der Abläufe. Bei Simulationen sozialer Systeme wurde diese Frage so gut wie nie diskutiert – aus gutem Grund. Aus unserer Sicht ist bei wissenschaftlichen Simulationen aus der sozialen Welt der Aspekt der Rechenschnelligkeit nicht sehr wichtig. Ob eine Simulation 5 Minuten oder 30 Minuten dauert ist kaum relevant. Wesentlich ist dagegen die Verständlichkeit des Programmcodes. Für uns ist deshalb nicht Schnelligkeit ein hohes Gut, auf das wir Wert legen, sondern die Verständlichkeit des Programmcodes.

Als Simulationswerkzeug verwenden wir die Programmiersprache PROLOG, weil sie im Vergleich zu allen anderen Programmiersprachen der normalsprachlichen Beschreibung von sozialen Systemen am nächsten kommt. Die »Grammatik« von PROLOG ist der des Deutschen ähnlich. Aus diesem Grund lohnt es sich, sich mit PROLOG genauer zu beschäftigen und diese Programmiersprache grammatisch zu verstehen – technische Details sind in unserem Rahmen nicht wichtig.

1.2 Deutsche Sätze und PROLOG »Sätze«

Ein Text in einer natürlichen Sprache gliedert sich normalerweise in Sätze. Im Deutschen und in den meisten anderen Sprachen hat ein Text drei strukturell dicht miteinander verwobene Ebenen: die der Buchstaben, der Wörter und der Sätze. Jedes Wort besteht aus Buchstaben, und jeder Satz aus Wörtern (plus einigen Hilfszeichen, wie etwa Komma, Punkt, Fragezeichen). Anders gesagt, *ist* ein Wort eine Folge von Buchstaben und ein Satz eine Folge von Wörtern (und Hilfszeichen). Sowohl Wörter als auch Sätze müssen wohlgeformt sein. Nicht jede Folge von Buchstaben ist ein Wort der deutschen Sprache und nicht jede Sequenz von Wörtern (plus Hilfszeichen) ist ein Satz, z.B. ist »*bbbbbb*« kein Wort und »*PeterPeterPeter-Peter.*« kein Satz.

Ein einfacher deutscher Satz besteht aus einem *Substantiv*, einem *Prädikat* und einem Punkt ».« Beispielsweise: »*Peter geht.*«; »*Die Sonne bräunt mich.*«; »*Uta und Peter mögen sich.*«. Da wir hier *über* bestimmte Sätze reden, müssen wir im Prinzip Anführungszeichen benutzen. Wir sprechen ja nicht über den Sachverhalt, sondern über den Satz »*Peter geht.*«. Diese Anführungszeichen klammern den Satz ein, über den wir gerade reden – deren Verwendung würde allerdings zu einem »Anführungszeichenwald« (und verdoppelten Punkten) führen. Wir vermeiden daher im Folgenden die Anführungszeichen, so weit es geht, und benutzen stattdessen ein anderes Schriftformat.

In einem deutschen Satz ist die Aufeinanderfolge von Prädikat und Substantiv auf den ersten Blick nicht einheitlich geregelt. In *Peter geht* steht das Prädikat *geht* an zweiter Stelle, während sich das Prädikat *mag* in *Uta mag Karl* zwischen zwei Substantiven befindet. In PROLOG ist dagegen die Ordnung von Prädikat und Substantiv eindeutig und allgemein gültig festgelegt. In PROLOG beginnt ein Satz *immer* mit einem Prädikat; erst dann werden die nötigen Substantive hinzugefügt. Diese Form hat PROLOG von der Logik übernommen, auf der PROLOG in

weiten Teilen basiert (»PROLOG« ist ein Akronym für »PROgramming in LO-
Gic«). In der Logik geht es hauptsächlich um Methoden für die Ableitung von
Sätzen und allgemeineren Symbolreihen. Um die Ableitungsverfahren möglichst
einfach zu halten, werden die Sätze in ein normiertes Korsett gesteckt. In PROLOG
ist dies ähnlich. Neben der Einhaltung einer bestimmten Reihenfolge bei der Bildung von Prädikaten *müssen* in PROLOG alle für ein Prädikat benutzten Substantive in Klammern gesetzt werden. Im Folgenden schreiben wir PROLOG-Sätze,
-Wörter und -Buchstaben sowie auch andere PROLOG-Zeichen immer in einem
speziellen Schriftformat. Allgemein hat ein PROLOG Prädikat die folgende Form:

```
predicate(argument_1,...,argument_n).
```

Die obigen Beispiele aus der deutschen Sprache lassen sich in PROLOG so formulieren:

```
geht(udo).
braeunt_mich(die_sonne).
sich_moegen(uta,peter).⁴
```

Man sieht anhand dieser Schreibweise sofort, dass in PROLOG geht ein Prädikat,
die_sonne ein Substantiv und geht(udo). ein PROLOG Satz ist.[5]

Die natürliche Sprache kennt viele Satzvarianten, die aus Grundformen von Prädikaten und Substantiven entstehen. So kann man *geht* in verschiedene Zeit- und
Personalformen setzen: *ging, gehen, gegangen.* Aus *Haus* wird abhängig von Kasus
und Numerus z.B. *des Hauses, die Häuser* oder *den Häusern.* Sprachliche Varianten drücken zusätzliche Aspekte sehr effektiv aus; sie können verschiedene Zeiten
und bestimmte Situation besser darstellen als nur die Grundform. In der linguisti-
schen Transformationsgrammatik – einer der verbreitetsten Grammatiktheorien –
werden die Varianten von Prädikaten als *Verbalphrasen* und die von Substantiven
als *Nominalphrasen* bezeichnet. In PROLOG lässt sich dies sehr bequem genau so
formulieren. Die Symbolfolgen geht, braeunt_mich oder moegen_sich lassen sich
in PROLOG als Verbalphrasen exakt so schreiben wie die Nominalphrasen Uta ,
Uta_und_Peter, die_Sonne und den_Baeumen.

Ein Prädikat wird mit einem Substantiv (oder mehreren) zu einem Satz verbunden, wobei die *Anzahl* der Substantive vom jeweils benutzten Prädikat
abhängt. Man sagt, dass ein Prädikat *pred* eine bestimmte Stelligkeit hat. *gehen*
ist 1-stellig wie in *Peter geht, mögen* ist 2-stellig wie in *Uta mag Udo,* und *zwischen*
ist 3-stellig. In PROLOG Manualen wird die Stelligkeit so ausgedrückt: geht/1,

---

4   In PROLOG lassen sich viele Prädikate auf *Operatoren* zurückführen. Z.B. können wir das Wort
    mag als einen zweistelligen Operator definieren, der dann wie ein allgemeiner PROLOG Befehl (z.B.
    »=«) durch den Computer behandelt wird. In PROLOG lässt sich mit »:-op(100,xfx,
    mag).« auch die Form *mag(uta,karl)* mit Hilfe einer zusätzlichen Zeile »t(X,Y):-
    XmagY.« in eine PROLOG Operatorenform bringen: *uschi mag karl.* Solche speziellen Techniken
    werden wir hier nicht weiter diskutieren.
5   Groß- und Kleinschreibung wird weiter unten genauer erörtert.

`mag/2`, `zwischen/3` und die beiden ersten Sätze wie folgt: `geht(peter)`, `mag(uta,` `udo)`. Wenn wir beim Prädikat *zwischen* die drei Namen *Sonne, Erde, Neptun* an den richtigen Stellen einfügen, erhalten wir den Satz *Die Erde liegt zwischen Sonne und Neptun*, in PROLOG: `zwischen(sonne,erde,neptun)`.

Neben den »normalen« Prädikaten gibt es drei Arten, die eine gewisse Sonderstellung haben. Erstens nullstellige Prädikate, wie z.B. *Geh*, die kein Substantiv brauchen. Im Deutschen entsteht aus einem nullstelligen Prädikat ein Befehlssatz, wenn wir am Ende das Ausrufezeichen anhängen: »*Geh!*«. In PROLOG dagegen muss ein Satz immer mit einem Punkt enden.

Ein zweiter Sonderfall betrifft Prädikate, an deren Argumentstellen man Listen einsetzen kann. Normalerweise wollen wir nicht viele Namen – oder andere »Einträge« – in einem Satz verwenden. Wenn z.B. *Peter, Karl, Uschi* und *Maria* die Kinder von Familie Schmidt sind, wird man in einem Satz oft nicht alle vier Namen hinschreiben, sondern einfach als Sammelname das Wort »Kinder« benutzen. Dies ist in PROLOG sehr einfach zu formulieren. Dazu fügen wir nur die Sonderzeichen *eckige Klammern* [ ] an einer Argumentstelle eines Prädikats ein (mehr in: (1.3)). Damit werden in diesem Beispiel die Namen zur Liste zusammengefasst: `[peter,karl,uta,maria]`. Wir können dann z.B. den PROLOG Satz formulieren: `kinder_von_schmidt([peter,karl,uta,maria])`.

Ein dritter Sonderfall betrifft das Prädikat »ist gleich mit« $=$. In normaler Sprache wird dieses Prädikat oft durch ziemlich gewundene Formulierungen ausgedrückt. In der Mathematik nutzt man dieses Prädikat dagegen sehr effizient. Dort werden einfach Gleichungen wie $2 = X$, $f(X) = Y$, $f(X) = 2 + X/X^4$ oder $f(g(Y)) = h(X)$ formuliert. Gleichheit lässt sich universell anwenden, z.B. *Peter ist gleich mit der Person, die im Moment Staatsoberhaupt ist* oder *Peter ist gleich mit Karl* (dies wird normalerweise stilistisch anders »verpackt«, etwa *Peter ist identisch mit Karl*). In PROLOG können verschiedene »Gleichungen« der Form X=Y beschrieben werden, in denen X (oder Y) eine Zahl, eine Liste oder ein Funktionsterm (siehe (1.3)) – wie `f(Z)` oder `g(f(Z))` – sein kann.

Zwei Probleme, die an der Schnittstelle zwischen Deutsch und PROLOG liegen, sollten noch erwähnt werden. Das erste Problem sind untere und obere Indizes, die in der Definition von PROLOG nicht vorgesehen sind. Wir verwenden deshalb ein Symbol, das eigentlich als unterer Index an ein Wort angeheftet werden müsste, auf der normalen Zeilenebene, wobei wir das Indexsymbol entweder direkt oder mit dem *Unterstrich* an das Wort anfügen, z.B. `wort_1`, `wortI` oder `wort_Ij`.

Ein zweites Problem betrifft die deutschen Umlaute ä,ö,ü,Ä,Ö,Ü, die in PROLOG nicht erlaubt sind. Wir weichen deshalb auf die englische Schreibweise aus. Wenn wir in PROLOG z.B. *prädikat* schreiben möchten, wird PROLOG eine Fehlermeldung ausgegeben. Statt *prädikat* und *präd* verwenden wir deshalb *predicate* und *pred*.

Die einfache Grundform eines Satzes lässt sich in natürlichen Sprachen schnell verkomplizieren. Wir können einem Substantiv zum Beispiel eine Eigenschaft mitgeben. In *Uta mag Peter* können wir dem Substantiv *Peter* das Adjektiv *groß* hinzufügen: *Uta mag den großen Peter*. Auch in PROLOG lässt sich dies in gewissen Grenzen nachbilden, indem wir zum Beispiel schreiben `mag(uta,gross(udo))`.

Aus solchen »elementaren« Sätzen lassen sich im Deutschen durch verschiedene Methoden fast endlos weitere Sätze bilden. Aus den Sätzen $S1$ und $S2$ werden z.B. durch Verknüpfung die Sätze »$S1$ *und* $S2$.« oder »$S1$ *oder* $S2$.« oder »*Wenn* $S2$, *dann* $S1$.«. Auch dies wird in PROLOG direkt nachgebildet. Nur werden statt *und, oder* und *wenn, dann* die Symbole `,` `;` und `:-` verwendet. Ein PROLOG »Satz« der Art

> `S1:-S2.`   besagt also   »Wenn $S2$, dann $S1$.«
> oder anders ausgedrückt: »$S1$, nur wenn $S2$.«.

Beispiele für mit *und, oder* und *wenn, dann* verknüpfte PROLOG Sätze sind:

```
isst(udo) , trinkt(udo).
mag(uta,udo) ; mag(uta,peter).
mag(udo,uta) :- schoen_ist(uta).
```

Das Zeichen `:-` hat beim Lesen die Besonderheit, dass man prozedural von rechts nach links »denkt«, während man es von links nach rechts liest.

In PROLOG lassen sich auch Fragen formulieren. Im Deutschen wird ein deklarativer Satz wie »*Peter geht.*« zu einer Frage, wenn wir das Verb nach vorne schieben und den Punkt durch ein Fragezeichen ersetzen: »*Geht Peter?*«. Bei der Umsetzung in PROLOG wird die Prädikat-Substantiv Reihenfolge nicht verändert. Stattdessen wird nur ein Fragezeichen *vor* den Satz gesetzt und der Punkt am Ende bleibt stehen: »`?- geht(peter).`«. Dabei nimmt das Fragezeichen in der PROLOG Architektur eine Sonderstellung ein, die wir an dieser Stelle nicht weiter erörtern können.

In der deutschen Sprache lassen sich viele weitere Konstruktionsregeln für komplexe Sätze einsetzen. Wir erwähnen ein letztes Verfahren, das auch in PROLOG wichtig ist. Im Deutschen lässt sich ein Satz $S1$ in einen anderen Satz $S2$ einbauen oder integrieren. Beispielsweise können wir die Sätze $S1$, *Peter ist dick* und $S2$, *Peter geht*, durch Nebensatzbildung oder andere Methoden zusammenführen. In dem Beispiel lässt sich aus dem Prädikat *dick* einfach ein Adjektiv machen: *Der dicke Peter geht*. Dabei wird das Substantiv im Satz $S1$, technisch gesehen, zu einer Phrase. In PROLOG ist dies noch einfacher umzusetzen. Ein PROLOG Satz »`pred(arg1,...,argN).`« wird einfach als Argument in einen anderen Satz »`predicate(argument1,...,argumentM).`« eingefügt:

> `predicate(argument1,...,pred(arg1,...,argN),...,argumentM).`

Dieses Verfahren lässt sich immer wieder – regelgeführt: »induktiv« – anwenden.

Diese sehr kurz skizzierte Beschreibung der deutschen Satzstruktur lässt sich also ziemlich analog auf PROLOG übertragen. Zusätzlich enthält PROLOG drei Elemente, die in der deutschen Sprache nur implizit vorhanden sind. Erstens braucht PROLOG, wie jede andere formale Sprache, den zentralen Begriff der *Variablen*. Zweitens sind in PROLOG, wie in anderen Programmiersprachen, die Zahlen und die zugehörigen Funktionen wichtiger als die normalen Wörter, und drittens benutzt PROLOG mengentheoretische Elemente, die viele Formulierungen für Menschen besser verstehbar machen.

Zum ersten Punkt: Im Deutschen gibt es keine stringenten Regeln, mit denen Wörter oder Phrasen »variabel«, d.h. situationsabhängig, verwendet werden dürfen oder müssen. Die Sätze *Alle konfliktscheuen Menschen sind klein* und *Die konfliktscheuen Menschen sind klein* werden bei einer deutschsprechenden Person kaum einen Bedeutungsunterschied ausmachen. Bezieht man hingegen diese Aussagen auf verschiedene Bezugsgruppen, können sich durchaus Unterschiede ergeben. Z.B. können – statistisch gesehen – »alle« konfliktscheuen US Bürger größer sein als »alle« konfliktscheuen Kambodschaner.

In der Logik und Mathematik wird der Ausdruck *Variable* schon seit Jahrhunderten verwendet. Eine Variable ist hier ein Platzhalter-Symbol, welches durch Ausdrücke ersetzt werden darf, die aus einem vorher festgelegten, bedeutungstragenden Bereich stammen müssen. In der natürlichen Sprache gibt es Wörter, die in der gleichen Situation verschiedene Dinge oder Sachverhalte bedeuten können. Im Satz *Peter ist verliebt in Maria* beispielsweise bleibt das Wort *Peter* zunächst unbestimmt, weil es mehrere Akteure geben kann, die *Peter* heißen und in dieselbe Maria verliebt sind. Um diese Unbestimmtheit formal klarer auszudrücken, wird das Wort *Peter* durch eine Variable X ersetzt: *X ist in Maria verliebt*. Bei einer Variablen bleibt es nicht nur unklar, auf welche Dinge oder Sachverhalte die Variable hindeutet. Eine Variable *soll*, wie das Wort eben sagt, variabel bleiben. Eine Variable hat den Zweck, einen Bereich – eine Menge – von möglichen Entitäten abzugrenzen und auf diesen hinzuweisen. Im Beispiel geht es um einen Bereich von Akteuren, die verliebt sind.

In PROLOG wird scharf unterschieden, ob ein Ausdruck (z.B. ein Wort) im selben Programmablauf variabel verwendet wird oder nicht. Ein Ausdruck, der in einem Ablauf verschiedene Bedeutungen hat, muss durch eine Variable ausgedrückt werden, denn sonst würden in PROLOG unsinnige Verwechslungen entstehen. Wenn es z.B. in einem Programmablauf zwei verschiedene Akteure mit demselben Namen *Peter* gibt, reicht es nicht aus, den Sachverhalt einfach durch den Namen auszudrücken. Die Variable in *X ist in Maria verliebt* lässt sich in diesem Beispiel in verschiedener Weise ersetzen.

Der Bereich einer Variablen wird in komplexeren Sätzen durch eigene Operatoren, wie »für alle«, »es gibt«, »es gibt einige«, »es gibt manche«und »es gibt genau ein« beschrieben. Dies führt zur Logik, in der es um die Gültigkeit und

die Ableitung von Sätzen geht. Viele der logischen Methoden sind auch in PRO-
LOG eingeflossen. Dazu gehören auch die Variablen. Diese sind in PROLOG ganz
einfach zu erkennen: Eine Variable beginnt in PROLOG immer (Ausnahmen siehe
unten) mit *Groß*buchstaben, während eine Nichtvariable immer (mit Ausnahmen)
mit einem *kleinen* Buchstaben anfängt.

   Zum Zweiten spielen in PROLOG »Sätzen« auch Zahlen und deren Funktionen eine Rolle. Wir können ein rein mathematisches PROLOG Programm schreiben, in dem kein normales deutsches Wort benutzt wird. Prinzipiell lassen sich die
elementaren Sätze in PROLOG so verallgemeinern, dass in einem Satz pred(
arg_1,...,arg_n) an den Argumentstellen auch Zahlen oder komplexe Funktionswerte einsetzbar sind, die durch Funktionen und Zahlen berechnet wurden.
Diese Verallgemeinerung zieht sich über alle weiteren Satzbauregeln hinweg.

   Drittens können PROLOG »Sätze« mengentheoretische Elemente enthalten.
In der Mengentheorie wird *Gleichheit* durch = , *Elementschaft* durch ∈, *Liste* durch
[...] und *Menge* durch {...} ausgedrückt. Gleichheit, Liste und Menge werden in
PROLOG durch ähnliche Symbole repräsentiert. Für Elementschaft gibt es in PRO-
LOG ein eigenes Prädikat member. member(X,Y) bedeutet, dass X ein Element von
Y ist. Mit Hilfe dieser Symbole lassen sich viele komplexe Strukturen erzeugen, die
sowohl in der deutschen Sprache als auch in PROLOG formuliert werden können.

   Zusammenfassend können wir sagen, dass sich große Bereiche von deutschen
Wörtern und Sätzen auch in PROLOG adäquat darstellen lassen. Insbesondere
können wir Wörter und Sätze fast normal lesen und verstehen. Dies ist in den anderen Programmiersprachen, wie in C, C^{++}, Java und Derivaten nicht so. Allerdings
gibt es inzwischen auch erste Ansätze für natürlichsprachiges Programmieren.[6]
Dort geschieht das Verfassen von Programmen mittels geschriebener natürlicher
Sprache. Angemerkt sei noch, dass es selbstverständlich auch Anwendungen gibt,
für die PROLOG nicht gut geeignet ist. Dazu gehören komplexere, mathematische
und statistische Berechnungen, für deren Zwecke man besser numerisch orientier-
te Sprachen wie C^{++} benutzt.

   Als PROLOG Bausteine lassen sich neben natürlichsprachlichen Wörtern und
Sätzen im Prinzip beliebe Zeichenfolgen verwenden. Wir nennen diese künstlichen, verallgemeinerten Bausteine *hybride Wörter* und *hybride Sätze*. Ein hybrides Wort besteht nicht nur aus den Buchstaben der normalen Sprache, sondern
kann zusätzlich auch Zahlen, Variable und technische Symbole enthalten. Über
die Regeln der Satzbildung lassen sich dann hybride Wörter zu hybriden Sätzen
zusammensetzen. Z.B. sind »uta1«, »geht1_I« und »2341« hybride, aber keine deutsch-sprachigen Wörter und »geht(uta1).«, »mag(uta,Y).«, »(geht_T(
udo);mag(21,334)).« sind hybride, aber keine deutschen Sätze.

   Den von uns eingeführten Ausdruck »hybrid« verwenden wir, um zwei Punkte
zu betonen. Erstens wird PROLOG in keinem uns bekannten Lehrbuch über die

---

6 Z.B. www.pegasus-project.org/de/Willkommen.html.

natürliche Sprache eingeführt. Ein Beispiel von vielen ist das Standardwerk *Prolog: The Standard – Reference Manual* von *Deransart, Ed-Dbali* und *Cervoni*.[7] In den formalen PROLOG Definitionen gibt es nur Terme und Klausen, aber keine (hybriden) Wörter und (hybriden) Sätze.[8] (Was Terme und Klausen genauer sind werden wir im Folgenden genauer erklären.) Diese völlige Abkoppelung der technischen Terminologie von den normalsprachlichen Ausdrücken hat gute und schlechte Seiten. Das Gute ist, dass beim Programmieren klare und völlig eigene Ausdrücke und Regeln verwendet werden und verwendet werden müssen, die mit der natürlichen Sprache nichts zu tun haben. Das Schlechte ist, dass beim Programmieren der Bezug zur natürlichen Sprache und deren Feinheiten verloren gehen. Dieser Bezug ist aber gerade in sozialen Anwendungen, wie z.B. in der Politik, wichtig, wo schon die Wortwahl entscheidend sein kann.

Als PROLOG Terme können alle normalen, deutschen Wörter (die keine Umlaute enthalten) verwendet werden und als Klausen viele deutsche Sätze in normierter Form. *Zusätzlich* gibt es aber viele Terme und Klausen, denen keine deutschen Wörter und keine deutschen Sätze entsprechen. Unser Ausdruck »hybrid« soll hier eine gewisse Brücke zwischen diesen beiden »Sprachwelten« bauen.

Beispiele für gültige Terme und Klausen sind: Terme: uta1 ; geht1_I ; 2341 ; X ; Klausen: geht(uta1) ; (geht_T(udo),mag(21,334)).

Ein weiterer kritischer Punkt in der Standardliteratur ist zweitens, dass der Unterschied zwischen (hybridem) Satz und PROLOG Klause nicht diskutiert wird. Wir möchten dagegen diesen Punkt gleich zu Beginn klären.

Ein geschriebener Satz muss – jedenfalls nach der gültigen, deutschen Rechtschreibung – immer mit einem Punkt enden. Dagegen gibt es bei der Ausprache eines Satzes keinen eigenen Laut für den Endpunkt des Satzes. Einen ähnlichen Unterschied finden wir auch in der »Sprache« PROLOG. Auf Computerebene endet eine Klause nicht mit einem Punkt, dagegen muss sie auf Textebene immer mit einem Punkt enden. Die Anwender müssen ja irgendwie »verstehen«, wo eine Klause endet und die nächste anfängt. Die Klausen treten so in zwei Ebenen – in zwei »Gewändern« – auf. Um keine Missverständnisse aufkommen zu lassen unterscheiden wir im Folgenden die Klausen systematisch von den hybriden Sätzen. Eine Klause endet *ohne* Punkt und ein hybrider Satz *mit* Punkt. Ein PROLOG Programm »ist« auf der Lese- und Schreibebene eine Liste von hybriden Sätzen und auf der Ebene des Prozessors eine Liste von Klausen.

---

7 (Deransart, Ed-Dbali und Cervoni, 1996).
8 Der Computerterm »Klause« stammt vom Englischen »clause« und damit vom Lateinischen »claudo«: »ich schließe«. Eine spezielle Form, die der Logiker *Horn* untersuchte, hat seinen Namen erhalten: Hornklausen. In vielen Büchern wird vereinfacht von *Klause* oder *Klauseln* gesprochen.

Von Wort und Satz zu Term und Klause		
Wort	hybrides Wort	Klause
Uta	*Uta_X*1	`Uta_X1`
uta	*uta*	`uta`
mag	*mag_Y*2	`mag_Y2`
mag	*mag_dich_Y*2	`mag_dich_Y2`
Satz	hybrider Satz	Klause
Uta geht.	*geht(Uta_X*1).	`geht(Uta_X1)`
	*geht(uta_X*1).	`geht(uta_X1)`
Udo mag Uta.	*mag(Udo*13,*Uta*).	`mag(Udo13,Uta)`
Udo mag dich.	*mag_dich(Udo*5).	`mag_dich(Udo5)`
Uta und Udo	*mögen_sich(Uta*3,	`moegen_sich(`
mögen sich.	*Udo*4).	`Uta3,Udo4)`

Dies führt zu einer Art »Rechtschreibregel« für PROLOG: Ein hybrider Satz entsteht, wenn wir in einem einfachen, deutschen Satz zusätzliche Symbole an zuge-
lassenen Stellen einfügen und die Reihenfolge »Substantiv-Prädikat« umdrehen.
Eine Klause entsteht, indem in einem hybriden Satz der Punkt weggelassen wird.

Die Menge *aller* Klausen (und hybriden Sätze), die in PROLOG möglich sind,
interessiert uns hier nur peripher. In Simulationsprogrammen für soziale Systeme
werden wir nur zwei Arten von hybriden Sätzen benutzen, die wir aus Sicht der
strukturalistischen Wissenschaftstheorie *Fakten* und *Hypothesen* nennen. Ein Fakt
ist ein hybrider Satz, der keine Variablen, keine geschachtelten Klammern und keinen Operator : – enthält. Eine Hypothese ist ein hybrider Satz, der den Operator : –
beinhaltet. Wenn wir bei einem Fakt und bei einer Hypothese den Punkt weglassen, entstehen Klausen. Im Folgenden werden wir oft auch auf der Klausenebene
von Fakten und Hypothesen sprechen, wenn der Endpunkt in einer Textpassage
keine große Rolle spielt.

Auf Lese- und Schreibebene ist also ein PROLOG Programm einfach eine Liste
von Fakten und Hypothesen:

```
fakt1.
fakt2.
fakt3.
..................
hypothese1.
hypothese2.
hypothese3.
```

1.3 Grundsätzliches über PROLOG

PROLOG ist eine mächtige Programmiersprache, in der alle möglichen Anwendungen formuliert werden können.[9] In diesem Buch geht es aber »ausschließlich« um Anwendungen für künstliche Gesellschaften. Wir stellen deshalb hier Programme vor, die eine spezielle Struktur haben und die wir im Folgenden als *Simulationsprogramme* und – um Platz zu sparen – kurz als *Sim-Programme* bezeichnen.

Wie schon erwähnt, kann man ein Programm unter zwei Blickwinkeln betrachten: Zum einen auf Textebene und zum anderen auf Computerebene. Auf Textebene besteht ein PROLOG Programm aus einer Folge von hybriden Sätzen und auf Computerebene aus Folgen von Systemzuständen. Zwischen diesen beiden Ebenen gibt es weitere Abstraktionsschritte, die in der Informatik genauer beschrieben werden. Die dort behandelten Themen wie Interpreter, Betriebssystem, Codierungen, Zeichensätze und Architektur werden wir hier nicht diskutieren. Für uns ist – in etwas salopper Formulierung – nur Folgendes wichtig: Ein Anwender kann in den Computer hybride Sätze eingeben und diese »zur Ausführung bringen«. Diese Sätze werden durch die Maschine in eine Folge von Instruktionen und Bits übersetzt – und wenn der Anwender dies möchte, wird diese Folge an der richtigen Stelle im Computer gespeichert. Für unsere Zwecke reicht die Textebene im Folgenden völlig aus; die Computerebene sparen wir deshalb aus.

Den Unterschied zwischen einer Klause und einem hybriden Satz haben wir in (1.2) gerade erörtert. Ein hybrider Satz ist eine Folge von hybriden Wörtern. Hybride Wörter entstehen aus normalen Wörtern, wenn bestimmte Teile des Wortes durch Variable und/oder Hilfssymbole ersetzt oder ergänzt werden. Eine Klause entsteht, wenn wir bei einem hybriden Satz den Endpunkt des Satzes weglassen.

Auf der Textebene besteht ein Sim-Programm aus einer Liste von Klausen, wobei eine Klause zwei Formen haben kann:

$$\text{kopf} \ \text{:- rumpf} \qquad\qquad [1.3.1a]$$

$$\text{kopf} \qquad\qquad [1.3.1b]$$

Eine Klause der Form [1.3.1a] nennen wir eine *Hypothese*, eine Klause der Form [1.3.1b] einen *Fakt*.

Wie läuft nun ein Sim-Programm ab? In einem ersten Schritt muss immer eine Frage auf Textebene eingegeben werden. Eine solche Frage besteht in PROLOG einfach aus einem Kopf. Beim Eintippen einer Frage erscheint im Fragemodus von PROLOG das Fragezeichen schon vorher am linken Rand einer Zeile. Wir tippen

---

9 Die vollständige Formulierung der Syntax von PROLOG ist komplex. Standardbücher über PROLOG, wie z.B. (Deransart, Ed-Dbali und Cervoni, 1996), (Colmerauer und Roussel, 1995), (Covington, Nute und Vellino, 1997), (Bratko, 1986), (Sterling und Shapiro, 1994), (Clocksin und Mellish, 1987), wenden sich an Informatiker.

daher nur den Kopf ein und beenden diese Prozedur mit der Eingabe eines Punktes, also z.B.:

```
?- kopf.
```

Für PROLOG gibt es nun genau drei Möglichkeiten, eine Antwort auszugeben. Im ersten Fall erkennt PROLOG, dass kopf im Programm direkt als Klause zu finden ist. Inhaltlich bedeutet dies, dass PROLOG den Kopf – und damit einen PROLOG Satz – als richtig oder als wahr anerkennt. In diesem Fall gibt PROLOG yes aus. Im zweiten Fall versucht PROLOG eine Klause im Programm zu finden, deren Kopf mit der Frage kopf identisch ist. Z.B. findet PROLOG nach der Frage ?-kopf. eine Klause kopf :- rumpf. PROLOG wird dann den Rumpf der Klause genauer analysieren. Als Resultat wird ein Teil des Rumpfes wieder als eine Frage an PROLOG übergeben. An diesem Punkt angekommen, sehen wir, dass genau der gerade beschriebene Prozess wieder stattfinden wird. Im Endergebnis, wenn die Abarbeitung des Rumpfes erfolgreich war, gibt PROLOG auch in diesem Fall yes aus. Im dritten und letzten Fall schließlich antwortet PROLOG mit no. Das geschieht dann, wenn (a) zur Frage kein passender Fakt gefunden wurde, (b) kein passender Kopf einer Klause vorhanden ist oder wenn (c) ein passender Kopf zwar vorhanden ist, aber die Abarbeitung des Rumpfes dieser Klause gescheitert ist.

Etwas abstrakt formuliert, sucht PROLOG bei Eingabe einer Frage nach Prämissen, mit denen die Frage durch Fakten und Hypothesen beantwortet werden kann. An diesem Punkt müssen wir die innere Struktur des Kopfes und des Rumpfes der Klause genauer betrachten. Der Kopf hat schon die Form eines hybriden Satzes. Der Rumpf wird in verschiedene Teile zerlegt, die ebenfalls diese Form haben. Formal lassen sich solche Teile, d.h. hybride Sätze, in zwei Richtungen weiter bearbeiten. In der ersten Richtung wird aus einem (hybriden) Satz – oder aus mehreren – ein anderer (hybrider) Satz abgeleitet. Wie solche Ableitungen aussehen und funktionieren wird genauer in der Logik untersucht. In der anderen Richtung wird ein hybrider Satz auf andere, elementare Sätze zurückgeführt. In beiden Fällen spielt eine wichtige Rolle, ob ein Satz richtig oder falsch (gültig oder ungültig) ist und ob er fachgerecht von anderen hybriden Sätzen abgeleitet oder auf andere, elementare Sätze zurückgeführt werden kann. Ein Satz ist abgeleitet, wenn er von schon gültigen Sätzen und durch die anerkannten Regeln der Logik selbst gültig ist. Ein Satz ist auf elementare Sätze zurückgeführt, wenn all diese elementaren Sätze schon gültig sind.

PROLOG leitet Sätze nach einem ganz bestimmten Verfahren ab, das wir hier nicht näher beschreiben.[10] Dies führt PROLOG in einem Computerablauf automatisch für uns aus. Deshalb brauchen wir uns beim Programmieren normalerweise nicht mit diesen formalen Details zu befassen.

---

10 Z.B. (Manhart, 1988).

Dazu nur ein paar Worte: Wenn die Frage direkt ein Fakt ist oder direkt in einen Fakt verwandelt wird, ist die Frage auf Fakten zurückgeführt. Von einem im Programm vorhandenen Fakt lässt sich die Frage, d.h. genauer die deklarative Form der Frage, direkt ableiten. Wenn die Frage mit dem Kopf einer Klausel identisch ist, bearbeitet PROLOG die Bestandteile des Rumpfes. Aus dem Rumpf lässt sich dann durch – oft komplexe – Berechnungen der Kopf ableiten. PROLOG untersucht dazu die syntaktische Struktur des Rumpfes und bearbeitet nach und nach dessen Teile.

Grundsätzlich erfolgt die Bearbeitung der Rumpfteile in PROLOG im so genannten *Backtracking* (deutsch: Rücksetzverfahren oder Rückverfolgung). Kann ein bestimmtes Prädikat im Rumpf nicht abgeleitet werden, macht PROLOG die Belegung mit den Variablen rückgängig und versucht es im Prädikat vorher mit einer anderen Belegung. In dies ebenfalls nicht erfolgreich, geht es noch ein Prädikat weiter zurück und so fort. Auf diese Weise ist sichergestellt, dass alle in Frage kommenden Lösungswege ausprobiert werden. Backtracking wird später anhand von Beispielen genauer demonstriert.

Auf der Textebene besteht ein Sim-Programm aus einer Liste von Klauseln (Fakten und Hypothesen). In einem Ableitungsprozess werden aus diesen Fakten und Hypothesen weitere Fakten und/oder Hypothesen erzeugt, die nicht im Sim-Programm zu finden sind. Diese Fakten und Hypothesen sind neu, sie sind abgeleitet. Der PROLOG Interpreter richtet dafür im Rechner einen für Außenstehende nicht sichtbaren Bereich ein. Zudem stellt PROLOG die so genannte *Datenbasis* bereit. Diese Datenbasis ist dynamisch: Sie verändert sich während des Ablaufs des Programms ständig.[11] Mit anderen Worten wird für ein Programm ein Bereich eingerichtet, in dem in einer Ableitung zu verschiedenen Zeiten verschiedene Mengen von Klauseln stehen. Damit ist die Datenbasis ein Möglichkeitsraum von Klauselmengen. Am Anfang, wenn ein Sim-Programm gestartet wird, enthält die Datenbasis nur diejenigen Klauseln, aus denen das Sim-Programm besteht. Im Ableitungsprozess kommen dann weitere Klauseln hinzu. Analog können andere Klauseln aus der Datenbasis entfernt werden. In diesem Sinn wird auch von der Datenbasis *eines Programms* geredet.

---

11 Wir machen darauf aufmerksam, dass *Datum* und *Daten* in der deutschen Wissenschaft doppeldeutig verwendet werden. In einigen Disziplinen wird *Datum* (etymologisch zurückgehend auf das lateinische Verb *dare*: geben) als Gegenstück zu Hypothesen, Axiomen und Regeln gesehen. In der Informatik wird das Wort *Datenbasis* dagegen so verwendet, dass dort auch Regeln, Klausen, Axiome, Annahmen und Hypothesen vorkommen. In PROLOG enthält also eine Datenbasis das vollständige Programm – eine Liste von Klauseln. Wir verwenden daher normalerweise statt Datum und Daten die gleichbedeutenden Wörter: Fakt, Faktum und Fakten (vom lateinischen Verb *facere*: machen). Ein Fakt (englisch: *fact*) ist schlicht gesagt einfach etwas Gemachtes. In dieser Weise können wir in verschiedenen Kontexten in einer Datenbasis Hypothesen von Fakten unterscheiden. Die Wortwahl *Datenbasis* können wir nicht ändern; sie hat sich etabliert. Inhaltlich ändert sich eine Daten*basis* ständig; sie enthält nicht nur Fakten (Daten) sondern auch Hypothesen. In PROLOG können wir sogar in einer Ableitung eine neue Hypothese in diese Datenbasis einfügen.

Bezüglich der Schreibweise von PROLOG Termen haben wir uns im Folgenden entschlossen, drei Trennungsregeln einzuführen, die in der deutschen Sprache nicht existieren. Wir sparen damit viele Leerzeilen und halbgefüllte Zeilen. Wenn ein PROLOG Term die Form XY hat und der »zweite Teil« Y rechts über den Zeilenrand ragt, trennen wir den Term XY ohne eigenes Trennungssymbol so, dass Y in die nächste Zeile rückt. Dabei darf X die Form Z_, Z(oder Z, haben. Z.B. trennen wir den Term geht_vor in geht_ und vor, den Term mag(peter,inge) in mag(und peter,inge) und den Term mag(uta,udo) in mag(uta, und udo).

Betrachten wir nun die folgende klassische Schlussfigur, die jedem bekannt sein dürfte. Aus der Datenbasis:

pred1(a)

pred2(X) :- pred1(X)

wird logisch pred2(a) abgleitet. Umgekehrt ist in diesem Beispiel pred2(a) auf den Fakt pred1(a) und auf die Hypothese

pred2(X) :- pred1(X)

zurückgeführt. Nehmen wir ein soziales Beispiel, in dem pred1 das Prädikat ist_glaeubig ist und pred2 das Prädikat glaubt_an_Gott. Wir fragen PROLOG, ob glaubt_an_Gott(peter) richtig ist. Nach Eingabe der Frage ? glaubt_an_Gott(peter) sucht PROLOG nach einer Klause, in der der Kopf der Klause (eventuell bis auf Variablen) mit der Frage (ohne Fragezeichen) identisch ist. PROLOG findet die Hypothese glaubt_an_Gott(X) :- glaeubig(X), deren Kopf dieselbe Form wie die Frage hat. Nur ist der Name peter durch die Variable X ersetzt. Genau dies macht nun PROLOG im Ableitungsprozess: Es ersetzt die Variable X durch den Namen peter. Wir sagen auch: Die Variable wird instantiiert. Mit Hilfe der PROLOG Regeln, die wir unten kennenlernen, wird in der Hypothese die Variable an allen Stellen durch den Namen peter ersetzt

glaubt_an_Gott(peter) :- glaeubig(peter).

Durch diese Instantiierung erhalten wir die bekannte Schlussfigur, die aus der Prämisse glaeubig(peter) und dem Satz glaubt_an_Gott(peter) :- glaeubig(peter) zur Konklusion glaubt_an_Gott(peter) führt. Das heißt, die Frage wurde positiv beantwortet. In diesem Beispiel sehen wir auch, dass die benutzte Hypothese nicht immer zum richtigen Ziel führt.

Im Allgemeinen ist der Rumpf einer Hypothese komplex, so dass viele Ableitungsschritte erforderlich sind, um die Frage zu beantworten. In einer Ableitung werden bestimmte Klausen nämlich der Form nach sehr oft in wiederkehrender Weise – rekursiv – bearbeitet. Anders gesagt werden in einem Programm Symbole benutzt, die über eine bestimmte Menge der Folgen von Symbolen laufen. In der Logik werden solche Variablen *syntaktische Variable* genannt.[12] Eigentlich sollten

---

12 Genaueres findet sich z.B. in (Shoenfield, 1967, 1.3).

wir ziemlich oft syntaktische Variable verwenden, um Missverständnissen aus dem Weg zu gehen. Da es aber in diesem Buch selten um logische oder linguistische Probleme geht, benutzen wir syntaktische Variable nur in Ausnahmefällen.

Wenn es sein muss kennzeichnen wir syntaktische Variable durch Fettdruck, z.B. **Term, X, S_i** oder **arg**$_i$.

Bei der Ableitung eines Rumpfes wird zunächst die Struktur des Rumpfes in eine Konjunktion (»und«)

$$S_1 , S_2 \quad \text{(oder allgemein: } S_1 , \ldots , S_n),$$

eine Adjunktion (»oder«)

$$S_1 ; S_2 \quad \text{(oder allgemein: } S_1 ; \ldots ; S_n)$$

oder ein Gemisch von solchen »zerlegt«, z.B. $(S_1 ; S_2) , S_3 , S_4$. Die Operation

$$\backslash + S_1 \quad \text{(»nicht«)},$$

wird ebenfalls – aber hier selten – verwendet.

Da ein PROLOG Programm aus Klauseln besteht beginnt der Ableitungs- oder Beantwortungsprozess immer mit einem Kopf. Wo endet er aber? Um dies zu durchschauen müssen wir die rekursiven Standarddefinitionen betrachten, nach denen eine Symbolfolge durch PROLOG-Regeln in weitere Teilfolgen zerlegt werden kann. Diese Definitionen beginnen *nicht* mit einer Klausel, auch nicht mit einem Kopf, sondern mit einem allgemeineren, »theoretischen Term«, der – nicht unerwartet – eben *Term* heißt. Alle Symbolfolgen, die nach den PROLOG Regeln generiert werden können, *sind* immer auch Terme. Wir haben diese Regeln unten aufgeschrieben.[13]

Die LeserInnen werden diese Definitionen nur langsam internalisieren können; es hilft, wenn sie schon die klassische Logik kennengelernt haben. Langfristig können sie aber durch diese Definitionskette mit der PROLOG Struktur immer vertrauter werden. Wir verwenden unten eine Notation { , **Term**}*, welche besagt, dass innerhalb der Mengenklammern { } der umklammerte »Inhalt« 0-Mal, 1-Mal oder mehrmals auftritt. Diese gewöhnungsbedürftige Notation kürzt eine längere Definition ab.

1) Ein **Term** kann eine
   Variable   oder ein
   Prädikat   oder eine
   Integer   oder eine
   floating number[14]   oder ein
   satzartiger Term   sein.

2) Ein **satzartiger Term** hat immer die Form
   Pradikat(Term{ , **Term**}*) .

---

13 Siehe (Deransart, Ed-Dbali und Cervoni, 1996), S. 5 - 9.
14 D.h. eine nicht zu komplex aufgebaute, reelle Zahl.

3) Einige **Terme** sind **Klausen.**

Eine **Klause** kann die Form

   Kopf :- **Rumpf**   oder die Form

   Prädikat   oder die Form

   satzartiger Term   haben.

4) Ein **Kopf** kann die Form

   Prädikat   oder die Form

   satzartiger Term   haben.

5) Ein **Rumpf** kann folgende Formen haben:

   (**Rumpf1** , **Rumpf2**)   oder

   (**Rumpf1** ; **Rumpf2**)   oder

   Variable oder

   Prädikat oder

   satzartiger Term.[15]

Unter den Termen finden wir alle Klausen. Es gibt aber auch Terme, die keine Klausen sind, z.B. Xa_1, [a,X,c] oder 0.333. Bestimmte Terme, die keine Variablen und höchstens zwei Prädikate enthalten, haben wir als Fakten schon kennengelernt. Und Hypothesen sind – wie gesagt – Terme der Form Kopf:-Rumpf, wobei weder Kopf noch Rumpf leer sind.

Die Terme werden weiter in Klausen-Terme, Rumpf-Terme und Goal-Terme unterschieden. Ein Klausen-Term hat immer die Form ':-'(S_1,S_2), wobei diese zunächst merkwürdige Notation daher kommt, dass wir diese Form sofort umbauen zu S_1 :- S_2. D.h. »:-« ist eigentlich ein Operator, der zwei Terme zu einer Klause verbindet.[16] Rumpf-Terme wurden in 5) oben aufgelistet und ein Goal-Term ist einfach ein Rumpf, der in einer Klause zu finden ist.

Auf die in Regel 1) oben genannten Arten von Termen möchten wir genauer eingehen. Terme der ersten Art sind *Variable*. Eine Variable ist eine hybrides Wort, welches immer mit einem *groß* geschriebenen Buchstaben, der kein Umlaut ist, beginnen muss.[17]

Ein Grund, warum wir gerade PROLOG bevorzugen, liegt auch in der Einfachheit, mit der wir Variable von anderen Symbolfolgen unterscheiden können. In PROLOG muss eine Variable *immer* mit einem großen Buchstaben anfangen. Dagegen beginnen Nicht-Variable niemals mit einem großen Buchstaben, sondern mit einem kleinen Buchstaben oder – als Ausnahme – mit einer Zahl. Weitere Ausnahmen interessieren uns hier nicht. LeserInnen können in PROLOG auf

---

15 In (Deransart, Ed-Dbali und Cervoni, 1996) wird statt **Prädikat** das Wort **atom** und statt **satzartiger Term** das Wort **compound-term** verwendet. Dort werden **Prädikate** und **satzartige Terme** zu **predications** zusammengefasst. Wir haben lange überlegt, ein besseres Wort für »satzartiger Term« zu finden, aber ohne Erfolg.

16 Genaueres findet man im PROLOG Manual.

17 Eine Ausnahme ist die *anonyme Variable*, die mit dem Unterstrichzeichen »_« beginnt.

diese Weise in kürzester Zeit erfassen, ob ein Ausdruck eine Variable ist oder nicht. In anderen Programmiersprachen ist dies oft ziemlich schwer herauszubekommen. Wir führen einige Beispiele von Variablen an:

```
X  YX  X1  Xmode_1  PETER  Peter  XY_1  X_2J2.
```

Dies sind Beispiele für »Nicht-Variable«:

```
peter  pETER  uta_11  x  gehen  1  0.333  mag.
```

Terme der zweiten Art sind *Prädikate*. Prologisch betrachtet ist ein Prädikat ein *Funktor*, der eine bestimmte Stelligkeit hat und der für gegebene Argumente einen »neuen« Term generiert. Inhaltlich ist ein Prädikat einfach ein hybrides Wort. Bei der Formulierung eines Prädikats muss nur eine wichtige Regel beachtet werden. Das Prädikat muss immer mit einem *klein* geschriebenen Buchstaben anfangen, der kein Umlaut ist. Die weiteren, an den ersten Buchstaben angehängten Symbole, können große und kleine Buchstaben, Zahlzeichen (0,1,2,3,4,5,6,7,8,9) und der Unterstrich _ sein. Weiter kann ein Prädikat am Anfang und am Ende Anführungszeichen enthalten, etwa 'ab' oder 'X1ab' oder sogar ''.

Normalerweise macht es Sinn, ein Prädikat durch ein Wort oder durch eine Phrase so auszudrücken, dass die LeserInnen das Prädikat auch gleich mit einer anwendungsbezogenen Bedeutung füllen können. Im ökonomischen Kontext des Gütertausches kämen z.B. Prädikate wie tausche oder kaufe in Frage, in einer politischen Krisensimulation bedrohen oder frieden_schliessen. Die Prädikate eines Sim-Programms geben uns so gleich ein bisschen Inhalt mit.

Neben frei festlegbaren Prädikaten gibt es auch vorgegebene Build-In-Prädikate. Diese fest in PROLOG eingebauten Prädikate können nicht verändert werden. Sie wirken als Befehle und sind für die Steuerung des Computerprozesses zentral. Beispiele wären »!« (der *cut*), repeat oder Ein- und Ausgabebefehle, die wir weiter unten kennenlernen.

Die dritte und vierte Art von Termen bilden die Zahlen, bei denen in englischer Formulierung zwischen *integers* – ganzen Zahlen – und *floating numbers* – Gleitkommazahlen –unterschieden wird. Inhaltlich geht es hier um *ganze Zahlen* und *reelle Zahlen*. Weil die Mengen der ganzen und reellen Zahlen unendlich sind, der Computer aber eine endliche Maschine ist, bestünde an dieser Stelle eigentlich Klärungsbedarf. Das Problem der Unendlichkeit wollen wir hier aus praktischen Gründen aber beiseite lassen und sprechen weiterhin einfach von ganzen und reellen Zahlen. Eine ganze Zahl ist eine Folge von Zahlzeichen, bei der eventuell ein Minuszeichen vorangestellt ist, während eine reelle Zahl zusätzlich einen Punkt enthalten kann. Der Punkt ersetzt dort das beim normalen Rechnen verwendete Komma, d.h. in PROLOG schreiben wir z.B. nicht 0,332, sondern 0.332. Komplexere Formen von Zahlen lassen sich in den Manualen nachlesen.

Schließlich kommen wir zur letzten Art von Termen, den satzartigen Termen. Wir haben sie schon in (1.2) kennengelernt:[18]

$$\textbf{pred}(\textbf{arg}_1, ..., \textbf{arg}_n)$$

Ein satzartiger Term wird immer durch ein n-stelliges Prädikat **pred** und n Argumente $\textbf{arg}_1, ..., \textbf{arg}_n$ (Terme) gebildet. Dabei kann n auch Null sein. Bis auf die erwähnten fest eingebauten Prädikate können ProgrammiererInnen alle anderen Prädikate frei formulieren und verwenden.

Interessant wird es bei den Argumenten $\textbf{arg}_1, ..., \textbf{arg}_n$ des satzartigen Terms. In Regel 2) oben sind die Argumente wieder Terme. Ein Term kann also wieder Terme enthalten. Ein Argument $\textbf{arg}_i$ kann »alles mögliche« sein, aber es muss auf jeden Fall ein Term sein. Ein Argument kann ein hybrides Wort (ein Prädikat), eine Variable oder eine (ganze oder reelle) Zahl sein. Es kann aber auch weiter rekursiv aufgebaut sein. Dies führt zur Rekursionstheorie (Shoenfield, 1967, Chap. 7), die in der Informatik eine zentrale Rolle spielt. Mit der Rekursionstheorie lassen sich, grob gesagt, wissenschaftlichen Methoden, in denen ein Teilprozess der Form nach oft wiederholt – rekursiv – angewendet wird, auf natürliche Zahlen und ihre Ordnung abbilden. Zum Beispiel können wir von 1 bis 20 vorwärts oder von 30 bis 10 rückwärts zählen. Dies sind einfache Rekursionsmethoden, mit denen jeweils ein Verfahren 20 Mal angewendet wird. Das erste Verfahren besagt, dass eine Zahl x um die kleinste natürliche Einheit, die Zahl 1, vergrößert wird. Dies wird durch $x + 1$ ausgedrückt. Wie die Zahl x aussieht, ist dabei irrelevant, sie wird in diesem Verfahren variabel gehalten. Auf diese Weise können wir die formale »Figur« beliebig oft wiederholen. Im zweiten Verfahren wird eine Zahl x in ähnlicher Weise minimal um $x - 1$ verkleinert. Der zentrale Punkt beim Wiederholen liegt in der Anwendung einer Variablen, etwa x, die in jedem Schritt durch etwas anders belegt wird. Im ersten Schritt im ersten Beispiel wird x mit 1 belegt, im zweiten Schritt wird dieselbe Variable x mit 2, im dritten Schritt mit 3 belegt und so weiter. Insbesondere lassen sich alle Computermethoden auf einige einfache, rekursive Methoden dieser Art zurückführen. Auch PROLOG benutzt ständig solche Rekursionsmethoden, die wir hier nicht im Einzelnen beschreiben können.[19]

Wir stellen an dieser Stelle nur kurz die drei für PROLOG grundlegenden Rekursionsmethoden vor. Im Allgemeinen muss der Computer, wenn er auf ein neues Argument trifft, zunächst die Verschachtelungsstruktur des Arguments entziffern (parsen), um zu entscheiden, welche der Rekursionsmethoden bei dem Argument benutzt werden soll. Auf diese Weise wird das Argument Schritt für Schritt weiter aufgelöst, bis schließlich alle Rekursionsschritte abgearbeitet wurden. Am Ende findet der Computer elementare Bestandteile, aus denen das Argument aufgebaut

---

18 Da $\textbf{arg}_i$ eine syntaktische Variable ist benutzen wir eine Notation mit Index, die in PROLOG nicht möglich ist.
19 Siehe z.B. (Shoenfield, 1967) und (Manna, 1974).

wurde. Für uns ist es nicht einfach, diese verschränkten Methoden als Ganzes zu durchschauen.

Die ersten beiden Rekursionsmethoden in PROLOG stützen sich auf das Gleichheitszeichen =. Aus zwei Symbolfolgen wird eine »Gleichung« gebildet, die sich »lösen lässt«. Dies kann erstens rein mathematisch geschehen, wenn die Symbole Zahlen, Listen von Zahlen oder numerische Funktionswerte sind. In PROLOG können wir zweitens auch andere Arten von Gleichungen lösen. Wir können zum Beispiel den Namen peter mit einem hybriden Wort wie XYter gleichsetzen. PROLOG löst XYter in die Symbole X,Y,t,e,r auf, nimmt die Variable X, berechnet die erste Komponente von [X,Y,t,e,r], ersetzt sie (»instantiiert« sie) durch p, und Y genauso durch e. Weiter kann PROLOG die einzelnen Symbole p,e,t,e,r wieder zusammensetzen. So kann PROLOG schließlich auch XYter=peter gleichsetzen. Bei einer dritten Art von Rekursion werden, kurz gesagt, einige Terme als Argumente in einen anderen Term eingesetzt. Beispielsweise wird aus pred(arg_1,arg_2)

pred(arg_1,pred_two(arg_3,arg_4)).

Über diese drei Methoden ließe sich einiges sagen. In PROLOG gibt es eine erste »Rekursionsmaschine«, mit der Funktionen erzeugt und berechnet werden können. Dazu werden Funktionsterme, d.h. satzartige Terme, deren Prädikate Funktionszeichen sind, rekursiv generiert. Zu diesem Zweck ruft der Prozessor eine vorgegebene Menge von fest eingebauten Funktionszeichen, wie z.B. +, -, *, /, sin, cos, pi, exp, und eine Menge von Zahlen auf. Jedes Funktionszeichen hat eine bestimmte Stelligkeit. Die Sinusfunktion sin z.B. braucht ein Argument, die Additionsfunktion + $zwei$ und eine 0-stellige »Funktion« wie die Zahl π braucht gar kein Argument. D.h. sin ist 1-stellig, + 2-stellig und π 0-stellig. Ein n-stelliges Funktionszeichen lässt sich dann mit gegebenen Argumenten zu einem Funktionsterm verbinden. Zu den 0-stelligen Funktionszeichen zählen wir auch alle Zahlen. Je nach Funktionszeichen wird PROLOG nur Argumente akzeptieren, die zu dem Funktionszeichen »passen«. Z.B. kann PROLOG die Folge sin(2.3421) als einen Funktionsterm erkennen, während PROLOG mit sin(arg1) nichts anfangen kann, denn wie oben erklärt, ist arg1 ein hybrides Wort, aber keine Zahl und keine Variable. Daher kann PROLOG die so vorgelegte Folge nicht weiter bearbeiten. Eine rekursive Definition des Funktionsterms sin(exp(2.3)) wird z.B. in zwei Schritten gebildet. Erstens werden exp und die Zahl 2.3 zu dem Funktionsterm exp(2.3) zusammengefügt. Dann nehmen wir eine syntaktische Variable **x** und benutzen folgende Regeln:

Jedes Funktionszeichen ist ein Funktionsterm.
Wenn **f** ein n-stelliges Funktionszeichen ist und $\mathbf{x}_1, ..., \mathbf{x}_n$
Funktionsterme sind, dann ist $\mathbf{f}(\mathbf{x}_1, ..., \mathbf{x}_n)$ ein Funktionsterm.

Eine syntaktische Variable **x** läuft hier über einen bestimmten Bereich von Funktionstermen. Bei dem Funktionszeichen *sin* können wir dann im Ausdruck $sin(\mathbf{x})$ die syntaktische Variable durch einen schon erzeugten Funktionsterm ersetzen, etwa **x** durch exp(3). Auf diese Weise erhalten wir den Funktionsterm sin(exp(3)). Manchmal verwandelt PROLOG Funktionsterme automatisch in besser lesbare Folgen. +(2,3) wird beispielsweise als 2+3 oder (2+3) ausgegeben.

Wenn ein Funktionsterm keine Variable enthält kann PROLOG den zugehörigen *Funktionswert* dieses Funktionsterms explizit berechnen. Dazu wird der PROLOG Befehl is verwendet. Beispielsweise beantwortet PROLOG die Frage

?- X is sin(2.44).,

so: X=0.6454349983343707. Damit hat PROLOG den Funktionswert der Sinusfunktion für das Argument 2.44 berechnet und ausgegeben.

Die Berechnung von solchen Funktionstermen erfolgt durch Gleichungen oder durch die Auswertung der fest eingebauten Funktionen (Funktionszeichen). Eine Gleichung, wie z.B. X+2=4, kann auf zwei Weisen zum Erfolg führen. Erstens kann X in einem Ablauf schon instantiiert sein. Wenn X vorher schon als die Zahl 2 berechnet wurde, wird PROLOG prüfen, ob diese Gleichung stimmt – und bei Anfrage yes ausgeben. Wenn X noch eine freie Variable ist, kann das Programm in der nächsten Ausgabezeile so aussehen: »Y is 4-2, Y=X«. In diesem Fall hat PROLOG X mit 2 instantiiert.

Bei der zweiten Rekursionsmaschine werden Mengen und die Eigenschaften ihrer Elemente erzeugt, verändert und untersucht. Dabei stehen in PROLOG Listen als spezielle Mengen im Vordergrund. In der Mengenlehre spielt die *Gleichheit* von Mengen eine zentrale Rolle, die auch PROLOG übernommen hat. Im PROLOG Manual finden wir verschiedene Gleichheitssymbole, die wir hier nicht genauer erörtern müssen. Neben der »normalen«, mathematischen Gleichheit zwischen Zahlen und Variablen für Zahlen gibt es in PROLOG auch andere Arten von Entitäten, die gleich oder verschieden sein können. Wir können z.B. die Terme peter =X, uta=peter, peter=2, 3=f(g(4.5)) bilden. In allen Fällen, sogar bei peter=2, wird PROLOG die Frage mit richtig (yes) oder falsch (no) beantworten.

Neben der Gleichheit wird auch die Elementschaftsrelation ∈ benutzt, die in der »klassischen« Logik nur sehr beschränkt zum Einsatz kommt. In dieser Hinsicht liegt PROLOG näher an der menschlichen Gehirn- und Denkstruktur als die anderen Logiken und Programmiersprachen. Mit der Elementschaftsrelation lassen sich die Eigenschaften der Elemente einer Menge sehr effizient untersuchen und bestimmen. Wenn z.B. X mit einer Menge { 3,6,9,12,15 } gleichgesetzt wird, können wir eine bestimmte Eigenschaft von X, wie durch drei teilbar zu sein, analysieren.

Die Elemente von Mengen werden in PROLOG ähnlich wie die Komponenten von Listen behandelt. Die Elemente einer Menge können hybride Worte, Variable, Zahlen, Funktionswerte, Listen und auch wieder Mengen sein. Aus einer Liste können wir eine Menge gewinnen, wenn wir mehrfach auftretende Komponenten eliminieren und die Ordnung innerhalb der Liste ignorieren.

Eine Liste ist immer rekursiv aufgebaut, auch wenn wir eine bestimmte Liste, wie z.B. [3,1,aa,5], per Hand in ein Programm eingeben. Bei einer Rekursion wird ein Bereich von Elementen $e_1, e_2, e_3, \ldots$ als gegeben vorausgesetzt. Die Induktionsregel für Listen lautet:

> Wenn $e_1, \ldots, e_n$ Elemente sind, dann ist $[e_1, \ldots, e_n]$ eine Liste.
>
> Wenn $L_1, \ldots, L_m$ Listen sind, dann ist $[L_1, \ldots, L_m]$ eine Liste.

Im ersten Schritt kann n auch Null sein. In diesem Fall wird die *leere Liste* [ ] erzeugt. Die Symbole $L_1, \ldots, L_m$ sind syntaktische Variablen, die über einen Bereich von Listen laufen, der noch nicht überschaut werden kann. Ähnlich wie Listen lassen sich auch Mengen rekursiv bilden. Einige für das Programmieren zentrale Manipulationen von Listen und Mengen haben wir in ($\mathcal{KG}$! 51) aufgelistet.

In der dritten Art von Rekursion werden satzartige Terme verschachtelt. In einem Term der Art pred(arg_1,..,arg_i,..,arg_n) wird ein Argument arg_i durch einen Term pred_two(arg_two_1, ...,arg_two_m) ersetzt, mit dem Resultat:

> pred(arg_1,...,pred_two(arg_two_1,...,arg_two_m),...,arg_n).

Diese Art der Verschachtelung lässt sich ebenfalls rekursiv anwenden, sie sollte aber noch lesbar gehalten werden. Wir sehen hier sehr plastisch, was PROLOG leisten kann. Beispielsweise können wir bei einem Prädikat geht dasselbe Prädikat geht noch einmal als Argument verwenden: geht(udo), geht(geht(udo)). Dies klingt nach einer Art von Zirkel. PROLOG durchläuft diesen Zirkel so lange, bis der Speicher des Computers voll ist. In jedem Schritt des Zirkels muss ja der Computer zusätzlich etwas speichern. In Sim-Programmen schließen wir verschachtelte Prädikate bei den Fakten aus, aber im Rumpf einer Hypothese sind sie willkommen.

Ein letzter Punkt betrifft die »Größe« einer normalen Klausel

> pred1(...) :- pred2(...),...

Im Prinzip lassen sich Klausen so schreiben, dass sie niemand mehr durchschauen kann. Andererseits gibt es auch lesbare Klausen, die sich über mehrere Seiten erstrecken. Eine gewisse Eleganz stellt sich ein, wenn Teile einer Klause ausgelagert werden. In der Klause

> pred(...):-term1(...),(term2(...); term3(...))

könnte man beispielsweise die Adjunktion auslagern, indem man eine »Hilfsdefinition« mit einem neuen Prädikat dazwischen schiebt:

```
pred(...):-term1(...),term4(...).
term4(...):-term2(...);term3(...).
```

Dies macht Sinn, wenn z.B. term1 und term2 länglich sind.[20]

1.4 Handwerkszeug für PROLOG

Die Ausführung von PROLOG Programmen geschieht vereinfacht gesagt in folgenden Schritten: Ein mit einem Editor[21] erstelltes und in einer Datei gespeichertes PROLOG Programm wird einem installierten PROLOG System zur Ausführung übergeben. Dabei liest das System in einem ersten Schritt das PROLOG Programm ein und überprüft es auf seinen korrekten Aufbau. Als richtig erkannte hybride Sätze werden in einem zweiten Schritt in ein system-internes Format umgewandelt, das auf die maschinelle Ausführung des PROLOG Programms hin optimiert ist. Ein hybrider Satz wird dabei in eine Klause transformiert. Der abschließende Punkt des Satzes ist dann nicht mehr vorhanden. Wir betonen diesen Sachverhalt etwas pedantisch, weil man bei ersten Programmierversuchen lernen muss, den Punkt am Ende eines Satzes auch hinzuschreiben.

Zum besseren Verständnis sollten PROLOG Programme kommentiert werden. Kommentare machen Programme besser lesbar und können in PROLOG auf zwei Arten eingefügt werden. Ist der Kommentar kurz und passt er *sicher* in eine Zeile, z.B. »*Dieser kurze Befehl funktioniert hier nicht!*«, lässt sich der Kommentar so schreiben:

```
%    Dieser kurze Befehl funktioniert hier nicht!
```

Bei längeren Texten werden spezielle Klammern benutzt: /*   */, wie im folgenden Beispiel:

```
/* Im Hauptprogramm fuer exam231 muss der multifile Befehl, und eine Datei
data231.pl vorhanden sein. */
```

Im Folgenden gehen wir davon aus, dass ein SWI-PROLOG System in Ihrem Computersystem funktionsfähig installiert und konfiguriert ist.

Da PROLOG Systeme von verschiedenen Institutionen und Softwarefirmen frei angeboten oder verkauft werden, sind unterschiedliche PROLOG Varianten verfügbar. Diese bieten neben den Standardregeln oft zusätzliche Funktionalitäten an, die den definierten PROLOG Standard mehr oder weniger erweitern. Zudem werden PROLOG Systeme – wie andere Software-Programme auch – von Zeit zu Zeit aktualisiert. Mit neueren Versionen werden Fehler in der Vorgängerversion

---

20 Genaueres z.B. in (Balzer, 2009), 2.4.
21 Es gibt verschiedene Editoren, die für PROLOG benutzt werden können. Z.B. unterhält das Land
   Hessen die Webseite *Bildungsserver Hessen*, auf der ein für unsere Zwecke empfehlenswerter Editor
   zu finden ist:
   http://lakk.bildung.hessen.de/netzwerk/faecher/informatik/swiprolog/swiprolog.html.

behoben, Optimierungen und Funktionserweiterungen bereitgestellt oder einfach neue technische, ökonomische oder juristische Regularien berücksichtigt. Beispielsweise kann man in der SWI-PROLOG Version seit einigen Jahren auch Threads (»Fäden«) programmieren, mit denen verschiedene Programmteile gleichzeitig ausgeführt werden können, siehe Abschnitt (3.4) und z.B. (Brendel, 2010).

Wir setzen im Weiteren voraus, dass die LeserInnen ein unter SWI-PROLOG geschriebenes Programm zur Hand haben, das sie entweder selbst programmiert oder aus dem Internet heruntergeladen haben, und das zur Simulation eines sozialen Systems geeignet ist. Wie eingangs erwähnt haben wir ein Paket von didaktisch aufbereiteten, kleinen Programmen und Übungen auf unserer Webseite

www.kuenstliche-gesellschaften.de

(im Folgenden kurz: $\mathcal{KG}$) speziell für dieses Buch bereitgestellt.

Wir möchten nun ein Programm öffnen und ausführen. Dazu testen wir zunächst, ob SWI-PROLOG tatsächlich funktioniert. Wir suchen im Rechner einen Ordner und in diesem eine bestimmte Datei, die von PROLOG ausgeführt werden kann. PROLOG Programme erkennt man normalerweise an der Erweiterung .pl oder .pro im Dateinamen. Die Endungen sind Abkürzungen und sollen anzeigen, dass es sich bei den Dateien um PROLOG Programme handelt. Die Dateiorganisation hängt vom verwendeten Betriebssystem ab, so dass wir dies hier nicht weiter beschreiben können. Wenn wir die PROLOG Datei, die das Programm enthält, anklicken, sollte sich ein neues, von SWI erstelltes Fenster öffnen. In dem Screenshot unten ist das Startfenster von SWI PROLOG mit einigen Informationen abgebildet (zum Beispiel über die Version des PROLOG Systems). In der letzten, nicht-leeren Zeile erscheint folgende Symbolreihe: »1 ?-«. Dabei ist 1 die erste Zeilennummer und ?- ein PROLOG Befehl. PROLOG wartet nun auf eine einzutippende Frage. In diesem Stadium kann man sicher sein, dass PROLOG funktioniert.

Im nächsten Schritt richten wir einen Ordner ein. Dort speichern wir das Sim-Programm, welches wir im Weiteren bearbeiten möchten. Dem Ordner geben wir z.B. den Namen exam und dem Sim-Programm den Namen sim.pl.

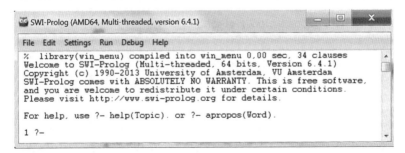

Wir sehen, dass diese Datei das rote SWI Icon trägt. Mit einem Doppelklick auf diese Datei öffnet sich das erwähnte SWI-PROLOG Fenster. Abhängig vom in sim

enthaltenen Programmcode sind weitere Informationen zu finden. Z.B. werden
Name und Ort der im Sim-Programm benutzen Variablen aufgelistet, die am Ende
des Programms noch »frei floaten«. Falls PROLOG syntaktische Fehler im gela-
denen Programm findet, listet PROLOG diese an der entsprechenden Programmzeile auf. In diesem Fall erscheint eine ERROR Meldung. Findet PROLOG keine Fehler, erscheint in der letzten, nicht-leeren Zeile das Fragezeichen ?-. PROLOG wartet dann auf eine Eingabe. Tippen wir nun einen Term ein, der in sim als Kopf einer
Klause zu finden ist, wird der PROLOG Prozess starten.

Wir haben die Programme aus $\mathcal{KG}$ meistens so geschrieben, dass eine der ersten
Klausen mit dem nullstelligen Prädikat start beginnt, also start :- ... . Geben
wir im PROLOG-Fenster die Frage »start.« ein, führt PROLOG somit das Pro-
gramm aus. Lässt sich »start.« erfolgreich ausführen wird nach einiger Zeit die
Ausgabe true zu sehen sein. Das geht in der Regel sehr schnell. Einfache Übungs-
programme sind in wenigen Sekunden beendet, komplexere Programme können
Minuten, Stunden und sogar Tage brauchen. Wenn das Programm die Frage – in
diesem Fall »start.« – nicht richtig beantworten kann, gibt PROLOG false aus.
Erwähnt werden sollten noch zwei Anomalien, die beim Ablauf eines PROLOG
Programms passieren können, auf die wir aber hier nicht näher eingehen: Das
Programm kann »abstürzen« oder der Speicher ist ausgeschöpft, ohne das Pro-
grammende erreicht zu haben.

Neben dieser Methode, ein Programm direkt vom Nutzer zu öffnen, gibt es eine
weitere Methode, ein Programm auszuführen. Diese Methode benutzen wir ziemlich oft. Dazu fügen wir in einem vorliegenden Sim-Programm an einer passenden Stelle mit dem PROLOG Befehl consult(_) einen Term wie consult(file)
hinzu. Bei der Ausführung dieses Terms passiert folgendes. PROLOG sucht die
Datei des Names file in den für PROLOG zugänglichen Ordnern und lädt diese
Datei in die aktive Datenbasis des Programms; die Datei file wird zur bestehen-
den Datenbasis hinzugefügt. Dabei sollte beachtet werden, dass eine Datei, je nach
Anwendung, eine bestimmte Endung haben muss. In SWI-PROLOG wird einem
Dateinamen – wie oben erwähnt –die Endung .pl hinzugefügt. Die Datei des Names file wird so zu file.pl. Da file.pl kein PROLOG Term ist, müssen wir den
Dateinamen in Anführungszeichen setzen, um den Befehl consult(_) ausführen
zu können: consult('sim.pl'). Fehlen die Anführungszeichen oder ist die Datei
nicht vorhanden, gibt es eine Fehlermeldung.

In der Praxis können die Pfade Probleme bereiten. Das Problem der Pfade bzw.
der Pfadnamen führt – unter anderem – in die Dateistruktur des Betriebssystems.
Es kann sein, dass PROLOG eine Datei, die wir öffnen möchten und die auf der
Festplatte vorhanden ist, trotzdem nicht findet. Um das Pfadproblem zu umgehen
können wir den Befehl consult(_) so einsetzen, dass nicht der Dateiname, sondern der vollständige Pfad dieser Datei unter Anführungszeichen als Argument
eingegeben wird. Wenn z.B. der Pfad für die Datei sim.pl lautet

C:/EigeneDateien/SimProgramme/sim.pl,

können wir als Argument in consult auch den ganzen Pfadnamen verwenden. Dabei muss der Pfad in Anführungszeichen bzw. Hochkommata gesetzt werden: 'C:/EigeneDateien/SimProgramme/sim.pl'. Damit ist es möglich, die Datei sim so hinzuzuladen:

consult('C:/EigeneDateien/SimProgramme/sim.pl').

Um die Anführungszeichen einzusetzen müssen unter Umständen mehrere Tasten durchprobiert werden, weil diese bei unterschiedlichen Tastaturen unterschiedlich belegt sind. Das Problem mit dem Pfadnamen löst sich im Übrigen weitgehend auf, wenn wir alle Dateien für ein Sim-Programm in einen Ordner packen.

Wenn ein Programm geladen wurde und »?-« zu sehen ist, kann eine Frage, also ein PROLOG Term, eingegeben werden. Das Programm wird dann mit dieser Frage gestartet – in der teilweise normierten Struktur eines Sim-Programms erfolgt dies oft durch »start.« (*KG*! 141). In anderen Programmen, etwa in (Manhart, 1995), erhält man zum Beispiel mit »hilfe.« einen Überblick über die Steuerungsmöglichkeiten.

Der nächste Schritt ist, zu wissen, wie man das PROLOG System wieder beenden kann. Dazu gibt es mehrere Möglichkeiten. Beispielsweise können wir auf PROLOG Ebene »halt.« oder »exit.« eingeben. Das PROLOG System wird damit beendet. Eine andere Methode besteht darin, das PROLOG Fenster einfach per Mausklick zu schließen. Weitere Möglichkeiten finden Sie im PROLOG Manual.

Wenn wir ein Programm wie sim.pl geladen und aktiviert haben, befindet sich diese Datei nun an zwei Stellen im Computer: Erstens als Datei auf der Festplatte des Rechners, und zweitens im Arbeitsspeicher des aktiven PROLOG Systems. Das Programm im Arbeitsspeicher besteht aus einer Liste von Klauseln, die in die Datenbasis geladen wurde. Die Datenbasis selbst ist aber nicht unmittelbar sichtbar und wird sich im Ablauf eines Programms auch ständig ändern.

Dagegen bleibt die erste Form, der Code, der durch den Konstrukteur programmiert wurde, auf der Festplatte unverändert erhalten. Der Rechenprozess von PROLOG – der Ablauf – ist von der auf der Festplatte gespeicherten Datei unabhängig. In dieser Situation können wir in begrenztem Maße beide Versionen des Programms (den Quellcode und die Datenbasis) in zwei verschiedenen Fenstern betrachten, vergleichen und kontrollieren. Es lassen sich auch beide Fenster nebeneinander legen, wenn dies die Größe des Bildschirms zulässt.

Mit dem Befehl trace (»Schrittmodus«) können wir das PROLOG Programm schrittweise ablaufen lassen. Dabei korrespondieren die Ablaufschritte des Programms mit den Aufrufschritten der Prädikate in den Programmzeilen. Dieser Befehl lässt sich beliebig an einer für die ProgrammiererInnen interessanten Stelle im Programm einfügen. Oft geschieht dies bereits zu Beginn nach dem Start:

```
start :- trace, ...
```

Man kann `trace` aber auch im Rumpf an einer anderen, angemessenen Stelle einsetzen. Genauso lässt sich das Programm auch im Rumpf wieder mit `notrace` in den normalen Schrittmodus umschalten. Neben diesen beiden Grundbefehlen finden sich im Manual auch speziellere Varianten, welche für viele Anwendungen nützlich sind. Ein Hinweis zu `trace`: In neuen PROLOG Versionen funktioniert der `trace` Befehl nur, wenn er *nicht* innerhalb eines Threads benutzt wird.

Laden wir andere Dateien erst bei Programmablauf dazu, können wir auch in der Programmierphase nach einem `consult(_)` Befehl den `trace` hinzufügen, etwa

```
..., consult('fileJ.pl'), trace, ....
```

Im Ablauf sehen wir dann, ob das Hinzuladen der Datei `fileJ.pl` richtig funktioniert hat. PROLOG gibt in diesem Fall wieder Informationen über die Datei `fileJ.pl` aus.

Einen Ablauf verfolgen	
`trace`	Der Prozess verfällt in den Schrittmodus
`notrace`	Der Prozess kehrt in den normalen Modus zurück
	Z.B. `pred1 :- pred2, trace, pred3, notrace, pred4`.

Zwei weitere wichtige PROLOG Befehle sind

```
asserta(_) und retract(_).
```

Mit diesen Prädikaten lassen sich neue Fakten zur Datenbasis hinzufügen und wieder löschen. Statt `asserta(_)` kann auch `assertz(_)` verwendet werden. Der Unterschied: Mit `asserta(fact)` wird der `fact` an den Anfang (wie »a«) der Datenbasis, mit `assertz(fact)` an das Ende (wie »z«), geschrieben. Neben `retract` ist auch der Sammelbefehl `retractall` nützlich. Mit `retractall(fact(_))` werden alle Fakten der Art `fact(...)` gelöscht.

Eintragen, löschen und schreiben	
`asserta`	Mit `asserta(term)` wird ein `term` am Anfang der Datenbasis eingetragen
`assertz`	Mit `assertz(term)` wird ein `term` am Ende der Datenbasis eingetragen
`retract`	Mit `retract(term)` wird der `term` aus der Datenbasis gelöscht
`retractall`	Alle Daten der Form `fact(X)` werden mit `retractall(fact(X))` gelöscht
`write`	Mit `write(term)` wird ein Term `term` am Monitor ausgegeben

Die Ausgabe von Termen am Monitor erfolgt mit dem Befehl write(_). Oft kann man so schnell im Prozessablauf herausbekommen, wie eine Variable gerade belegt ist. Wenn write(_) im Programm etwa an folgender Stelle steht ...,write(fact(X)),... und der Prozess sich im trace Modus befindet, wird z.B. fact(2.345) ausgegeben, wenn die Variable X im Ablauf an dieser Stelle durch die Zahl 2.345 belegt ist.

Daten senden, holen; Dateien öffnen, schließen	
consult(_)	Mit consult(file) wird der Inhalt aus file am Anfang der Datenbasis eingetragen
append(_)	Mit append(file) wird eine Datei file geöffnet und der Stream ans Ende von file gesetzt
told	Der zuletzt geöffnete Stream, der z.B. nach file führt, wird geschlossen
delete_file(_)	Mit delete_file(file1) wird die Datei file1 gelöscht
exists_file(_)	Mit exists_file(file1) wird geprüft, ob file1 (für PROLOG) existiert

Eine wichtige Gruppe von Befehlen behandelt den Datenfluss oder Datenaustausch mit Dateien, also den Strom (*stream*) von Informationen von einer Datei file1 zu einer anderen Datei file2. Zunächst bearbeitet PROLOG das Programm aus der Datei file1. An einer bestimmte Stelle des Programmablaufs kann eine Information mit einem Befehl an file2 gesendet oder von file2 geholt werden. In unseren Programmen wird die Information nur auf zwei Arten verschickt: Entweder als Fakt oder als Inhalt einer ganzen Datei. Im letzten Fall lädt der Befehl consult den gesamten Inhalt der Datei file2 in die Datenbasis des Programms – und zwar jeweils an den Anfang der Datenbasis. Zum Senden benutzen wir den Befehl append(_) in derselben Art wie bei consult(_). Wir schreiben z.B. append('data.pl') oder append('res2431.pl') um den Stream in eine bestimmte Datei zu lenken. Auf diese Weise wird ein Stream von file1 nach file2 geschickt und dort geöffnet, so dass der Endpunkt des Streams an das Ende von file2 gelegt wird. Wenn wir im aktiven Programm in file1 den Befehl write benutzen, wird die Ausführung (das Schreiben) der Datei file2 so umgelenkt, dass der zu schreibende Term an das Ende von file2 angehängt wird. Dies lässt sich durch das Öffnen von file2 auch verifizieren (*KG!* 142). Existiert file2 nicht, wird diese Datei automatisch neu eingerichtet. Beim Versenden eines Fakts benutzen wir also folgende Form:

```
...,append('file2.pl'),write(fact),write('.'),          [1.4.1]
    nl,told,...
```

oder die weiter abkürzende Definition:

```
writein(file2,fact) :- append('file2.pl'),
write(fact),write('.'),nl,told.
```

Wenn wir file2 z.B. durch eine Datei res142 ersetzen, öffnen wir diese Datei mit
append('res142.pl'). Der write-Befehl wird dann auf die Datei res142 umgelenkt.

Oft werden wir die Resultate eines Simulationsablaufs von einer Hauptdatei
file1 an eine Resultatdatei file2 schicken mit dem Ziel, dass ein Fakt auch in
file2 durch PROLOG – etwa in einem anderen Programm – weiter benutzt werden kann. Dazu wird in [1.4.1] an den fact1 in file2 ein Punkt angehängt. Dies erfolgt mit Hilfe von Anführungszeichen. Wenn wir den Punkt nicht an file2 schicken, steht in file2 dann einfach fact1 (ohne Punkt). Wiederholen wir dies mit
einem zweiten Fakt fact2 wird in file2 am Ende fact1fact2 stehen. Mit Punkten
steht aber in file2

>>fact1.fact2.<<

Dies führt in file2 zu schwer lesbaren Zeilen. In [1.4.1] wird deshalb der Befehl nl
(>>next line<<) eingefügt. Beim Schreiben springt der Stream in die nächste Zeile.
So lassen sich Fakten zeilenweise aufschreiben und dann auch wieder lesen.

Im Prinzip können wir auch mehrere Dateien gleichzeitig öffnen und offen halten. Um nicht zu viele Dateien geöffnet zu haben, sollten diese auch wieder geschlossen werden. Hierzu dient der Befehl told. told schließt den zuletzt geöff-
neten Stream wieder [1.4.1]. Da es beim Programmieren schnell passieren kann,
dass wir versehentlich einen Fakt in eine Datei file2 schicken, obwohl wir ihn
eigentlich nach file3 senden wollten, schließen wir – normalerweise – jede mit
append(_) geöffnete Datei möglichst bald wieder mit told.

Der Befehl delete_file(_) wird verwendet, um eine Datei endgültig zu löschen.
Dies ist in Sim-Programmen immer dann angebracht, wenn wir statistische Wiederholungen benutzen und die Originaldaten verändern, im nächsten Lauf aber
wieder dieselben Fakten hinzuladen (3.5), mit denen das Programm arbeiten wird.
Ein einfaches Sim-Programm besteht, wie gesagt, aus einer Liste von satzartigen
Termen, die die Form von Fakten und Hypothesen haben. Im Prinzip kann eine
ProgrammiererIn diese Terme in einem Sim-Programm beliebig ordnen. Normalerweise trennen wir aber die Fakten von den Hypothesen. Fakten schreiben wir
an den Anfang des Programms, anschließend folgen die Hypothesen. Abbildung
1.4.1 zeigt den Aufbau der vorgeschlagenen Programmstruktur allgemein, Abbildung 1.4.2 veranschaulicht dies anhand eines Minibeispiels ($\mathcal{KG}$! 143).

Die Datenbasis enthält in dem Beispiel eine zwei-elementige Menge, bestehend
aus zwei Fakten { Fakt1,Fakt2 } und eine drei-elementige Menge, bestehend aus
drei Hypothesen { Hypothese1,Hypothese2,Hypothese3 }. Die Fakten und Hypothesen dieses Beispiels sind selbsterklärend.

Abb. 1.4.1

```
1          fakt_1(...).
 :            :
m          fakt_m(...).
———————————————————————
m+1        kopf_1(...):-rumpf_1(...).
 :            :
m+n        kopf_n(...):-rumpf_n(...).
```

Wissenschaftstheoretisch betrachtet entsprechen den Fakten und den Hypothesen ziemlich genau zwei Arten von Aussagen in einer empirischen Theorie.[22] Eine empirische Theorie braucht immer einige empirische Fakten und einige Hypothesen, Gesetze, Axiome oder Voraussetzungen, die die Fakten »unter einen Hut« bringen.

Abb. 1.4.2

```
1   bleibt(peter).                    /* Fakt1 */
2   mag(uta,hans).                    /* Fakt2 */
3   bleibt(X):-mag(X,Y).              /* Hypothese1 */
4   bleibt(X):-mag(Y,X).              /* Hypothese2 */
5   mag(Z,Y):-mag(Y,Z).              /* Hypothese3 */
```

Normalerweise sollte es in einem Sim-Programm mindestens eine Hypothese (eine »Regel«) geben, in der sowohl im Kopf als auch im Rumpf Variable vorkommen. Überdies sollte es in einer Hypothese mindestens eine Variable im Kopf geben, die auch im Rumpf vorkommt. Eine solche Hypothese hat die Form

$$\text{pred\_1}(X, Y\_1, \ldots, Y\_n) :- \text{pred\_2}(X, Z\_1, \ldots, Z\_m).$$

In dieser Klausel haben wir zunächst *alle* »Nicht-Variablen« (Argumente, Zahlen, Listen, Mengen, Funktionswerte) aus den Prädikaten pred_1 und pred_2 durch Variable ersetzt. Dies lässt sich natürlich wieder rückgängig machen und wir können die Stellen eines Prädikats auch »gemischt« füllen. D.h. einige Variable können wir wieder durch Namen, Zahlen, Listen, Mengen oder Funktionsterme ersetzen, z.B. pred_1(udo, X3,4.5,f(34),X4,[Z,uta]).

Ein weiterer wichtiger Punkt betrifft den Aufbau von Sim-Programmen. Sim-Programme können einfach, modular, parallel oder sequentiell aufgebaut sein. Auf die Unterscheidung zwischen parallelen und sequentiellen Programmen kommen wir später zu sprechen. Ein *einfaches* Sim-Programm besteht aus einem einzigen Programmblock, der ohne das Hinzuladen weiterer Programmteile ausführbar ist. Alle Klausen, die für ein Programm notwendig sind, stehen in einer einzigen Datei. Oft ist es aber zweckmäßig, ein Programm auf mehrere Dateien aufzuteilen,

---

22 Siehe z.B. (Balzer, 2009).

siehe (2.4). Dabei werden meist beim Programmablauf weitere Programme bzw.
Teile hinzugeladen, oder auch wieder entfernt. Weil ein solches Programm aus verschiedenen Teilen besteht, bezeichnen wir solche Programme als *modular*. Modu-
lare Programme haben den Vorteil, dass Teile wieder verwendet werden können.
Man kann auch deutlicher Teile voneinander abgrenzen und theoretisch interessante Passagen von eher technischen Passagen trennen. Diese »Verteilung« von
Modulen ist allerdings auch fehleranfällig.

In der einfachsten modularen Form lassen sich in PROLOG Programmteile als
Fakten hinzufügen bzw. entfernen. Dazu dienen die bereits erwähnten PROLOG
Prädikate `assert` und `retract`. Zwei andere, wichtige Befehle, die bei verteilten
Sim-Programmen verwendet werden können, sind `multifile` und `dynamic`. Die-
se Befehle haben eine spezielle Klausenform, ihre Köpfe sind leer:

```
:- multifile pred/N.
:- dynamic pred/N.
```

`pred` ist dabei ein Prädikat mit N Argumentstellen. Diese Befehle lassen sich auch
für ganze Listen von Prädikaten ausführen, z.B.

```
:- multifile[pred1/N1,pred2/N2,...,predn/Nn].
```

Der Zweck dieser beiden Befehle besteht darin, ein bestimmtes Prädikat, etwa `pred`
(_,_), im Programmablauf zu verändern. Das Prädikat `pred` kann beispielsweise
im Simulationslauf von einer anderen Hilfsdatei importiert worden sein. Oder es
kann im weiteren Ablauf mit anderen Argumenten besetzt werden, die z.B. auch
von anderen Hilfsdateien stammen können ($\mathcal{KG}$! 144). Das Prädikat kann mit
`retract(pred(X,Y))` auch wieder gelöscht werden.

Inhaltlich gesehen kann also in einer Simulation jederzeit eine »objektive Tat-
sache« verändert, gelöscht oder neu hinzugefügt werden.

Dazu ein einfaches Beispiel auf der nächsten Seite: Wir möchten den Fakt
`mag(peter,hans)`, der im Ablauf des Hauptprogramms benutzt wird, ersetzen, weil
peter hans nicht mehr mag ($\mathcal{KG}$! 145), sondern jemanden anderen mag. Dazu
schreiben wir an den Anfang des Hauptprogramms die zwei beschriebenen Befehle für das Prädikat `mag`, siehe (1) in der obigen Tabelle. Damit lässt sich das Prädikat
`mag` in mehreren Dateien verwenden und im Ablauf können die Argumente von
`mag(_,_)` verändert werden – und zwar nicht nur als Variable.

Wenn wir in (1) in der Tabelle unten vor die beiden ersten Klausen ein Prozent-
zeichen (%) setzen, werden sie in Kommentare umgewandelt und somit deaktiviert. Das in dieser Weise veränderte Programm gibt nach dem Start eine Fehlermeldung aus. In (2) sieht man im `trace` Modus wie die Variablen X, Y gerade belegt
sind, nämlich zunächst mit X=peter und Y=hans. In (3) wird dieser Fakt gelöscht.
Stattdessen wird die Datei `data145.pl` in die Datenbasis geladen und anschließend
ein erster Fakt aus der Datenbasis geholt. In (4) ist zu sehen, wie dieser Fakt aussieht: `mag(X,W)`. Dieser neue Fakt wird in (4) in die Datenbasis eingetragen. Hier

ist X=peter und W=uta. Diesen neuen Fakt haben wir in (5) auch an die externe Resultatdatei res145 geschickt. Wenn wir multifile und dynamic deaktiviert haben, funktioniert in (3) retract nicht mehr ($\mathcal{KG}$! 145).

Daten ersetzen und herausschreiben	
`:- multifile mag/2.    :- dynamic mag/2.`	(1)
`mag(peter,hans).`	
`start:- trace, mag(X,Y), write(mag(X,Y)),`	(2)
`    retract(mag(X,Y)), consult('data145.pl'),`	(3)
`    mag(V,W), asserta(mag(X,W)),`	(4)
`    writein('res145.pl',mag(X,W)).`	(5)
`/* Wir öffnen data145.pl */`	
`:- dynamic mag/2.`	
`mag(karl,uta).`	
`/* Wir öffnen res145.pl */`	
`mag(peter,uta).`	

Kurz noch ein paar Worte zu parallelen Sim-Programmen. Ein *paralleles* Sim-Programm enthält technische Aspekte, die in den letzten Jahren »wiederentdeckt« wurden. Grundsätzlich lässt sich Parallelisierung hardware-technisch und software-technisch realisieren. Parallelisierte Hardware besteht u.a. aus mehreren Prozessoren, die unabhängig voneinander und gleichzeitig Prozesse ausführen können. Wir hatten in unserer Simulationsgruppe im letzten Millenium schon Zugang zu echter, paralleler Hardware, die wir aber nur kurze Zeit benutzen konnten. Sie wurde ziemlich schnell wieder »vom Markt genommen« (Brendel, 2010), (Balzer und Brendel, 1996). Um parallelisiert simulieren zu können ist entsprechende Hardware aber nicht unbedingt notwendig. Die Parallelisierung kann auch über Software nachgeahmt werden. Software-technisch lässt sich Parallelisierung beispielsweise mit *threads* (»Fäden«) umsetzen, die mit *Java* in den neunziger Jahren aufkamen. Wir verwenden im Folgenden den Begriff *Thread* auch in diesem Buch.

Threads lassen sich auch in PROLOG erzeugen und programmieren. Dabei werden in einem Programmablauf Berechnungen »parallel« in mehreren »Fäden« oder »Strängen« bearbeitet. Die Berechnungen in einem Thread sind vom Rest des Programms und von anderen Threads unabhängig – was Vor- und Nachteile hat: Einerseits wird dadurch die Computerlast besser verteilt und die Rechenzeit oft verkürzt. Andererseits entsteht aber ein »Beziehungsproblem«. Wenn zwei Threads unabhängig voneinander »vor sich hin rechnen«, gibt es keine »Auge in Auge« Beziehung mehr. Alle Beziehungen zu einem anderen Thread, die *in* einem Thread bearbeitet werden, können nur entweder ausgelagert oder verkapselt werden oder vor und nach der Bearbeitung des Threads stattfinden. Im Manual von

SWI-PROLOG findet sich ein relativ neuer Abschnitt, in dem die entsprechenden Befehle aufgelistet sind (3.4).

Ein letzter Punkt betrifft die Darstellung der Simulationsresultate. In Simulationsprojekten sollten die im Programm erzeugten Ergebnisse normalerweise in grafischer Form übersichtlich präsentiert werden. Auf dem Markt sind viele Grafikprogramme verfügbar, die aus den Sim-Ergebnissen Bilder produzieren. Normalerweise werden solche Programme als reine Werkzeuge benutzt. Wir verwenden hier das Programm XPCE, das aus derselben Quelle wie SWI-PROLOG stammt und ebenso kostenlos zur Verfügung steht. Das Programm ist recht mächtig. Mit ihm lassen sich im Prinzip alle grafischen Darstellungen erzeugen, die auch in Computerspielen üblich sind. XPCE hat – für uns – den weiteren Vorteil, dass die Grafikbefehle in der Syntax von PROLOG, also in Klausenform, codiert sind. Wir brauchen deshalb keine weitere Programmiersprache zu lernen. Nur wer XPCE selbst verstehen möchte sollte die Sprache C^{++} kennen, in der XPCE geschrieben wurde.

XPCE ist objektorientiert. Am Anfang eines Programms werden Objekte erzeugt und mit Namen versehen. Diese Namen haben die standardisierte Form @x1x2x3x4x5, wobei x1,...,x5 natürliche Zahlen zwischen 0 und 9 sind, z.B. @85611. Ein solches Objekt kann in verschiedenen Funktionen verwendet werden. In XPCE gibt es eine Vielzahl von verschiedenen Objektarten wie Punkte, Kreise, Linien, Farben, Rahmen und auch Objekte selbst. Diese Objektarten sind baumartig angelegt. Wenn wir von einer ersten Objektart über einen Ast zu einer zweiten, höheren Art gelangen, ist jedes Objekt der ersten Art auch ein Objekt der zweiten Art. Jeder Kreis ist beispielsweise auch eine Linie.

Wurde XPCE geladen, liegt XPCE auch im PROLOG Ordner. Mit `consult` können wir ein mit XPCE geschriebenes Grafikprogramm, z.B. `graph1`, in die Datenbasis laden. Ist dies geschehen, können wir genau an dieser Stelle auch ein XPCE Programm als Teilprogramm aktivieren. Wir fügen z.B. folgende Klauseln hinzu:

```
...                                                                     1
consult('graph1.pl'),                                                   2
look_at(picture1),                                                      3
...                                                                     4
look_at(picture1):- ...                                                 5
```

1 und 4 enthält das Sim-Programm ohne das Grafikprogramm. In 2 holen wir das mit XPCE geschriebene Grafikprogramm `graph1` und aktivieren in 3 einen Term, der in 5 im Kopf zu finden ist.

In einem auf diese Weise eingebundenen Grafikprogramm werden die Sim-Resultate aus einer Datei, z.B. `res1` geholt, indem die Datei `res1` ebenfalls in das Hauptprogramm dazugeladen wird. Dann kann ein bestimmter Fakt direkt aus der Datenbasis verwendet und mit XPCE weiterverarbeitet werden. Auf diese Weise greift XPCE – via PROLOG – auf Resultatdateien zurück, die in einem anderen Ordner liegen, siehe Abschnitt (3.6) unten.

1.5 Programmablauf

Ein Sim-Programm produziert Computerabläufe, also physikalische Prozesse, die durch den Rechner gesteuert werden. Bis heute sind fast alle Computer deterministische *Produktionssysteme*. Ein Produktionssystem ist abstrakt gesprochen eine Liste von Regeln oder Hypothesen, mit denen Terme mechanisch verändert, erzeugt oder abgeleitet werden. In PROLOG ist eine Regel einfach eine Klausel. Eine solche Regel oder Klausel besteht - wie bereits erwähnt - aus einem Paar von Termen: aus dem Kopf und aus dem Rumpf. Die Klausen werden normalerweise von links nach rechts gelesen. Das System startet mit dem Kopf einer Regel, nimmt den dazugehörigen Rumpf und bearbeitet ihn. In diesem Prozess sucht PROLOG im Rumpf »irgendwie« einen Term, der mit dem Kopf einer anderen Klausel aus der Klausenliste identisch ist.

Wenn wir einen Fakt als Frage eingeben, wird PROLOG nach diesem Fakt suchen. Findet PROLOG diesen Fakt in einer Zeile des Programms oder kann es den Fakt aus einer Regel ableiten, gibt es yes aus. Das bedeutet: Der Fakt ist relativ zu den Klausen des Programms wahr; er ist entweder im Programm direkt vorhanden oder folgt aus den Klausen logisch. Wenn PROLOG den Fakt in der Datenbasis nicht findet und ihn auch nicht aus dem Programm ableiten kann, wird no ausgegeben. Wie kommt PROLOG auf dieses negative Resultat? PROLOG nimmt den Fakt aus der Frage und sucht die Klausen des Programms von oben nach unten ab. Ist in der Datenbasis die Frage nicht direkt als Fakt vorhanden gibt es genau zwei Möglichkeiten. Erstens kann der Fakt den Kopf einer Regel im Programm bilden. In diesem Fall kommt die PROLOG Produktion »in Gang«. PROLOG arbeitet dann die Regel nach dem oben vorgestellten Verfahren ab. Die zweite Möglichkeit besteht darin, dass PROLOG keine Regel findet, in der die Frage als Kopf erscheint. In diesem Fall »nimmt PROLOG an«, dass der Fakt nicht zutrifft und gibt no aus.

Wir gehen nun davon aus, dass in einem Ablauf einige Regeln angewendet wurden und dass PROLOG auf einen satzartigen Term trifft, der im Rumpf einer Klause vorkommt. Wir bezeichnen diesen Term mit predi(X,Y). Was macht PROLOG in dem gegebenen Programm aus diesem Term? Der Term steht innerhalb einer Klause, genauer innerhalb des Rumpfes der Klause (siehe Abbildung 1.5.1). Da es in dem Term Variable gibt muss PROLOG Instantiierungen finden. PROLOG sucht also nach einem Fakt oder nach einem Kopf einer anderen Klause, der zu dem satzartigen Term passt. Wir werden diese beiden Möglichkeiten genauer beschreiben.

Abb. 1.5.1

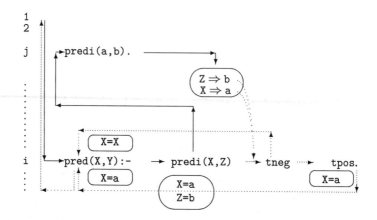

Die erste Möglichkeit ist in Abbildung 1.5.1 dargestellt. Die Pfeile sollen den Prozesspfad darstellen. Wir befinden uns in einem PROLOG Prozess, der Prozess ist also »schon am Laufen«. In Zeile i hat das System eine Klausel gefunden, deren Kopf die Form pred(X,Y) hat. Wie das System diese Klausel gefunden hat wollen wir hier außer Acht lassen. PROLOG geht in Zeile i vom Kopf der Klausel weiter nach rechts zum Rumpf. Der Rumpf kann, wie vorher beschrieben, eine Konjunktion von weiteren Termen sein, die wiederum komplex aufgebaut sein können. Aus didaktischen Gründen sind in Abbildung 1.5.1 nicht alle Teile des Rumpfes dargestellt. Der Prozess kommt durch den Pfeil zu einem Konjunktionsglied predi(X, Z). Dieses hat im Beispiel die Form eines Terms mit zwei Variablen X, Z. PROLOG versucht nun diesen Term zu erfüllen, d.h. diese Variablen durch Namen oder Konstanten so zu ersetzen, dass ein Fakt der Form predi(_,_) entsteht. Anstelle der Unterstriche stehen dann Namen oder Konstante. Dazu sucht es in der Datenbasis von oben nach unten nach einem Prädikat namens predi. Falls es fündig wird, ersetzt es die Variablen X und Z in diesem Prädikat durch die Konstanten. In Abbildung 1.5.1 wird PROLOG in der Zeile j fündig. Es nimmt die beiden Konstanten a, b, und ersetzt in Zeile i die Variablen X und Z im Term predi(X,Z) durch die Konstanten a und b. Das Prädikat predi hat damit nach der Instantiierung die Form: predi(a,b). Technisch ausgedrückt werden die Variablen X und Z durch die Konstanten a und b *instantiiert*.

Wir haben die beiden Instantiierungen in ein Oval eingezeichnet. Nun wandert der Prozess in Zeile i weiter nach rechts. Hier sind nun zwei Fälle eingezeichnet. Wenn PROLOG einen Term tneg trifft, welcher für PROLOG ungültig ist, löst PROLOG die Instantiierungen der Variablen X und Z wieder auf. Nun kehrt der PROLOG Prozess zum Kopf in Zeile i zurück, wobei die Variable X wieder frei ist. Der Beweis der Klausel in Zeile i ist in diesem Fall gescheitert. PROLOG wandert in der Abbildung nach links und nach oben und versucht, im hier nicht dargestellten Ausgangspunkt weiter zu arbeiten. Der zweite Fall liegt vor, wenn tneg und alle anderen Terme in der Klause rechts von tneg für PROLOG richtig sind. In diesem Fall bearbeitet PROLOG schießlich den letzten Term tpos, wobei die Variable X weiterhin durch die Konstante a belegt ist. Da auch tpos richtig ist, ist die ganze Klause in i erfolgreich abgearbeitet, also bewiesen. PROLOG wandert nach links zum Kopf der Klause, der nun so aussieht: pred(a,Y). Schließlich geht PROLOG nach oben und arbeitet oben weiter, wobei die Variable X an a gebunden bleibt. Was aus der zweiten Variablen Y geworden ist, wurde nicht erörtert.

Im positiven Fall hat der Prozess den Kopf pred(X,Y) gefunden und nach Anwendung in i die Variablen instantiiert. Die Variable X wurde durch eine Konstante ersetzt: pred(a,Y). Mit diesem Term wird der Prozess dann weiterarbeiten.

Die zweite, oben angesprochene, interessantere Möglichkeit liegt vor, wenn der hier exemplarisch benutzte Term pred_i(X,Z) zu *keinem* Fakt in der Datenbasis führt. D.h. es gibt zum aktuellen Zeitpunkt in der Datenbasis keinen Fakt dieser Form. In diesem Fall sucht PROLOG den Term pred_i(X,Z) im Kopf einer Klause. Diese Möglichkeit wird in Abb. 1.5.2 bildlich dargestellt.

Abb. 1.5.2

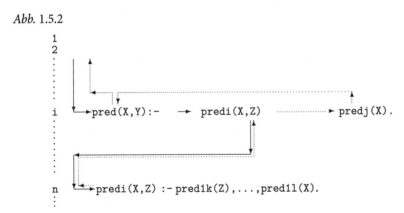

Der Programmablauf geht bei Zeile i über den Kopf pred(X,Y) weiter bis zum Term predi(X,Z). Was macht das System in diesem Fall? Es sucht nach einer Klause, deren Kopf der Term predi(X,Z) ist. In Abbildung 1.5.2 findet das System eine solche Klause in Zeile n und wendet sie an. Dabei bleibt die Klause in Zeile i weiterhin »aktiv«; sie ist ja noch nicht völlig abgearbeitet. Das PROLOG System speichert alle Informationen über die bis jetzt gemachten Schritte in Klause Nr. i, um später wieder zu dieser Klause an der »richtigen« Stelle zurückzukehren. PROLOG bearbeitet nun die Klause in n, nimmt den Kopf und arbeitet die Klause Schritt für Schritt ab. Hier gibt es eine Vielzahl von Möglichkeiten, die wir aber nicht weiter verfolgen wollen. Mit dem erfolgreichen Abarbeiten des letzten Prädikats in Zeile n hat PROLOG die ganze Klause vollständig bearbeitet. Damit ist die

Klause in n wahr, und somit auch der erste Term im Rumpf von Zeile i. An dieser Stelle wird der PROLOG Prozess dann fortgesetzt. Er bearbeitet nun die weiteren Konjunktionsglieder der Klause in i bis zum Ende. Sind alle Konjunktionsglieder erfolgreich bewiesen, wandert der Prozess weiter nach oben zu dem Punkt, von dem der Teilprozess gestartet ist. Ob hier eine der Variablen verändert wurde, haben wir nicht weiter untersucht. Wir wollten mit dem Beispiel nur zeigen, dass der Prozess wieder zurück zum Term pred_i(X,Z) in Zeile i springt.

Zusammengefasst lässt sich also sagen: Stößt der Prozess auf eine Klause i, in deren Rumpf ein Term predi(X,Z) mit Variablen zu finden ist, stoppt die weitere Abarbeitung der Klause zunächst und versucht, den aktuellen Term zu beweisen. Der Prozess springt mit dem Term zu einer anderen Klause n, die er bearbeitet. Erst dann kehrt er wieder an die betreffende, »richtige« Stelle der Klause i zurück. Wurde diese Klause beendet, kehrt der Prozess weiter »nach oben« zurück.

Der Produktionsprozess lässt sich auch aus einer anderen Perspektive betrachten. Als zeitlichen Prozess sollte man ihn sich inhaltlich wie folgt vorstellen. Ein Kopf, der in der Klause eines Prozesses bearbeitet wird, ist komplexer als der zugehörige Rumpf. Der Kopf wird durch die Klause auf den »einfacheren« Rumpf zurückgeführt. Grafisch gesehen geschieht genau das Gegenteil (siehe Abbildung 1.5.1 und 1.5.2). Der Kopf ist einfach strukturiert; er besteht nur aus einem satzartigen Term, während der Rumpf ziemlich komplex sein kann. Um diese Vorstellung trotzdem weiter zu stützen kann man sich den Kopf als eine Art Abkürzung des Rumpfes (eine »partielle Definition«) vorstellen, in der ein neues Wort eingeführt wird. Dies ist sicher ein sehr grobes, aber oft hilfreiches Bild.

In den »letzten« Schritten eines Prozesses werden Klausen benutzt, bei denen Variable »direkt« durch Konstante ersetzt werden. Dieser Prozess wurde in Abbildung 1.5.1 genauer beschrieben. Eine Variable wird in einem Term der Art pred(X,...) durch einen Namen oder eine Zahl ersetzt, z.B. pred(peter,...) oder pred(32.635,...). In Sim-Programmen verkomplizieren sich die Dinge allerdings, weil erstens ein zusammengesetzter Term oft mehrere Möglichkeiten hat, zu einer anderen Klause zu springen, und weil zweitens bei einer Schleifenbildung verschiedene Ersetzungen von Variablen dieser Art existieren können. Letzteres bedeutet, dass eine Klause pred(X) durch verschiedene Konstanten instantiiert werden kann. In jedem Fall geschieht dies systematisch: Findet ein Sim-Programm den Term pred(X), werden alle Möglichkeiten für die Ersetzung der Variablen pred(X) durchprobiert.

Im Prinzip wird ein Sim-Programm die Klausen immer so abarbeiten, dass der Prozess am Schluss mit Instantiierungen von Konstanten und Namen endet, in denen alle Variablen durch Namen (und ähnliche Kategorien) ersetzt werden. Aus wissenschaftstheoretischer Sicht werden die Hypothesen damit auf Daten zurückgeführt. In einer anderen Sichtweise kann man ein PROLOG Programm auch als Analyse von Gesamtstrukturen sehen. Eine durch Hypothesen beschriebene

Struktur wird in elementare Bestandteile – Fakten – zerlegt und analysiert. In PRO-
LOG wird diese Analyse mit Hilfe der Methode der Rückwärtsverkettung (*back-tracking, backward chaining*) erreicht, die wir oben schon beschrieben haben.

Zusammengefasst läuft der PROLOG Prozess also so ab: Wurde ein Sim-
Programm in den Arbeitsspeicher geladen und das Produktionssystem gestartet
liegen alle Klausen des Programms in der Datenbasis. Bei einer entsprechenden
Frage wird die erste Klause aus dieser Liste aufgerufen und abgearbeitet.

Wenn der Benutzer eine Frage gestellt hat, beginnt, wie oben beschrieben, die
Bearbeitung. Das PROLOG-System nimmt die eingegebene Frage, entfernt den
Punkt und versucht den entstehenden Term auf Basis der vorliegenden Klausen zu
beweisen. D.h. PROLOG durchsucht die Datenbasis – die Liste der Klausen – von
oben nach unten, bis PROLOG eine Klause findet, die mit dem Kopf der Klause identisch ist: der Term »passt« zum Kopf. Dann wendet sich PROLOG dem
Rumpf der Klause zu. Das PROLOG System schiebt diesen Rumpf in sein »Kurz-
zeitgedächtnis« und prüft, ob der Term in einer der Klausen als Kopf zu finden.
Ist dies der Fall wird das System diesen Kopf bearbeiten. Der Rumpf der dann gerade bearbeiteten Regel wird als neue Sequenz genommen und es wird versucht,
die Terme dieses Rumpfes zu beweisen. Und so weiter.

Abb. 1.5.3

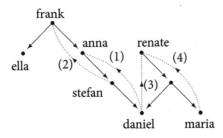

In dem folgenden Programmcode und der dazugehörigen Abbildung 1.5.3 haben
wir die oben diskutierten Teilabläufe dargestellt. Das Beispiel veranschaulicht auch
die Backtracking-Methode. Inhaltlich geht es um persönliche Beziehungen in einem Netz von Akteuren. In Abbildung 1.5.3 werden zwei unterschiedliche
Beziehungsarten durch zwei Typen von Pfeilen dargestellt. Ein durchgezogener
Pfeil bedeutet freund(AKTEUR1,AKTEUR2), d.h. »Akteur1 ist Freund von Akteur2«.
Ein gepunkteter Pfeil besagt ist_bekannt_mit(AKTEUR1,AKTEUR2), d.h. »Akteur1
ist bekannt mit Akteur2 (im Grad 1)«. Eine Bekanntschaft ersten Grades soll
bedeuten, dass Bekannte von Bekannten in diesem Beispiel nicht berücksichtigt
werden.

Aus der Grafik ist ersichtlich, dass eine Bekanntschaft einfach durch zwei gekop-
pelte Freundschaftsbeziehungen entsteht. Das dazugehörige Programm beginnt
mit sieben Fakten.

```
freund(frank,ella).                                            1
freund(anna,stefan).                                           2
freund(frank,anna).                                            3
freund(stefan,daniel).                                         4
freund(klaus,daniel).                                          5
freund(renate,klaus).                                          6
freund(klaus,dominique).                                       7
                                                               8
start :- trace,                                                9
   ist_bekannt_mit(AKTEUR1,AKTEUR2).                          10
                                                              11
ist_bekannt_mit(AKTEUR1,AKTEUR2) :-                           12
   ( freund(AKTEUR2,AKTEUR3), freund(AKTEUR3,AKTEUR1) ).      13
```

Die Klause in 10 und 10 können wir uns eigentlich sparen. Wenn wir diese Klause weglassen müssen wir allerdings den langen Kopf der Klause 12 als Frage eintippen. Die start Klause ist deshalb nützlich, um die von PROLOG erwartete Frage durch einen kürzeren Ausdruck zu ersetzen.

In dem Beispielprogramm soll PROLOG die Frage

```
?- ist_bekannt_mit(AKTEUR1,AKTEUR2).
```

beantworten. PROLOG beginnt dazu den Rumpf von 13 zu bearbeiten. Zunächst versucht PROLOG, den Term freund(AKTEUR2,AKTEUR3) mit einem Fakt in Passung zu bringen. Da PROLOG immer die Zeilen von oben nach unten absucht findet PROLOG sofort in 1 den Fakt freund(frank,ella), so dass AKTEUR2 mit frank und AKTEUR3 mit ella instantiiert wird. PROLOG stößt nun auf den nächsten Term freund(AKTEUR3,AKTEUR1), wobei AKTEUR3 gerade durch ella ersetzt wurde. In der Faktenbasis findet PROLOG aber keinen Fakt der Form freund(ella,_). Inhaltlich gesehen hat ella keine Freunde. Wenn wir das Programm im trace Modus laufen lassen sehen wir in

```
Call: (8) freund(ella,_G319) ? creep,
```

dass PROLOG keine Instantiierung für die Variable _G319 findet. Diesen Misserfolg gibt PROLOG in der nächste Zeile bekannt:

```
Fail: (8) freund(ella,_G319) ? creep.
```

Damit ist freund(AKTEUR3,AKTEUR1) gescheitert. Die Variablen können nicht instantiiert werden. Es gibt nur eine einzige Möglichkeit weiter zu kommen, nämlich mit Backtracking zurückzugehen. Im ganzen Term werden diejenigen Variablen, die gerade durch Fakten instantiiert wurden, wieder »freigeschaltet«. Nun bearbeitet PROLOG den Rumpf wieder in der gerade beschriebenen Weise und setzt mit dem zweiten Fakt fort: freund(anna,stefan). Der erste Fakt wurde ja bereits negativ bearbeitet und wird daher bei der weiteren Suche ausgeschlossen. PROLOG versucht wieder freund(AKTEUR3,AKTEUR1) zu erfüllen, wobei AKTEUR3 schon durch `stefan` ersetzt wurde. Diesmal findet PROLOG in Zeile 4 einen Fakt `freund(stefan,daniel)` und ersetzt `AKTEUR1` durch `daniel`. Damit ist auch der zweite Term instantiiert und die Konjunktion im Rumpf der Regel ist richtig. PRO-LOG hat damit den Rumpf positiv bearbeitet bzw. bewiesen und kehrt zum Kopf zurück. Im Beispiel ist somit die Frage `?- ist_bekannt_mit(AKTEUR1,AKTEUR2)` positiv beantwortet. Die Variable `AKTEUR1` ist mit `stefan`, die Variable `AKTEUR2` mit `daniel` instantiiert. Inhaltlich gesprochen ist Stefan mit Daniel bekannt.

Wir weisen darauf hin, dass Zeile 12 im obigen Programmcode die in Abbildung 1.5.2 diskutierte Form hat. 12 entspricht in Abbildung 1.5.2 der Zeile i. Der Rumpf von Zeile 10 ist identisch mit dem Kopf der Klausel in Zeile n und in dem Beispiel hier mit dem Kopf der Klausel 12.

Grundsätzlich können bei einem Programmablauf zwei Fälle auftreten, wobei der erste eine »Anomalie« ist. Erstens kann es sein, dass PROLOG mit der Produktion nicht mehr aufhört, weil das System immer eine Klausel findet, deren Kopf auf den gerade bearbeiteten Rumpf passt. Technisch gesehen läuft in diesem Fall der Speicher einfach über; jeder Programmierer kennt Fehlermeldungen wie `Out_of_local_stack` ($\mathcal{KG}$! 143). Zweitens kann der Prozess stoppen, weil der gerade bearbeitete Rumpf zu *keinem* Kopf einer Klausel mehr passt. In diesem Fall wird das Programm an diesem Punkt regelgerecht beendet.

Das kleine Beispiel in Abbildung 1.4.2 veranschaulicht diese beiden Fälle. Wenn wir dieses Programm laden und eine Anfrage rechts vom Symbol `?-` eintippen, zum Beispiel

```
1   ?-   bleibt(hans).
```

sollte diese Frage sofort mit `yes` beantwortet werden. Haben Sie das Programm in den `trace` Modus gebracht können Sie den Ablauf schrittweise nachvollziehen – so weit dies eben am Bildschirm darstellbar ist.

PROLOG vergleicht die beiden Fakten und die drei Köpfe. Alle passen zunächst nicht direkt zur Frage. PROLOG findet aber in Zeile 3 eine Hypothese, in der der Kopf dieselbe Form wie die Frage `bleibt(hans)` hat: `bleibt(X)`. PROLOG ersetzt deshalb die Variable `X` mit `hans`. Die Variable ist instantiiert; sie kann nicht durch einen anderen Namen ersetzt werden. Man sieht, dass die Klausel in Zeile 3 nun die Form hat: `bleibt(hans):-mag(hans,Y)`. PROLOG untersucht nun den Rumpf `mag(hans,Y)` und sucht von oben nach unten, ob der Term `mag(hans,Y)` erfüllt werden kann. Das System findet in Zeile 2 den Term `mag(uta,hans)`, der aber zu `mag(hans,Y)` nicht passt: `uta` ist nicht mit `hans` identisch. PROLOG befindet sich nun in der in Abbildung 1.5.2 abgebildeten Situation. Der Interpreter springt zur Klausel (Zeile 5) `mag(Z,Y):-mag(Y,Z)`. Dort lässt sich der Kopf `mag(Z,Y)` mit dem Term `mag(hans,Y)` gleichsetzen. Die Variable `Z` wird durch `hans` ersetzt, der Name `hans` wird so an eine zweite Variable gebunden. Anders gesagt werden sowohl die Variable `X` als auch `Z` mit demselben Namen belegt. Der Kopf hat sich zu `mag(hans,Y)` und der Rumpf zu `mag(Y,hans)` umgewandelt. Das Programm erkennt, dass beide Argumente in beiden Termen nicht an denselben Argumentstellen stehen. Formal besagt Hypothese3 in Abbildung 1.4.2, dass die Variablen Z und Y getauscht werden; inhaltlich hat diese Regel aber durchaus einen zusätzlichen Sinn. Wenn Z=peter und Y=uta ist, hat mag(hans,uta) sicher nicht denselben Sinn wie mag(uta,hans). Formal versucht PROLOG mag(Y,hans) zu erfüllen. PROLOG befindet sich in der in Abbildung 1.5.1 abgebildeten Situation. Hier springt PROLOG aus Klause 5 zum Fakt mag(uta,hans), den PROLOG in Zeile 2 findet. Y wird mit uta identifiziert und mag(Y,hans) mit dem Fakt mag(uta,hans). PROLOG springt dann wieder zu Klause 3 zurück. Dort ist damit die Variable Y an uta gebunden: mag(hans,uta) :- mag(uta,hans) und die Klause wurde erfolgreich bearbeitet. PROLOG springt in die Klause 3, in der die Variable Y anfangs nicht belegt war. Das System verändert den Zustand der Klause 3, die vorher die Form bleibt(hans) :- mag(hans,Y) hatte, automatisch in bleibt(hans):-mag(hans, uta). Damit ist auch Klause 3 bearbeitet. In diesem Zustand kann PROLOG vom Rumpf zum Kopf zurückkehren, deren Variable durch einen Namen ersetzt wurde. PROLOG sieht also einerseits den in Zeile 3 abgeleiteten Term bleibt(hans) und die ursprüngliche Frage bleibt(hans). Da beide Terme identisch sind, wird die Frage mit yes positiv beantwortet.

Es sei darauf gewiesen, dass an dieser Stelle alle drei Variablen X, Y, Z, die in den beschriebenen Prozeduren mit Namen belegt wurden, wieder automatisch »freigeschaltet« werden. D.h. alle gespeicherten, internen Prozessinformationen über diese Variablen werden wieder gelöscht. Bei einer weiteren Frage kann PROLOG diese Variablen wieder an neue Namen binden. Wenn wir z.B. die Frage mag(uta, peter) eingeben, sehen wir, dass PROLOG den ganzen Speicherplatz ausschöpft, aber trotzdem nicht weiterkommt. Mit trace erkannt man, dass das Programm in einer Endlosschleife gefangen ist.

1.6 Schleifen

Schleifen nehmen in jeder Programmiersprache eine zentrale Stellung ein. Sie dienen als Kontrollstrukturen, mit denen sich Anweisungen im Prinzip beliebig oft wiederholen lassen. Dabei können auch mehrere Schleifen ineinander verschachtelt sein. Bei einer sozialen Simulation sind immer zwei Schleifen wichtig. Die erste Schleife läuft über die Zeit, d.h. über eine bestimmte Anzahl von Zeitpunkten (oder Zeitperioden) und die zweite über die Akteure. Die erste Schleife nennen wir im Folgenden die *Zeitschleife* und die zweite die *Akteurschleife*. In der klassischen und einfachsten Art, Sim-Programme zu schreiben, wird zuerst die Zeitschleife angestoßen. Die Akteurschleife startet und endet innerhalb dieser Zeitschleife in jedem Zeitschritt. Zeit- und Akteurschleifen müssen in einem Sim-Programm nicht die einzigen Schleifen sein. Normalerweise werden noch viele weitere Schleifen konstruiert, die verschiedene »spezielle Probleme« bearbeiten. Dazu später mehr.

In der Zeitschleife verwenden wir »die Zeit« in abstrakter Weise. Sie besteht aus einer bestimmten, endlichen Anzahl von Zeitpunkten und einer Beziehung des *später als* zwischen den Zeitpunkten. Da ein Zeitpunkt realistisch gesehen ziemlich lange dauern kann verwenden wir im Folgenden dafür den Begriff *Tick*. Der Ausdruck »Tick« wird in der Informatik als eine von Software zählbare Zeiteinheit verwendet. Das Wort »Tick« vermeidet im Übrigen auch eine Doppeldeutigkeit, die bei dem Wort »Zeitpunkt« in Simulationen auftritt.

Wenn wir in einem Tick verschiedene Akteure handeln lassen, drängt sich auch das Wort »Periode« auf. Eine Periode kann in einer ersten Sichtweise die ganze Zeitperiode eines Systems beinhalten, in einer zweiten Sichtweise kann sie aber auch als ein »kurzer, ungefährer« Zeitpunkt angesehen werden. In dieser zweiten Perspektive umfasst eine »Periode« nur einige wenige Zeitpunkte. Wir vermeiden im Folgenden die Begriffe *Periode* und *Zeitpunkt*. Ein Tick kann ein Zeitpunkt sein, er kann bei einer Anwendung aber auch aus einer komplexeren Entität bestehen.[23]

Um eine Schleife zu programmieren wird meist zu Beginn die Anzahl der Ticks – wie 100 oder 100 000 – als Parameter festgelegt. Dazu tragen wir den Term, der dies festlegt, wie etwa `number_of_ticks(100)`, in die Parameterdatei para ein. Zu bedenken ist dabei: Je mehr Ticks wir in der Zeitschleife durchlaufen, umso länger wird auch der gesamte Programmablauf dauern. Zusätzlich hängt die Dauer des Ablaufs natürlich auch davon ab, wie viel Zeit der Rechner aufbringen muss, um einen einzelnen Tick zu bearbeiten. Manche Ticks sind rechentechnisch aufwändiger, andere weniger.

Normalerweise werden in einem Simulationsprojekt verschiedene Abläufe mit unterschiedlich vielen Ticks gestartet. In der Regel wird daher die Anzahl der Ticks durch eine Variable `NUMBER_OF_TICKS` repräsentiert. Wir schreiben dies wie folgt: `number_of_ticks(NUMBER_OF_TICKS)`. Und für einen einzelnen Tick: `tick(TICK)`.

In PROLOG stellen wir Ticks mit natürlichen Zahlen dar. Die Ticks lassen sich, wenn nötig, in eine Liste der Form `[1,...,NUMBER_OF_TICKS]` bringen. Die zeitliche Beziehung *später als* zwischen Ticks ist in PROLOG implizit fest eingebaut. Für zwei Ticks `TICK1,TICK2` gilt:

`TICK2` liegt später als `TICK1` genau dann wenn `TICK1` kleiner als `TICK2` ist (prologisch ausgedrückt: `TICK1<TICK2`).

In einem Sim-Programm wird somit der *nächste* Tick `TICK_next` durch die Additionsfunktion + beschrieben, die in PROLOG integriert ist. Wenn die Variable `TICK` instantiiert wurde, lässt sich der nächste Tick `TICK_next` durch den Befehl `is` berechnen. Die Zahl `TICK` wird um Eins erhöht:

`TICK_next is TICK+1.`

---

23 In (Balzer und Tuomela, 2003) wird z.B. ein Viertupel von Zeitpunkten als eine neue Einheit verwendet.

Normalerweise werden am Ende einer Akteurschleife die Ticks angepasst (neudeutsch: »upgedated«). Dies erfolgt dadurch, dass man mit retract den alten
Tick aus der Datenbasis entfernt und den neuen Tick mit asserta hinzufügt:

```
...,tick(TICK),TICK_next is TICK+1,retract(tick(TICK)),
    asserta(tick(TICK_next)),....
```

Schleifen gibt es in mehreren Formen. In Sim-Programmen sind zwei Typen von
Schleifen interessant: Geschlossene Schleifen und offene Schleifen. Bei der ersten
Art ist die *Anzahl* der Schleifenschritte fest vorgegeben, bei der zweiten Art bleibt
diese Anzahl zu Beginn unbestimmt. Wir beschäftigen uns im Folgenden zunächst
mit offenen Schleifen.

Grundsätzlich benutzen wir in PROLOG für die Programmierung von Schleifen
vier Befehle: true, fail, repeat und »!« (*cut*). Alle vier Befehle funktionieren
wie nullstellige Prädikate im imperativen Modus. Wenn der Computer in einem
Prozessablauf einen solchen Befehl findet, wird er auf jeden Fall die Anweisung
ausführen. Wir können sie im Rumpf von Klausen an allen Stellen rechts von :-
und links vom Punkt einsetzen, z.B.:

```
pred(...):-term1(...),repeat,term2(...),!.
```

Auf der nächsten Seite sind diese Prozesse in Abbildung 1.6.1 dargestellt. Mit
dem kleinen, durchgezogenen Pfeil kürzen wir mehrere Terme in der betreffenden
Klause ab. Ein gepunkteter Pfeil fasst weitere Ablaufschritte zusammen; einige
Schritte können auch außerhalb der jeweils dargestellten Klause liegen.

Vier PROLOG Steuerbefehle	
true	Befiehlt, weiter nach rechts zu gehen
fail	Befiehlt, nach links zu gehen
repeat	Der Prozess bearbeitet den nächsten, rechts von repeat lie-genden Term. Wenn dieser Term gültig ist, geht der Prozess weiter nach rechts, sonst zu repeat zurück und wieder nach rechts.
! (der *cut*)	Befiehlt, dass der Prozess den *cut* überspringt und wei-ter geht, wenn er von links gekommen ist; wenn er von rechts gekommen ist, verhindert er Backtracking, der Pro-zess bricht ab.

Wenn in 1 der Prozess auf den Befehl true trifft, geht er immer nach rechts, während
er in 2 bei fail immer nach links marschiert. In 3 gibt es zwei Möglichkeiten.
Nachdem der Prozess den Befehl repeat getroffen hat, geht er zum nächsten Term
(hier term2(...)) und versucht, term2(...) zu erfüllen. Wenn dies er Fall ist
(yes), geht er weiter nach rechts. Im zweiten Fall, in dem term2(...) falsch ist,
springt er nach links (no) zu repeat und geht dann nach rechts, um term2(...)
wieder zu bearbeiten. In 4a kommt der Prozess von links zum *cut*, überspringt

ihn und geht weiter nach rechts. In 4b kommt der Prozess dagegen von rechts bis
zum *cut*, der rechts von term1(...) steht. An dieser Stelle muss PROLOG wieder
»umdrehen«, d.h. der Ablauf fließt wieder nach rechts. Backtracking zurück zu
term1(...) wird damit verhindert. Mit diesen vier Befehlen lassen sich meister-
liche PROLOG Programme schreiben, was allerdings dazu führt, dass Leser, die
diese Kunst noch nicht beherrschen, diese Programme oft schwer verstehen.

Abb. 1.6.1

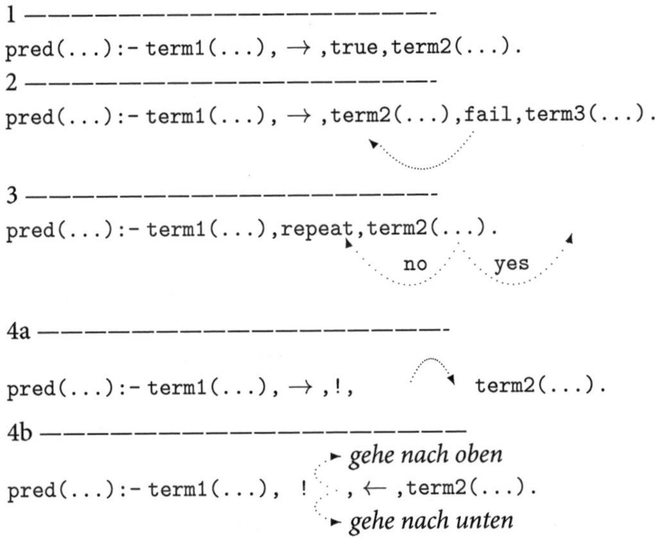

```
1 ─────────────────────────
pred(...):- term1(...), → ,true,term2(...).
2 ─────────────────────────
pred(...):- term1(...), → ,term2(...),fail,term3(...).


3 ─────────────────────────
pred(...):- term1(...),repeat,term2(...).
                              no      yes


4a ─────────────────────────
pred(...):- term1(...), → ,!,          term2(...).
4b ─────────────────────────
                          ► gehe nach oben
pred(...):- term1(...),  !   , ← ,term2(...).
                          ► gehe nach unten
```

Im Allgemeinen kann eine Schleife an den verschiedensten Stellen eines Programms eingebaut werden. Im einfachsten Fall schreiben wir im Rumpf einer Klause:

                    ... term, fail; true ....

In dieser Zeile wird zunächst der Term term abgearbeitet. PROLOG findet den
Befehl fail und macht Backtracking. Damit geht das System so lange zurück, bis
es einen Term findet, in dem noch eine Variable ersetzt werden kann. In diesem
Fall läuft der Prozess wieder in die rechte Richtung. Dies geschieht so lange, bis
durch Backtracking alle Möglichkeiten ausgeschöpft wurden. Erst dann – wenn
kein Backtracking mehr möglich ist – kommt der »Oder«-Operator hinter fail
ins Spiel. Damit findet PROLOG einen neuen Ausweg. Der Trick: Mit true wird
die ganze Oder-Konstruktion wahr. PROLOG kann damit also diese gesamte Klau-
senfolge als richtig bewerten und im vorgesehen Prozess weiter fortfahren. Zur
Veranschaulichung dieser etwas abstrakten Vorgänge können die LeserInnen im
Freund-Beispiel in Abschnitt (1.4) die Hypothese 9 durch folgende Schleife ersetzen:

```
ist_bekannt_mit(AKTEUR1,AKTEUR2) :-
   (freund(AKTEUR2,AKTEUR3),freund(AKTEUR3,AKTEUR1),
      write(ist_bekannt_mit(AKTEUR1,AKTEUR2)),fail; true).
```

Im trace Modus lässt sich das Backtracking-Verfahren in diesem Beispiel gut nachvollziehen.

Schleifen der eben beschriebenen Art nennen wir *offene Schleifen*. Bei einer offenen Schleife ist nicht immer unmittelbar klar, wie oft die Schleife durchlaufen wird.
Werden beim Backtracking keine Alternativen gefunden, endet sie ohne Wiederholung. Im Extremfall, bei nicht durchdachter Programmierung, kann die Abarbeitung auch zu einer Endlosschleife führen.

Eine zweite Art von Schleifen sind *geschlossene Schleifen*. Schleifen dieses Typs
sind nicht besonders effizient, d.h. in der Programmausführung nicht sehr
schnell. Sie lassen sich aber besonders gut lesen und verstehen.

Strukturell besteht eine solche Schleife einerseits aus einer *Vorbereitungs-* und einer *Nachbereitungsphase* und andererseits aus der *reinen* Schleife. In der Vorbereitungsphase werden Programmteile bearbeitet, die für die eigentliche Schleife notwendig sind. Sind nicht alle vorbereitenden Programmschritte erledigt, wird die
Schleife normalerweise nicht funktionieren. Diese vorbereitenden Zeilen können
im Programm ziemlich verstreut sein. Wir deuten dies im Schema [1.6.3] unten
mit Pünktchen an. Eine ähnliche Funktion erfüllt die Nachbereitungsphase. In der
Nachbereitungsphase werden einige Ergebnisse der Schleife so gesichert, dass sie
im weiteren Programm verwendet werden können.

Die eigentliche Schleife enthält bei uns immer zwei Teile, nämlich den *Zählmechanismus* und die *Ausführungsklause*. Die Ausführungsklause lässt sich in allgemeiner Form so darstellen:

$$\text{pred(N,...) :- execute\_pred(N,...),!.} \qquad [1.6.1]$$

In dieser Klause stößt das Prädikat pred(N,...) den Term execute_pred(N,...)
an. Das Prädikat execute_pred nennen wir das *Schleifenprädikat* dieser Schleife.
Dabei kann der Term

$$\text{execute\_pred(N,...)}$$

komplex aufgebaut sein und auf mehrere Klausen zugreifen. Oft wird er aus einer Konstruktion von Konjunktionen und Adjunktionen bestehen. Diese Klause
können wir als eine Art Definition ansehen, die den Kopf der Klause festlegt.

Bei der Ausführungsklause sollte am Ende immer ein *cut* »!« stehen. Fehlt der
cut, kann das Programm durch Backtracking wieder zurück in den Definitions-
prozess und innerhalb dieses – eigentlich schon abgeschlossenen – Prozesses zu
anderen Pfaden kommen, was bei Schleifen unerwünscht ist. Beachtet man diesen
zentralen Punkt *nicht*, wird man Fehler im selbst geschriebenen Programm nur
schwer finden.

Der Zählmechanismus steuert die Wiederholung der Ausführungsklausel durch den dreistelligen Befehl[24] between. In diesem Befehl sind alle drei Argumente natürliche Zahlen oder Variable für natürliche Zahlen.[25]

$$between(ANFANG, ENDE, INDEX), \text{mit}$$
$$ANFANG =< INDEX =< ENDE.$$

Die Zahl INDEX liegt zwischen ANFANG und ENDE. Die Zahlen ANFANG und ENDE repräsentieren (als Zahlen) die vorher festgelegten Anfangs- und Endzeitpunkte der Schleife. Der Zählindex INDEX ist eine Variable, die von ANFANG bis ENDE läuft. Sie wird zu Beginn der Schleife auf ANFANG gesetzt (INDEX=ANFANG), in der nächsten Wiederholung auf INDEX+1, dann auf INDEX+2, INDEX+3 ... und erreicht am Schleifenende ENDE (INDEX=ENDE). Normalerweise wird der Anfangszeitpunkt ANFANG auf 1 gesetzt. Dann läuft INDEX von 1 bis ENDE; d.h. INDEX=1, INDEX=2, INDEX=3, ..., INDEX=ENDE-1, INDEX=ENDE.

Diese Schleife – mit ANFANG = 1 – notieren wir in folgender Form:

$$(between(1, ENDE, INDEX), pred(INDEX, ...), fail; true), !. \qquad [1.6.2]$$

In dieser Form wird der Term pred(INDEX, ...) genau ENDE-Mal wiederholt. Formal betrachtet hat eine Schleife also folgende Struktur:

...

vorbereitende Zeilen, in der insbesondere die Anzahl ENDE der Schleifen festgelegt wird

...   [1.6.3]

```
( between(1,ENDE,INDEX),pred(INDEX,...),fail;true),!,
```

...

```
pred(INDEX,...) :- execute_pred(INDEX,...),!.
```

...

nachbereitende Zeilen

...

Wir erklären diese zentrale Figur genauer anhand des Beispiels unten. Für die Vorbereitungsphase muss in diesem Beispiel das Programm exam162.pl geladen und die Datei data162.pl im selben Ordner vorhanden sein, siehe auch (𝒦𝒢! 161). Die Variable I steht für den Index. Das Schleifenprädikat kürzen wir aus Platzgründen ab, um in Abbildung 1.6.2 Platz zu sparen.

Die ersten drei Zeilen unten bilden die Fakten aus der Datei data162.pl und die Zeilen 5 bis 16 das Programm exam162.pl:

---

24 between gehört nicht zu den PROLOG Standardbefehlen; der Befehl findet sich nur in SWI-Varianten.

25 In PROLOG wird die Beziehung *kleiner oder gleich* für Zahlen mit dem Symbol =< geschrieben. Wir vermeiden daher das normalerweise verwendete Symbol ≤ und schreiben im Folgenden =<, z.B. 3 =< 5 oder X =< 3.2431.

```
namelist([peter,karl,udo,uta,otto]).                          1
social(peter).                                                2
social(uta).                                                  3
                                                              4
start :- trace, consult('data162.pl'),                        5
  namelist(NAMELIST), length(NAMELIST,LENGTH),                6
  asserta(counter(0)),                                        7
  ( between(1,LENGTH,I), do(I,NAMELIST), fail ; true ),!,     8
  write(counter(COUNTER)).                                    9
do(I,NAMELIST) :- nth1(I,NAMELIST,ACTOR),                     10
  ( social(ACTOR), counter(COUNTER),                          11
    retract(counter(COUNTER)),                                12
    COUNTERnew is COUNTER + 1,                                13
    asserta(counter(COUNTERnew))                              14
  ;                                                           15
    fail ),!.                                                 16
```

In dem Beispiel besteht die Vorbereitungsphase aus den Programmzeilen 1-7 und die Nachbereitungsphase aus Zeile 9. In Zeile 5 wird die Datei data162.pl durch consult('data162.pl') in die Datenbasis eingeladen. Die in 1 zu findende Namensliste [peter,karl,udo,uta,otto] wird in 6 mit der Variablen NAMELIST identifiziert und mit dem Term length(NAMELIST,LENGTH) wird die Länge LENGTH der Liste NAMELIST berechnet. LENGTH wird durch die Zahl 5 instantiiert, nämlich durch die Anzahl der Komponenten aus der Liste [peter,karl,udo,uta,otto]. Also: length([peter,karl,udo,uta, otto],5). Damit sind alle Vorbereitungen für die Schleife abgeschlossen.

In der Schleife in Zeile 8 hat das Programm zu dieser Zeit die Variable LENGTH mit 5 belegt und die Variable NAMELIST mit der Liste [peter,karl,udo,uta,otto]. Die Schleife lautet also:

```
(between(1,5,I),do(I,[peter,karl,udo,uta,otto]),fail
  ; true),!.                                           /* 17 */
```

In Zeile 17 in der Abbildung unten gibt es nur noch eine einzige Variable I. Diese wird durch PROLOG automatisch mit der kleinsten, natürlichen Zahl belegt, die zwischen 1 und 5 liegt und in dieser Schleife noch nicht bearbeitet wurde. Dabei werden auch die Intervallgrenzen 1 und 5 benutzt, d.h. 1=<I=<5. PROLOG ersetzt also I durch 1. between(1,5,1) wird nun erfolgreich bearbeitet und PROLOG gelangt durch *und* », « zum nächsten Term. In diesem belegt PROLOG die Variable I ebenfalls mit 1: do(1,[peter,karl,udo,uta,otto]). In Zeile 10 findet PROLOG eine Klausel, deren Kopf identisch mit dem Prädikat do ist: die Ausführungsklausel der Schleife.

Abbildung 1.6.2 zeigt auf der nächsten Seite die Abarbeitung der Schleife in 17 genauer.

Abb. 1.6.2

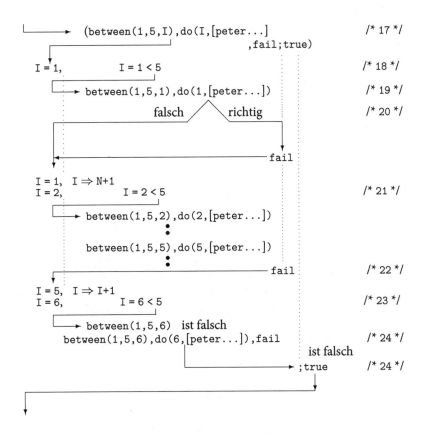

In 10 wird die erste Komponente der Liste [peter,karl,udo,uta, otto] genommen, also peter. Dies geschieht in 10 durch den PROLOG Befehl nth1: nth1(1, [peter,karl,udo,uta,otto],peter). In 2 und 11 findet PROLOG, dass Peter ein sozialer Akteur ist (social(peter) ist gültig), und wendet sich in 11 dem Term counter(C) (dem Zähler) zu. In 7 wird der Zähler auf Null gesetzt und counter(0) wird mit asserta in die Datenbasis eingefügt. PROLOG findet diesen Term in 11 und identifiziert die Variable C mit 0. In 13 wird nun der counter(0) um Eins erhöht: counter(1). Dies lässt sich in PROLOG z.B. so codieren:

retract(counter(C)), Cnew is C+1, asserta(counter(Cnew)).

In dem Programm zählt der counter in der Schleife alle Fakten, die besagen, dass ein Akteur ACTOR sozial eingestellt ist: social(ACTOR). Da die Schleife in 8 über *alle* Akteure läuft (es gibt in diesem System nur 5 Akteure), besagt diese Anzahl etwas über den prozentualen Anteil von sozialen Personen in dem Gesamtsystem. Dieser Anteil wird durch die Schleife *quasi* gemessen. Wenn die Schleife durchlaufen wurde, enthält der Zähler genau die Häufigkeit von sozialen Personen in dem System.

Dieser Punkt ist für die Schleifenbildung wichtig, weil die ProgrammierInnen überlegen müssen, wie sie mit Fällen umgehen, in denen ein Akteur *nicht* sozial eingestellt ist. Oft wird in diesen und ähnlichen Beispielen eine *oder*–Konstruktion in die Schleife eingeführt, so dass innerhalb der Schleife ein anderes Prädikat mit einer anderen Programmregel aufgerufen wird. Statt do(1,[peter...]) kann man beispielsweise ein komplexeres Prädikat nehmen wie execute_locate(1,[peter ...]), das durch eine weitere Regel eingeführt wird:

execute_locate(X,Y):-(do(X,Y);predicate(X,Y)).

PROLOG wird dann versuchen, do(X,Y) zu erfüllen. Funktioniert das nicht, greift die *oder*-Konstruktion und PROLOG wendet sich dem Prädikat predicate(X,Y) zu.

Allgemein geht es darum, ob das Prädikat do(...), das in der Schleife scheitert, »direkt« wieder zurück zu between gelangt, oder ob in diesem Fall ein anderer Ausweg »innerhalb« der Schleife vorgesehen ist. Wir betonen diesen Punkt, weil hier am Ende der Schleife in 16 der *cut* wichtig wird (*KG*! 162).

Die Zeilen 11-15 wurden in dieser Phase erfolgreich abgearbeitet, so dass der *oder*– Fall in 11 und 16 nicht greift. Der Ablauf steht also in Abbildung 1.6.2 in Zeile 19 bei do(1,[peter,karl,udo,uta,otto]). Dieser Satz ist richtig. Das Programm läuft dann in 20 nach rechts unten zu fail, und von dort nach links zu between. Dort wird automatisch die Variable N, die gerade mit 1 belegt ist, durch die nächste Zahl 2 (I+1=1+1) ersetzt (Zeile 21).

Die Sequenz in den Zeilen 18-21 wird nun so lange durchlaufen, bis am Endpunkt von between(1,5,I) die Zahl I – hier 5 – erreicht ist. In Zeile 23 kommt PROLOG zum Schluss, dass der Versuch, die mit 5 belegte Variable I zu vergrößern, gescheitert ist. Damit ist nach den PROLOG Regeln auch Zeile 24 falsch. In 17 wendet sich PROLOG in der Schleife dem *oder*-Teil true zu und beendet in 24 die Schleife.

Solche offene Schleifen mit ungewisser Anzahl lassen sich in vielen Varianten programmieren. Wir stellen im folgenden Beispiel eine Variante vor, in der auch ein Zählmechanismus benutzt wird. Auch hier wird nicht auf die Zahl der Programmierschritte, sondern auf eine gewisse Verständlichkeit für AnfängerInnen geachtet (*KG*! 163).

Als Daten verwenden wir die Prädikate mag und bleibt aus früheren Beispielen. Die Schleife wird durch zwei generische Prädikate gebildet: pred(X,Y) und pred1 (X,LIST). Dabei sind X und Y Variable für Personen und LIST eine Variable für eine Liste.

```
mag(peter,udo). mag(peter,uta).                                          1
mag(karl,udo). mag(udo,uta).                                             2
```

```
bleibt(udo). bleibt(uta).                                    3
                                                             4
start :- trace, consult('data161.pl'),                       5
    findall(X,pred(X,Y),LIST1),                              6
    list_to_set(LIST1,LIST),                                 7
    length(LIST,LENGTH),                                     8
    ( between(1,LENGTH,N), nth1(N,LIST,X), pred1(X,LIST), fail ;  9
        true ),!.                                            10
pred(X,Y) :- (mag(X,Y), bleibt(Y)).                          11
pred1(X,LIST) :- write(anziehend(X)),!.                      12
```

In der Vorbereitungsphase in 5 werden die Daten geladen, die wir in 1–3 aufgelistet haben. In 6 werden dann alle Variablen X mit dem Befehl findall gesammelt, die im Programm in den Termen der Art pred(X,Y) vorkommen, und in eine Liste LIST1 geschrieben. Die Liste LIST1 wird mit Hilfe von list_to_set in eine Menge umgewandelt, wobei mehrfache Vorkommen von Elementen entfernt werden. In 8 wird mit dem Befehl length die Länge der entstehenden Liste berechnet. Nach der Berechnung ist die Variable LENGTH mit einer bestimmten Zahl belegt (hier 3). In 9 lässt sich nun eine Schleife mit fester Anzahl in der oben gerade beschriebenen Weise formulieren. Neu ist hier nur der Einschub nth1(N,LIST,X), der die Verbindung der Schleifenschritte mit den Namen (z.B. für Akteure) herstellt: »X ist die N-te Komponente der Liste LIST«. In Klause 12 werden alle Namen aus der Liste LIST Schritt für Schritt durch das Prädikat pred1(X,LIST) bearbeitet. 11 enthält in dem Beispiel eine »Definition« oder Abkürzung aus einer Konjunktion von mag und bleibt. Bei anderen Anwendungen kann pred komplexer aussehen und auch weitere Variable enthalten. Das Schleifenprädikat pred1 hat hier wenig Inhalt: ein Akteur X wird als anziehend bezeichnet, weil er eine andere Person mag, die eine zeitlang bei X bleibt.[26]

Zwei andere Arten von Schleifen möchten wir noch kurz erwähnen. Erstens gibt es in SWI-PROLOG einen Befehl der Form:

```
forall(BEDINGUNG,AKTION).
```

Dieser Befehl drückt Folgendes aus: »Für jede mögliche Einsetzung der BEDINGUNG wird die AKTION mit der jeweils benutzten Ersetzung ausgeführt«. Sowohl die Bedingung als auch die Aktion kann ein satzartiger Term sein. Z.B. kann BEDINGUNG die Form pred(X,Y) und AKTION die Form pred_two(X,Y) haben ($\mathcal{KG}$! 253).

Eine weitere Schleifenart, die in der Informatik aufgrund ihrer Effizienz oft verwendet wird, sieht so aus ($\mathcal{KG}$! 165).

```
... number_of_steps(N), ...                                  1
loop(1,N).                                                    2
```

---

26 Wir haben diese Möglichkeit eingebaut, weil in vielen Anwendungen solche exit-Optionen nicht vorgesehen sind ($\mathcal{KG}$! 164). Dies kann in der Realität zwangsweise ausgeschlossen oder in benutzten Standardmodellen einfach nicht vorhanden sein.

```
loop(N,N).                                                        3
loop(X,N) :-                                                      4
  X < N,                                                          5
  pred(X),                                                        6
  Xnew is X + 1,                                                  7
  loop(Xnew,N).                                                   8
```

Die Schleifenstruktur lässt sich auch auf grundlegende Positionen in den Sozialwissenschaften beziehen. In Sim-Programmen gibt es immer eine im Inneren des
Hauptprogramms liegende Schleife, die in einem Durchlauf alle Akteure der Reihe nach zu einem bestimmten Zeitpunkt aufruft. Damit führt jeder Akteur genau
eine nicht komplexe Handlung aus. Dieser Ansatz entspricht methodisch ziemlich genau dem sozialwissenschaftlichen Individualismus, der dort in den letzten
Generationen dominierte. Der methodologische Individualismus bricht alle sozialen Verhältnisse herunter auf individuelle Handlungen und setzt soziale Phänomene aus individuellen Handlungen zusammen. Anders gesagt »besteht« eine diesem Ansatz verpflichtete simulierte Welt nur aus individuellen Handlungen, die
jeweils genau einem Akteur (kausal oder juristisch) zugeordnet werden können.
Dieser Ansatz ist nicht alternativlos. Das Gegenstück zum methodologische Individualismus ist der methodologische Kollektivismus oder Holismus, der kollekti-
ve Phänomene nicht durch das Verhalten von Einzelnen erklärt, sondern sich auf
»ganzheitliche Qualitäten« bezieht.

Beispielsweise lassen sich in der sozialen Welt neben den rein individuellen
Handlungen auch *gemeinsame Handlungen* (*cooperation*) und *Handlungen im
Wettbewerb* (*competition*) als Grundelemente auffassen. In diesen Strukturen lässt
sich der zentrale Akteurskern in rein individualistischer Weise schwer implemen-
tieren. Möglich ist es zwar, einfacher ist es aber, zwei weitere Arten von Kernen
vorzusehen und auch in Sim-Programmen zu verwenden. Die Idee ist einfach,
eine Handlung nicht an einen einzigen Akteur zu binden, sondern an eine Gruppe
(Menge, Liste) von individuellen Akteuren.

Methodisch wird dabei eine Liste von Akteuren in Teillisten eingeteilt und in
eine zweite Liste – also eine Liste von Listen – geschrieben. Dabei bekommt jede Teilliste (Gruppe) auch einen Namen. Im Kern wird dann ein Element nicht
von einem Akteur, sondern von einer Liste von Akteuren aufgerufen. Ansonsten
bleiben die wichtigsten Bestandteile eines Sim-Programms unverändert.

2. Kapitel

2.1 Akteur und Information

Ein Akteur »lebt« in einem Sim-Programm wie erörtert in zwei inneren Schleifen: in der *Zeitschleife* und in der *Akteurschleife*. Die Zeitschleife läuft über eine Anzahl von Zeitpunkten oder Perioden, die wir in (1.6) als Ticks bezeichneten und die Akteurschleife über eine Anzahl von Akteuren (ACTORS). In der Zeitschleife werden die Ticks typischerweise in der Form

```
(between(1,NUMBER_OF_TICKS,TICK),tick(TICK,...),fail;true)
```

abgearbeitet, wobei NUMBER_OF_TICKS die Anzahl der Ticks ist, die im Programm zu Beginn festgelegt wurde. Der Term tick(TICK,...) beschreibt, was zu diesem TICK genauer passiert. Oft ist ein Tick explizit durch eine Zeitperiode beschrieben, so dass der Tick nicht mit einer Zahl, sondern mit einem Paar von natürlichen – oder reellen – Zahlen identifiziert wird. In einer Zeitschleife wird dann jeweils ein Paar [TICKvorher,TICKnachher] benutzt, so dass TICKvorher und TICKnachher nach Instantiierung Zahlen sind und das jeweils »zweite« Paar direkt an das »erste« Paar anschließt. Beispielsweise schließt an [TICK_i1,TICK_i2] direkt [TICK_i2,TICK_i3] an:

$$[\texttt{TICK\_i1,TICK\_i2}]$$
$$\downarrow$$
$$[\texttt{TICK\_i2,TICK\_i3}]$$

Zu jedem TICK in der Zeitschleife wird jeweils zu diesem aktuellen TICK die Akteurschleife aufgerufen. Diese lässt sich z.B. so formulieren:

```
(between(1,NUMBER_OF_ACTORS,ACTOR),action(TICK,ACTOR,...),fail;
  true).
```

Dabei führt der Term action(TICK,ACTOR,...) weiter ins Innere des Programms; er beschreibt die Handlung, die Akteur ACTOR zum Zeitpunkt TICK ausführt. Dort könnte beispielsweise action(TICK,ACTOR,...) der Kopf einer Klausel sein, die eine weitere Schleife enthält.

In diesem PROLOG Term ist TICK die Variable für die Ticks und ACTOR die Variable für Akteure. Im Programmablauf werden bei einem passenden Programmschritt die Variablen TICK und ACTOR durch echte Namen für Ticks und Akteure ersetzt. Die beiden Terme tick(TICK,...) und action(TICK,ACTOR,...) beschreiben dann Teilabläufe, die einen bestimmten Tick und einen bestimmten Akteur betreffen. Inhaltlich legt action(TICK,ACTOR,...) fest, was speziell Akteur ACTOR zu diesem TICK genau macht und tick(TICK,...) legt fest, was zu diesem speziellen TICK alle Akteure machen. Zum Beispiel könnten in action(TICK, ACTOR,X1,X2,X3) die Variablen im Ablauf jeweils in dieser Reihenfolge durch 3, peter, hoert_zu, uta und 'sagt es ist schon Mitternacht' instantiiert sein. Dieser Term besagt dann inhaltlich, dass im dritten Tick (hier z.B. einem bestimmten Tag) Peter Uta sagen hört: »Es ist schon Mitternacht«.

Wie beide Zeit- und Akteurschleifen genau aussehen, hängt von der jeweiligen Anwendung ab. Im Folgenden werden wir diese Schleifen weiter diskutieren und anhand verschiedener konkreter Beispiele veranschaulichen.

Zunächst müssen wir uns aber genauer mit den Akteuren beschäftigen. Ein »echter« Mensch, ein menschlicher Akteur, hat Gliedmaßen und Organe, die ihn befähigen, Handlungen auszuführen. Dies führt in die Außenwelt eines Akteurs, aber auch in sein Inneres. Er hat ein Gehirn, in dem er die Außenwelt in irgendeiner Weise repräsentiert und im Gehirn bilden sich verschiedene interne Modelle (deren Strukturen noch nicht klar sind). In einem sozialen Sim-Programm besteht ein Akteur aus einem Namen, der ihn eindeutig identifiziert, und zweitens aus einer Menge von Programmkomponenten, welche Ereignisse beschreiben, in denen der Akteur involviert ist. Wir beschränken uns hier auf Ereignisse, die sich entweder als Handlungen oder als bedingende, innere »mentale « Ereignisse des Akteurs darstellen lassen – wie z.B. Denken, Glauben oder Wollen.

In welcher Weise führt ein Akteur in einem Sim-Programm eine Handlung aus? In der deutschen Sprache kann ein Akteur eine Handlung, die er gerade ausführt, ohne Umschweife so ausdrücken, dass er zur Handlung gleichzeitig einen passenden Satz äußert, der diese Handlung beschreibt. Das zentrale Wort bei einem solchen Satz ist das Verb. Oft reicht es, ein passendes Verb zu äußern. Im Alltag wissen die Menschen, was eine Handlung genauer bedeutet, die sie ausführen oder direkt wahrnehmen; sie müssen die Handlung nicht weiter kommentieren, um sie auszuführen. In einem Sim-Programm ist dies anders. Dort *muss* jede Handlung beschrieben und programmiert werden. Diese Beschreibung kann durch einen echten Satz, sie kann aber auch durch einen Term erfolgen, der Variable enthält. Bei einer konkreten Handlung müssen im Computerablauf zunächst die Variablen durch Namen oder durch Zahlen ersetzt werden. Erst dann wird eine Handlung dargestellt und simuliert. Eine Handlung kann nur ausgeführt werden, wenn alle programmtechnisch erforderlichen Einzelheiten vorliegen. Auch ohne in Details zu gehen lässt sich sagen, dass im Allgemeinen eine Handlung, die ein Akteur ausführt, irgend etwas verändert. Die Veränderung kann die »Natur«, den handelnden Akteur, einen anderen Akteur oder mehrere Akteure betreffen.

Immer wird aber vorher im Inneren des Akteurs etwas verändert, nämlich der innere Zustand des Akteurs. Dieser enthält unter anderem verschiedene bedingende, innere Ereignisse, die ebenfalls in einem Sim-Programm formuliert werden können.

In den hier diskutierten, einfachen Sim-Programmen besteht ein innerer Zustand aus einer Liste von Fakten. In einem Programmablauf kann eine Handlung eines Akteurs immer nur von einem schon vorhandenen, inneren Zustand des Akteurs ausgehen. Er muss eine bestimmte Absicht haben, die dazu passende Überzeugung und den Willen, die Handlung auszuführen. Erst dann werden Fakten aus dem inneren Zustand des Akteurs nach Außen in die Umwelt und an andere Akteure geschickt. Aus diesen Fakten »entfaltet« sich durch den Computer und durch das Programm eine Handlung. Der Akteur, der im Programm beschrieben wird, kann die so abgelaufene Handlung selbst nur »erkennen«, wenn an dieser Stelle weitere Klausen zu diesem Zweck programmiert wurden, die bestimmte Auswirkungen der Handlung beschreiben. Normalerweise kann ein programmierter Akteur erst nach Abschluß der Handlung die Resultate dieser Handlung feststellen, indem er neue Informationen von außen erhält. Anders gesagt wird die Handlung eines Akteurs in einem Sim-Programm durch zwei Zustände identifiziert und beschrieben, die vor und nach der Handlung für den Akteur vorhanden sein müssen. Damit wird eine Handlung auf zwei Faktenbestände (*vorher* und *nachher*) und auf einen satzartigen Term reduziert, der die Handlung beschreibt. Dies wird in (2.2) genauer erörtert und durch ein Beispiel veranschaulicht.

Ein Akteur ACTOR beginnt eine Handlung mit einigen Fakten, die er explizit oder implizit »kennt« und bereitet damit die Handlung vor. In einem typischen Sim-Programm werden dazu erstens Fakten aus dem »Gedächtnis« des Akteurs geholt und zweitens einige Fakten aus der Umwelt an den Akteur ACTOR geschickt, die er vorher nicht kannte oder über die er vorher nicht verfügte, und die er eventuell in seinen inneren Zustand integriert. All diese Prozesse werden in Sim-Programmen auf einen Informationsfluss reduziert.

Informationsflüsse sind recht komplex und lassen sich auf verschiedenen Ebenen betrachten. Jeder Mensch kann in einer natürlichen Sprache einerseits etwas äußern (»nach außen bringen«), andererseits etwas (von »außen«) erkennen und verstehen. Was ist aber ein solches »Etwas«? Diese Frage lässt sich nicht eindeutig beantworten. Mehrere Wissenschaften befassen sich auf verschiedenen Ebenen mit diesem »Etwas«. Eine Äußerung kann als ein syntaktisches Gebilde, als ein Laut, eine Schallwelle, eine Geste, ein Satz oder als ein Bild dargestellt werden. Genauso kann man eine Melodie, einen Satz, ein Bild oder eine Intuition erkennen und verstehen. Im naturwissenschaftlichen Kontext wird ein solches »Etwas« als eine Information bezeichnet, in der Soziologie wird dieses »Etwas« zu einer

Kommunikation – im Alltag – zu einer Mitteilung. Schon diese Formulierungen können schnell mißverstanden werden.

In einer künstlichen Gesellschaft lässt sich dieses »Etwas« aber ziemlich schnell explizieren. In einem Computerablauf »sind« sowohl die Akteure als auch die Entitäten, die außerhalb der Akteure liegen, gut zu bestimmen. Beide, sowohl der Akteur als auch die Umwelt des Akteurs, werden in PROLOG durch Klausen (Regeln und Fakten) dargestellt. Wir meinen, dass es auf der pragmatischen Ebene am besten ist, die Akteure und die Umwelt klar auseinander zu halten und beide gleichwertig zu behandeln. Das heißt nicht, dass beide Bereiche unabhängig sind. Tatsächlich sind sie dicht miteinander verwoben – was aber nicht immer klar zu durchschauen ist.

Ausgehend von diesen Überlegungen führen wir zwei Begriffe ein: *individueller Speicher* und *Informationselement*.[1] Jeder Akteur verfügt über einen individuellen Speicher, in dem er Fakten und Regeln ablegen kann. Für den Begriff des Informationselements brauchen wir zunächst eine Klasse von Entitäten, die außerhalb der individuellen Speicher der Akteure liegt.

Abb. 2.1.1

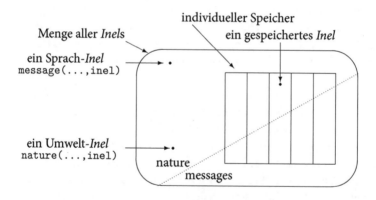

Erst in einem zweiten Schritt fassen wir alle individuell gespeicherten Inhalte und die Entitäten, die außerhalb der individuellen Speicher liegen, zu einer Klasse von Entitäten zusammen. Diese Elemente nennen wir im Folgenden *Informationselemente*, oder kurz *Inels*. Den Begriff der *Inels* verwenden wir künftig damit für alle Informationselemente, sowohl solche auf individueller Ebene als auch für solche auf Umweltebene. Beide Arten von *Inels* werden aber klar unterschieden: Die *Inels*, die in einem der individuellen Speicher der Akteure vorkommen von den *Inels*, die *nur* außerhalb der Akteur-Speicher, aber innerhalb des Programmablaufs zu finden sind.

---

1   Siehe (Balzer, Brendel und Hofmann, 2010).

Mit diesem Begriffsinventar lässt sich der Input und Output zwischen den Akteuren und der Umwelt innerhalb einer künstlichen Gesellschaft ziemlich einfach beschreiben. Abbildung 2.1.1 veranschaulicht dies. Ein *Inel*, ein Informationselement, ist in Abbildung 2.1.1 durch einen schwarzen Punkt dargestellt. In einem Sim-Programm ist ein *Inel* einfach ein Term, der im individuellen Speicher eines Akteurs *oder* außerhalb davon liegt. Ein Rechteck in Abbildung 2.1.1 enthält genau alle *Inels*, die ein bestimmter Akteur gerade gespeichert hat. Das Inel trägt die Information zwischen Akteur und Umwelt. Wir können sagen: Zwischen Akteur und Umwelt findet durch ein *Inel* ein Informationsfluss statt. Wie das Wort *Information* schon sagt, wird bei einer solchen Wanderung die In*form*ation – die *Form* – vom Akteur zur Umwelt oder umgekehrt teilweise weitergegeben. Dies ist in sehr einfachen Worten der Inhalt der »Theorie der Information« (*theory of information*) von *Claude E. Shannon*.[2]

Unter Berücksichtigung der *Inels* besteht ein Akteur in einem Sim-Programm aus folgenden Teilen:

- *Name* des Akteurs
- *Regelwerk*
- Individueller *Speicher* des Akteurs (»Gedächtnis«)
- Zwei *Ein-* und zwei *Ausgänge* des Akteurs (*ports*)
- *Mailbox* des Akteurs
- Zwei *Transformatoren* des Akteurs (*transformers*)
- Zwei *Ordner* des Akteurs (*sequencers, listers*)
- Programmteile, welche Folgendes festlegen:
  - Fähigkeiten
    (wie: Überzeugungen, Intentionen, Emotionen)
  - Verhaltensmuster und das innere Modell des Akteurs.

Beim Menschen ist das »Regelwerk« hauptsächlich im Gehirn lokalisiert und funktioniert in einer noch nicht völlig geklärten Weise. Einen individuellen Speicher oder Prozessor nur für einen einzelnen Akteur, der auf der Hardware-Ebene auch materiell abgegrenzt wird, gibt es bei sozialen Simulationen bislang kaum. Bei den meisten existierenden technischen Anwendungen wären Prozessoren und Speicher, die nur für einen bestimmten Akteur benutzt werden können, unausgelastet.

Das Regelwerk funktioniert in einem Sim-Programm unabhängig von den Akteuren. Der individuelle Speicher lässt sich im Moment nur auf der allgemeinen Programmebene realisieren. Alle gespeicherten Fakten und Regeln, die zu einem bestimmten Akteur gehören, werden dazu mit einem Index (einem Namen) versehen. In heutigen Sim-Programmen wird dies oft mit einer *Hülle* – einem sogenannten *Wrapper* – umgesetzt. Beispielsweise lässt sich ein satzartiger Term

---

2 (Shannon, 1948). Im deutschsprachigen Bereich wird dieser Term auch für den Fachbereich *Informatik* verwendet.

pred(X, ...) mit dem Prädikat `store` umhüllen, wobei wir normalerweise auch gleich den Namen (oder die entsprechende Variable `ACTOR`) und den Zeitpunkt (oder die entsprechende Variable `TICK`) hinzufügen:

$$\text{store(TICK,ACTOR,pred(X,...))}.$$

Der Ausdruck bedeutet: »zu Tick `TICK` liegt der Term `pred(X, ...)` im Speicher des Akteurs `ACTOR`«. Es ist natürlich nicht ausgeschlossen, dass derselbe Term auch noch in anderen, individuellen Speichern und zu anderen Zeitpunkten verwendet wird, z.B.

$$\text{store(TICK,ACTOR1,pred(X,...))}$$
$$\text{store(TICK1,ACTOR,pred(X,...))}$$
$$\text{store(TICK1,ACTOR2,pred(X,...))}.$$

Diese Hüllenmethode kann in Sim-Programmen selbstverständlich auch mit anderen Prädikaten genutzt werden wie beispielsweise: `fact(TICK,ACTOR,pred(X))`, `message(TICK,ACTOR,pred(X,...))`.

Wichtig für uns ist die Unterscheidung zwischen Sprach-*Inels* und Umwelt-*Inels*. Ein Sprach-*Inel* hat die Form

$$\text{message(TICK,ACTOR,pred(X,...))}$$

und ein Umwelt-*Inel* die Form

$$\text{nature(TICK,ACTOR,pred(X,...))}.$$

Angemerkt sei, dass ein *Inel*, welches Umweltereignisse oder -Situationen beschreibt, nicht »vorher« von einem Akteur gesendet worden sein kann. Jeder Akteur kann aber natürlich diese Information »später« in seinem Speicher ablegen, wird dabei aber die Hülle `nature` weglassen.

In Abbildung 2.1.2 unten verfügt ein Akteur über zwei *ports*, die für die eingezeichnete Sprachebene zuständig sind. Über den Ausgang *port1* (rechts oben) werden alle Mitteilungen der Form `message(TICK,ACTOR,CONTENT)` zu anderen Akteuren geschickt. Formal kann der `CONTENT` einer solchen Mitteilung ein Term sein, wie `geht(peter)` oder `geht(X)`, eine Konjunktion und/oder eine Adjunktion. Auch eine Folge von Symbolen unter Anführungszeichen, wie zum Beispiel `sagt( uta,'ich mag dich nicht')` oder `sagt(uta,'ich_mag_nicht(peter).')`, ist möglich. Am Eingang *port2* (links oben) werden alle Mitteilungen der Form `message (...)` in Empfang genommen, die von anderen Akteuren gesendet werden.

Wir haben die Kommunikations- bzw. Sprachebene in Sim-Programmen hervorgehoben, weil sie auch in der Wirklichkeit eine wichtige Rolle einnimmt. Diese Rolle wird aber in sozialen Sim-Programmen radikal vereinfacht. Reale Menschen können mit ihrem Sinnesapparat Botschaften etwa in Form natürlichsprachiger Sätze wahrnehmen und verstehen. In Sim-Programmen dagegen kann ein Akteur über die in Abbildung 2.1.2 eingezeichneten Ein- und Ausgänge nur

PROLOG Mitteilungen empfangen und abschicken, also Botschaften in stark normierter, syntaktischer Form.

Abb. 2.1.2

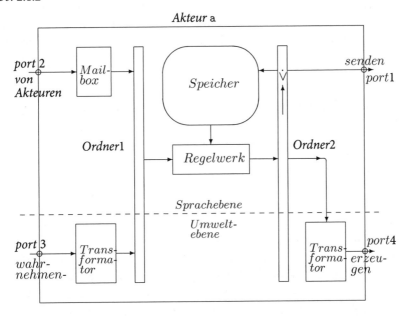

Neben den sprachlichen Elementen mit ihren *ports* enthält ein Sim-Programm auch Umweltelemente mit entsprechenden *ports*. Über den Umwelteingang (*port3*, links unten) kommen Umweltinels herein, über den Umweltausgang (*port4*, rechts unten) treten sie aus. Von diesem Ausgang können *Inels* in die Umwelt verschickt werden, wobei PROLOG Terme auch in andere Formate verwandelt werden können.

Ein Akteur verfügt über zwei Transformatoren, die nötigenfalls PROLOG Terme in andere Formate umwandeln, als Output in die Umwelt abgeben und in ähnlicher Weise *Inels* aus der Umwelt in PROLOG Terme übersetzen. Da wir hier die Umwelt aber nur mit PROLOG Termen beschreiben, werden diese Transformatoren im Moment nicht benutzt.

Als weitere Komponente verfügt jeder Akteur über eine Mailbox. Hier werden alle von *port2* empfangenen *Inels* in einer Liste (»im Briefkasten«) innerhalb der Mailbox abgelegt. Wie der Akteur diese Liste genauer bearbeitet, hängt vom jeweiligen Programm und vom Akteur ab. Im einfachsten Fall wird die Liste gestapelt (»Fifo«: first in, first out): Jedes neue *Inel* wird an den Anfang der Liste einsortiert und das *Inel* am Ende der Liste an den *Ordner1* weitergegeben. Ein *Ordner* generiert aus mehreren, gegebenen Listen eine neue Liste.

Es sei noch erwähnt, dass im Sim-Ablauf technische Problem in der Mailbox, den Ordnern und den Transformatoren auftreten können. Wir beschränken uns hier auf den Fall der Mailbox. Inhaltlich gesehen kann es hier zum Information Overload kommen. Die Anzahl von *Inels*, die in die Mailbox hineinfließen, kann pro Zeiteinheit so groß werden, dass die Mailbox »überläuft«, d.h. sie funktioniert nicht mehr wie vorgesehen. Im schlimmsten Fall kollabiert der Ablauf. Die zwei – auch in der Realität existierenden – Hauptgründe, die man technisch kaum lösen kann, sind folgende. Einerseits kann im Prozessor eine große Menge von vielen, fast gleichzeitig eintreffenden *Inels* oder ein falsch formatierter Input ankommen, der die Listenbearbeitung verhindert oder stoppt. Die Mailbox bearbeitet im Posteingang eine Liste zwar rasend schnell, aber wenn die Anzahl der eingehenden *Inels* noch rasanter wächst, ist die Kapazität des Rechners irgendwann erschöpft. Weitere *Inels* können nicht mehr gespeichert bzw. bearbeitet werden. Andererseits kann der »Abfluss« aus der Liste behindert werden, weil das Regelwerk gerade ein schwieriges Problem zu lösen hat und Prozessorzeit beansprucht. Erst wenn die Berechnung abgeschlossen ist, nimmt das Regelwerk das »nächste« *Inel* vom Ordner und bearbeitet es. Gibt es in der Mailbox eine Fehlfunktion, kann der Ordner eventuell keine weitere Post bearbeiten.

Der »linke« Ordner1 in Abbildung 2.1.2 enthält eine Liste von *Inels*, bringt sie in eine bestimmte Reihenfolge und übergibt sie an das Regelwerk oder löscht sie. Die Liste von *Inels* ändert sich also ständig. Einerseits werden *Inels* aus der Mailbox in den Ordner eingetragen. Dies lässt sich rein schematisch oder abhängig vom Akteur erledigen. Andererseits wird in einem bestimmten Takt eines der *Inels* an das Regelwerk geschickt und aus der Liste des Ordners gelöscht. Auch hier ist die Stapelmethode das einfachste Verfahren.

Der in Abbildung 2.1.2 eingezeichnete, rechte Ordner2 nimmt die *Inels*, die aus dem Regelwerk kommen und verteilt sie an die beiden Ausgänge (*port*1, *port*4) oder an den Speicher. Wie diese *Inels* verteilt werden, hängt von ihrem Inhalt, vom Programm und vom Akteur ab. Wir deuten dies durch das Symbol $\vee$ an.

Um diese Verteilungen und Verbindungen zu normieren, können wir prologisch z.B. eine Nachricht von einem Akteur ACTOR1 zu einem Akteur ACTOR2 durch einen Term der Form

$$\text{message(T1,ACTOR1,T2,ACTOR2,info(CONTENT))} \qquad [2.1.1]$$

verschicken. Bei den Prädikaten message und info handelt es sich um normale Prädikate, die nicht fest in PROLOG eingebaut sind. T1 ist der Tick, zu dem die Nachricht abgeschickt wird und T2 der Tick, zu dem sie ankommt. Dies führt zu zeitlichen Verschachtelungen von Handlungen, aus denen sich viele Möglichkeiten ergeben. Die Ticks T1 und T2 (»Zeitstempel, *time stamp*«) sind für eine Versendung der Botschaft oft nur aus technischen Gründen nötig, um den Kommunikationsfluss zwischen vielen Akteuren in ordentliche Bahnen zu lenken.

Folgende drei Möglichkeiten können sich dabei ergeben: Erstens kann T1 mit T2 identisch sein. Das bedeutet, dass die Sendung im selben Tick – in derselben Periode – abgeschickt wird und beim Empfänger ankommt. Zweitens kann T2 der nächste Tick sein, der auf T1 folgt: T2 is T1+1. In diesem Fall hat ACTOR1 eine Mitteilung an ACTOR2 geschickt und ACTOR2 erhält die Nachricht in der nächsten Periode T2. Und drittens schließlich ist die Nachricht an spätere Ticks gerichtet. Z.B. kann ein Rechtsanwalt einen Vertrag so absenden, dass er erst nach 10 Tagen (Ticks) bei der Gegenpartei ankommt. In anderen – etwa diplomatischen – Fällen sind die Zeitstempel noch verwickelter.

Das in [2.1.1] oben beschriebene Message-Format lässt sich – je nach Anwendung – auch in anderen Varianten benutzen. Zum Beispiel können wir statt info (CONTENT) einfach CONTENT schreiben, statt info pred_name oder wir verwenden als Argument eine Liste, z.B. message([T1,ACTOR1,T2,ACTOR2,info(CONTENT)]). Für die Variable CONTENT, die für den Inhalt der Nachricht steht, sind zwei Formen möglich. In der ersten Form kann im Ablauf CONTENT durch einen satzartigen Term ersetzt werden, z.B. pred(ACTOR1,ACTOR2,X). Wie erörtert, kann aber der Inhalt CONTENT auch in Anführungszeichen stehen: CONTENT='TERM'. In dieser Form kann die Nachricht aus vielen (hier aus drei) »unzusammenhängenden Teilnachrichten« PART_1,PART_2,PART_3 bestehen, die durch Blanks getrennt sind:

'TERM' = 'Part_1 PART_2 PART_3'.

Dazu ein Beispiel: Sagt Peter zu Uta, dass er nach Paris fährt und in zwei Wochen wieder zu Hause ist, könnte das so codiert werden: message(TICK,peter,TICK, uta,info('Ich fahre nach Paris. Ich bin in zwei Wochen wieder zu Hause.')). Mit dieser Methode lässt sich die Kommunikation klar formulieren.

```
...  formulate_info(CONTENT),
     message(TICK1,ACTOR1,TICK2,ACTOR2,info(CONTENT)),
     receive(TICK2,ACTOR2,TICK1,ACTOR1,info(CONTENT)),  ...
```

Als Beispiel:

```
     message(TICK1,ACTOR1,TICK2,ACTOR2,info(peter,is_ill)),
     receive(TICK2,ACTOR2,TICK1,ACTOR1,info(peter,is_ill)),
     visit(T2+1,ACTOR2,peter).
```

Messages lassen sich in Sim-Programmen auch an mehrere Akteure versenden. So kann eine Mitteilung an eine Liste von Akteuren (eine Gruppe) geschickt und von einer Liste von Akteuren empfangen werden. Dies kann programmiertechnisch z.B. dadurch umgesetzt werden, dass wir message und receive durch message12 und receive21 ersetzen. Die Indizes sollen ausdrücken, dass die Information info von einem individuellen Akteur (deshalb 1) an eine Liste von Akteuren (deshalb 2) geschickt wird (message12) oder dass alle Akteure aus einer Liste (deshalb 2) eine Nachricht von einem einzelnen Akteur (deshalb 1) bekommen (receive21).

Analog können wir message21 und receive12 benutzen. In Abschnitt (3.2) unten
werden auch Mitteilungen von einer Gruppe zu einer anderen Gruppe geschickt:
message22 und receive22.

```
... formulate_info(CONTENT),
message12(TICK1,ACTOR1,TICK2,[ACTOR11,ACTOR12,ACTOR13],
    info(CONTENT)),
receive21(TICK2,[ACTOR11,ACTOR12,ACTOR13],TICK1,ACTOR1,
    info(CONTENT)), ...
```

oder

```
message22(TICK1,[ACTOR1,ACTOR2],TICK2,[ACTOR11,ACTOR12,ACTOR13]],
    info(CONTENT)),
receive21(TICK2,[ACTOR11,ACTOR12,ACTOR13],TICK1,[ACTOR1,ACTOR2],
    info(CONTENT)).
```

Wir haben damit ein einfaches Modul für die Verbindung zwischen Mailbox, Ordner (lister) und Regelwerk formuliert. Im Folgenden gehen wir von *Inel*s aus, die
in einem vollständigen Sim-Programm im Ablauf generiert werden. Die Nachrichten haben wir mit mess(_,_) abgekürzt. Im Beispiel unten beschränken wir uns
aus didaktischen Gründen auf einen einzigen Tick TICK (TICK=3) und einen Akteur ACTOR (ACTOR=187), ($\mathcal{KG}$! 211):

```
mess(187,[1,2,3,m(1)]). mess(187,[2,2,3,m(3)]).
mess(187,[1,1,3,m(2)]). mess(187,[1,6,3,m(4)]).
mess(187,[2,2,3,m(3)]). mess(187,[4,6,3,m(5)]).
mess(187,[5,6,3,m(6)]).
```

Das Programm unten benutzt drei weitere Prädikate: mailbox(_,_), lister(_,_,
_) und action_mode(_) sowie zwei Konstanten. Die erste Konstante drückt die Intelligenz des Akteurs aus, die auf einer Skala zwischen 1 und 7 liegt (zum Beispiel
intelligence(ACTOR,2)). Die zweite Konstante capacity(ACTOR,5) repräsentiert
die Speicherkapazität des Akteurs auf einer Skala zwischen 1 und 10. Wir haben
diese Prädikate mit dem Befehl dynamic versehen, so dass die Werte der Prädikate
im Ablauf gelöscht und neu erzeugt werden können.

In dem Beispiel hat ein Akteur drei Handlungsmodi 1,2,3. Im Modus 1 handelt
der Akteur (action(TICK,ACTOR)), im Modus 2 nimmt er die Umgebung wahr
(perceive(TICK,ACTOR)) und im Modus 3 holt er die Nachrichten ab (receive(
TICK,ACTOR)).

In der Mailbox liegen in Zeile 4 unten noch einige Mitteilungen vom letzten
Tick (hier: m(8) und m(9)) und im Ordner in 5 noch einige *Inel*s, die im letzten
Tick nicht zum Regelwerk geschickt werden konnten.

Verbindung von Mailbox, Ordner und Regelwerk

```
:- dynamic [mess/2,mailbox/2,lister/3].                          1
tick(3). actor(187). action_mode(3).                             2
intelligence(187,2). capacity(187,5).                            3
mailbox(187,news([[6,7,3,m(8)],[9,11,3,m(9)]])).                 4
lister(2,187,[[6,1,3,m(14)],[13,12,3,m(12)]]).                   5
                                                                 6
start :-                                                         7
  tick(TICK), actor(ACTOR), action_mode(X),                     8
  ( X=1, action(TICK,ACTOR) ; X=2, perceive(TICK,ACTOR)         9
  ; X=3, receive(TICK,ACTOR) ).                                 10
action(TICK,ACTOR) :- true.                                     11
perceive(TICK,ACTOR) :- true.                                   12
receive(TICK,ACTOR):- intelligence(ACTOR,INTELLIGENCE),         13
  capacity(ACTOR,CAPACITY_CONSTANT),                            14
  mailbox(ACTOR,news(MAILBOX_OLD)),                             15
  findall(Y,message(ACTOR,Y),NEWLIST),                          16
  append(MAILBOX_OLD,NEWLIST,NEWS),                             17
  asserta(aux_mailbox([])),                                     18
  proceed_to_lister(CAPACITY_CONSTANT,NEWS,SHIFTED_MAILS,       19
     HOLD_MAILS),                                               20
  retract(aux_mailbox(SHIFTED_MAILS)),                          21
  update(mailbox(ACTOR,news(MAILBOX_OLD)),HOLD_MAILS),          22
  lister(TICK,ACTOR,LISTER_OLD),                                23
  append(LISTER_OLD,SHIFTED_MAILS,COMMON_LIST),                 24
  sort(COMMON_LIST,AUX_LISTER),                                 25
  asserta(aux_lister(AUX_LISTER)),                              26
  length(AUX_LISTER,LENGTH),                                    27
  ( LENGTH = 0, true ;                                          28
      0 < LENGTH, V is ceiling(LENGTH/INTELLIGENCE),            29
      filter(V,LIST_TO_PROCEED,NEW_LISTER),                     30
      give_to_processor(LIST_TO_PROCEED),                       31
      update(lister(TICK,ACTOR,LISTER_OLD),T+1,NEW_LISTER)      32
  ),!.                                                          33
filter(V,LIST_TO_PROCEED,NEW_LISTER) :-                         34
  asserta(aux_proceed([])), aux_lister(AUX_LISTER),             35
  ( between(1,V,Y), add_item(Y), fail ; true ),                36
  aux_proceed(LIST_TO_PROCEED),                                 37
  aux_lister(NEW_LISTER), ... ,!.                               38
add_item(Y) :- aux_lister(AUX_LIST),                            39
   length(AUX_LIST,LENGTH1), ...,                               40
   0 < LENGTH1, U is random(LENGTH1)+1,                         41
   nth1(U,AUX_LIST,MESSAGE),...                                 42
give_to_processor(LISTER_TO_PROCEED) :- true.                   43
```

```
proceed_to_lister(CAPACITY_CONSTANT,NEWS,SHIFTED_MAILS,          44
    HOLD_MAILS) :-                                               45
 ( between(1,CAPACITY_CONSTANT,X), take(X,NEWS), fail; true ),   46
 aux_mailbox(SHIFTED_MAILS),                                     47
 subtract(NEWS,SHIFTED_MAILS,HOLD_MAILS),!.                      48
take(X,NEWS) :- aux_mailbox(LIST),                               49
 nth1(X,NEWS,MESSAGE), append(LIST,[MESSAGE],LIST1),             50
 retract(aux_mailbox(LIST)),                                     51
 asserta(aux_mailbox(LIST1)),!.                                  52
```

In 9 und 10 wird gesteuert, in welchem Handlungsmodus sich der Akteur gerade befindet. Hier gehen hier davon aus, dass ACTOR vorher in den Modus 3 gekommen ist, siehe 2. Die beiden anderen Modi action und perceive bleiben in 11 und 12 offen. Nur die Aktion »Email lesen«wird in 13 beschrieben. Die Kapazität des Akteurs 187 wird in 3 und 14 durch die Konstante CAPACITY_CONSTANT=5 ausgedrückt. Sie besagt, wieviele Nachrichten der Akteur zu einem Tick überhaupt empfangen kann (hier nur 5). In 15 wird die Liste der übriggebliebenen Nachrichten vom letzten Tick aus der Mailbox (d.h. aus der Datenbasis) geholt. Hier sollten wir – was wir aber hier nicht ausführen – eine weitere Konstante und eine einfache Klause einfügen, mit der einige alte Nachrichten, die in der Mailbox stehen, aber noch nicht bearbeitet wurden, einfach gelöscht und »vergessen« werden. In 16 werden neue Nachrichten aufgesammelt, die der Akteur ACTOR zum aktuellen Tick bekommt. Diese Nachrichten finden sich im Beispiel in der Datenbasis. Bei einem realistischen Ablauf werden sie zu diesem Tick oder zu vorherigen Ticks erzeugt. In 17 wird die alte Liste MAILBOX_OLD von Nachrichten mit der neuen Liste NEWLIST zusammengefügt und die Mailbox angepasst. In 19 werden die ersten CAPACITY_CONSTANT Nachrichten aus der Gesamtliste NEWS an den Ordner lister übergeben. Diese Nachrichten liegen in der Liste SHIFTED_MAILS; die restlichen kommen in die Liste HOLD_MAILS. Die in 18 zunächst leere Hilfsliste aux_mailbox wird in 44 - 47 und 49 - 52 gefüllt mit den ersten CAPACITY_CONSTANT Nachrichten aus der Liste NEWS. Die gefüllte Liste wird anschließend durch aux_mailbox in Form SHIFTED_MAILS in 44 übergeben. Die restlichen Nachrichten aus NEWS werden in 48 als eine Liste HOLD_MAILS ebenfalls in 44 übergeben. In 22 wird die alte Mailboxliste durch die Restliste HOLD_MAILS ersetzt. Damit ist die Mailbox des Akteurs für den nächsten Tick bereit. In 23 wird der Ordner lister(_,_) geöffnet. An die Liste LISTER_OLD wird in 24 die gerade generierte Liste SHIFTED_MAILS angehängt. Diese neue Liste COMMON_LIST wird in 25 durch den PROLOG Befehl sort sortiert, wobei Mehrfacheintragungen entfernt werden. Die so entstehende Liste AUX_LISTER wird in 30 gefiltert, so dass AUX_LISTER in zwei Listen LIST_TO_PROCEED und HOLD_MAILS zerlegt wird. Die erste Liste enthält alle Nachrichten, die zu diesem Tick an das Regelwerk übergeben werden (31, 43) und die zweite, HOLD_MAILS, enthält *Inels*, die erst im nächsten Tick bearbeitet werden.

Die Anzahl der ausgewählten Nachrichten, die das Regelwerk erreichen dürfen, hängt in 29 von der Intelligenzkonstante INTELLIGENCE und der Anzahl LENGTH von Nachrichten in AUX_LISTER ab. Er werden genau V Nachrichten ausgewählt. In 39 - 42 haben wir Nachrichten zufällig selektiert. An dieser Stelle lassen sich natürlich auch intelligentere Methoden verwenden. In 35 wird eine weitere Hilfsliste aux_proceed durch die Schleife in 36 erzeugt. Diese Liste wird am Ende dem Regelwerk übergeben. Der Rest von AUX_LISTER bekommt in 37 den besseren Namen NEW_LISTER und wird für den nächsten Tick in die Datenbasis durch lister(_) eingetragen.

Es ist klar, dass ein künstlicher Akteur, der hier nur in einem Computerablauf »lebt«, einem wirklichen Menschen nicht sehr ähnlich ist. Einem künstlichen Akteur fehlen in unseren Programmen im Vergleich zum Menschen viele Eigenschaften wie die Sinnesorgane. Alle Eindrücke, die ein Akteur von der Umwelt bekommt, werden hier nicht über Sinnesorgane, sondern nur über Fakten vermittelt. In einem Sim-Ablauf müssen deshalb immer die richtigen Fakten zur richtigen Ablaufzeit vorhanden sein. Nur diese Fakten kann ein Akteur »wahrnehmen«, weiter bearbeiten und als Reaktionsgrundlage verwenden. Da in diesem Buch keine psychologischen Emotionen modelliert werden und Einstellungen (*Intentionen*) nur in rudimentärer Weise benutzt werden (3.1), reduziert sich ein Akteur im Prinzip auf eine Folge von *künstlichen* Handlungen und diese bedingenden, inneren Einstellungen.

Andere physiologische und psychologische Konzepte werden hingegen – jedenfalls in grober Annäherung – modelliert: Dazu gehören etwa das Gehirn, das Gedächtnis, die Sprache, die Beobachtungen und die Kommunikation eines Akteurs. Die hier fällige Diskussion über die abstrakten Eigenschaften von Akteuren lässt sich in vielen Texten zur Modellierung von Akteuren nachlesen. Bei (Gilbert und Troitzsch, 2005) und (Wooldridge und Jennings, 1995) z.B. hat ein Akteur vier Eigenschaften: (1) Ein Akteur ist autonom, wenn er seine Verhaltensweisen, inneren Zustände und Ziele selbst kontrollieren kann. (2) Er ist reaktiv, wenn er seine Umgebung wahrnimmt und auf sie reagiert. (3) Er ist proaktiv, wenn er seine Umgebung so verändern kann, dass er bestimmte Ziele erreicht. (4) Und er ist sozial, wenn er andere Akteure, die ihn beeinflusst haben, auch selber beeinflussen kann.

Für uns ist hier zentral, dass ein Akteur zufällige Handlungen ausführt oder ausführen kann. Das ist deshalb wichtig, weil ein Akteur in einem Sim-Programm normalerweise über mehrere Handlungsoptionen verfügt, die er umsetzen kann. Welche Handlung er wählt, ist aber nicht immer völlig exakt zu bestimmen. Zum Zeitpunkt des Programmablaufs wird ein Akteur ACTOR beispielsweise nicht immer das erledigen, was laut seiner Mailbox gerade ansteht. Er kann aus seiner Sicht – jedenfalls ab und zu – zufällig eine Handlungsart wählen.

Da die heutigen Computer deterministisch funktionieren, ist es nicht leicht, den echten Zufall auf der Handlungsebene zu simulieren. Das Problem ist, dass wir den

Computerzustand zur Zeit TICK+1 völlig exakt aus dem Computerzustand zur Zeit
TICK bestimmen können. Um den Zufall ins Spiel zu bringen, müssen wir diesen
in Computerprogrammen deterministisch nachbilden – aber so, dass die Resultate
zufällig *scheinen*. Dies werden wir in (2.3) genauer diskutieren.

2.2 Handlungen und Ereignisse

Beim Wort *Ereignis* möchten wir zwei Dimensionen betonen, die symbiotisch zusammenhängen. Einerseits ereignet sich, wie das Wort bereits sagt, ein *Ereignis*.
Es findet hier und jetzt genau ein Mal im Universum statt, zum Beispiel »Dieses
Blatt fällt vom Baum«, »Peter und Uta tanzen hier und jetzt Tango«, »Siemens
stellt gerade P. Müller ein« oder »USA marschiert in Bagdad ein«. Andererseits
wird ein Ereignis immer sprachlich und meist mit wenigen Worten ausgedrückt.
Die natürliche Sprache ist nicht dazu gemacht, ein Ereignis in allen Einzelheiten
darzustellen. Im normalen Alltagsumfeld ist es nicht nötig, Ereignisse ausführlich
zu beschreiben – wie bestimmte Wissenschaftler, Künstler und Theologen es gerne
tun. Die Sprache hat den Hauptzweck, Alltagsprobleme zu meistern und Informationen mit den Mitmenschen auszutauschen. Dazu drückt ein Akteur ein Ereignis
abstrakt, in allgemeiner Art aus, so dass ein Ausdruck auf viele ähnliche Ereignisse
zutrifft, die er schon erlebt hat. Viele Aspekte werden in einer wahrgenommenen
Situation nicht explizit angesprochen, weil diese sowohl dem Sprecher als auch
dem Hörer implizit bekannt sind. Damit ist die Ausdrucksweise, sprachlich gesehen, abstrakter geworden. Wenn wir in den obigen Beispielen Orts- und Zeitanga-
ben wie »hier und jetzt« weglassen, erreichen wir eine abstraktere Ebene, auf der
ein Satz mit Substantiven und Verben eine ganze Menge von konkreten Ereignissen beschreibt. Von der einen Ebene kommen wir leicht zur anderen. Ein konkretes Ereignis »ich tue dieses hier und jetzt« ist eine Instanz, eine Konkretisierung
des abstrakten Typs »dieses tun« auf eine bestimmte Zeit und einen bestimmten
Ort. Umgekehrt erhalten wir aus dem abstrakten Typ ein konkretes Ereignis, wenn
wir genügend spezialisierende, zusätzliche Eigenschaften hinzufügen. Ein Ereignis
kann also sprachlich mehr konkret oder mehr abstrakt dargestellt werden.

In der Simulationswelt gibt es noch eine dritte Art, mit Ereignissen umzugehen.
Eine Beschreibung benutzt, wie in (1.2) erörtert, Variable. In PROLOG erfolgt eine solche Beschreibung durch einen satzartigen Term, welcher Variable enthalten
kann. Gibt es im Term Variable, stellt der Term ein Ereignis abstrakt dar. Sind alle
Variablen eingesetzt, wird das Ereignis konkret – so weit dies durch einen Term in
einem Programm eben möglich ist. Anders gesagt, stellt ein abstrakter Term kein
echtes Ereignis dar, sondern die *Form* eines Ereignisses. Ein abstrakter Term kann
sukzessive konkreter werden. Der Term buy(peter,X1,X2,X3,X4) beispielsweise
stellt in einem Sim-Ablauf ein abstraktes Ereignis dar. Wird in einem nächsten
Schritt z.B. X1 durch einen Zeitpunkt konkretisiert, könnte die Klause so lauten:

```
buy(peter,'12.12.2012,14:00',X3,X4).
```

Die Klause besagt, dsss Peter am 12.12.2012 um 14:00 etwas kauft. Wird in einem weiteren Schritt nun X2 durch *milk* ersetzt, bedeutet dies, dass Peter zu diesem Zeitpunkt Milch kauft. An diesem Beispiel lässt sich leicht erkennen: Mit jedem Schritt wird ein abstraktes Ereignis immer konkreter. Dies kann so lange fortgeführt werden, bis zum Schluss keine Variable mehr zur Ersetzung übrig bleibt. In diesem Fall ist das Ereignis völlig konkret geworden – so weit dies eben mit einem einfachen PROLOG Prädikat möglich ist.

Dasselbe Bedeutungs- und Formulierungsproblem wie bei Ereignissen finden wir auch bei Handlungen (Aktionen, Taten). Aus der Sicht der meisten Philosophen (z.b. Davidson, 1995) ist jede Handlung auch ein Ereignis. Handlungen sind spezifische Ereignisse, bei denen Menschen agieren und miteinander interagieren. Wie Ereignisse lassen sich Handlungen konkreter oder abstrakter beschreiben und ebenso lassen sich Handlungen in Sim-Programmen mit satzartigen Termen darstellen, die Variable enthalten können. Diese schon relativ hohe Komplexität verstärkt sich in der Wissenschaft noch, weil sich Ereignisse formal – und natürlich auch inhaltlich – geschmeidig mit anderen Ereignissen zu Systemen zusammenfügen lassen.

In PROLOG können wir beispielsweise das Prädikat mag als einen Handlungstyp benutzen. Die Terme mag(uta,udo), mag(maria,karl) und viele andere wären dagegen »echte«, konkrete Handlungen.[3] Der Handlungstyp mag lässt sich sowohl mengentheoretisch als auch prologisch als eine Menge von Handlungen: mag = {mag(uta,udo),mag(maria,karl),...} ansehen. Allerdings ändert sich die Menge der in der Datenbasis gerade vorhandenen Fakten mag(uta,udo), mag(maria, karl), ... in einem Sim-Programm ständig.

Eine wichtige Unterart von Ereignissen bilden die Prozesse. In einem Prozess ändert sich irgend etwas. Wenn die Veränderung mit der Zeit zusammenhängt, handelt es sich um einen *zeitlichen* Prozess. Einen zeitlichen Prozess können wir in Zeitschnitte einteilen, die auch alle selbst wieder Ereignisse sind – eben Ereignisse zu einer bestimmten Zeit (»momentane« Ereignisse). Meistens werden momentane Ereignisse als *Zustände* bezeichnet. Ein Zustand ist, mit anderen Worten, ein Zeitschnitt eines Prozesses. Wir fordern hier, dass ein zeitlicher Prozess immer zwei herausgehobene Zustände hat, den *Anfangs-* und den *Endzustand* des Ereignisses.

Eine Handlung ist also immer auch ein Ereignis und eine Handlung lässt sich teilweise durch einen oder mehrere Prozesse beschreiben. Jede als Prozess beschriebene Handlung hat einen Anfangs- und einen Endzustand und weitere Eigenschaften , die im Unterschied zu anderen Prozessarten für eine Handlung

---

3 In diesem Beispiel benutzen wir mag als ein Prädikat für eine Handlung und nicht für eine Einstellung.

charakteristisch sind.[4] In manchen Prozessen und in den meisten Handlungen spielt der Zufall eine Rolle. Der Endzustand einer Handlung ist normalerweise nicht völlig sicher aus dem Anfangszustand zu erschließen. Dies führt zur Wahrscheinlichkeitstheorie, und bei Handlungen zu Handlungstypen. Eine Handlung lässt sich durch einen satzartigen Term beschreiben, während ein Handlungstyp einfach durch ein Prädikat (z.b. durch ein Verb) ausgedrückt wird.

Handlungen kommen bei uns in drei verschiedenen Formen vor. In Sim-Programmen benutzen wir

- *individuelle Handlungen*, `action_i`, `action_i1`, `action_i_I`, `actioni_J` etc.
- *gemeinsame Handlungen*, `commonact`, `commonact1`, `commonact_I`, `commonact_J` etc., und
- *juristische Handlungen*, `legalactj`, `legalactj1`, `legalactj_I`, `legalactj_J` etc.

Zunächst beschäftigen wir uns nur mit individuellen Handlungen, die ein einzelner Akteur ausführt. Eine individuelle Handlung besteht mindestens aus:

- dem *Hauptakteur* der Handlung,
- dem *Ziel* der Handlung,
- einer *Intention* (»Absicht«) des Hauptakteurs,
- einem *Willen*, die Handlung auszuführen,
- den *Resultaten* der Handlung,
- den *Voraussetzungen*, die die Handlung braucht,
- den *Körperbewegungen* des Hauptakteurs, und
- einem *satzartigen Term*, der die Handlung beschreibt.

Im weiteren Verlauf werden wir auf diese Bestandteile – außer den Körperbewegungen und dem Willen, die für soziale Sim-Programme im Gegensatz zu Computerspielen weniger interessant sind – immer wieder zurückgreifen. Zwei Punkte sollen noch erwähnt werden: Erstens können bei speziellen Handlungsarten weitere Bestandteile wichtig werden, die dann noch hinzugefügt werden müssen. Zweitens treten in kooperativen Handlungen neben dem Hauptakteur weitere »Nebenakteure« auf. Manchmal lassen sich Haupt- und Nebenakteure – man denke an ein Klavierduo – allerdings kaum noch unterscheiden.

Speziell für Sim-Programme enthält eine Handlung

- einen Akteur `ACTOR`,
- einen Zeitpunkt `TICK`,
- ein Prädikat `action_typ`,
- zwei Zustände `state_before`, `state_after` (before, after)
  (als Variable: `STATE_Before`, `STATE_After` oder kurz: `S_b`, `S_a`), und

---

4 Natürlich gibt es auch andere Ansichten über Handlungen, die in verschiedenen Disziplinen erörtert werden, z.B. (Aebli,1980), (Wooldridge und Jennings, 1995).

- eine Klause, die mit dem Prädikat `action_typ(...)`
beginnt und die Argumente `TICK,ACTOR,S_b,S_a` enthält.

Eine Handlung wird also durch eine Klause beschrieben, deren Kopf die Form hat:[5]

$$\text{action\_typ(TICK,ACTOR,[...,S\_b,S\_a])} \qquad [2.2.1]$$

Je nach Anwendung verwenden wir eingängige Prädikate wie `buy`, `sell`, `mag`, abstrakte Prädikate wie `act_ind`, `common_act`, `act_legal` (ind wie »individuell«, common wie »gemeinsam«, legal wie »legal«) oder Prädikate zu Handlungstypen wie `action_typ`, `action_typ1`, `action_typ_I`. Andere Variable können zusätzlich benutzt werden; Zustände können auch wegfallen. Der Term [2.2.1] beschreibt mit anderen Worten viele Möglichkeiten für viele echte Handlungen dieser Form. Wenn z.B. Udo heute von München nach Frankfurt fährt (TICK = `today`, ACTOR = `udo`, action_typ = `ride`, S_b = `position(TICK,ACTOR,munich)`, S_a = `position(TICK,ACTOR,frankfurt)`), lässt sich diese Handlung durch den Term `ride( today, udo, position(today, udo, munich), position(tomorrow, udo,frankfurt))` oder durch die Liste

`[ride,today,udo, [position,munich], [position, frankfurt]]`

ausdrücken. In einem anderen Beispiel wird der Handlungstyp *gibt* (`give`) benutzt. Uta gibt um 8.00 Uhr den Laptop an Udo. Dabei werden die Zustände durch das Verb *haben* (`has`) beschrieben: S_b = `has(8.00,uta,laptop)`, S_a = `has(8.02, udo,laptop)`. Wir können schreiben: `give(8.00,uta,has(uta,8.00,laptop), has(udo,8.02,laptop))` oder weiter abgekürzt `give(8.00,uta,laptop,8.02, udo)` (*KG!* 211).

Die Anfangs- und Endzustände einer Handlung können beliebig komplex sein. In Sim-Programmen wird normalerweise nur eine kleine Auswahl von wichtigen Teilen eines Zustandes benutzt, da sonst die für die Handlung zuständige Klause zu unübersichtlich wird. Im Normalfall liegen bei einer im Programm ablaufenden Handlung einige vorbereitende, *bedingende* Prädikate bereit – siehe Abschnitt (2.4). Diese bestehen aus Fakten, Klausen und berechneten Daten, um die Handlung zu starten. Die vorbereitenden Prädikate werden ausgeführt, bevor der Anfangszustand der Handlung benutzt wird. Ohne diese bedingenden Prädikate funktioniert eine Handlung in einem Sim-Programm normalerweise nicht.

Prologisch lässt sich in Handlungen der Form `action_typ(TICK,ACTOR,S_b, S_a)` der Unterschied zwischen konkreten und abstrakten Handlungen gut sehen. Ein Term `action_typ(TICK,ACTOR,S_b,S_a)` kann auf keinen Fall eine wirkliche, konkrete Handlung sein, weil die Argumente TICK,ACTOR,S_b,S_a Variable sind, welche erst instantiiert werden müssen, um etwas Konkretes zu beschreiben. In den Beispielen oben wurde TICK zu einem konkreten Zeitpunkt (`today`), ACTOR zur konkreten Person `uta`.

---

5 Oft lassen wir den Zeitpunkt TICK weg und schreiben ihn in den jeweiligen Wrapper, der die Handlung als Fakt in die Datenbasis einträgt, oder versendet und empfängt.

In PROLOG können wir alle Einsetzungen für die Variablen TICK und ACTOR im
Term action_typ(TICK,ACTOR,S_b,S_a) sowie für die Zustandsvariablen S_b, S_a
aufsammeln. Dafür gibt es das Prädikat findall. Mit findall(ACTOR,
action_typ(TICK,ACTOR,S_b,S_a),LIST) wird z.B. die Liste aller Akteure ACTOR
generiert, die in der Datenbasis in den satzartigen Termen action_typ(
TICK,ACTOR,S_b,S_a) zu finden sind. Wir erhalten so eine Liste von Instanzen,
Argumenten, »Namen«, die im Ablauf in einfachen, satzartigen Termen der Form
action_typ(...) vorkommen. Anders gesagt sammeln wir alle Fakten dieser
Form, die in der Datenbasis vorhanden sind. Diese Fakten bilden aber, wie oben
erörtert, die Menge der Handlungen, die zu dem Handlungstyp in diesem bestimmten Zeitpunkt gehört (KG! 212).

In einem Sim-Programm müssen nicht alle Bestandteile einer Handlung vorhanden sein. Oft kann eine bestimmte Handlungskomponente in einem Programm
weggelassen werden, weil sie die Resultate der Computerabläufe kaum beeinflusst.
Z.B. ist es in dem Miniprogramm in Abbildung 1.4.2 nicht nötig, ein Ziel anzugeben. Warum der Akteur einen anderen Akteur mag, bleibt offen. Das Resultat des
Mögens, die Intention, die bei einem Akteur zum Mögen führt, und die Köperbe-
wegungen werden nicht beschrieben.

Andere Voraussetzungen für eine Handlung sind unabdingbar. Diese müssen in
einem Programm immer vorhanden und detailliert progammiert sein, und zwar
so, dass das Programm im »entscheidenden« Schritt auch auf sie zugreifen kann.
Wir möchten dies nicht im Allgemeinen diskutieren, sondern geben uns hier mit
einem einfachen Verfahren zufrieden.

Eine Handlung greift auf Eigenschaften des Hauptakteurs, der Nebenakteure
und auf andere Merkmale zu, die zur Umgebung der Akteure zählen. Wir beschränken uns hier auf Eigenschaften der einfachsten Art. Eine solche Eigenschaft
drückt etwas für den Hauptakteur und für die Handlung Wichtiges aus. Wir versuchen nicht, die Eigenschaften einer Handlung weiter zu systematisieren oder in
einer bestimmten Reihenfolge abzuarbeiten. Wir versuchen z.B. nicht, zuerst die
Art eines Gutes festzustellen und erst dann den Preis. In Tauschsituationen, in denen z.B. der Preis festliegt, müssen wir diese Reihenfolge nicht beachten.

In Sim-Programmen unterscheiden wir zwischen einer Handlung und den Voraussetzungen für die Handlung. Die Voraussetzungen für eine Handlung müssen
in einem Sim-Programm vorhanden sein, bevor die Handlung ausgeführt wird.
Sie werden entweder im Programmlauf vorher erzeugt oder liegen in bereits existierenden Dateien vor. Aktiviert der Computer eine Handlung, müssen alle Voraussetzungen der Handlung erfüllt sein.[6] Die Voraussetzungen können aber auch

---

6 Im Prinzip ginge dies auch anders. Wir könnten in jedem Schritt der Handlung eine »Handlungspause« einlegen und eine gerade nötige Voraussetzung erzeugen. Wenn eine solche Voraussetzung
   allerdings ein empirisches Datum sein soll, wird die Handlungspause – realistisch betrachtet – un-
   angemessen lang.

erfüllt sein, wenn eine Handlung gar nicht benutzt wird. Wenn eine Handlung ausgeführt wird, geschieht dies mit einer Klause, die den Handlungstyp der Handlung quasi implizit definiert. Wir unterscheiden die Klause, die den Handlungstyp beschreibt, von den Voraussetzungen, die in anderen Klausen zu finden sind, und die schon *vor* Aktivierung der Handlungsklause benutzt wurden. Eine ähnliche Methode haben wir schon in (1.6) bei Schleifen kennengelernt (siehe auch: *b*-Prädikate in (2.4)). Der Sinn der Trennung liegt – unter anderem – darin, dass eine Voraussetzung, z.b. ein Fakt bestimmter Form, in vielen anderen, auch vom Typ her verschiedenen Handlungen benutzt werden kann.

Eine Handlung kann sich in verschiedenen Handlungstypen realisieren. Wir haben kein System gefunden, in dem alle Handlungstypen unterzubringen sind. Deshalb erörtern wir hier nur kurz einige, auch in Sim-Programmen benutzte Handlungstypen. Bei einem ersten Handlungstyp einfachster Art gibt es genau einen Akteur ACTOR. ACTOR handelt allein: ACTOR geht; ACTOR schreibt; ACTOR verschickt einen Brief. Dies sind individuelle Handlungen. Bei einem zweiten Handlungstyp sind zwei Akteure ACTOR, ACTOR_B involviert: ACTOR mag ACTOR_B; ACTOR schickt einen Brief an ACTOR_B; ACTOR streichelt ACTOR_B; ACTOR und ACTOR_B diskutieren; ACTOR und ACTOR_B streiten sich. Dann gibt es Handlungstypen, bei denen ACTOR mit mehreren anderen Akteuren zusammen tätig ist: ACTOR beschäftigt ACTOR_B1, ..., ACTOR_BN; ACTOR streitet mit ACTOR_B1, ..., ACTOR_BN; ACTOR mag ACTOR_B1, ..., ACTOR_BN; ACTOR sendet einen Rundbrief an ACTOR_B1, ..., ACTOR_BN; ACTOR hält eine Rede an ACTOR_B1, ..., ACTOR_BN. Bei einem vierten Handlungstyp ist der Hauptakteur ACTOR einer von anderen, die ebenfalls betroffen sind: ACTOR ist ein Mitarbeiter von ACTOR_C wie andere Mitarbeiter ACTOR_B1, ..., ACTOR_BN; ACTOR ist gemocht von ACTOR_C wie andere ACTOR_B1, ..., ACTOR_BN; ACTOR empfängt einen Rundbrief von ACTOR_C wie andere ACTOR_B1, ..., ACTOR_BN. Bei einem fünften Handlungstyp werden mehrere Hauptakteure und mehrere weitere Akteure eine Rolle spielen: ACTOR1, ..., ACTOR_M streiten sich mit ACTOR_B1, ..., ACTOR_BN; ACTOR1, ..., ACTOR_M sind beschäftigt durch ACTOR_B1, ..., ACTOR_BN. Ob diese weiteren Beispiele als individuelle oder gemeinsame Handlungen anzusehen sind, hängt von der jeweiligen Situation ab, in der die Handlung gerade stattfindet.

Neben diesen Handlungstypen mit Menschen als Handlungsträgern gibt es in der heutigen Welt eine weitere, immer wichtiger werdende Art von Handlungstypen, die nicht durch Menschen, sondern durch *juristische Personen* ausgeführt werden. Der Vorstand einer Aktiengesellschaft (AG), ein Vereinsvorsitzender, der Chef einer Non-Governmental Organization (NGO) oder eine Parteivorsitzende sind juristische Personen. Welcher Akteur in diese Rolle jeweils schlüpft, wird erst in (3.1) erörtert.

Handlungen mit juristischen Personen als Handlungsträger und Hauptakteure sind heute in vielen gesellschaftlichen Bereichen zu finden. Eine juristische Person gibt Anweisungen; sie hält als Präsidentin eine Ansprache; sie sendet einen Rundbrief an eine Gruppe. Eine juristische Person kann auch als betroffener Akteur oder als Nebenakteur fungieren. Schließlich gibt es den Handlungstyp, in dem eine juristische Person durch eine natürliche Personen »aktiviert« wird. Zum Beispiel werden die Vorstände einer AG oder die Parteivorsitzende einer Partei neu gewählt (ACTOR_B1,...,ACTOR_BM werden gewählt von ACTOR1,...,ACTOR_N). Oder auf einem Parteitag wird ein Beschluss gefasst, so dass der Vorsitzende die Vereinbarung umsetzt. In einem Staat gibt es vielerlei Situationen, in denen ein natürlicher Akteur ACTOR durch einen Handlungstyp betroffen wird. ACTOR muss Steuern und Krankenkassenbeiträge zahlen, ACTOR muss die Verkehrs- und Einkaufsregeln beachten, ACTOR muss einen Pass und ein Konto besitzen und vieles andere mehr.

Wir werden diese Punkte in den folgenden Kapiteln mit verschiedenen Beispielen weiter erläutern. Nehmen wir als erstes Beispiel den Handlungstyp *kaufen* oder buy. Ein Akteur kauft eine *Ware* (englisch: good oder product) und bezahlt sie mit Geld. Die Ware hat einen *Typ* (typ) und zwei Eigenschaften, nämlich eine *Quantität* und einen *Preis*. In PROLOG schreiben wir

$Ware = [Typ, Quantität, Preis]$ oder good=[typ,quantity,price].

Der Typ einer Ware bezieht sich normalerweise nicht nur auf die gerade gekaufte Ware, sondern auf den Warentyp: typ_of_good. In vielen Sim-Programmen wird der Typ einer Ware einfach durch eine natürliche Zahl ausgedrückt. Wir schreiben die Typen prologisch als Listen entweder so: [bread,milk,apple,onions, car,handy,...] oder so: [1,2,3,....,M]. Dabei ist M eine natürliche Zahl wie 10, 100, 53, die am Anfang des Programms eingetragen wird.

Die Quantität wird je nach Warentyp auf unterschiedliche Weise ausgedrückt. Grundsätzlich hängt die Quantität vom Maßsystem ab, das benutzt wird, aber auch von der Maßeinheit. Z.B. wird eine Ware durch Volumen, Gewicht, Größe, Stückzahl oder einfach durch die Anzahl gemessen und codiert. Autos z.B. werden in Stück gehandelt, Milch in Liter. Die Einheit – wie Kilogramm, Pound, Liter – ist für das verwendete Maßsystem daher wichtig.

Auch der Preis kann auf verschiedene Weise verstanden werden. In der Theorie wird der Preis auf eine *Einheit* des jeweiligen Warentyps bezogen. Erst dann lässt sich die Quantität in einer bestimmten Einheit messen oder zählen. Der Preis einer Einheit für einen Warentyp ist meistens »irgendwie« bekannt. In Kulturen, in denen das Feilschen zum Kauf dazu gehört, kann »der« Preis durch ein Verfahren des Aushandelns ersetzt werden. Normalerweise wird ein Preis durch eine (rationale) Zahl ausgedrückt und er wird im Allgemeinen auf den Preis *einer* Einheit des Warentyps zurückgeführt, auf den *Einheitspreis*: Preis ist Quantität mal Einheitspreis. Äpfel beispielsweise könnten wir pro Stück kaufen. Kostet ein Apfel 0.80 Euro und kaufe ich 5 Äpfel, zahle ich 4 Euro: [apples,5,0.80]. Der

Einheitspreis eines Apfels ist also 0.80. Der Verkäufer kann aber auch Äpfel kiloweise verkaufen. Wenn die fünf Äpfel z.B. 1.2 Kilo wiegen und *ein* Kilo 3.20 Euro kostet, geht es um eine andere Ware, nämlich um [apples,1.2,3.20], wobei 3.20 der Einheitspreis für ein Kilo Äpfel ist. Der Preis der 1.2 Kilo Äpfel ist also: 1.2 · 3.20 = 3.84 Euro.

Das Geld, das ausgegeben wird, wird ebenfalls als eine Ware bezeichnet. Beim Kauf von einem Kilo Äpfel hat die Ware *Geld*, die zur Bezahlung dient, etwa die Form [euro,3.20,1]. euro ist der Typ der Ware »Geld«, 3.20 ist die Quantität von Geld, die hier durch Bezahlung weggegeben wird, und »etwas geschraubt« formuliert, ist 1 der Einheitspreis für eine Einheit des Warentyps euro. Beim Geld ist neben dem Zählen auch der Währungsraum wichtig, in dem die Währung benutzt wird. Eine Einheit von Geld bezogen auf einen Währungsraum legt dann die Quantität, die Menge von Geld, fest, die ein Akteur gerade in die Hand nimmt. Diese Einheiten sind: Euro, Dollar etc. Der Preis einer Einheit von Geld in einem gegebenen Währungsraum ist immer 1.

In jeder Simulation muss klar sein, in welchem Maß eine Ware quantitativ bestimmt wird. Dies gilt auch für das »Sonderprodukt« Geld. Oft werden die Maßsysteme implizit vorausgesetzt und nicht weiter erwähnt. Dies geht allerdings nur so lange gut, wie die Maßeinheiten nicht thematisiert werden. Wenn z.B. Peter eine Ware aus China kauft und sie mit Euro bezahlt, sollten die Währungen explizit gemacht werden.

Bei einem Kauf bekommt der Akteur eine Ware und diese Ware wird gleichzeitig mit einer anderen Ware – mit einem Geldbetrag – bezahlt. Abstrakt ausgedrückt kauft der Akteur eine Ware GOOD1 und gibt dafür eine andere Ware GOOD2 ab. GOOD1 und GOOD2 können wir aufschlüsseln in

[TYP1,QUANTITY1,PRICE1] und [TYP2,QUANTITY2,PRICE2].

Konkret könnte GOOD1 z.B. *ein* Laib Brot sein, welcher 2.50 Euro kostet:[7]

[bread,1,2.50],

2.50 ist der Einheitspreis für Brot, in Stück gekauft. TYP1 wird zu bread, QUANTITY1 zur Zahl 1 und PRICE1 zu 2.50. Wir nehmen an, dass PRICE1 in euro bestimmt wurde.

Beim Bezahlen wird die Ware *Geld* – aus Käuferperspektive – weggegeben. Der Warentyp TYP2 wäre also euro und QUANTITY2 etwa 2.50. Der Einheitspreis PRICE2 für Euro ist im Euroraum die Zahl 1. Um es noch realer zu machen, nehmen wir an, das Uta ein (1) Brot, [bread,1,2.50], für 2.50 Euro kauft. Bei dem komplementären Produkt [euro,2.50,1], dem Geld, ist der Preis dieses Produkts dann

---

7 Wie in früheren Kapiteln bereits erwähnt, werden in PROLOG nicht-ganze Zahlen nicht – wie üblich – mit einem Komma geschrieben, sondern mit einem Punkt. Also 2,50 wird zu 2.50 und 1,34 wird zu 1.34.

der Einheitspreis 1 mal Quantität des Geldbetrags: $1 \times 2.50 = 2.50$. Wir können dann den Kauf so darstellen:

Ein konkreter Kauf : A *kauft* $Brot$ (bread)
 Zustand vorher:
 A besitzt [euro,2.50,1] und B besitzt [bread,1,2.50]

 Zustand nachher:
 A besitzt [bread,1,2.50] und B besitzt [euro,2.50,1]

Die Pfeile zeigen hier an, was kausal passiert. Das Geld (die Ware euro) geht von A an B und die Ware bread geht von B nach A. Anders gesagt ist ein Kauf ein Prozess, in dem ein Käufer eine Ware bekommt und dem Verkäufer das ausgehandelte Geld gibt. In dem Prozess werden die Besitzverhältnisse der Ware und des Geldes symmetrisch verändert. In der modernen Welt ist der Verkäufer zwar oft anonym; »der Eigentümer« einer angebotenen Ware hat seine Angestellten, die den Verkauf abwickeln. In der Grundsituation wird es aber immer einen zweiten Akteur B geben – auch wenn er nicht bekannt ist.

  Bei dem so dargestellten Kauf geht es um eine »echte« Ware und um Geld. Der Käufer A übergibt Geld, und der Verkäufer B übergibt die Ware. Es kann aber sein, dass A schon vor dem Kauf eine gewisse Quantität von diesem Typ besitzt. A möchte noch mehr dazukaufen. Genauso sollten wir fragen, ob der Verkäufer überhaupt eine ausreichende Quantität der Ware besitzt, die er verkaufen will. Aus diesen Gründen werden bei der Beschreibung eines Kaufs für jeden der *beiden* Akteure jeweils *beide* Quantitäten explizit angegeben, und zwar sowohl vor dem Kauf als auch nach dem Kauf. Wir brauchen also vier Listen von Quantitäten, die sich im Kauf bei beiden Akteuren ändern.

  Bevor wir dies prologisch formulieren, verwenden wir eine besser lesbare Notation, mit der wir den Kauf auf einen Blick erfassen können. Wir kürzen die Zeitpunkte vor und nach dem Kauf mit b (»before«) und a (»after«) ab, die Akteure Käufer und Verkäufer mit A und B und die beiden Warentypen, im Beispiel: »Euro« und »Brot«, mit I und J. Der Zustand »vorher« besteht also aus zwei Listen von Quantitäten [b,A,LISTEbA] und [b,B,LISTEbB]. Quantitäten müssen wir in *dreifacher* Weise unterscheiden. Eine Quantität Q »gehört« erstens zu einem bestimmten Warentyp (I oder J), zweitens zu einem bestimmten Akteur (A oder B) und drittens zu einem bestimmten Zeitpunkt (b oder a). Wir hängen – aus reinen Lesbarkeitsgründen, und nur in diesem Absatz – die Akteure, die Zeitpunkte und die Warentypen als untere und obere Indizes an eine Quantität Q an. Eine Liste von Quantitäten, wie etwa $\text{LISTE}^{b,B}$, hat also die Form $[Q_I^{b,B}, Q_J^{b,B}]$. Wir können so alle Listen von Quantitäten vor und nach einem Kauf auf einen Blick erkennen.

$$[\text{LISTE}^{b,A},\text{LISTE}^{b,B}] = [[Q_I^{b,A}, Q_J^{b,A}], [Q_I^{b,B}, Q_J^{b,B}]]$$
$$[\text{LISTE}^{a,A},\text{LISTE}^{a,B}] = [[Q_I^{a,A}, Q_J^{a,A}], [Q_I^{a,B}, Q_J^{a,B}]]$$

Im Beispiel besitzt der Käufer A vorher die Quantität $Q_I^{b,A}$ an Geld (I ist der Warentyp *euro*) und die Quantität $Q_J^{b,A}$ an Brot (J ist der Warentyp *bread*). Dabei sollte gelten $Q_I^{b,A} \geq 2.50$ und $Q_J^{b,A} \geq 0$, d.h. A besitzt *mindestens* 2.50 Euro, er kann auch mehr haben. Ähnliches gilt für Brot. Diese Ungleichungen drücken aus, dass A genug Geld hat ($Q_I^{b,A} \geq 2.50$), um *einen* Laib Brot zu kaufen. A kann schon Brot besitzen, er möchte aber noch ein Brot »zukaufen«. Nach dem Kauf besitzt A an Geld die Quantität $Q_I^{a,A}$ ($Q_I^{a,A} \geq 0$) und an Brot die Quantität $Q_J^{a,A}$ ($Q_J^{a,A} \geq 1$). Wir erkennen so auch die beiden Zustände S_b und S_a des Prozesses *Kauf*.

S_b: $[b, A, [Q_I^{b,A}, Q_J^{b,A}], \ [b, B, [Q_I^{b,B}, Q_J^{b,B}]]$

$\downarrow \quad \downarrow \qquad\quad \downarrow \quad \downarrow$

S_a: $[a, A, [Q_I^{a,A}, Q_J^{a,A}], [a, B, [Q_I^{a,B}, Q_J^{a,B}]]$

Mit konkreten Zahlen z.B.:

$$\begin{array}{ccc} euro\ bread & \quad euro\ \ bread \\ [b, \ A, \ [20, 0.5], \ [b, \quad B, \ [350, \quad 10]] \end{array}$$

$\downarrow \ \downarrow \qquad\qquad \downarrow \qquad \downarrow$

$$[a, A, [17.5, 1.5], \ [a, \quad B, \ [352.5, 9]]$$
$$euro\ bread \qquad\qquad euro\ bread$$

Eine Handlung des Typs buy bekommt in PROLOG dann die Form

$$\texttt{buy(TICK,A,S\_b,S\_a)},$$

wobei die Zustände ohne Indexnotation länglich werden, etwa:

$$\texttt{S\_b=[b,A,[Q\_b\_A\_I,Q\_b\_A\_J],[b,B,[Q\_b\_B\_I,Q\_b\_B\_J]]]}.$$

Die wirklich ausgetauschten Quantitäten, also hier der geflossene Geldbetrag $\texttt{QQ\_I}$ und die übergebene Menge $\texttt{QQ\_J}$ der Ware Nr. J, sind nicht explizit zu sehen, sie lassen sich aber aus diesen Zuständen leicht ermitteln, nämlich $\texttt{QQ\_I = Q\_I\_bA -}$ $\texttt{Q\_I\_aA}$ und $\texttt{QQ\_J = Q\_J\_bA - Q\_J\_aA}$. Im Allgemeinen, wenn ein Kauf ohne Geld getätigt wird, schreiben wir diese Quantitäten wie folgt:

$$\texttt{QQ\_I=|Q\_I\_bA - Q\_I\_aA|=|Q\_I\_bB - Q\_I\_aB|}$$
$$\texttt{QQ\_J=|Q\_J\_bA - Q\_J\_aA|=|Q\_J\_bB - Q\_J\_aB|}.$$

2.3 Zufällige Generierung

Sim-Programme enthalten viele Zufallskomponenten. Zwei davon sind in unserem Kontext besonders wichtig. Erstens lässt sich eine Handlung im Normalfall nicht völlig deterministisch bestimmen; sie ist indeterministisch. Dies gilt zum Beispiel dann, wenn ein Akteur zu einem bestimmten Zeitpunkt entscheiden muss, welche von zwei Handlungen er ausführen soll. Ein Akteur ACTOR, der gerade in der Zeitschleife zur Zeit TICK aktiviert ist, steuert nicht die erste Handlungsoption an, die er findet. Vielmehr wird er einen Moment lang »überlegen«, über welche anderen, möglichen Optionen er verfügt. Erst dann wird er eine Handlungsoption auswählen. Oft ist aber die Auswahl nicht völlig eindeutig bestimmt. Nach längerer Überlegung hätte der Akteur in der Realität vielleicht eine andere Alternative genommen. In Sim-Programmen führt eine solche Entscheidung in vielen Fällen der Zufallsgenerator durch. In PROLOG wird dafür ein fest eingebauter PROLOG Befehl verwendet.

Zweitens sind in Sim-Programmen typischerweise neben den Handlungen auch die Eigenschaften, die den Akteuren oder Dingen zu eigen sind, mehr oder weniger zufällig ausgeprägt. Z.B. haben Akteure verschiedene physische Stärken, einen geringeren oder höheren IQ oder eine mehr oder weniger hohe Kooperationsbereitschaft. In der Realität hängen diese Ausprägungen von den unterschiedlichen Lebensumständen und Charaktereigenschaften eines Akteurs ab. In Sim-Programmen werden meist auch diese Ausprägungen von Eigenschaften durch den Zufallsgenerator erzeugt.

Kurz ein paar Worte zum Zufallsgenerator: Ein Zufallsgenerator funktioniert – wie der Computer insgesamt – deterministisch. Wie können wir dann sagen, das der Zufallsgenerator in einem Ablauf einen Zufallsprozess »erzeugt«? Diese paradoxe Formulierung ist eine Folge des modernen Weltbildes. Dieses ist nicht mehr mechanistisch und deterministisch, sondern es ruht auf Modellen, in denen der Zufall eine zentrale Rolle einnimmt. Die Disziplinen, die sich mit dem Zufall wissenschaftlich beschäftigen – *Wahrscheinlichkeitstheorie* und *Statistik* – haben sich erst in den letzten dreihundert Jahren herausgebildet. In diesen Wissensbereichen wird einerseits der Begriff des Zufalls völlig klar beschrieben und erklärt, andererseits werden dort viele verschiedene Verfahren der Verteilung von Ereignissen in realen Situationen untersucht. Dabei wird für jede empirische Situation eine für diese Situation typische Verteilungsmethode verwendet. Daher sollte ein statistisches Grundverständnis vorhanden sein, bevor in einer Simulation ein bestimmtes statistisches Verfahren benutzt wird.

Wir beschäftigen uns deshalb an dieser Stelle kurz mit einigen Grundbegriffen der Wahrscheinlichkeitstheorie. Leider wird in der deutschen Sprache das Wort »Ereignis« in etwas anderer Bedeutung verwendet als in der Wahrscheinlichkeitstheorie. Um eine Begriffsverwirrung zu vermeiden, benutzen wir den in (2.2) bereits diskutierten Begriff des Ereignisses bei Anwendungen, in denen der Zufall eine Rolle spielt, *nicht*. Stattdessen verwenden wir die speziellen Ausdrücke *Zufallsereignis* und *Elementarereignis*, die auch in der Wahrscheinlichkeitstheorie üblich sind.

Wir beginnen mit einem einfachen Beispiel. Wie wahrscheinlich ist es, dass ein Akteur innerhalb eines Jahres länger als fünf Tage krank ist? Es gibt viele

empirische Untersuchungen, die sich mit diesen und ähnlichen Fragen befassen.[8]
Um die Frage zu konkretisieren und zu vereinfachen, gehen wir von einer bestimmten Region wie Bayern aus, von einem bestimmten Akteur, etwa Peter, und
von einer politisch festgelegten Anzahl von Arbeitstagen in einem Monat (z.B. 20).
Nach diesen Vorgaben kann ein Akteur höchstens 240 Tage im Jahr arbeiten. Die
restlichen Tage des Jahres sind Freizeit. Wieviele Tage Peter tatsächlich arbeitet,
hängt von seinem Arbeitsvertrag ab. In diesem Rahmen kann es passieren, dass
Peter krank wird. Auch »krank sein« subsumieren wird unter Peters Handlungen.
Genauer könnten wir etwa sagen, dass Peters Handlung »krank sein« darin besteht, dass er aktiv zu seiner Genesung beiträgt. Wenn Peter an einem Tag krank ist,
an dem er vertragsmäßig arbeiten sollte, wird dieser Tag nicht mehr als Arbeitstag
gezählt; er gehört nun zu seiner »Freizeit«. Anders gesagt, kann ein reales Ereignis in verschiedener Weise beschrieben und formuliert werden. Das beschriebene
Ereignis können wir als »krank sein«, aber auch als »Nichts tun« formulieren.
Diese Ereignisse sind nicht unabhängig voneinander.

Diese Situation aus der Arbeitswelt drücken wir vereinfacht durch drei Akti-
vitäten – Handlungstypen – aus: *arbeiten*, *nichts tun* und *krank sein*. Etwas »geschraubt« ausgedrückt, kann ein Akteur den Handlungstyp *arbeiten* höchstens
240 Tage, den Handlungstyp *nichts tun* höchstens 365 Tage und den Handlungstyp
krank sein ebenfalls höchsten 365 Tage im Jahr ausführen. In dieser Formulierung
kann Peter an einem Tag arbeiten, krank sein oder nichts tun, wobei er Handlungen der letzten beiden Handlungstypen gleichzeitig ausführen kann.

Andere Anwendungen können wir so nicht formulieren. Ein physikalisches Ereignis wie ein Sonnenuntergang ist genauso wenig eine Handlung wie eine Zell-
teilung in der Biologie. Um trotzdem Ereignisse aus möglichst vielen Bereichen in
einer einheitlichen Notation darstellen zu können, bezeichnen wir all diese möglichen Ereignisse als *Elementarereignisse*. Aus diesen vielen Elementarereignissen
werden bestimmte davon, d.h. solche, die inhaltlich von derselben Art sind, zu
einer Menge – zu einem Zufallsereignis – zusammengefasst.

Wie in (2.2) diskutiert ist auch eine Handlung ein Ereignis und damit lassen
sich auch Handlungen wahrscheinlichkeitstheoretisch beschreiben. Mit anderen
Worten wird eine Handlung zu einem wahrscheinlichkeitstheoretischen Elementarereignis und ein Handlungstyp zu einem Zufallsereignis. Wir können so in normalsprachlichen Kontexten einfach von Handlungen reden und trotzdem über
Handlungstypen den Apparat der Wahrscheinlichkeitstheorie benutzen. In unserem Beispiel sind die Handlungen »am Tag 11.5.2014 arbeitet Peter«, »am Tag
12.5.2014 arbeitet Peter«, »Peter tut am 13.5.2014 nichts« oder »Peter ist am
14.5. 2014 krank« Elementarereignisse. Einen bestimmten Handlungstyp könnte
man etwa durch »Im Jahr 2014 arbeitet Peter« ausdrücken. Als Zufallsereignis beschreiben wir diesen Sachverhalt wie folgt. Die *Menge* aller Handlungen der Form

---

8 (Bonjean, Hill und McLemore, 1967).

»am Tag X.Y.2014 arbeitet Peter« ($1 \leq X \leq 31$ und $1 \leq Y \leq 12$) *ist* ein Zufallsereignis. Ob wir die beiden Handlungstypen »krank sein« und »nichts tun« als unabhängige Elementarereignisse betrachten oder nicht, lässt sich der Sache nach nicht entscheiden. Wir haben hier eine Formulierung benutzt, wie sie in der Ökonomie vorherrscht. Um die obige Ausgangsfrage zu beantworten, reicht es in dieser Anwendung wahrscheinlichkeitstheoretisch aus, »krank sein« unter »nichts tun« einzuordnen. Anders gesagt, brauchen wir Ereignisse des Krankseins nicht als Elementarereignisse anzusehen.

Abbildung 2.3.1 unterscheidet diese drei Ereignisbegriffe allgemein. Im Beispiel wäre e_i etwa das Ereignis (die Handlung) »am Tag 12.5.2014 arbeitet Peter« und e das Zufallsereignis (der Handlungstyp) »Im Jahr 2014 arbeitet Peter«.

Abb. 2.3.1

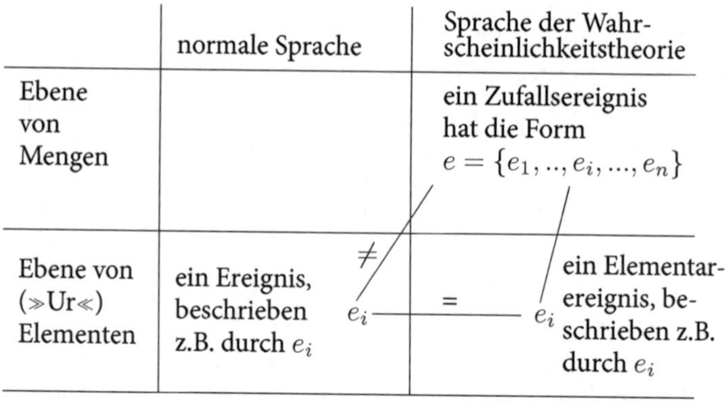

	normale Sprache	Sprache der Wahrscheinlichkeitstheorie
Ebene von Mengen		ein Zufallsereignis hat die Form $e = \{e_1, .., e_i, ..., e_n\}$
Ebene von (»Ur«) Elementen	ein Ereignis, beschrieben z.B. durch e_i e_i	$\neq$ $=$ ein Elementarereignis, beschrieben z.B. durch e_i e_i

Dem Akteur stehen im Beispiel drei Optionen – Handlungstypen – offen, nämlich *arbeiten, nichts tun* und *krank sein*. In PROLOG drücken wir dies durch die Terme `work,do_nothing` und `be_ill` aus. Neben den möglichen Handlungen, die in einem Jahr stattfinden könnten, sind natürlich auch die tatsächlich ausgeführten Handlungen zu untersuchen. Diese kürzen wir wie folgt ab: `hX_Y`. `hX_Y` besagt erstens, dass es sich um eine Handlung des Typs X handelt ($1 \leq X \leq 3$) und zweitens, dass Y ein »Name« (eine Nummer, eine Zahl zwischen 1 und 365) ist, der einer konkreten Handlung eine bestimmte Zahl zuordnet.

Wenn wir diese Situation empirisch untersuchen möchten, können wir den Akteur Peter ein Jahr lang beobachten und alle Handlungen der drei Typen notieren. Wir können dann am Ende des Jahres für jeden Handlungstyp nachzählen, wieviele Handlungen dieses Typs Peter tatsächlich ausführte. Im Beispiel nehmen wir an, dass Peter nur in Teilzeit arbeitet; er kann und soll 90 Tage arbeiten. Allerdings wird Peter 21 Tage krank, so dass er nur 69 Tage an seinem Arbeitsplatz war. Diese Fehltage werden von seinem Arbeitskonto abgezogen und seinem

»Freizeitkonto« hinzugefügt. Peter tut also 296 = 365 - 69 Tage nichts, wobei er 21 Tage krank war.

$$work = \{ \text{h1\_1}, \text{h1\_2}, \ldots, \text{h1\_69} \},$$
$$\text{do\_nothing} = \{ \text{h2\_1}, \text{h2\_2}, \ldots, \text{h2\_296} \},$$
$$\text{be\_ill} = \{ \text{h3\_1}, \text{h3\_2}, \ldots, \text{h3\_21} \}.$$

In Abbildung 2.3.2 haben wir die drei Handlungstypen und die tatsächlich stattfindenden Handlungen dargestellt. Wir sehen sofort, dass die Handlungen aus work und do_nothing genau die Elementarereignisse ausmachen und dass die Handlungstypen work, be_ill, do_nothing jeweils 69, 21 und 296 Handlungen enthalten. D.h. ein Handlungstyp enthält eine bestimmte Zahl von Handlungen. Eine solche Zahl wird als die

Häufigkeit von Handlungen eines gegebenen Handlungstyps

bezeichnet. Die Häufigkeit des Handlungstyps work ist z.B. 69. Mit diesen Zahlen 69, 21, 296 können wir normal rechnen. Wir bilden z.B. die Summe 69+21+296 = 386. Diese Gesamtzahl drückt aus, dass Peter im untersuchten Jahr genau 386 Handlungen ausgeführt hat. Für die Wahrscheinlichkeitstheorie ist es zentral, dass nicht alle Handlungstypen disjunkt sind. In Abbildung 2.3.2. sehen wir direkt, dass die Terme Krank sein (be_ill) und Nichtstun (do_nothing) in dieser Anwendung dasselbe ausdrücken. Anders gesagt kann eine Handlung zu zwei verschiedenen Zufallsereignissen gehören.

Abb. 2.3.2

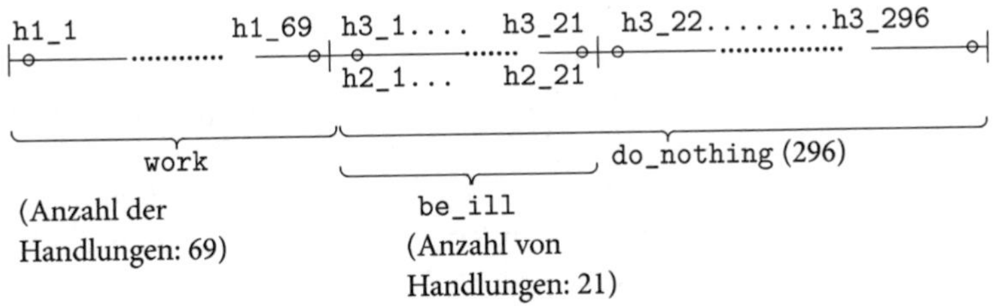

Bei be_ill und do_nothing erhalten wir insgesamt 21 + 296 - 21 = 296 Handlungen.

Wenn wir alle Handlungen von allen Handlungstypen in einem System zusammenzählen, erhalten wir im Beispiel 386 tatsächlich ausgeführte Handlungen. 21 davon liegen aber in zwei Zufallsereignissen, so dass wir 21 davon wieder abziehen müssen, um den Rahmen der Elementarereignisse nicht zu sprengen. Anders gesagt ist die Handlung des Krankseins in diesem Beispiel immer gleichzeitig auch eine Handlung des Nichtstuns.

Die Anzahl der Elementarereignisse wird in der Wahrscheinlichkeitstheorie transformiert und auf 1 normiert: Statt 365 wird mit der Zahl 1 weiter gerechnet. Wir teilen dazu die absoluten Häufigkeiten durch 365. 69 wird zu 69/365, 21 zu

21/365 und 296 zu 296/365. Dann gilt aber 69/365 + 21/365 + 296/365 = 1. Diese
Zahlen 69/365, 21/365, 296/365 werden

relative Häufigkeiten (von Handlungstypen)

genannt. Das Relative bezieht sich dabei auf die hier benutzte »Gesamtmenge« von
365 Elementarereignissen.

Wenn wir den mathematischen Überbau der Wahrscheinlichkeitstheorie beiseite lassen, entsprechen die relativen Häufigkeiten, die zwischen 0 und 1 liegen, in
diesem einfachen Fall den Wahrscheinlichkeiten der Zufallsereignisse (der Handlungstypen). In Abbildung 2.3.2 haben wir nur eine einzige Überschneidung von
Handlungstypen dargestellt. Normalerweise werden Handlungen gleichzeitig zu
zwei oder noch mehr Handlungstypen gehören. In der Wahrscheinlichkeitstheorie werden die Wahrscheinlichkeitsräume durch viele weitere Überschneidungen,
Komplemente und Zusammenlegungen von Mengen – hier: Handlungstypen –
aus theoretischen Gründen bevölkert. In die Theorie wird jedem Zufallsereignis
e durch eine Wahrscheinlichkeitsfunktion p eine Zahl α, eine *Wahrscheinlichkeit*,
zugeordnet: $p(e) = \alpha$. Anders gesagt hat das Zufallsereignis e die Wahrscheinlichkeit α.

In einfachsten Fällen lässt sich die *Wahrscheinlichkeitsfunktion*, die in der Wahrscheinlichkeitstheorie im Zentrum steht, direkt verstehen, indem der Wert der
Funktion einfach als relative Häufigkeit interpretiert wird. Weitere Details lassen
sich in der Literatur genauer nachlesen, wie z.B. (Bauer, 1974), (Bortz, 1985) oder
(von Mises, 1951). Da wir die eben gemachten Ausführungen hier nicht vertiefen
können, haben wir all diese Aspekte in Abbildung 2.3.3 bildlich zusammengeführt.

Das große Rechteck in Abbildung 2.3.3 enthält einige kleinere Rechtecke, die
Zufallsereignisse darstellen. Ein Zufallsereignis ist eine Menge von Elementarereignissen; die Elementarereignisse sind als Kreise, Rauten etc. dargestellt. Bei einem Zufallsereignis, z.B. bei $e1$, haben wir einige – aus Sparsamkeitsgründen nicht
alle – Elementarereignisse als Kreise eingezeichnet. Die Elementarereignisse, die
wirklich stattfinden, liegen innerhalb einer Fläche, deren Grenze gepunktet dargestellt ist. Man sieht, dass sich Zufallsereignisse überschneiden können. Elementarereignisse können sich dagegen schon aus Typengründen nicht überschneiden.
Der große, schwarze Kreis liegt sowohl im Zufallsereignis $e1$ als auch in $e2$ und in
$e3$. Die drei Rauten liegen sowohl in $e2$ als auch in $e3$. Andererseits gibt es auch
Zufallsereignisse, wie $e4$ und $e3$, die sich nicht überschneiden – sie sind disjunkt.

Von jedem rechteckigen Zufallsereignis führt ein Pfeil nach oben zu einer »Säule«. Jeder Baustein dieser Säule ist gerade ein Elementarereignis, welches zum
Zufallsereignis unten gehört. Diese Säulen benennen wir einfach mit den Zahlen
$1, 2, 3, 4$. Säule 1 enthält eine bestimmte Anzahl (Häufigkeit) n_1 von Bausteinen
der Säule 1, 2 enthält n_2 Elementarereignisse und so weiter. In der Wahrscheinlichkeitstheorie enthält ein Zufallsereignis immer eine bestimmte Anzahl von Elementarereignissen – im extremsten Fall kann eine solche Anzahl unendlich oder null

sein. In Sim-Programmen besteht ein Zufallsereignis natürlich immer aus endlich vielen Elementarereignissen.

Abb. 2.3.3

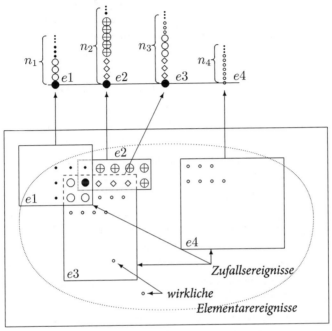

Menge von möglichen Elementereignissen

n_i ist die Anzahl von Elementarereignissen, die zum Zufallsereignis e_i und zum entsprechenden Pfeil gehört, d.h. die *Häufigkeit* dieses zugehörigen Zufallsereignisses e_i. Solche Häufigkeiten führen zur Wahrscheinlichkeit, wenn wir die Gesamtanzahl gz der wirklichen Elementarereignisse kennen oder sie hypothetisch festsetzen. Der Bruch n_i/gz, die relative Häufigkeit des Zufallsereignisses e_i, ist also das Verhältnis der Zahl der bekannten Elementarereignisse aus dem gegebenen Zufallsereignis n_i und der Gesamtanzahl der wirklichen Elementarereignisse gz. Ausgehend von einem Zufallsereignis und der Häufigkeit »seiner« Elementarereignisse können wir fragen, wie wahrscheinlich dieses Zufallsereignis ist. Wir bestimmen dazu, wie wahrscheinlich es ist, dass »irgendein« Elementarereignis wirklich stattfindet. Ohne in den Formalismus der Wahrscheinlichkeitstheorie einzusteigen, sehen wir mit bloßem Auge die relativen Häufigkeiten der Zufallsereignisse. Wenn alle Elementarereignisse gleich gewichtet sind, d.h. wenn alle ein-elementigen Zufallsereignisse dieselbe Wahrscheinlichkeit haben, lässt sich die Wahrscheinlichkeit jedes Zufallsereignisses e_i als die relative Häufigkeit n_i/gz bestimmen. Die Zahl n_i/gz beschreibt also in den Spezialfällen, in denen alle

Elementarereignisse gleich gewichtet sind, wie wahrscheinlich es ist, ein Elementarereignis aus der Menge (aus dem Zufallsereignis) e_i zu finden. Die damit assoziierten technischen Terme wie Maß, Dichte, Bildmaß und Zufallsvariable (englisch *random variable*), die im praktischen Umgang mit Zufallszahlen nützlich sind, möchten wir hier nicht weiter behandeln, siehe dazu etwa (Bauer, 1974).

Die Anzahl gz der wirklichen Elementarereignisse spielt in jeder Anwendung eine andere Rolle. In einfachen Anwendungen reicht es oft aus, nur über wirkliche, d.h. beobachtete oder sonstwie erhobene Elementarereignisse zu sprechen. Bei Verwendung einer Hypothese wissen wir aber nicht, wieviele Elementarereignisse ins Spiel gebracht werden. Oft wird dann die Gesamtzahl gz der möglichen Elementarereignisse durch den Grenzwert »unendlich« (∞) ersetzt, was zu einer komplexen Theorie, eben der Wahrscheinlichkeitstheorie, führt.

Die Häufigkeiten und Wahrscheinlichkeiten von Zufallsereignissen sind je nach Situation unterschiedlich verteilt. Diese Arten von Verteilungen bilden das zentrale Thema der Wahrscheinlichkeitstheorie. In einfachen, endlichen Fällen, in denen allen ein-elementigen Zufallsereignissen Wahrscheinlichkeiten zugeordnet sind, lassen sich die Verteilungen bildlich ziemlich einfach verstehen. In Abbildung 2.3.4 auf der nächsten Seite sind vier typische Verteilungen von Ereignissen dargestellt.

Auf der x-Achse sind die Namen der Ereignisse $e_1, ..., e_i, ..., e_j, ..., e_n$ aufgetragen. Über jedem Ereignisnamen e_i stellt die Länge $p(e_i)$ der vertikalen Linie die Wahrscheinlichkeit für das Ereignis e_i dar. In Grafik a) sind die Wahrscheinlichkeiten für alle Ereignisse dieselben. In Grafik b) sind die Wahrscheinlichkeiten verschieden und *diskret* verteilt (**d**iscrete **d**istributed). In Grafik c) ist eine *kumulative* Verteilung dargestellt. Bei dieser Methode werden die »elementaren« Wahrscheinlichkeiten $p(e_i)$, die hier durch p_i abgekürzt werden, von links nach rechts aufsummiert. Die Länge k_{i+1} für e_{i+1} wird als die Summe von p_{i+1} und der »letzten« kumulierten Wahrscheinlichkeit k_i definiert, d.h. $k_{i+1} = k_i + p_{i+1}$. In der *stetigen* Verteilung in Grafik d) sind die Wahrscheinlichkeiten von e und vom »benachbarten« Ereignis e' sehr ähnlich. Eine solche stetige Verteilungsdichte lässt sich in PROLOG nur in vergröberter Weise darstellen und programmieren. Bei dieser Darstellungsweise ist die Höhe einer Linie *nicht* die Wahrscheinlichkeit des Ereignisses, weil in stetigen Fällen die Wahrscheinlichkeit eines ein-elementigen Ereignisses normalerweise Null ist. Erst das Integral über einen bestimmten Bereich der Funktion stellt eine Wahrscheinlichkeit dar. Das bekannteste Beispiel für den klassischen, stetigen Fall ist die Gauß'sche *Normalverteilung* mit ihrer glockenförmigen Verteilungskurve. Ein entsprechendes Modul dazu findet sich in ($\mathcal{KG}$! 233).

Abb. 2.3.4

a) gleich verteilt

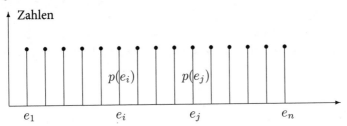

b) diskret verteilt

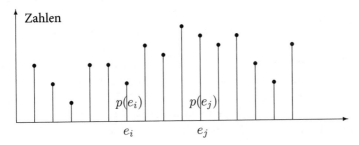

c) kumulativ verteilt

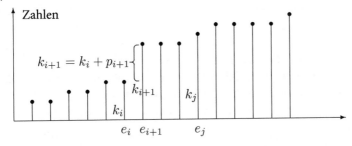

d) stetig verteilt

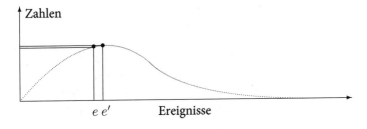

Wie eingangs angedeutet sind in sozialen Sim-Programmen neben den Handlungen auch die Eigenschaften von Akteuren meist zufällig ausgeprägt. Als Beispiel für die zufällige Erzeugung von Eigenschaften nehmen wir die physische Stärke von Akteuren. Wir unterscheiden in dem Beispiel vier Stärkeausprägungen. Natürlich könnten wir die Stärke noch feiner unterteilen z.B. in 100 oder gar 1000 Stärkegrade. Doch dies macht in der Regel keinen Sinn und sollte grundsätzlich vom Inhalt des jeweils untersuchten Systems abhängig sein.[9] Den Ausprägungen selbst werden in diesem Beispiel keine spezifischen Namen gegeben; wir bezeichnen sie einfach mit den Zahlen 1,2,3,4. In der Alltagssprache werden Ausprägungsunterschiede oft mit dem Komparativ ausgedrückt wie *stark, stärker, am stärksten* – was wir in unserem Formalismus durch 1,2,3 repräsentieren könnten. Mit vier Ausprägungen wird die Umsetzung in sprachliche Begriffe allerdings schwieriger; strukturell hat sich aber kaum etwas verändert. Die Darstellung der Stärke durch Zahlen hat im Übrigen auch den Vorteil, dass wir uns in den Klausen den Aufwand, eine Verbindung zwischen Bezeichnungen für Ausprägungen und den entsprechenden Zahlen herzustellen, ersparen. Dies wäre erforderlich, weil in einer Schleife immer eine Indexvariable für Zahlen benutzt werden muss.

Im Beispiel hat jeder Akteur eine bestimmte Stärke, oder genauer: eine Stärkeausprägung, oder etwas allgemeiner: eine Ausprägung der Eigenschaft »Stärke«. Da es für »Ausprägung von Stärke eines Akteurs« kein eigenes, deutsches Wort gibt, drücken wir diesen Sachverhalt durch ein Paar, bestehend aus dem Akteur ACTOR und der dazugehörigen Stärkeausprägung STRENGTH aus: [ACTOR, STRENGTH]. In einem Sim-Programm setzen wir dies z.B. um mit strength(TICK, ACTOR,STRENGTH): »Akteur ACTOR hat zum Tick TICK die Stärke STRENGTH«. Dabei ist STRENGTH eine Variable für die vier möglichen Stärkeausprägungen STRENGTH, STRENGTH =< 1,2,3,4. Die Anzahl der Akteure, die in einem Tick z.B. die Stärke 2 haben, ist anders gesagt, die Häufigkeit dieser Ausprägung 2.

Die Stärken der verschiedenen Akteure werden normalerweise zufällig erzeugt. Jede Akteur bekommt zwar eine bestimmte Stärke zugeschrieben, aber in sozialen Simulationen ist nur die Häufigkeitsverteilung der Stärkeausprägungen wichtig. In den Sozialwissenschaften werden solche Häufigkeiten empirisch ermittelt und können als Datenbasis für Simulationen genutzt werden. In experimentellen Simulationen werden empirische Daten selten benutzt, stattdessen generiert der Computer meist die benötigten Daten. In beiden Simulationsansätzen geht es aber normalerweise »nur« um Häufigkeitsverteilungen.

Die Häufigkeitsverteilungen werden in PROLOG durch den *Zufallsgenerator* erzeugt. Zur Erzeugung von Zufallszahlen benutzen wir den PROLOG Befehl random. Dazu muss lediglich die Anzahl n der benutzten Elementarereignisse – und damit die Größe der entsprechenden Menge – bekannt sein. Im ersten Beispiel oben gibt es 365 Elementarereignisse des Arbeitens und Nichtstuns. Diese

---

9   Siehe z.B. (Krantz et al., 1971).

Zahl muss vorher bekannt sein. Die Elementarereignisse haben wir z.b. in einem Programm generiert, abgekürzt und in einer Liste LK = [h1, . . . , h365] gespeichert. Aus dieser Liste wird mit random(365) eines dieser Elementarereignisse »zufällig gezogen«.[10] Findet PROLOG in einem Programm den Term

$$X \text{ is random}(365)$$

wird eine der Zahlen 0, . . . , 364 zufällig gezogen. Ist das Ergebnis z.B. 124, wird die Variable X mit der Zahl 124 instantiiert. Die Zahl 365 bildet die obere Grenze und kann nicht gezogen werden: Da es in der Liste 365 Einträge gibt, zieht PROLOG nicht, wie man erwarten könnte, Zahlen von 1 bis 365, sondern Zahlen zwischen 0 und 364. Eine Wahrscheinlichkeit kann auch 0 sein. X könnte auch 0, 1 oder 123 sein, aber nicht 365. Um wieder zur normalen Zählweise zurückzufinden, wird die gezogene Zahl um Eins erhöht: Xnew is X+1. In einem Sim-Programm transformieren wir also die gezogene Zahl 124 in 125, die wir dann für eine konkrete Handlung verwenden. PROLOG öffnet dazu beispielsweise die Liste LK und bestimmt, was an der 125-ten Stelle dieser Liste zu finden ist. Im Beispiel findet PROLOG die Handlung h125. Damit hat PROLOG quasi ein bestimmtes Elementarereignis »verwirklicht«.

Für die Erzeugung von Häufigkeitsverteilungen gibt es sehr viele verschiedene Methoden. Zwei davon stellen wir kurz dar. Im Beispiel mit 4 Stärkeausprägungen generieren wir mit random eine Zufallszahl STRENGTH für eine Stärkeausprägung wie folgt. Wir ziehen eine Zufallszahl aus 1, . . . , 4: X is random(4). Um die Zahlen 1, . . . , 4 weiterhin als »Namen« für Fakten, wie Ausprägungen, zu verwenden, erhöhen wir die gezogene Zahl um Eins: STRENGTH is X+1. Wir ersetzen X durch STRENGTH. STRENGTH ist damit die weiter verwendete, zufällig gezogene Zahl.

Zufällige Generierung (1)	
`make_strengths :-`	
`    number_of_actors(NUMBER_OF_ACTORS),`	(1a)
`    number_of_exprs_of_strengths(STRENGTH_EXPRS),`	(1b)
`    make_actor_strengths(NUMBER_OF_ACTORS,STRENGTH_EXPRS).`	
`make_actor_strengths(NUMBER_OF_ACTORS,STRENGTH_EXPRS):-`	
`    (between(1,NUMBER_OF_ACTORS,ACTOR),`	(2a)
`        generate_strength(TICK,ACTOR,STRENGTH_EXPRS),`	
`    fail ;true),!.`	(2b)
`generate_strength(ACTOR,STRENGTH_EXPRS):-`	
`    STRENGTH is random(STRENGTH_EXPRS)+1,`	(3)
`    writein(res231,strength(ACTOR,STRENGTH)),!.`	(4)

Wir beschreiben erstens eine Klause, mit der die Stärken der Akteure völlig

---

10 Speziellere Befehle wie z.B. X is random(B,E,X) finden sich im Manual von SWI-PROLOG.

zufällig erzeugt und gespeichert werden. In (1a,b) oben werden zwei Fakten aus der Datenbasis geholt: die Anzahl der Akteure NUMBER_OF_ACTORS und die Anzahl der Stärkausprägungen[11] STRENGTH_EXPRS, number_exprs_of_strengths(STRENGTH_EXPRS). STRENGTH_EXPRS könnte z.B. 4 sein. In der Schleife (2) wird für jeden Akteur das Prädikat generate_strength aufgerufen. In (3) wird für den gerade aktivierten Akteur ACTOR die Stärke STRENGTH erzeugt. In (4) wird der neue Fakt strength(ACTOR,STRENGTH) in die Datei res231 geschrieben (𝒦𝒢! 231).

Natürlich könnten wir den Begriff strength auch durch jedes andere Eigenschaftswort (property) ersetzen. Je nach Anwendung kann man das Wort strength auch aus den Prädikatsnamen, wie

number_of_exprs_of_strengths(_)

oder

generate_strength(_,_,_)

entfernen und stattdessen in ein Argument verwandeln. Aus

generate_strength(_,_,_) wird dann z.B. generate(strength,_,_,_).

Wenn wir die Stärkegrade in einer Schleife über alle Akteure generieren, die so erzeugten Zahlen STRENGTH mit strength(TICK,ACTOR,STRENGTH) speichern und in eine passende Datei, z.B. res231, schicken, haben wir zum Schluss für jeden Akteur zu TICK seine Stärke (-ausprägung) generiert und gespeichert. Diese neuen Fakten existieren nun in dem gerade aktiven Computerablauf und in dieser sich gerade entwickelnden »Welt«. Wir können dann z.B. mit diesen Fakten bestimmen, wieviele Akteure in diesem Ablauf die Stärkeausprägung 2 haben. Das lässt sich für alle Ausprägungen durchführen und die Summe dieser Zahlen kann man leicht berechnen.

Bei einer zweiten Methode zur Erzeugung von Häufigkeitsverteilungen ist die Verteilung bereits vorgegeben. Eine Eigenschaft, wie z.B. die Intelligenz, ist bei 47 Akteuren in verschiedenen Ausprägungen bereits gegeben. Jeder Akteur ist also in einem anderen Maße intelligent. Als Intelligenzmaße könnten wir IQ-Werte, wie sie Psychologen verwenden, nutzen. Das hätte den Vorteil, dass empirische Verteilungen bereits vorliegen. Im sozialen Umfeld ist das aber meist nicht notwendig, es genügen einfache komparative Ausprägungen. Laienhaft und salopp formuliert können diese Ausprägungen mit dumm, mäßig intelligent, intelligent, sehr intelligent und superintelligent etikettiert werden. Auch weitere Zwischenabstufungen lassen sich formulieren. Im Folgenden gehen wir von genau 5 Ausprägungen von Intelligenz aus.

---

11 Im Englischen verwenden wir statt *Ausprägung* den Term expression oder expressions, die wir mit expr und exprs abkürzen.

Das eben Gesagte setzen wir in PROLOG mit dem Term

```
intelligence(ACTOR,INTELL_EXPR)
```

um. Dabei ist `ACTOR` ein Akteur und `INTELL_EXPR` eine Ausprägung (`INTELL_EXPR` =< 1,...,5). Für jeden Akteur soll eine Intelligenzausprägung erzeugt werden, und zwar so, dass diese Ausprägungen einer schon gegebenen Häufigkeitsverteilung genügen. Dabei werden nicht abstrakte Intelligenzausprägungen – unabhängig von den Akteuren – erzeugt, sondern für jeden speziellen Akteur wird eine konkrete Intelligenzausprägung generiert. Wir erzeugen also 47 Fakten `intelligence(ACTOR,INTELL_EXPR)`, `ACTOR=<47`. Um Häufigkeitsverteilungen besser bearbeiten zu können, wird in der Wahrscheinlichkeitstheorie – wie oben erwähnt – die Gesamtzahl 47 auf die Zahl 1 normiert. Dies führt in PROLOG zu langen, schwer lesbaren Dezimalzahlen der Form 0.435287554271. Wir haben deshalb folgenden Kompromiss geschlossen. Einerseits verwenden wir »prozentuale, relative« Häufigkeiten, andererseits werden die Zufallszahlen direkt mit natürlichen Zahlen verbunden – wie dies in `random(_)` geschieht.

Im Beispiel mit 5 Ausprägungen und 47 Akteuren erfolgt die Normierung von Häufigkeiten wie folgt. Die relative Häufigkeit z.B. der Ausprägung 2 ist ein Bruch $Z/47$, wobei Z die Anzahl (z.B. 43) von Akteuren angibt, die im Grad 2 intelligent sind. Da es insgesamt 47 Akteure gibt, ist diese (absolute) Häufigkeit eine Zahl Z zwischen 1 und 47, im Beispiel 43. Diese Zahl relativieren wir nun auf 100, indem wir die Häufigkeit Z in $Z/47 \cdot 100$ transformieren. Die absolute Häufigkeit 43 wird inhaltlich gesprochen »übersetzt« in $43/47 \cdot 100$ Prozent von Akteuren der Intelligenzausprägung 2, also etwa 91 Prozent. Auf dieser Weise machen wir uns bei der Erzeugung von Zufallszahlen von der Gesamtzahl 47 unabhängig.

Abb. 2.3.5

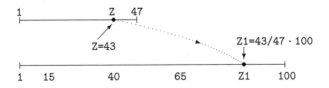

Zur Erzeugung der Intelligenzausprägungen verwenden wir ein Verfahren, das einer kumulativen Verteilung folgt. Für die fünf Ausprägungen legen wir fünf Prozentintervalle fest. Dazu teilen wir das Intervall [1,100] in fünf Teilintervalle, die nicht unbedingt gleich groß sein müssen, etwa in: [1,15], [16, 40], [41,65], [66, 80], [81, 100]. Für einen gegebenen Akteur, der z.B. die Zahl Z trägt, normieren wir diese Zahl, wie gerade beschrieben, zu einer Zahl $Z1$. Wir berechnen nun (siehe DVA in 2.3.1 unten, Zeile 19) aus den fünf Intervallen das »erste von links«, in dem die Zahl $Z1$ liegt. Sie kann nur in einem der fünf Intervalle liegen. Der Index `PCF` eines Intervalls wird in Zeile 17 gesucht, dessen Endpunkt größer oder gleich Z1 ist. Dieser Index PCF wird dann als die Ausprägung der Intelligenz für den Akteur Z genommen. Zur Vorbereitung der Erzeugungsklause müssen wir die Anzahl der Fakten z.B. number_of_facts(47) und die 5 kumulierten, prozentualen Häufigkeiten etwa in Form

cumulative_frequencies_of(intelligence,[15,40,65,80,100])

in eine passende Datei eintragen. Dabei ist intelligence ein Name für die Eigenschaft der Intelligenz und die Zahlen 15,40,50,85,100 sind Prozentzahlen.

Dieses Beispiel verallgemeinern wir zu einem Modul, das in Sim-Programmen wiederholt benutzt werden kann. Statt actor verwenden wir das neutrale Wort entity und statt intelligence das Wort property. Es geht also allgemein gesagt um eine Anzahl (number_of_entities(_)) von Dingen (entities), deren Ausprägungen (expressions) einer bestimmten Eigenschaft (property) mit einer vorgegebenen Häufigkeitsverteilung erzeugt werden. Für jede Entität wird eine Ausprägung generiert, so dass die Ausprägungen zwar zufällig, aber doch in einer bestimmten Weise, nämlich durch eine Liste von Konstanten (cumulative_ frequencies_of(property,[...])) verteilt sind (𝒦𝒢! 231).

Diskret verteilte Ausprägungen (kurz: DVA)   [2.3.1]

```
number_of_entities(47).                                                      1
cumulative_frequencies_of(property,[15,40,65,80,100]).                       2
list_of_exprs([expr1,expr2,expr3,expr4,expr5]).                              3
start :-                                                                     4
  cumulative_frequencies_of(FUNCTION_NAME,LIST),                             5
  number_of_entities(NUMBER_OF_ENTITIES),                                    6
  make_function_dd(FUNCTION_NAME,LIST,NUMBER_OF_ENTITIES).                   7
make_function_dd(FUNCTION_NAME,LIST,NUMBER_OF_ENTITIES) :-                   8
  ( between(1,NUMBER_OF_ENTITIES,N),                                         9
      generate_one_dd_number(N,FUNCTION_NAME,LIST,                          10
          NUMBER_OF_ENTITIES),fail
  ; true ).                                                                 11
generate_one_dd_number(N,FUNCTION_NAME,LIST,NUMBER_OF_ENTITITES)           12
    :-
  length(LIST,LENGTH),                                                     13
  Z is random(NUMBER_OF_ENTITIES) + 1,                                     14
  Z1 is (Z/NUMBER_OF_ENTITIES) * 100,                                      15
  between(1,LENGTH,X_TH_POS_OF_LIST),                                      16
  nth1(X_TH_POS_OF_LIST,LIST,PCF),                                         17
  Z1 =< PCF ,                                                              18
  list_of_exprs(LIST_OF_EXPRS),                                            19
  nth1(X_TH_POS_OF_LIST,LIST_OF_EXPRS,EXPR),                               20
  writein(res231,fact(FUNCTION_NAME,N,EXPR)),!.                            21
```

In 1 und 2 werden drei Fakten bereitgestellt: die Anzahl 47 von Dingen, die Anzahl 5 von Ausprägungen, die hier nur implizit zu sehen ist, und die Konstanten 15,40,65,80,100. Aus der Länge der Liste in 2 erschließen wir die Anzahl 5 der Ausprägungen; jede Konstante gehört zu einer der 5 Ausprägungen. In 5 wird die Variable FUNCTION_NAME durch die Eigenschaft property ersetzt, die in 2 zu finden ist. In 5 und 6 wird die Liste von Häufigkeiten und die Zahl NUMBER_OF_ENTITIES der zu generierenden Werte von 1 und 2 oben »geholt«. Die Zahl

NUMBER_OF_ENTITIES

gibt an, wie oft die Hauptschleife in 9 - 11 durch between(1,NUMBER_OF_ENTITIES, N) durchlaufen wird. In jedem erfolgreichen Schleifenschritt wird ein neuer Funktionswert EXPR und der dazugehörige Fakt (siehe 21) erzeugt. In 12 wird das Schleifenprädikat generate_one_dd_number bearbeitet. Dazu wird in 13 die Länge dieser Liste bestimmt. In 14 kommt der Zufall ins Spiel. In diesem Beispiel geht es um 47 Dinge (entities). Aus der Menge { 1,...,47 } wird eine dieser Zahlen zufällig gezogen. Dies geschieht, wie oben diskutiert, indem die neu erzeugte Zahl random(47) um Eins erhöht wird: Z is random(47)+1. Diese Zufallszahl Z wird in 15 auf 100 normiert, d.h. die Zahl Z, die im Bereich zwischen 1 und 47 liegt, wird zu einer Zahl Z1 (siehe Abbildung 2.3.5). In 16 wird eine innere, offene Schleife gebildet, die über alle Stellen der Liste der kumulierten Häufigkeiten in 2 läuft. Die X-te Stelle dieser Liste haben wir X_TH_POS_OF_LIST genannt, wobei POS das Wort POSITIONS abkürzt, um einige weitere Terme nicht so lang werden zu lassen. In 17 wird aus LIST = [15,40,65,80,100] an der Stelle X_TH_POS_OF_LIST die Häufigkeit PCF (»percentage of cumulative frequency«) geholt. In 18 wird nun diese normierte Zufallszahl Z1 mit der gerade gefundenen Häufigkeit PCF verglichen. Wenn diese Ungleichung stimmt, endet die innere Schleife 16. In diesem Fall ist PFC die minimale Häufigkeit aus der Liste, die kleiner oder gleich der normierten Zufallszahl Z1 ist. Trifft dies zu wird in 19 die Liste LIST_OF_EXPRS geholt. Die beiden Listen LIST = [15,40,65, 80,100] und LIST_OF_EXPRS = [expr1,...,expr5] haben die gleiche Länge. Deshalb können wir die Zahl X_TH_POS_OF_LIST auch für die Liste [expr1,...] benutzen. Aus dieser Liste wird in 20 also die X-te Komponente EXPR aus der Liste geholt. Wenn z.B. X gerade die Zahl 3 ist, wird der Grad expr3 aus der Liste genommen. In 21 wird dann das neue Faktum an die Datei res231 geschickt. Im zweiten Fall in 18 ist die normierte Zufallszahl Z1 größer als die bis jetzt gefundene Häufigkeit PCF. In diesem Fall geht der Prozess zurück zu 16 und 17, und benutzt die »nächste« Stelle aus der Liste der Häufigkeiten LIST. Die innere Schleife 16 geht auf jeden Fall positiv zu Ende, weil die Zufallszahl Z nicht größer als 47 sein kann. Wenn die Generierung beendet ist, können wir die Fakten aus res231 mit einem Grafikprogramm bildlich darstellen (siehe 3.6).

Mit diesem Erzeugungsmodul nähern wir uns der Modellierung einer zentralen Eigenschaft, die in der Psychologie untersucht wird, nämlich dem *Charakter* bzw. der Persönlichkeit eines Akteurs. Jeder Akteur hat bestimmte Charakter- oder

Persönlichkeitseigenschaften. Gibt es viele Akteure, lassen sich deren Charaktereigenschaften in Typen einteilen. In der Antike wurden z.b. Menschen in Melan-
choliker, Choleriker, Phlegmatiker und Sanguiniker unterteilt. In unserem stark
vereinfachten Ansatz haben wir den Charakter als eine Liste von Persönlichkeits-
eigenschaften dargestellt.

Neben den hier benutzten Eigenschaften der Stärke und der Intelligenz können
in Simulationen sozialer Phänomene natürlich weitere Eigenschaften wie Bildung,
Mut, Attraktivität oder Egoismus verwendet werden. Auch deren Ausprägungen
lassen sich wieder verbal – z.b. mutig, normal, feige – oder durch natürliche Zahlen ausdrücken wie 1,2,3,4,5. Statistisch gesehen handelt es sich dabei um ordi-
nal skalierte Zahlen, bei denen nur die Reihenfolge relevant ist: Wir könnten auch
1,3,6,9,15 oder 3,5,7,9,11 statt 1,2,3,4,5 verwenden.

Charaktereigenschaften verwalten wir in einer Liste

```
list_of_characters([char1,...,charN]).
```

Die Ausprägungen einer bestimmten Charaktereigenschaft charI erzeugen wir
meistens so, dass sie einer diskreten Häufigkeitsverteilung DVA [2.3.1] folgen.
Wenn wir zum Beispiel für 30 Akteure den Term

```
make_function_dd(charI,LIST_I,30)
```

und die dazugehörigen Klausen verwenden, muss am Anfang des Programms eine
Liste von Häufigkeitsausprägungen cumulative_frequencies_of(charI,LISTI)
bereit stehen, z.B. LISTI = [33,66,100], die Anzahl der entities (hier 30 Akteure) und die   Liste der Ausprägungs»namen« list_of_exprs([expr1,expr2,
expr3,expr4]). Die Anzahl der Ausprägungen kann bei verschiedenen Charaktereigenschaften natürlich unterschiedlich sein.

Die Erzeugung eines Charakters für einen bestimmten Akteur ACTOR ist ziemlich
einfach. Dazu holen wir die Liste [char1,...,charN] der Charaktereigenschaften
und die gerade beschriebenen Ausprägungen der verschiedenen Charaktereigenschaften und bauen für einen Akteur ACTOR aus den Charaktereigenschaften charI
und den Ausprägungen exprJ den Term charI(exprJ) zusammen. Dann schreiben wir all diese Terme für die verschiedenen Charaktereigenschaften eines Akteurs in eine Liste

```
character(ACTOR,[char1(exprJ1),...,charN(exprJN)]).
```

Diese stellt *den Charakter* des Akteurs ACTOR dar (*KG!* 232).

Der Charakter wird für die Auswahl einiger Handlungstypen, die einem Akteur zur Verfügung stehen, benutzt (Balzer, 2000). Empirisch werden Handlungen
oft allein aufgrund des Charakters eines Akteurs ausgeführt, sind also weitgehend
persönlichkeitsgesteuert. In solchen Fällen ist es weder nötig noch zweckmäßig,
eine rationale, berechnende Überlegung anzustellen, um aus zwei Optionen eine
davon auszuwählen und auszuführen. Der Akteur überlegt nicht, sondern er lässt
seinem Charakter »freien Lauf«. Der Unterschied zu einer vernünftigen

Abwägung besteht hauptsächlich darin, dass die Details, die in einer gegebenen Situation immer vorhanden sind, nicht weiter bewertet, nicht wahrgenommen oder sogar unterdrückt werden. Die Auswahl einer Handlung wird in einer solchen Standardsituation zur Routine. Viele Situationsparameter sind quasi automatisch – in Informatiksprache auf *Default* (»einen Standardwert«) eingestellt. Bei einer Handlungsauswahl werden also nicht alle im Programm zur Verfügung stehenden Fakten, die relevant werden könnten, abgerufen, sondern der Akteur wird nach seinem Charakter befragt.

Ein Problem, welches wir hier wenigstens erwähnen möchten, betrifft die menschlichen Widersprüche, die im Inneren einer Person zu finden sind. Sie rühren oft vom praktischen Umgang mit Wahrscheinlichkeiten. Für Menschen ist das Rechnen mit Wahrscheinlichkeiten und der Umgang mit Zufällen oft schwierig. In der Wahrscheinlichkeitstheorie existieren zwar feste Regeln, die man beachten sollte, die aber im Alltag zu wenig eingeübt werden. Die Menschen haben diese Regeln erst im späten Fortlauf ihrer Evolution »entdeckt«. Ein Problem liegt beispielsweise in den Inkonsistenzen, die entstehen, wenn ein Akteur zwei Zufallsereignisse, die für ihn aus zwei unabhängigen Wirklichkeitsbereiche stammen, in einen einheitlichen Wahrscheinlichkeitsraum unterbringen möchte. Dies kann schnell zu Widersprüchen führen – ohne dass der Akteur dies erkennt.

2.4 Umgang mit Handlungen

In (2.2.1) haben wir eine Handlung in die Form

    action_typ(TICK,ACTOR,[...,STATE_Before, STATE_After])

gebracht. Wie die Anfangs- und Endzustände STATE_Before und STATE_After genauer aussehen haben wir weitgehend offen gelassen. Dies wollen wir nun etwas spezifizieren.

Ein Zustand kann je nach Handlungsform einfacher oder komplexer strukturiert und programmiert werden. Wenn z.B. der Handlungstyp gehen im Programm benutzt wird, um auszudrücken, dass sich der Akteur von einem Startpunkt zu einem Zielpunkt bewegt, werden wir die Eigenschaft »an einem Ort sein« benutzen. Wenn ACTOR zu einem bestimmten Zeitpunkt TICK geht, wird er im nächsten Zeitpunkt TICK+1 an einem anderen Ort sein. Wenn allerdings das Prädikat gehen nur dazu benutzt wird, den Kalorienhaushalt des Akteurs in der Zeit zu analysieren, sind die Orte nicht wichtig. Genauso können wir den Handlungstyp mag einfach halten oder mit inhaltlichen Details versehen. Wenn wir im Programm nur ausdrücken möchten, dass ACTOR1 einen für ihn neuen Akteur ACTOR2 mag, können wir z.B. einfach schreiben mag([TICK,ACTOR1,ACTOR2,0], [TICK+1,ACTOR1, ACTOR2,+]). Dabei ist [TICK,ACTOR1,ACTOR2,0] der Anfangs- und [TICK+1, ACTOR1,ACTOR2,+] der Endzustand; 0 »bedeutet neutral« und + »positiv«. Wenn

wir ein angereichertes Modell benutzen, können wir z.b. eine Eigenschaft des hier
»passiv« beschriebenen Akteurs ACTOR2 benutzen, wie beauty(TICK,ACTOR2,3)
mit Ausprägung 3, oder die Eigenschaft eines Akteurs ACTOR1 »sozial eingestellt zu
sein« sociality(TICK,ACTOR1,4) mit Ausprägung 4. Fragen wir zusätzlich nach
dem Grund, warum ACTOR1 zur Zeit TICK+1 ACTOR2 mag, kann dies recht komplex
werden. Z.B. muss dann ein Teil der Vorgeschichte beider Akteure abrufbar sein.

Die Zustände einer Handlung können also verschiedene Formen annehmen. Im
einfachsten Fall kann ein Zustand durch eine Konstante, wie z.b. durch eine Zahl
oder ein nullstelliges Prädikat, beschrieben werden. Ein Zustand kann zu TICK die
Form STATE_Before = [TICK,c] haben oder STATE_Before = [TICK,position(
TICK,ACTOR,POSITION)], wenn der Ort wichtig ist oder STATE_Before = [TICK,
beauty(TICK,ACTOR,3)], wenn der Zustand nur eine Eigenschaft von Akteuren
benutzt. Komplexe Eigenschaften können in einem Zustand auch durch Listen dargestellt werden, z.B.

```
action_typ(TICK,ACTOR1,[ACTOR2,position(TICK,ACTOR1,POSITION),
    beauty(TICK,ACTOR2,EXPR)]).
```

All dies zeigt, dass wir die Form der Zustände im Moment noch nicht sehr genau
spezifizieren können und möchten. Wir lassen strukturell offen, welche Komponenten exakt in den Zuständen für eine Handlung und für den Handlungstyp vorhanden sein müssen. An dieser Stelle können wir nur sagen: Normalerweise gehört
zu einem Zustand der Zeitpunkt, der Hauptakteur und mindestens eine Eigenschaft der Handlung, z.B. STATE_Before = [TICK,ACTOR,property(TICK,ACTOR,
CONSTANT),...], mit wenigstens einer Konstanten CONSTANT.

Wir gehen in diesem Buch pragmatisch vor und fordern nur, dass alle satzartigen Terme, die bei einer Handlung eines Handlungstyps im Ablauf benutzt werden müssen, im Programm auch zu finden sein müssen. Anders gesagt, programmieren wir einen Handlungstyp action_typ(...) so, dass die Voraussetzungen
der Durchführung einer Handlung durch eigenständige Prädikate wie property
oder beautiful ausgedrückt und in zusätzlichen Klausen formuliert werden. Solche Prädikate nennen wir *bedingende* Prädikate *für* den Handlungstyp *HT*, im
Folgenden: *b*-Prädikate für *HT* oder einfach »*b*-Prädikate für eine Handlung«.

Ein *b*-Prädikat pred(...) erfüllt in einem Sim-Programm mehrere Aufgaben.
Erstens wird es – in der Regel – zur Erzeugung von Fakten der Form pred(...)
benutzt. Zweitens gehört das *b*-Prädikat immer zu einem oder zu mehreren Handlungstypen. Eine Handlung dieses Typs kann ohne Hilfe eines *b*-Prädikates nicht
ablaufen. Drittens werden Terme der Form pred(X1,..,XN) im Programmablauf
verändert. Die wichtigste Form der Veränderung betrifft dabei die Zeitvariable.
Der Tick TICK wird angepasst: aus pred(TICK,...) wird pred(TICK+1,...).

In einem Sim-Programm tragen wir am Anfang für jeden Handlungstyp action_
typ die zugehörigen *b*-Prädikate pred1,...,predn für action_typ als Fakt ein,

z.B. in der Form `cluster(action_type,[pred1,..., predn] )`. Da oft verschiedene Handlungstypen dasselbe b-Prädikat verwenden, sammeln wir aus den gerade erörterten Fakten eine *reduzierte* Liste von b-Prädikaten, aus der in jeder Anwendung eines Handlungstyps die betreffenden b-Prädikate herausgepickt und verwendet werden ($\mathcal{KG}$! 241).

Wir verdeutlichen dies mit zwei Beispielen. In dem sehr populären Segregationsmodell von (Schelling, 1971) wird simuliert, wie aus individuellen Präferenzen auf Mikroebene Segregationseffekte auf Makroebene (Cluster) entstehen. Einfacher und weniger soziologisch gesprochen zeigt das Modell, wie aus persönlichen Vorlieben der Akteure untereinander abgeschottete, soziale Schichten entstehen. Dazu wird auf Mikroebene modelliert, wie wohl sich ein Akteur in einer Umgebung von mehr oder weniger ähnlichen »Nachbarn« fühlt. Ein Akteur fühlt sich umso wohler, je ähnlicher ihm seiner Nachbarn sind. Einen Handlungstyp in diesem System, den wir als »Untersuchung einer Umgebung für den Akteur« bezeichnen (`investigate`), greifen wir heraus. Die Handlung dieses Typs untersucht, wie viele andere Akteure aus der Akteursumgebung dem Akteur ähnlich sind. Dabei spielt nicht nur die Nachbarschaft, in der er gerade lebt, eine Rolle, sondern auch die Nachbarschaften von allen möglichen Orten, in denen der Akteur eventuell leben möchte. Das Modell geht von zwei elementaren Akteurseigenschaften aus: der Hautfarbe (z.B. weiß und schwarz) und der Nachbarschaft. Diese Eigenschaften drücken wir mit den Prädikaten `colour(ACTOR,COLOUR)` und `neighbors(ACTOR,TICK,[ACTOR_1,...,ACTOR_N])` aus. `COLOUR` ist die Hautfarbe von `ACTOR` und `ACTOR_1,...,ACTOR_N` sind die Nachbarn von `ACTOR` zur Zeit `TICK`. Diese beiden Prädikate sind in diesem Beispiel die vorbereitenden b-Prädikate für den Handlungstyp `investigate(...)`: Die Eigenschaften `colour` und `neighbors` werden am Anfang eines Ablaufs erzeugt und dann in jeder Handlung des Typs `investigate(...)` benutzt. Beide Eigenschaften unterscheiden sich allerdings: Während die Hautfarbe der Akteure konstant bleibt, können die Akteure umziehen, so dass sich die Nachbarschaften ändern.

In einem anderen Sim-Programm für Krisen zwischen Nationen von (Will, 2000) werden ebenfalls verschiedene Handlungstypen für Akteure (hier: Nationen) benutzt. Einer der Handlungstypen wird mit dem Verb `bedrohen` ausgedrückt: ein Akteur `ACTOR1` – eine Nation – bedroht einen anderen Akteur `ACTOR2` (auf englisch `thread`): `thread(TICK,ACTOR1,ACTOR2)`. Um diesen Handlungstyp mit Inhalt zu füllen müssen zunächst b-Prädikate für `thread` programmiert werden, mit denen einige Eigenschaften der Akteure erzeugt werden. Eine Nation (als Akteur) braucht Eigenschaften wie etwa militärische Stärke, ökonomische Stärke, Agressivität, Bevölkerungszahl oder Landgröße. Beispielsweise kann ein Prädikat `strength(TICK,ACTOR,STRENGTH)` die militärische Stärke von `ACTOR` zur Zeit `TICK` durch eine Zahl `STRENGTH` und ein Prädikat `land(TICK,ACTOR,`

COUNTRY) die Landfläche von ACTOR zu TICK durch eine Zahl COUNTRY ausdrücken. Die b-Prädikate wären also strength und land.

Für ein b-Prädikat pred(...) gibt es eine Programmregel und eine Klausel (oder auch mehrere), die methodisch eine Menge von Fakten generiert. In den Klausen für ein b-Prädikat pred(X_1,...,X_N) werden im Programmablauf die Variablen mit Namen name1,...,nameN belegt. So entsteht aus dem Term pred(X_1,..., X_N) ein Fakt pred(name1,...,nameN). Anders gesagt, fasst das b-Prädikat eine Menge von Fakten der Form pred(name1i,...,nameNi), i=1,...,m, zusammen. All diese so erzeugten Fakten sind dann für den gerade aktivierten Programmablauf gültig.

Die vielen Methoden, mit denen die Fakten für b-Prädikate erzeugt werden, können wir hier nicht systematisch darstellen. Eine Methode zur Erzeugung von diskret verteilten Stärkeausprägungen durch das Modul DVA [2.3.1] haben wir in Abschnitt (2.3) bereits kennengelernt.[12] Eine andere Generierungsmethode erzeugt die Gauß'sche *Normalverteilung*. Dort werden die Ausprägungen einer Eigenschaft so fein unterschieden, dass – ideal gesehen – jede reelle Zahl als Ausprägung in Frage kommt. Anders gesagt, lassen sich die Ausprägungen eins-zu-eins in reelle Zahlen abbilden. In grafischen Darstellungen – ähnlich der in Abbildung 2.3.4 d) – sind die X-Werte auf der horizontalen Achse sowohl reelle Zahlen als auch Ausprägungen einer Eigenschaft. Einem X-Argument wird durch eine Funktion ein Funktionswert $f(X)$ zugewiesen, welcher die relative Häufigkeit der Ausprägung von X ausdrückt.[13]

Komplexere Methoden benutzen neben dem Zufallsgenerator auch mathematische Gleichungen. Sie erzeugen in einem ersten Schritt Zufallszahlen, die dann durch Gleichungen weiterverarbeitet werden. Solche Gleichungen können »hausgemacht« sein oder von einer bereits existierenden Theorie stammen.

Diese Art und Weise, Fakten methodisch zu erzeugen, ist – aus unserer Sicht – eine der großen Stärken von Sim-Programmen. Mit den so erzeugten, methodisch interessanten Fakten können systematisch neue Welten »ins Leben gerufen« werden. Diese lassen sich für systematische Experimente oder zum Vergleich mit empirischen Daten und Phänomenen nutzen. Es können zudem Daten bzw. Welten erzeugt werden, die empirisch schwer oder gar nicht zugänglich sind. Neben der Bestätigung mit Hilfe empirischer Fakten gibt es eine zweite Art von Bestätigung, bei der durch Sim-Programme *mögliche Fakten*[14] mit Hilfe von b-Prädikaten ins Spiel gebracht werden.

---

12 Viele weitere, frei verfügbare Programme findet man z.B. auf der Webseite des R-Projekts: www.R-project.org.

13 Siehe einführend etwa (Balzer, 2009, 2.12). Ein einfaches Programm zur Erzeugung von normalverteilten Zufallszahlen findet sich in ($\mathcal{KG}$! 242).

14 Es ist uns klar, dass wir besser ein anderes Wort benutzen sollten. Aber um den wichtigen, inhaltlichen Punkt zunächst einmal zu treffen, haben wir hier eine überspitzte Formulierung gewählt.

Im Ablauf eines Sim-Programms funktioniert ein b-Prädikat für einen Handlungstyp action_typ(...) wie folgt. Zunächst wird in der »Hauptklause« für den Handlungstyp eine Handlung dieses Typs simuliert. PROLOG findet in der Klause einen Term, der mit dem b-Prädikat beginnt, und versucht den Term zu verifizieren.
Entweder entdeckt PROLOG den instantiierten Term als Faktum in seiner Datenbasis. Oder PROLOG findet ihn in einer anderen Klause, deren Kopf dieser Term
ist. In einem funktionierenden Programm sollte PROLOG – eventuell nach vielen
Schritten – auf ein Faktum stoßen, das eine Instanz des Terms ist. Ist dies nicht der
Fall, findet PROLOG also kein solches Faktum der Art pred(name1,...,nameN),
kann die Handlung nicht richtig ausgeführt werden.

Eine Handlung muss in jedem Fall mit Inhalten gefüllt werden. Im Anfangszustand der Handlung werden Fakten aus dem Speicher des Akteurs geholt, die für
die Handlung benötigt werden. Im Lauf der Handlung wird ein gefundener und
benutzter Fakt oft durch ein neues Faktum ersetzt. An diesem Punkt verändert sich
in einem Sim-Programm die »erzeugte Welt«, die Fakten in den Akteursspeichern
werden modifiziert. Wie solche Veränderungen aussehen, hängt von den Eigenschaften eines Akteurs – und von anderen Akteuren und der Umwelt – ab.

Wir halten es für sinnvoll, die Erzeugung von Fakten und deren Veränderung
programmtechnisch zu trennen. Warum? Weil es wichtig ist, *nach* einer Handlung, in der Fakten verändert wurden, auf die zu Beginn des Programms erzeugten
»Originalfakten« weiterhin zugreifen zu können. In der wirklichen Welt sind die
meisten Anfangsfakten einer Handlung »verloren«, sie können nur in bestimmten Fällen und oft nur mühsam rekonstruiert werden. Die realen Fakten werden
nicht systematisch aufbewahrt - von wem auch. In einem Sim-Programm macht
es hingegen keine Mühe, die Originalfakten in einer neuen Datei zu speichern, so
dass alle Fakten am Ende des Ablaufs zur Analyse bereit stehen. Wir trennen deshalb in unseren Sim-Programmen die Originalfakten von anderen Fakten, die erst
im Ablauf von Handlungen entstehen.

Um den Datenfluss einfacher steuern zu können verteilen wir den Gesamtpro-
zess auf mehrere *Satellitendateien*, siehe Abbildung 2.4.1 auf der nächsten Seite.
Der Ablauf erfolgt dabei in mehreren Stufen. Wenn das Hauptprogramm geschrieben ist, tragen wir in einer ersten Satellitendatei para die zentralen *Parameter* (oder
Konstanten) ein, die in einem Computerablauf nicht verändert werden. Zu diesen
Konstanten gehören auch die Informationen über die Handlungstypen, die für eine Simulation benutzt werden. Im zweiten Schritt erzeugen wir die Originalfakten. Die Programmteile für die Generierung solcher Fakten speichern wir in einer
zweiten Satellitendatei: create. Die so entstehenden Fakten werden zu einer unabhängigen, dritten Datei data geschickt. Diese Fakten stehen nach dem Ablauf
zur Analyse später bereit. In einer vierten Satellitendatei rules werden die Regeln
für die verschiedenen Handlungen aufbewahrt. In weiteren Satellitendateien
res_1,...,res_n (für results) können wir die Resultate ablegen, die in einem Sim-

Ablauf entstehen. Der Grund: Da in einem Ablauf oft sehr viele Fakten erzeugt werden, die die ProgrammiererInnen in einer einzigen Datei nicht mehr überblicken können, ist es zweckmässig, in den jeweils wichtigen Zeilen des Hauptprogramms die jeweiligen Fakten an verschiedene Resultatdateien zu schicken.

Abb. 2.4.1

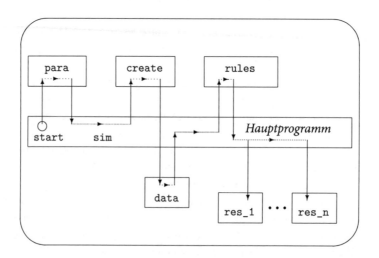

Die Pfeilstruktur in Abbildung 2.4.1 stellt nur einen Grundrahmen für einen Ablauf dar. Die vielen Schleifen, die im Folgenden diskutiert werden, haben wir hier nicht abgebildet.

Als Beispiel zeichnen wir die Ablaufstruktur der verschiedenen Dateien im Modell von (Schelling, 1971) für den Handlungstyp investigate nach. Für diesen Handlungstyp werden mehrere b-Prädikat erzeugt, gespeichert und aufgerufen. Wir zeigen, wie einige der b-Prädikate in dieser Handlung wirken.[15]

Zunächst müssen die beiden grundlegenden Eigenschaften für Akteure, die Hautfarbe und der Ort, erzeugt werden. Die Hautfarbe, colour(ACTOR,COLOUR), hat im einfachsten Fall genau zwei Ausprägungen, black und white. Bei einer grafischen Darstellung ist eine dritte Farbe notwendig, etwa rosa (rose), welche die unbesetzten Orte darstellt. Die beiden Farbausprägungen black und white – und einige andere – lassen sich in XPCE direkt als Begriffe aufrufen, z.B. black,red, green,white. In XPCE können aber auch tausende Farbschattierungen in Form von Zahlen mit vorgestelltem »Klammeraffen« abgerufen werden, z.B. @24336 oder @15221. Die hier verwendeten Farben black,white und rose schreiben wir als Konstante in eine Parameterdatei, der wir den Namen para geben. Im Kasten

---

15 Wir haben das Beispiel hier stilistisch und programmtechnisch anders formuliert.

unten findet sich ein Beispiel für eine para-Datei, in der im Vorausgriff schon weitere Konstanten eingetragen sind.
Die drei Ausprägungen der Farben erzeugen wir diskret verteilt mit DVA [2.3.1]). Das Erzeugungsmodul DVA tragen wir in eine unabhängige Datei create ein, in der auch weitere Klausen für andere b-Prädikate zu sehen sind. In (5) findet sich die kumulierte Häufigkeitsverteilung der Farbausprägungen und in (6) die Liste der drei Farbausprägungen. Bei einem konkreten Ablauf sind z.b. 20 Prozent der Zellen schwarz, 25 Prozent (25 = 45 - 20) weiß und die restlichen 55 Prozent rosa (55 = 100 - 45). Die belegten Zellen werden – in absoluten Zahlen ausgedrückt – von 80 schwarzen und 100 weißen Akteuren bewohnt. Die erzeugten Fakten der Art fact(TICK,ACTOR,colour,COLOUR) speichern wir in der Datei data:

Eine Parameterdatei para	
Echte Konstante, z.B.:	
space_length(40).	(1)
number_of_actors(180).	(2)
Konstante für Boole'sche Funktionen, z.B.:	
list_of_actiontyps([investigate]).	(3)
list_of_typs([colour,position]).	(4)
cumulative_frequencies_for(colour,[20,45,100]).	(5)
colourlist([black,white,[@24331,@00333,@32145]]).	(6)
type_of_neighbourhood(investigate,v_Neumann,2).	(7)
/* Die Umgebungen haben hier die Stufe 2 */	
Technische Konstanten, z.B.:	
choose_run(1).	(8)
display(black).	(9)

Datei example_data
fact(colour,1,black).
fact(colour(2,@34221,@00323,@32145)).
fact(colour,3,white).
. . . .

Die zweite Eigenschaft besagt, dass sich ein Akteur A in einem bestimmten Ort POSITION zur Zeit TICK aufhält: position(TICK,ACTOR,POSITION). Dabei läuft die Variable POSITION über die möglichen Orte. Die Erzeugung von Orten für jeden Akteur lässt sich nicht mit dem einfachen DVA Modul bewerkstelligen. Die Orte brauchen als Grundlage den Raum und die Entfernung von Raumpunkten.

Wir müssen uns also kurz mit dem Raum beschäftigen. Das Originalmodell von Schelling wurde für zelluläre Welten programmiert.[16] Eine zelluläre Welt lässt sich ziemlich einfach erzeugen. Sie besteht aus quadratischen Zellen, die einen endlichen »Raum« ausfüllen. Jede Zelle stellt mit anderen Worten genau einen »Raumpunkt« – einen möglichen Ort – dar. Je nach Raumdimension sieht der Raum einer Zellwelt anders aus. Im allgemeinen Fall von n Dimensionen ($1 \leq$ n) besteht eine Zelle CELL aus einer Liste von n »Koordinaten« C01,...,C0n: CELL = [C01,...,C0n]. Normalerweise werden in Sim-Programmen für Koordinaten natürliche Zahlen verwendet. In einer ein-dimensionalen Welt besteht der Raum aus einer endlichen Reihe von Zellen, wobei die »letzte« Zelle an die »erste« Zelle formal »angeklebt« wird. In einer zwei-dimensionalen Zellwelt werden Zellen mit Koordinatenpaaren identifiziert. Eine Zelle CELL »ist« ein Paar von Koordinaten C01 und C02: CELL = [C01,C02]. Dabei werden wieder alle »Endzellen« mit den »richtigen« Zellen vom anderen Ende der Welt zusammengeklebt ($\mathcal{KG}$! 243).

In jedem zellulären Raum lässt sich die *Umgebung* einer Zelle – und damit eine Art von Entfernung – leicht definieren, wenn wir vorher den Umgebungstyp festlegen. Nehmen wir eine bestimmte Zelle heraus und nennen sie *die Zentrumzelle*, die das Zentrum einer Umgebung der herausgegriffenen Zelle bildet. Für den 2-dimensionalen Fall haben wir unten in Abbildung 2.4.2 zwei besonders häufig genutzte Umgebungstypen dargestellt, die wir als Stufe 1 und Stufe 2 bezeichnen. In der Abbildung ist die Zentrumzelle mit einem schwarzen Kreis markiert, alle Zellen der Stufe 1 mit einer Raute und alle Zellen der zweiten Stufe 2 entweder mit einem schwarzen Kreis, einer Raute oder mit gar nichts. Alle anderen Zellen, die in dem zellulären Raum noch vorhanden sind, sind hier nicht eingezeichnet. Abbildung 2.4.2 a) stellt dabei die nach seinem Erfinder benannte *von Neumann* Umgebung zweiter Stufe dar, Abbildung 2.4.2 b) die *Moore* Umgebung zweiter Stufe.

Abb. 2.4.2

a) *von Neumann*   b) *Moore*

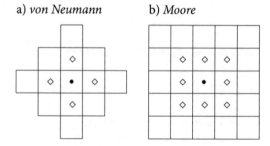

Solche Umgebungen lassen sich mit einem einfachen PROLOG Modul definieren

---

16 Ein Beispiel für ein Modellierungswerkzeug, das speziell auf zelluläre Welten zugeschnitten ist, ist die Programmierumgebung Netlogo.

($\mathcal{KG}$! 244). Der Umgebungstyp und die Stufe STEP müssen als Parameter (in para oben, (7)) eingetragen werden. Inhaltlich werden zu einer Zentrumzelle CELL in mehreren Stufen S, S=<STEP, Schritt für Schritt weitere Zellen zur entstehenden Umgebung hinzugefügt. Dabei müssen die jeweils hinzukommenden Zellen die schon definierten Zellen je nach Umgebungstyp berühren. Die Umgebung einer gegebenen Zelle CELL wird als Faktum, etwa neighborhood(CELL,[CO1,..., CO_N]), eingetragen. Dabei ist [CO1,...,CO_N] der Ort der Zelle CELL und CO_I die I-te Koordinate des Ortes. Da sich die Umgebung einer Zelle mit der Zeit nicht ändert, haben wir hier den Zeitpunkt TICK weggelassen. Auch die Anzahl N der Zellen, die eine Umgebung ausmachen, ist für alle Zentrumzellen dieselbe und ebenfalls von der Zeit unabhängig. Solche Zellwelten können wir in PROLOG z.B. auch 16-dimensional programmieren; die Zellen lassen sich dann allerdings grafisch nicht mehr darstellen.

Die Erzeugung des Zellrasters und der Umgebungen werden ebenfalls am Anfang des Programms formuliert. Im zwei-dimensionalen Fall besteht ein Zellraster aus einem Quadrat, im drei-dimensionalen Fall aus einem Kubus von Zellen. Die Länge der Kante eines Quadrats wird durch eine natürliche Zahl GRIDWIDTH ausgedrückt. Diese Zahl stellt fest, wieviele Zellen an eine bestimmte Kante stoßen. Die Zahl GRIDWIDTH tragen wir als Konstante im Term space_length(GRIDWIDTH) oben in die Datei *para* (1) ein. Aus der Kantenlänge GRIDWIDTH und der Dimension (hier 2) ergibt sich die Gesamtzahl von Zellen in einem Raster von selbst: NUMBER_OF_CELLS = GRIDWIDTH*GRIDWIDTH. Diese Zahl tragen wir ein durch number_of_cells(NUMBER_OF_CELLS).

Die Generierung des Raumes speichern wir in einer weiteren Datei aux. Damit haben wir die Möglichkeit, die Parameter zu verändern und »neue Welten« entstehen zu lassen, die andere Raum- und Umgebungsstrukturen aufweisen. Die Methode der Generierung von Zellen und von Umgebungen bleibt dabei unangetastet. In ($\mathcal{KG}$! 245) haben wir in dieser Form 2-dimensionale Zellwelten endlicher Stufe programmiert. Die Erzeugung des Raumes muss dabei schon abgeschlossen sein, wenn wir die Eigenschaft »Ort« für Akteure generieren möchten.

Wir generieren nun mit einfachen Klausen die Orte der Akteure im 2-dimensionalen Fall.

```
make_positions :-                                                    1
  number_of_actors(NUMBER_OF_ACTORS),                                2
  space_length(GRIDWIDTH),                                           3
  make_list_of_cells(GRIDWIDTH,LIST_FREE_CELLS),                     4
  asserta(aux_list_free_cells(LIST_FREE_CELLS)),                     5
  ( between(1,NUMBER_OF_ACTORS,ACTOR), make_a_position(ACTOR),       6
      fail ; true ),!,
  aux_list_o_free_cells(AUX_LIST_CELLS),                             7
  retract(aux_list_free_cells(AUX_LIST_CELLS)).                      8
make_a_position(ACTOR) :-                                            9
```

```
        aux_list_free_cells(LIST_FREE_CELLS),                    10
        length(LIST_FREE_CELLS,NUMBER),                          11
        X is random(NUMBER) + 1,                                 12
        nth1(X,LIST_FREE_CELLS,CELL),                            13
%       change(subtract,aux_list_free_cells,LIST_FREE_CELLS,     14
            LIST_FREE_CELLnew),                                  15
        writein(example_data,position(1,ACTOR,CELL)),!.          16
```

In 2 wird die Anzahl der Akteure und in 3 die »Raumgröße« aus der Datenbasis geholt. In 4 wird auf eine Klausel verwiesen, die hier nicht notiert wurde ($\mathcal{KG}$! 246). Mit dieser Klausel wird die Liste LIST_FREE_CELLS aller »freien« Zellen des Raums in der Form

[[1,1],[1,2],...,[3,1],[3,2],...,[4,1],[4,2],...,[GRIDWIDTH,GRIDWIDTH]]

erzeugt. In 5 wird diese Liste in die Datenbasis eintragen, und zwar mit dem neuen Prädikat aux_list_free_cells(_). In der Schleife 6 wird nun jedem Akteur ein Ort zugewiesen. Hier muss darauf geachtet werden, dass keine zwei Akteure denselben Ort und die damit verbundene Zelle besetzen. Dieses Problem haben wir mit der Hilfsliste aux_list_free_cells(LIST_FREE_CELLS) gelöst, in der am Anfang alle Zellen stehen. Bei jedem Schritt der Schleife 6 wird einem Akteur eine Zelle zugewiesen, die bis jetzt noch nicht besetzt ist. Diese Zelle wird in 14 sofort aus der Hilfsliste entfernt. Nur aus diesem Grund haben wir in der Hilfsliste von einer Liste *freier* Zellen gesprochen. In 10 wird die Hilfsliste aus der Datenbasis geholt und in 11 ihre Länge berechnet. Diese Zahl NUMBER bildet in 12 den Bereich, aus dem mit random eine Zufallszahl X gezogen wird. X wird in 13 als Index benutzt, um die X-te Stelle der Liste der freien Zellen zu finden. Der Befehl nth1 findet an dieser Stelle der Liste die Komponente CELL. In 14 wird die Zelle mit dem Befehl subtract aus der Hilfsliste gestrichen. Dies haben wir in einem abkürzenden, hier nicht beschriebenen Prädikat change versteckt (siehe $\mathcal{KG}$! 52). In 14 wird damit die »alte« Liste der freien Zellen durch die neue, verkleinerte Liste LIST_FREE_CELLSnew ersetzt. Schließlich wird die Zelle CELL in 15 als neues Fakt position(1,ACTOR,CELL) an die Datei example_data geschickt. Die Zahl 1 in position(1,...) besagt, dass dieser Fakt im ersten Zeitpunkt (»1«) der Simulation gespeichert wird. In 7 und 8 haben wir die Hilfsliste wieder gelöscht, um keinen unnötigen »Schrott« im Ablauf mitzuschleppen. Die hier formulierte Klausel ist, wie immer, nicht auf Effizienz ausgelegt, sondern auf Lesbarkeit.

Wenn diese Orte erzeugt sind, können wir sagen, dass ACTOR zu TICK an dem Ort (»in der Zelle«) CELL lebt: position(TICK,ACTOR,CELL). Ist ein Fakt dieser Art in der Datenbasis nicht zu finden, bleibt die Zelle zur Zeit TICK unbesetzt. In diesem Modell ändern sich mit der Zeit die Orte der Akteure; sie ziehen um. Der Ort eines Akteurs muss im Ablauf deshalb ab und zu neu bestimmt werden. Der alte Ort CELL wird gelöscht und der neue Ort CELLnew eingetragen

```
    ...retract(position(TICK,ACTOR,CELL)), TICK1 is TICK+1,
```

```
asserta(position(TICK1,ACTOR,CELLnew)),...
```

Wenn eine Zelle belegt ist, können wir durch `position(TICK,ACTOR,CELL)` herausfinden, welcher Akteur `ACTOR` in dieser Zelle gerade lebt. In dem Modell wird vorausgesetzt, dass jeder Akteur zu jedem Zeitpunkt einen Ort besetzt und dass kein Ort mehrfach belegt ist. Die Klausen für das *b*-Prädikat `position` schreiben wir in die Datei `create`.

Nach diesen Vorbereitungen können wir für jede Zentrumzelle zu jedem Tick die Liste von Nachbarn der jeweiligen Zentrumzelle bestimmen – auch dann, wenn die Zentrumzelle unbelegt ist. Wir definieren für jeden Tick `TICK` und jede Zelle `CELL` die Liste aller Akteure, die in den Zellen leben und die zur Zellnachbarschaft von `CELL` gehören. Wir berechnen dazu die Zellnachbarschaft

```
neighborhood(CELL, [CO1,...,CO_N])
```

und formulieren folgende Klause. Für jede Zelle `CO1,...,CO_N` wird geprüft, ob sie von einem Akteur besetzt ist. Alle bewohnten Zellen fassen wir zu einer Liste von Zellen zusammen und ersetzen in dieser Liste die Zellen durch die entsprechenden, eindeutig zugeordneten Akteure. Wir erhalten damit eine Liste [`ACTOR1`,..., `ACTOR_Q`] von Akteuren, die wir als Nachbarliste

```
neighbors(TICK,CELL,[ACTOR1,...,ACTOR_Q])
```

zu `TICK` für die Zelle `CELL` bezeichnen. Dabei wird die Zentrumzelle `CELL` aus der Liste [`CO1`,...,`CO_N`] am Anfang herausgenommen. Ob die Zentrumzelle belegt ist oder nicht, ist hier nicht relevant. Somit haben wir das letzte *b*-Prädikat für den Handlungstyp `investigate` abgeschlossen. Auch die Klausen für das *b*-Prädikat `neighbors` bewahren wir in `create` auf.

Wir können nun den Handlungstyp `investigate` formulieren und die entsprechende Klause an die Datei `rules` schicken, die unabhängig vom Hauptprogramm ist. Eine Handlung des Typs `investigate` beschreiben wir wie folgt. Ein Akteur untersucht alle Nachbarn einer potentiellen Zentrumzelle, um herauszufinden, ob er sich nach einem Umzug in dieser Umgebung wohlfühlen würde. In einer Handlung dieses Typs untersucht `ACTOR` zu `TICK` irgendeine Zelle `CELL`: `investigate(TICK,ACTOR,CELL,FIT)`, wobei die aktuelle Zelle, auf der er sich gerade befindet – sein Ort – zu diesen Zellen dazu gehört. Die Untersuchung besteht darin, erstens zu zählen, wieviele Nachbarn es in der Nachbarschaft der Zelle `CELL` gibt, die die gleiche Hautfarbe wie `ACTOR` haben und zweitens die Anzahl `FIT`, die ausdrückt, wie gut diese Zelle dem Bewerber zusagen würde. Der Handlungstyp `investigate(TICK,ACTOR,CELL,FIT)` macht wenig Sinn, wenn die Zelle `CELL` schon von einem anderen Akteur belegt ist. Ein Akteur kann nur umziehen, wenn die »Zielzelle«, die er untersucht, frei ist. Grafisch gesehen, wartet eine rosa Zelle auf einen Akteur, der in diese Zelle umziehen möchte.

Die Klause für `investigate` formulieren wir relativ zu einem bestimmten Akteur `ACTOR`, einem bestimmten `TICK` und einer bestimmten Zelle. Diese Variablen sollten vorher in früheren Klausen und Schleifen durch Namen ersetzt worden sein; diesen Prozess haben wir hier nicht beschrieben. Die Klausen für den Handlungstyp investigate finden sich in der Datei rules.

```
investigate(TICK,ACTOR,CELL,FIT) :-                                    1
  ( case1(TICK,ACTOR,CELL) ; case2(TICK,ACTOR,CELL) ),                 2
  result(RESULT),                                                      3
  writein(data,fit(TICK,ACTOR,CELL,RESULT)),                           4
  retract(result(RESULT)),                                             5
  retract(fitness(TTT,AAA,CCC,ZZZ)).                                   6
case1(TICK,ACTOR,CELL) :- position(TICK,ACTOR_B,CELL),                 7
  FIT is 0, asserta(result(RESULT)).                                   8
case2(TICK,ACTOR,CELL) :-                                              9
  make_list_of_neighbors(TICK,ACTOR,CELL,NEIGHBORS),                  10
  length(NEIGHBORS,LENGTH),                                           11
  ( 0 < LENGTH, asserta(fitness(TICK,ACTOR,CELL,0)),                  12
    ( between(1,LENGTH,NEIGHBOR),                                     13
      look_at(TICK,ACTOR,NEIGHBORS,NEIGHBOR), fail ; true ),         14
      fitness(TICK,ACTOR,CELL,FIT),                                   15
      RESULT is FIT/LENGTH,                                           16
      asserta(result(RESULT))                                        17
  ; 0 = LENGTH, asserta(expr_of_fit(0)) ),!.                         18
look_at(TICK,ACTOR,NEIGHBORS,NEIGHBOR) :-                            19
  nth1(NEIGHBOR,NEIGHBORS,ACTOR_B),                                  20
  colour(ACTOR_B,COLOUR_B), colour(ACTOR,COLOUR_A),                  21
  ( COLOUR_B = COLOUR_A,                                             22
    fitness(TICK,ACTOR,CELL,FIT1),                                   23
    FIT2 is FIT1 + 1,                                                24
    retract(fitness(TICK,ACTOR,CELL,FIT1)),                          25
    asserta(fitness(TICK,ACTOR,CELL,FIT2))                           26
  ; true ),!.                                                        27
```

In 2 werden zwei Fälle unterschieden. Aus technischen Gründen haben wir den uninteressanten Fall zuerst genommen. Wir erklären trotzdem zunächst den Fall 2, in dem die Zelle frei ist. In 10 wird eine Liste der Nachbarn zusammengestellt, die in der Nachbarschaft von CELL zu finden sind. Diese Klause haben wir hier nicht aufgeschrieben ($\mathcal{KG}$! 245). Wir gehen davon aus, dass die Liste der NEIGHBORS (= [ACTOR_B1,...,ACTOR_BM]) durch diese Klause bestimmt wurde. Diese Liste kann auch leer sein; die Länge LENGTH ist dann 0. Wenn es Nachbarn gibt, also 0<LENGTH, wird in 12 mit

fitness(TICK,ACTOR,CELL,0)

ein »Zähler« eingeführt, der auf 0 gesetzt ist. Der Zähler zeigt die Fitness der Umgebung von CELL aus der Sicht von ACTOR zu TICK an. In der Schleife 13 und 14 wird jeder Nachbar aus der Liste NEIGHBORS untersucht. In 20 wird der gerade

untersuchte Nachbar ACTOR_B aus der Liste genommen und in 21 wird die Hautfarbe von ACTOR_B und die Hautfarbe des hier vorgegebenen Akteurs ACTOR aus der
Datenbasis geholt. Wenn beide Akteure in 22 die gleiche Farbe haben, wird der Fit-
nesszähler in 23 geholt, der Zählerstand FIT1 in 24 um Eins erhöht und der Zähler
in 25 und 26 angepasst. Am Ende dieser Schleife wird der Endzählerstand in 15 geholt und, relativ zur Länge LENGTH der Nachbarliste, normiert. Hier verwenden wir
zum ersten Mal das PROLOG Divisionszeichen »/«. Mit result(RESULT) wird in
8 der Zählerstand in die Datenbasis eingetragen. Wenn die Liste der Nachbarn leer
ist, wird in 18 als Fitness 0 eingetragen. Damit ist Fall 2 abgeschlossen. In 4 wird
die Fitness an die Datei data geschickt. Im Fall 1 ist die Zelle CELL durch einen Akteur besetzt. Auch in diesem Fall wird Fitness 0 eingetragen. Schließlich werden
am Ende die lokal eingerichteten Prädikate gelöscht, um im Ablauf keinen Müll
zu produzieren.

In dem Beispiel wird in einem Simulationsablauf diese Handlung zu jedem Tick
genau einmal aufgerufen. Der Akteur bestimmt den Fitnessgrad der Umgebung
von CELL. Im weiteren Gesamtmodell wird ACTOR gefragt, ob »seine« Zelle, in der
er gerade lebt, einen kleineren Fitnessgrad hat als die gerade untersuchte Zelle. Nur
in diesem Fall wird der Akteur umziehen.

Im Gesamtmodell beginnt der Ablauf mit der Zeitschleife und der Akteurschlei-
fe wie in Abschnitt (2.1) diskutiert. Zu jedem Zeitpunkt TICK wird jeder Akteur
ACTOR genau einmal aufgerufen, um eine Handlung oder eine Sequenz von wenigen
Handlungen auszuführen. Dieses Format findet sich in vielen Sim-Programmen.
Auch wir halten uns an diese zeitliche Struktur – solange es sinnvoll erscheint. Sie
hat sich gut bewährt.

2.5 Handlungssysteme

In der sozialen Welt treten Handlungen meistens in Mustern oder Rollen auf. Wenn
ich mit einer Person streite, habe ich mit ihr auch schon etwas gemeinsam unter-
nommen; wenn ich mit ihr Klavier spiele, war ich mit ihr vielleicht auch schon in
einem Konzert; wenn ich ihr etwas sage, habe ich ihr auch schon zugehört.

Wie sollen wir mit dieser Vielfalt umgehen? Deutsche Wörter, mit denen wir
zwei Handlungen systematisieren könnten – wie »kooperativ« oder »konsistent« –
führen in einen »Bedeutungssumpf«, in den wir uns nicht wagen.

In PROLOG können wir Verben und Verbalphrasen durch Prädikate und die
zugehörigen Stelligkeiten, Sorten und Stufen der Argumente darstellen. Mit Prädikaten lassen sich auch die drei Handlungsformen – individuelle, gemeinsame und
juristische Handlungen – beschreiben. Dazu wird in PROLOG ein entsprechender
Term konstruiert; aus predicate wird predicate(X1,...,Xn). Ein solcher Term
lässt sich dann auf die konkrete Handlungsebene ziehen, indem die Variablen aus
dem Term durch Namen (Konstante) ersetzt werden, die in einer Situation *etwas*

Bestimmtes (ein Ding, einen Sachverhalt oder eine Handlung) benennen. Auf diese Weise können viele Handlungen einfach beschrieben werden.

Wir wenden uns nun den Verbindungen zwischen Handlungen zu. Diesen Verbindungen nähern wir uns in drei Schritten. Wir gehen zunächst von zwei Handlungen aus, die in einer Verbindung stehen, wenden uns dann Sequenzen von Handlungsverbindungen zu und analysieren schließlich allgemeine Handlungsmuster. All dies führt unausweichlich zur Frage, wie wir Verbindungen zwischen Handlungen in Sim-Programmen darstellen.

Eine Verbindung von Handlungen lässt sich auf vielerlei Weise beschreiben und programmieren. Oft kann man sie in zeitliche, räumliche oder kausale Dimensionen aufspalten. Wenn es sich z.B. um einen Arbeitsvorgang handelt, der mehrfach, zu verschiedenen Zeiten abläuft, ist eine rein zeitliche Verbindung meist ausreichend: ACTOR1 tut zur Zeit TICK1 dasselbe wie ACTOR2 zu TICK2. Ganz ähnlich funktioniert dies in räumlichen Dimensionen: ACTOR1 führt am Ort POSITION1 eine Handlung ACTION aus und ACTOR2 führt an einem anderen Ort POSITION2 eine andere Handlung ACTION2 aus. Kausal werden zwei Handlungen verbunden, wenn z.B. ACTOR1 zu TICK ACTOR2 schlägt, und ACTOR2 zu TICK+1 zurückschlägt.

Oft ist es aber schon bei einer einzigen Handlung schwierig, die Dimensionen zu trennen. Bei der Beschreibung einer Verbindung zwischen mehreren Handlungen potenziert sich das Problem. Verbindungen von Handlungen sind meistens dimensionsübergreifend. Zum Beispiel verbindet sich in einer Marktsituation die Handlung des Kalkulierens und des Verkaufens. ACTOR1 berechnet zu TICK den Preis der Ware, die er am wenigsten braucht, und verkauft zu TICK+1 diese Ware. Wie diese Handlungen das Kalkulierens und des Verkaufens in einer bestimmten Situation miteinander in Verbindung stehen, lässt sich allein durch sprachliche Analyse dieser beiden Terme nicht herausfinden. Genauso wenig können wir die Verbindung zwischen der Drohung von ACTOR1 zu TICK gegen ACTOR2 und den Angriff zu TICK+1 von ACTOR2 auf ACTOR1 rein sprachanalytisch bestimmen. In einer Krisensimulation zweier Nationen ACTOR1 und ACTOR2 (Will, 2000) wird die Formulierung der Verbindungen klarer. Wenn hingegen ACTOR1 zu TICK an einer Pokerrunde teilnimmt und ACTOR1 zu TICK+1 Ski fährt, fragen sich die LeserInnen, was diese beiden Handlungen miteinander zu tun haben. Erfahren wir, dass beide Handlungen bei zwei verschiedenen Treffen einer Frauengruppe stattfinden, können wir eine Verbindung ziehen – allerdings indirekt (Hofmann, 2009). In der Simulation einer Institution ist die Verbindung zwischen »anweisen« und »ausführen« dagegen meist direkt zu verstehen, siehe dazu auch Abschnitt (3.2).

Verbindungen von Handlungen können auch durch *b*-Prädikate, wie in Abschnitt (2.4) eingeführt, formuliert werden. Mehrere Handlungen lassen sich verbinden, weil sie z.B. die gleichen, bedingenden Eigenschaften haben oder zur selben Wortfamilie gehören. Zum Beispiel ist im Schelling-Modell die Hautfarbe colour(TICK,ACTOR,COLOUR) (siehe oben) im Handlungstyp investigate bedingend für diesen Handlungstyp. Bei einem Tausch – siehe Abschnitt (2.2) – kann die Farbe colour(TICK,ACTOR,COL) eines Autos oder eines Apfels für den Handlungstyp buy bedingend sein.

In der deutschen Sprache werden oft zwei Verben durch einen neuen Ausdruck verbunden Zum Beispiel können wir die Verben essen und trinken durch den neuen Ausdruck in_ein_restaurant_gehen miteinander verbinden. Wir beschränken uns hier auf Ausdrücke, die durch Verbalphrasen mitgeteilt werden. Im Folgenden nennen wir solche Ausdrücke *Verbundprädikate* oder kurz *bundpred*. Verbundprädikate lassen sich prologisch sehr einfach ausdrücken. Im Beispiel werden essen und trinken durch in_ein_restaurant_gehen verbunden: in_ein_restaurant_gehen(essen,trinken). Im Allgemeinen verbinden wir zwei Prädikate action1 und action2 durch ein Verbundprädikat bundpred:

$$bundpred(action1,action2)$$

zu einem neuen Term. Dies lässt sich natürlich mit englischen Termen analog realisieren. Im Englischen wird die Phrase go_to_a_restaurant so verstanden, dass ein Akteur die Handlungstypen eat und drink verbindet. Formal betrachtet ist ein Verbundprädikat ein Prädikat zweiter Stufe, d.h. in einem Verbundprädikat sind einige Argumente selbst Prädikate.

Mit Verbundprädikaten lassen sich in Sim-Programmen Handlungen und Handlungstypen verbinden, die zunächst nur bedeutungsmässig zusammenhängen. Wir beschreiben kurz eine besonders effektive Verbundmethode mit der, ausgehend von der Handlung eines Akteurs, eine andere Handlung des Akteurs angestoßen wird. Dabei brauchen beide Handlungen kausal kaum oder gar nicht verknüpft zu sein. Wir gehen dazu von zwei Prädikaten action1 und action2 mit den zugehörigen Variablen TICK1,ACTOR1,X und TICK2,ACTOR2,Y aus, so dass die Terme action1(TICK1,ACTOR1,X) und action2(TICK2,ACTOR2,Y) bei Einsetzung zu Handlungen werden.[17] Die Idee ist nun, im Programm eine Sequenz der Form

```
... ,action1(TICK1,ACTOR1,X), bundpred(action1,action2),
    calculate(TICK1,ACTOR1,X,TICK2,ACTOR2,Y),
    action2(TICK2,ACTOR2,Y),...                    [2.5.1a]
```

ablaufen zu lassen. Inhaltlich möchten wir den Handlungstyp action1 ausführen, dann einen anderen Handlungstyp action2 aktivieren, der durch bundpred(action1,action2) bestimmt wird, dann für den Handlungstyp action2 die passenden Argumente TICK2,ACTOR2,Y mit calculate(TICK1,ACTOR1,X,TICK2, ACTOR2,Y) berechnen und schließlich die Handlung action2(TICK2,ACTOR2,Y) ausführen. In dieser Form ist aber der Term bundpred(action1,action2) überflüssig. In [2.5.1.a] steht die Anschlusshandlung durch Prädikat action2 schon fest. Bei einem Handlungsmuster sollten aber die Handlungen nicht *quasi*

---

17 Wenn weitere Argumente für die Terme benutzt werden, fassen wir all diese zu zwei Listen zusammen: X=[X1,...,Xm] und Y=[Y1,...,Yn].

deterministisch zusammenhängen, sondern sie sollten verschiedene Möglichkeiten des Handlungsanschlusses haben. Wir schreiben daher die Anschlusshandlung action2 nicht direkt auf, sondern halten sie variabel.

Als Beispiel sei kurz eine der vielen Methoden erörtert, mit denen ein Handlungsmuster programmiert werden kann. Wir lösen dazu die satzartigen Terme action1(TICK1,ACTOR1,X) und action2(TICK2,ACTOR2,Y) in ihre Prädikate, action1 und action2 und in die zugehörigen Argumente TICK1, ACTOR1, X und TICK2,ACTOR2,Y auf und ersetzen in [2.5.1a] in bundpred(action1,action2) das Prädikat action2 durch eine Variable ACTIONTYP2 : bundpred(action1, ACTIONTYP2). In dieser Weise kann der Akteur von action1 ausgehend eine ganze Liste von möglichen Handlungstypen abrufen. Vorausgesetzt wird, dass die Verbundterme   bundpred(action1,action2),   bundpred(action1,action3), bundpred(action4,action3) etc. als eine Liste von Fakten in der Datenbasis vorhanden sind. In der modifizierten Form (siehe [2.5.1b] unten) findet PROLOG den Term bundpred(action1,ACTIONTYP2) und ersetzt die Variable ACTIONTYP2 durch ein Prädikat; hier im Beispiel durch action2. Dieses Verfahren über den Weg der Datenbasis haben wir schon früher diskutiert. Wie können wir aber aus action2 und den durch calculate(TICK1,ACTOR2,X,TICK2,ACTOR2,Y) berechneten Variablen wieder einen satzartigen Term bauen? Eine Symbolfolge der Art ACTIONTYP2(TICK2,ACTOR2,Y) nimmt PROLOG nicht an.

Zur Lösung des Problems lassen wir PROLOG in einem Zwischenschritt die passenden Variablen TICK2, ACTOR2,Y bestimmen. Diese werden als Argumente an der richtigen Stelle eingefügt. Im einfachsten Fall können wir zum Bauen den Term TICK2 mit dem Term TICK1 identifizieren, ACTOR2 mit ACTOR1 und Y mit X. Im Allgemeinen werden aber nur einige der Variablen für das Anschlussprädikat in den vorherigen Schritten benutzt. In diesen Fällen müssen wir aus den bis jetzt verwendeten Variablen neue Werte für die neuen Variablen durch

calculate(TICK1,ACTOR1,X,TICK2,ACTOR2,Y)

– hier im Beispiel ohne Inhalt – berechnen. Danach und vor der Bearbeitung des nächsten Terms action2(TICK2,ACTOR2,Y) liegt in [2.5.1a] das Problem. PROLOG hat mehrere Möglichkeiten, den Term action2(TICK2,ACTOR2,Y) zusammenzubauen. Wir beschreiben nur einen dieser Fälle. PROLOG ruft einen – für uns hier neuen – Befehl

call(_,_,_,_)

auf. Im Beispiel mit TICK2=TICK1, ACTOR2=ACTOR1 und Y=X führt PROLOG den Term call(action2,TICK2,ACTOR2,Y) aus. PROLOG baut das Prädikat action2 und die Variablen TICK2,ACTOR2,Y zu einem Term action2(TICK2,ACTOR2,Y) zusammen und sucht eine andere Klause, deren Kopf gerade dieser Term action2(TICK2,ACTOR2,Y) ist. Wenn PROLOG fündig wird, führt das System diesen Befehl aus. Im `trace` Modus sehen wir nur, dass `call(...)` aufgerufen wird. Als nächstes findet PROLOG den Term `action2(TICK2,ACTOR2,Y)` und bearbeitet diesen.

Inhaltlich wird also erst eine Handlung `action1(TICK1,ACTOR1,X1,Y1)` ausgeführt, dann wird eine Verbindung zu einer anderen, oft unerwarteten Handlung hergestellt, und schließlich wird diese neue Handlung `action2(TICK2,ACTOR2,Y)` umgesetzt. Zum Schluss landet PROLOG wieder am Ende von [2.5.1a]. Wir vervollständigen daher [2.5.1a] zu [2.5.1.b]

```
... ,bundpred(action1,action2), ...
... ,action1(TICK1,ACTOR1,X), bundpred(action1,ACTIONTYP2),
    calculate(TICK1,ACTOR1,X,TICK2,ACTOR2,Y),
    call(ACTIONTYP2,TICK2,ACTOR2,Y).

action2(TICK2,ACTOR2,Y) :- ...                                    [2.5.1b]
```

Die so beschriebene Methode, die der Mengenlehre nachempfunden ist, lässt sich in PROLOG sehr einfach benutzen. Sie führt allerdings beim Lesen des Programms zu einem harten Schnitt. Fügen wir an dieser Stelle keinen Kommentar ein, der die bestimmte Programmzeile und die Datei angibt, an der PROLOG nach dem `call (...)` weiterarbeitet, werden wir oft lange zum Enträtseln brauchen. Wohin ist PROLOG gesprungen?

Als Beispiel verbinden wir die Handlungen `eat_fish` und `drink_red_ wine` in einer Gaststätte durch das Verbundprädikat `bundpred(eat_fish, drink_red_ wine)` (siehe auch $\mathcal{KG}$! 251). Dieses Minibeispiel »modelliert« einen Teil der Rollen, die in einer Gaststätte ablaufen (Fararo und Skvoretz, 1984).

```
tick(20). actor(4). eat_fish(20,4).                               1
bundpred(eat_fish,ACTION_TYP) :-                                  2
    member(ACTION_TYP,[drink_red_wine,drink_white_wine,          3
        drink_water]).
bundpred(eat_stew,beer).                                          4
                                                                  5
start :- trace, tick(TICK1), actor(ACTOR), TICK2 is TICK1 + 1,    6
    eat_fish(TICK1,ACTOR), bundpred(eat_fish,ACTION_TYP),         7
    call(ACTION_TYP,TICK2,ACTOR).                                 8
drink_red_wine(TICK,ACTOR) :- write(drink_red_wine(TICK,ACTOR)).  9
```

Ein mögliches Handlungsmuster bei einem Mittagessen ist das Essen von Fisch. In Zeile 1 haben wir den Akteur, den Tick und das Handlungsmuster festgelegt. Die Essgewohnheit des Akteurs 4 beim Fischessen wird durch drei Möglichkeiten beschrieben. Die meisten Deutschen trinken zum Fisch Weißwein oder Wasser, aber im Beispiel bevorzugt der Akteur Rotwein. Diese Präferenz wird in 3 durch die natürliche Ordnung der Liste `[drink_red_wine,drink_white_wine,drink_water]` ausgedrückt. Bei Akteur 4 findet PROLOG als erstes in 7 und 2 die Verbindung von Fisch und Rotwein. In Zeile 7 sehen wir beim Ablauf im `trace` Modus, dass Akteur 4 im Tick 20 Fisch isst. PROLOG ersetzt die Variablen durch den entsprechenden

Fakt, der in 2 und 3 zu finden ist. Wir sehen weiter, wie die Variablen belegt sind: ACTION_TYP=drink_red_wine, TICK2=21 und ACTOR=4. In 8 ruft PROLOG call (ACTION_TYP,TICK2,ACTOR) auf. Was im Computer genauer passiert wird nicht sichtbar. Im trace Modus sehen wir nur den nächsten Term drink_red_wine(TICK,ACTOR), wobei TICK=21 und ACTOR=4 ist. Der Übergang von der Variablen TICK2 in 8 zu TICK in 9 ist beim Lesen sicher gewöhnungsbedürftig. In PROLOG bekommen die auf Textebene verwendeten Symbole TICK, TICK1, TICK2 im Ablauf ständig neue Zahlen für diese Variablen, so dass die Ordnung beim Lesen von TICK1 zu TICK2 und zu TICK für PROLOG irrelevant ist.

Mit Verbundprädikaten und Handlungen können wir in PROLOG ohne Mühe Listen von Handlungsverbindungen erzeugen, wenn wir Fakten über Handlungstypen und Fakten zweiter Stufe über Verbundprädikate haben. Wir generieren dazu *Sequenzen*, bei denen eine Handlung durch ein Verbundprädikat eine andere Handlung anstößt. In PROLOG können wir eine solche Sequenz als eine Liste schreiben:

[action1,bundpred1,action2,bundpred2,action3,...,bundpredK1,actionK],

wobei K = K1+1. Im Programm werden dann Handlungen action1,...,actionK in dieser Reihenfolge abgearbeitet, und zwar so, dass jeweils zwischen den Handlungen actionI und action(I+1) durch bundpredI eine Verbindung entsteht. Wie dies genauer geschieht, hängt von der konkreten Anwendung ab.

Ein Handlungsmuster lässt sich als eine Menge von wiederholten Handlungssequenzen interpretieren. Ausgehend von einer gegebenen Sequenz von Handlungen und Verbindungen lassen sich Teilsequenzen finden, die auch in dem Muster als Teilsequenzen vorhanden sind. In einem solchen Muster lassen sich viele verschiedene Wege gehen, die sich auch wiederholen können. Auf diese Weise entwickeln sich Handlungsnetze und Handlungswege.

Die Handlungssequenzen führen zur Frage, wie und wie gut sie programmiert werden. Bei der normalen Art, ein soziales System zu simulieren, läuft das Programm über die Zeitschleife und über die Akteurschleife. Diese Struktur, mit der zu jedem Zeitpunkt jeder Akteur genau ein Mal aktiviert wird, funktioniert aber nur für einfache Handlungen, die nicht in die Vergangenheit und nicht in die Zukunft reichen. Solch einfache Verhältnisse[18] werden aber der sozialen Realität kaum gerecht. Alternativ könnten wir auch von der anderen, »extremen« Seite beginnen. Wir nehmen alle Ticks TICK und Akteure ACTOR, fassen sie zu Paaren [TICK,ACTOR] zusammen und lassen all diese Paare in einer einzigen Schleife laufen. In technischen Anwendungen ist dies durchaus so üblich, aber für die soziale Welt ist auch diese Methode wenig wirklichkeitsnah. Eine weitere Möglichkeit wäre, Systeme so zu simulieren, dass ein autistischer Diktator die Handlungssequenzen regelt. Auch dies ist wenig realistisch, normalerweise kommunizieren und

---

18 Diese werden in der Wahrscheinlichkeitstheorie durch sogenannte Markovketten abgedeckt, siehe z.B. (Bauer, 1974), Kap. XII.

handeln Akteure ohne Steuerungsinstanz miteinander. Wir lassen die aufgeworfe-
nen Probleme an dieser Stelle offen, bleiben auf der praktischen Ebene und beginnen mit der »normalen« Schleifenbildung: »erst Perioden, dann Akteure«.
Einige unsystematische Möglichkeiten werden wir kurz erörtern.

Das Problem bei Handlungssequenzen liegt an der zeitlichen Verschränkung
von Handlungen. In der Realität können zwei Handlungen, die zu einer größeren Handlungseinheit gehören, gleichzeitig stattfinden. Oft muss aber geklärt werden, welche Handlung für das tatsächliche Resultat hauptverantwortlich ist. Dieses Thema wurde z.B. in der Spieltheorie ausgiebig untersucht (Diekmann, 2009).
Abstrakt gesprochen können z.B. zwei Handlungen zum gleichen Zeitpunkt zwei
völlig unterschiedliche Wirkungen hervorrufen. Der Unterschied kommt in solchen Fällen *nur* daher, dass die *erste* Handlung *zuerst* wirkt. Jeder kennt die Szene
in Westernfilmen, in der zwei Revolverhelden zum Duell antreten. Einer von beiden wird genau jetzt sterben.

Um solche Probleme durch Sim-Programme in den Griff zu bekommen, schla-
gen wir mindestens vier verschiedene Arten von *Akteurschleifen* vor:

- *einfache* Akteurschleifen,
- Akteurschleifen *mit mehrfacher Aktivierung*,
- Akteurschleifen *mit Gruppenstruktur* und
- Akteurschleifen *mit Zeiteingriff*.   [2.5.2]

In einer *einfachen* Akteurschleife wird jeder Akteur zu einem Zeitpunkt einmal aktiviert. Auch wenn ein Akteur zu diesem Zeitpunkt nichts tut, ist es aus programm-
technischen Gründen besser, einen Handlungstyp »nichts tun« (do_nothing) zu
verwenden, als das Hauptprogramm mit solchen Ausnahmen zu belasten. In der
zweiten Art von Akteurschleife *mit mehrfacher* Aktivierung kann ein Akteur zur
selben Zeit zwei Handlungen ausführen. Solange die Handlungstypen es erlauben,
können wir für bestimmte Akteure z.B. zwei verschiedene Handlungen zu einer
Einheit zusammenfassen und als Einheit auch ausführen lassen. In der dritten
Schleifenart können zu einem Zeitpunkt neben normalen Akteuren auch Listen
(Gruppen) von Akteuren durch einen Aufruf aktiviert werden. Im vierten Schlei-
fentyp schließlich kann die Handlungsregel eines Handlungstyps zur Aktivierungs-
zeit auf Fakten zurückgreifen, die in früheren Ticks produziert wurden, und Fakten
für zukünftige Ticks bereitstellen.

In einer Akteurschleife *mit Gruppenstruktur* spielen neben den individuellen
Akteuren auch Untergruppen von Akteuren eine Rolle. Die Akteure aus einer Untergruppe werden anders behandelt als ein einzelner Akteur. Wenn die Untergruppe von den anderen Akteuren in einfacher Weise abzugrenzen ist, können wir die
Akteurschleife einfach in zwei Schleifen aufteilen. Bei der Erzeugung der Akteursnamen, die im Wesentlichen von der Anzahl NUMBER_OF_ACTORS der Akteure abhängt, lässt sich die Zahl NUMBER_OF_ACTORS in zwei Zahlen PART und NUMBER_OF_

ACTORS - PART zerlegen: NUMBER_OF_ACTORS=(NUMBER_OF_ACTORS-PART)+PART. Wir erhalten dann zwei Akteurschleifen:

> (between(1,PART,X),pred1(X,...),fail;true) und
> (between(NUMBER_OF_ACTORS-PART,NUMBER_OF_ACTORS,Y),
> pred2(X,Y,...),fail;true).

Allerdings müssen wir vorher den Term NUMBER_OF_ACTORS-PART durch eine »ordentliche« Variable ersetzen, z.B. REST is NUMBER_OF_ACTORS-PART: between(REST,NUMBER_OF_ACTORS,Y). Die beiden verschiedenen Arten von Akteuren müssen natürlich vorher durch Klausen festgelegt werden. Z.B. können wir einen Term group(GROUP_NAME,_) einführen, so dass jeder Akteur ACTOR zur Gruppe des Namens GROUP_NAME gehört: group(GROUP_NAME,ACTOR). In einer Klause wird dann zunächst die Gruppe bestimmt, zu welcher der Akteur ACTOR gehört:

> pred(ACTOR,...) :- group(GROUP_NAME,ACTOR),....

Dies funktioniert auch für Untergruppen – »Subsysteme« (3.2). Um Untergruppen zu bilden wird die Akteurliste in verschiedene Teillisten zerlegt, so dass für jede Teilliste eine separate Schleife über die jeweils benutzten Akteure programmiert werden kann.

Dies kann allerdings weitere Probleme nach sich ziehen. In der Realität sind zwei Untergruppen nicht immer disjunkt. Ein Akteur kann in der Realität in beiden Gruppen gleichzeitig aktiv sein, in einem Sim-Programm kann er aber in einer normalen Zeitschleife nicht zum selben Tick verschiedene Handlungen ausführen. In solchen Fällen muss ein eigenes Modul erstellt werden, mit dem in der Akteurschleife für jeden Akteur zunächst untersucht wird, welche Rolle der Akteur gerade spielt. Welche Handlung führt er »in seiner Gruppe« aus? In diesen Schleifen werden die Akteure in bestimmter Weise gleich behandelt. *Jeder* Akteur wird in »seiner« Gruppenschleife ein Mal aktiviert; es gibt keine Sonderbehandlung für bestimmte Akteure.

Als Beispiel nehmen wir die Simulation eines Teils einer Institutionentheorie.[19] Eine Institution besteht, unter anderem, aus Gruppen, die von Handlungstypen zusammengehalten werden. Der Unterschied zweier Gruppen wird durch einen allgemeinen Handlungstyp beeinflussen (englisch: exert_power) beschrieben. Prologisch können wir sagen, dass eine Gruppe GROUP durch die Anzahl NUMBER_ OF_ACTION_TYPS von Handlungstypen und eine Liste von Handlungstypen ACTION_TYP_I definiert wird:

> group(GROUP,NUMBER_OF_ACTION_TYPS,
> [ACTION_TYP_1,...,ACTION_TYP_N]).   [2.5.3]

Dabei ist GROUP eine Variable für den Namen einer Gruppe.

---

19 (Tazarki, 1995), (Balzer, 1990).

Für jede Gruppe müssen wir eine Liste von Akteuren erzeugen, so dass jedem Akteur ein Name oder eine Zahl zugewiesen wird. Dazu gehen wir von einer Gesamtanzahl von Akteuren NUMBER_OF_ACTORS aus und generieren eine Liste [1,.., ACTOR,..,NUMBER_OF_ACTORS] von Zahlen. Diese Liste wird zufällig gemischt und in eine fest vorgegebene Anzahl von Untergruppen aufgeteilt: number_of_ groups(NUMBER_OF_GROUPS). Das folgende Beispiel-Modul geht vom einfachsten Fall aus, bei dem ein Akteur höchstens zu einer Gruppe gehört.

Generiere eine Liste von Gruppen

```
distribution_of_actors_in_groups(4,[30,70,50,20]).              1
make_list_of_lists(LIST_OF_LISTS) :- ...,                       2
  distribution_of_actors_in_groups(NUMBER_OF_GROUPS,DISTRIBUTION 3
      ),
  ( between(1,NUMBER_OF_GROUPS,N), make_group_lists(N,           4
      NUMBER_OF_LISTS,NUMBER_OF_ACTORS),                         5
      fail;true ),!                                             6
  writein('res252.pl',list_of_lists(LIST_OF_LISTS).             7
make_group_lists(N,DISTRIBUTION,NUMBER_OF_ACTORS) :- ...        8
  make_sublist(N,DISTRIBUTION,NUMBER_OF_ACTORS), ...            9
  append(GROUPLIST,[LIST],GROUPLISTnew), ...                    10
  append(ACTORLIST,LIST,ACTORLISTnew),!.                        11
make_sublist(N,DISTRIBUTION,NUMBER_OF_ACTORS) :-                12
  nth1(N,DISTRIBUTION,GROUP_N),                                 13
  ( between(1,GROUP_N,X), add_one_actor(X,NUMBER_OF_ACTORS),    14
      fail ; true),!.                                           15
add_one_actor(X,NUMBER_OF_ACTORS) :-                            16
  aux_actorlist(ACTORLIST),                                     17
  repeat,                                                       18
  A is random(NUMBER_OF_ACTORS) + 1,                            19
  \+ member(ACTOR,ACTORLIST),                                   20
  aux_list(LIST), append(LIST,[ACTOR],LISTnew),!.              21
sum(NUMBER_OF_ACTORS,LIST,SUM) :- ...                          22
```

In diesem Beispiel werden aus 170 (170 = 30 + 70 + 50 + 20) Akteuren 4 Gruppen erzeugt. Wir benutzen hier eine nicht kumulierte Häufigkeitsverteilung distribution_of_actors_in_groups(4,[30,70,100,50]), die durch eine Liste dargestellt wird. Gruppe 1 enthält 30 Akteure, Gruppe 2   70 Akteure etc.

In der Hauptklausel 3 und 4 wird eine Schleife über die Anzahl NUMBER_OF_ GROUPS der Gruppen gelegt (hier also 4). Für jede Gruppe wird in 9 eine Subliste erzeugt. Dabei ist DISTRIBUTION eine Liste von vier Gruppengrößen (hier DISTRIBUTION = [30,70,50,20]). In der Summenklausel in 22 wird die Gesamtanzahl der Akteure (hier 170) aus allen Gruppen berechnet (siehe z.B. $\mathcal{KG}$! 252). Für Gruppe Nummer N wird in 12 eine weitere Schleife eröffnet. Dazu wird in 13 die Anzahl GROUP_N von Mitgliedern der Gruppe N berechnet. In 14-15 wird über

diese Anzahl GROUP_N eine weitere Schleife gelegt. Der Index X – eine Nummer
für das X-te Mitglied – läuft in 16,18 in einer weiteren, offenen Schleife, in der aus
der Gesamtzahl NUMBER_OF_ACTORS der Akteure in 19 zufällig ein »Name« eines
Akteurs ACTOR gezogen wird. Dabei wird in 20 geprüft, ob der so gezogene Akteur ACTOR nicht schon in der Liste ACTORLIST der Akteure in 17 zu finden ist.
Wenn der Akteur ACTOR schon in der Liste benutzt wurde, wird in 18 ein neuer
Versuch gestartet, einen Akteur zu ziehen, der noch nicht benutzt wurde. In diesen verschachtelten Schleifen wird immer ein Akteur gefunden und in 21 in die
Liste eingefügt. Wurden alle Schleifen abgearbeitet, kann man die Liste in 7 mit
list_of_lists(LIST_OF_LISTS) in eine Resultatdatei res252 schreiben. Die vollständige Liste besteht am Ende aus 4 Unterlisten, so das eine Unterliste die Namen
(hier einfach: Zahlen) der Mitglieder einer Gruppe enthält. In diesem Beispiel sind
die Unterlisten disjunkt ($\mathcal{KG}$! 252).

In PROLOG werden solche Listen schnell unleserlich. Eine Liste hat z.B. die
Form [LIST1,LIST2,LIST3,LIST4], wobei eine dieser Teillisten z.B. so aussieht:
LIST2 = [ACTOR1, . . . ,ACTOR_N].

Wir formulieren in einem weiteren Schritt eine Klause, die die Auswahl einer
Handlung eines bestimmten Akteurs mit »seiner Gruppe« verbindet. Wir benutzen in dem Beispiel eine Liste von Handlungstypen und eine Liste der Mitglieder
der Gruppe. In realen Fällen macht es Sinn, solche Listen in einer eigenen *Namens-
datei* zu verwalten. Die Gruppe bekommt einen Namen und eine dazugehörige
Variable GROUP, so dass die Gruppe durch eine Liste von Akteuren dargestellt wird.
Als Variable für die Akteure verwenden wir hier ACTOR, für die Liste von Mitgliedern MEMBERLIST und für die Liste der Handlungstypen ACTIONLIST ($\mathcal{KG}$! 253).

Wähle eine gemeinsame Handlung in einer Gruppe

```
tick(656). actor(peter).                                                 1
group(group47,[act1,act2],[karl,uta,peter,udo,renate]).                  2
activate(TICK,ACTOR) :- tick(TICK),                                      3
  group(GROUP,ACTIONLIST,MEMBERLIST),                                    4
  member(ACTOR,MEMBERLIST),                                              5
  ( open_mailbox(TICK,ACTOR,INEL), INEL = ACTION                         6
  ; choose_group_action(TICK,ACTOR,ACTION_TYP), ACTION_TYP =            7
      ACTION ),
  execute_actiontyp(TICK,ACTOR,ACTION),!.                                8
open_mailbox(TICK,ACTOR,INEL) :-                                         9
  group(GROUP,ACTIONLIST,MEMBERLIST),                                    10
  ( \+ member(INEL,ACTIONLIST),                                          11
  writein('res253.pl',mail_is_used(nothing_done))                       12
  ; member(INEL,ACTIONLIST),                                             13
      decide_together(TICK,ACTOR,INEL,MEMBERLIST,RESULT),               14
      ( RESULT = yes, execute_actiontyp(TICK,ACTOR,INEL),               15
         writein('res253.pl',mail_is_used(INEL))                        16
```

```
    ; RESULT = no, fail ) ),!.                                17
decide_together(TICK,ACTOR,ACTION,MEMBERLIST,RESULT) :-        18
  vote(MEMBERLIST,ACTION,RESULT),!.                            19
vote(MEMBERLIST,ACTION,RESULT) :- ...                          20
choose_group_action(TICK,ACTOR,ACTION) :-                     21
  group(GROUP,ACTIONLIST,MEMBERLIST),                          22
  length(ACTIONLIST,LENGTH),                                   23
  Z is random(LENGTH) + 1,                                     24
  nth1(Z,ACTIONLIST,ACTION),                                   25
  decide_together(TICK,ACTOR,ACTION,MEMBERLIST,RESULT), ...    26
execute_actiontyp(TICK,ACTOR,ACTION) :- true.                 27
```

In 1 wird zu einem bestimmten TICK (hier TICK=656) ein Akteur ACTOR (hier ACTOR = peter) angegeben und in 2 wird eine bestimmte Gruppe (hier: group47) bestehend aus eine Liste von zwei Handlungstypen [action1,action2] und aus einer Liste von Namen der Gruppenmitglieder beschrieben. In 4 wird diese Gruppe von 2 geholt. In 5 wird geprüft, ob ACTOR Mitglied der Gruppe ist. Wenn ACTOR kein Mitglied ist, wird in 3 die activate(_,_) Klausel gleich beendet. Wenn ACTOR zur Gruppe gehört, hat ACTOR zwei Möglichkeiten, die – hier – in einer bestimmten Reihenfolge bearbeitet werden. In 6 prüft ACTOR seine Mailbox und findet eine Nachricht INEL. In 10 und 11 holt PROLOG die Liste ACTIONLIST für die Handlungstypen der Gruppe und prüft, ob die Nachricht INEL eine Aktion aus dieser Liste ist. Im negativen Fall tut ACTOR in 11 nichts. PROLOG schickt dieses Ergebnis an die Resultatdatei res352. Im positiven Fall in 13 ist INEL eine der Handlungen, die für die Gruppe charakteristisch ist. In 14 entscheidet ACTOR mit den anderen Mitgliedern, ob dieser Handlungstyp umgesetzt wird. Dies haben wir in 18 - 20 nicht genauer beschrieben. In 14 ist nun das Resultat RESULT der Entscheidung bekannt und in 15 RESULT=yes. ACTOR führt die Handlung ACTION aus und das entsprechende Resultat wird an res352 geschickt. Wenn die Entscheidung in 17 negativ ausfällt, ist die Klausel in 6 gescheitert. In diesem Fall wendet sich PROLOG 7 und 21 zu. In 22 und 23 wird die Liste der Handlungstypen und ihre Länge ermittelt und in 24 und 25 eine dieser Handlungstypen ACTION zufällig aus dieser Liste gezogen. Zeile 26 prüft – wie gerade in 14 beschrieben – diese Handlung gemeinsam und setzt sie um.

Die Zeile 11 wird in diesen Klausen nicht erreicht. In einem vollständigen Programm muss vorher die Variable INEL durch einen Handlungstyp belegt sein, welcher für diese Gruppe nicht charakteristisch ist.

Wenn wir über diese Klause eine Schleife über alle Akteure legen, kommen wir zwanglos zu gemeinsamen Handlungen der Gruppe. Ob dabei auch ein neuer Handlungstyp für die gemeinsame Handlung benutzt wird, hängt von der Anwendung ab. Wenn die Gruppe sich juristische Regeln gibt, kann auch ein juristischer Handlungstyp benutzt werden.

In der oben eingeführten Art von Akteurschleifen mit Zeiteingriff [2.5.2] greift die zeitliche Anordnung der Akteurschleife noch stärker ein. In einigen Fällen ist es unmöglich, jeden Akteur einzeln und/oder zufällig aufzurufen. Das Krisenbeispiel zeigt dies klar. Es gibt Handlungen, die in dem gerade vorliegenden Tick ausgeführt werden sollen, aber schon in einem früheren Tick festgelegt wurden. Nehmen wir an, dass es in einem Muster um zwei Akteure ACTOR1, ACTOR2 geht. Wenn ACTOR1 »zufällig« in der Akteurschleife zuerst aufgerufen wird, sollte später ACTOR2 genau die Handlung ausführen, auf die sich beide zu einem früheren Tick geeinigt hatten. Wie sollen wir diese Information in der Akteurschleife unterbringen? Wir müssen in diesen Fällen die Akteurschleife anders programmieren. Bevor die Zeitschleife beginnt, muss eine neue Akteurliste erzeugt werden, in der einzelne Akteure oder Paare (oder Listen) von Akteuren stehen. Eine Komponente dieser neuen Liste kann sowohl ein »normaler« Akteur als auch ein Paar von Akteuren sein, etwa [ACTOR1, ACTOR2]. Der Hauptakteur aus einem Paar steht immer an der ersten Stelle des Paares. Ein Akteur ACTOR1 kann auch mehrmals in einer Liste (oder einem Paar) vorkommen. ACTOR1 ist z.B. erstens in einem Paar der Hauptakteur und kann zweitens in anderen Paaren als Nebenakteur auftreten (*KG*! 254).

Bei einer inhomogenen Liste der Form

[ACTOR1,...,ACTORn,[ACTORa,ACTORb],ACTOR_C1,...,ACTOR_Cm]

werden in der neuen Akteurliste zunächst die Akteure ACTOR1,...,ACTORn in der üblichen Reihenfolge bearbeitet. Im nächsten Schritt wird das Paar [ACTORa, ACTORb] aufgelöst und ACTORa aufgerufen. Dann führt ACTORa seine Handlung aus. Direkt danach wird ACTORb aktiviert. Wenn ACTORb seine Handlung ausgeführt hat, geht es in der Schleife wieder »mit ACTOR_C1 normal« weiter.

Die Handlungssequenzen lassen sich endlos immer komplexer machen. Ein Beispiel sind die bereits erwähnten gemeinsamen Handlungen (*joint actions*). Diese gab es in der Geschichte der Menschheit schon immer. In Frühzeiten erlegten Steinzeitjäger gemeinsam große Tiere wie Mammuts, später, als die Menschen sesshaft wurden, rodeten die Bauern zusammen ein Waldstück und in Kriegszeiten der neueren Geschichte greift eine Kompanie von Grenadieren gemeinsam den Feind an.

In diesen Beispielen werden viele Handlungen zusammengelegt, so dass ein neues Phänomen – ein neuer Handlungstyp – entsteht: »common action«. Diese gemeinsame Handlung kann in einigen Fällen durch dasselbe oder ein ähnliches Wort ausgedrückt werden, das auch eine individuelle Handlung beschreibt. Ein Unternehmer produziert z.B. einen Typ von Ware und die Arbeiter des Unternehmers stellen solche Waren gemeinsam her. In anderen Fällen werden neue Wörter und Phrasen benutzt, die oft sogar durch das Zusammenlegen erst erfunden werden. Die schießenden Grenadiere formen einen Angriff und aus dem Fällen der Bäume wird eine Rodung. In diesen Fällen wird eine Liste von individuellen Handlungen ähnlicher Art in einen neuen Handlungstyp transformiert und eventuell auch ein neuer Hauptakteur eingeführt. In den letzten dreitausend Jahren entstand dadurch eine neue Art von Akteuren, die gemeinsame Handlungen effektiv ausführen. Ein Beispiel für solch neue Akteure sind *juristische Personen* (3.2).

In PROLOG können wir gemeinsame Handlungen in einfachen Fällen so programmieren, dass wir die Akteure und ihre individuellen Handlungen zu Listen zusammenlegen. Zum Beispiel führen drei Akteure ACTOR1,ACTOR2,ACTOR3 denselben Handlungstyp action_typ aus, der zu einem neuen Handlungstyp action_typ_common wird: [action_typ_common,[ACTOR1,ACTOR2,ACTOR3],action_typ]. Wenn in einer gemeinsamen Handlung ein Führer LEADER eine Rolle spielt, können wir z.B. das System so schreiben: [[LEADER,action_typ_common],[ACTOR1, ACTOR2,ACTOR3],action_typ].

Geführt werden kann eine Gruppe von Akteuren durch einen »externen« Akteur LEADER. In diesem Fall ist dieser Akteur oft eine juristische Person. Dabei wird wichtig, wie ein juristischer Akteur seine Rolle spielt; in welcher Form er seine Handlung ausführt. Dieser Punkt führt in die juristische Welt der Verantwortung von Akteuren. Ein juristischer Akteur kann im extremsten Fall »seine« Handlung völlig alleine verantworten, am anderen Ende kann er seine Verantwortung komplett an andere (natürliche und juristische) Akteure übertragen. Es ist aber auch möglich, dass gemeinsame Handlungen entstehen, die von den individuellen Akteuren selbst ausgehen. Mehrere Akteure können im Prinzip auch von selbst auf die Idee kommen, zusammen etwas zu unternehmen. Allerdings ist ein solcher Prozess oft langwierig. Das Zusammenlegen von Handlungen muss »intrinsisch motiviert« sein, also aus dem Inneren der Personen, aus ihren Überzeugungen und den Einstellungen kommen. Dazu muss auch eine *gemeinsame Einstellung* (*joint intention*) entwickelt werden.[20]

2.6 Leben der Akteure

In Sim-Programmen gibt es neben statischen Objekten, die sich in einem Computerablauf nicht ändern, viele andere Objekte, die sich während eines Ablaufs ändern und dynamisch generiert, gelöscht und modifiziert werden. In künstlichen Gesellschaften sind dies vor allem die menschlichen und juristischen Akteure. Menschliche Akteure werden geboren und sterben.

Bei solch dynamischen Prozessen spielt die Zeit eine entscheidende Rolle. Das Problem der Zeit hatten wir schon thematisiert. Jetzt geht es um die Programmierung von Akteuren, die innerhalb eines Ablaufs neu hinzukommen oder herausgenommen werden, also z.B. geboren werden und sterben. Programmiertechnisch ist es zweckmäßig, solch zeitliche Verhältnisse in einem eigenen »Zeitmodul« niederzulegen und zu verwalten.

---

20 Siehe z.B. (Tuomela, 2013), (Searle, 1995) und (Schmid, 2012).

Grundsätzlich unterscheiden wir zu einem TICK die aktiven, lebenden Akteure von den nur möglichen Akteuren. Dazu benutzen wir drei Parameter:

```
number_of_active_actors(NUMBER_OF_ACTIVE_ACTORS),
        z.B. 300, oder 5000
number_of_potential_actors(NUMBER_OF_POTENTIAL_ACTORS),
        z.B. 200, oder 6000
number_of_actors(NUMBER_OF_ACTORS).
```

Dabei gilt:

```
NUMBER_OF_ACTORS =
    NUMBER_OF_ACTIVE_ACTORS + NUMBER_OF_POTENTIAL_ACTORS.
```

Die potentiell vorhandenen Akteure sind damit sauber von den aktiven Akteuren getrennt. Wird eine Person aktiv, wird sie aus der Liste der potentiellen Akteure herausgenommen und wandert in die Liste der aktiven Akteure.

In einfachen Simulationen, in denen keine Akteure sterben und auch keine neuen Akteure geboren werden, kann die Liste der Akteure in einem Ablauf konstant gehalten werden. Dazu legen wir einfach eine Liste list_of_active_actors(_) (oder einfach list_of_ actors(_)) an, die sich nicht weiter verändert. In einer solchen, einfachen Simulation sind alle drei Parameter identisch: NUMBER_OF_ACTIVE_ACTORS=NUMBER_OF_POTENTIAL_ACTORS=NUMBER_OF_ACTORS. Bei diesem simplen Verfahren bilden wir z.B. die Liste [1,...,number_of_actors(250)] der Zahlen 1 bis 250, die die Akteure nummerieren. Anschließend mischen wir diese Zahlen nach dem Zufallsprinzip. So entsteht eine neue Liste [ACTOR_1,...,ACTOR_NA] von Zahlen, die wir z.B. in die Liste list_of_active_actors eintragen: list_of_ active_actors([ACTOR1,...,ACTOR_NA]).

Allerdings ist es schwierig, die so mit Zahlen bezeichneten Akteure in einem Ablauf zu unterscheiden. In solchen Fällen hilft es, eine konstante Liste von echten Namen zur Hand zu haben, etwa name_list(NAMELIST). In $\mathcal{KG}$! 53 haben wir zwei Listen von weiblichen und männlichen Vornamen gespeichert.[21] Reicht der Vorrat von Vornamen nicht aus, um alle Akteure eindeutig zu benennen, können Namenszusätze wie uta_schmidt, udo_mueller oder auch einfach uta_4211 benutzt werden.

Zwei Listen LIST1, LIST2 lassen sich mit append zu einer »konkatenierten« Liste LIST3 zusammenfügen:[22] append(LIST1,LIST2,LIST3). Oft wird auch ein einzelner Akteur zu einer Liste von Akteuren hinzugefügt. Dazu können wir denselben Befehl benutzen; nur muss der Akteur ACTOR in Listenklammern gesetzt werden, also:

```
append(LIST1,[ACTOR],LIST3).
```

---

21 Diese Listen hat uns freundlicherweise *Solveig Hofmann* zur Verfügung gestellt.

22 Leider hat das 1-stellige PROLOG Prädikat append(_) eine völlig andere Bedeutung als das 3-stellige PROLOG Prädikat append(_,_,_). Da wir beide Befehl oft verwenden, müssen sich die LeserInnen an diese beiden Varianten gewöhnen.

Wenn z.B. die Liste LIST1 = [45,3,2] und der Akteur ACTOR=33 gegeben sind, wird durch append([45,3,2],[33],LIST3) die Liste LIST3 = [45,3,2,33] gebildet.

Die verschiedenen Möglichkeiten, echte Namen mit den »Zahlennamen« der Akteure zu verbinden, führen zu wohlbekannten Problemen. Gibt es mehr Personen als Namen, tragen einige Personen den gleichen Namen und es kommt zu Verwechslungen. Ein Beispiel: Ein Akteur ACTOR1 tritt mit einem Akteur ACTOR2 per Internet oder über andere Medien in Verbindung. Es ist dann möglich, dass ACTOR1 seine Mitteilung versehentlich an einen Akteur ACTOR3 schickt, der denselben Namen wie ACTOR2 trägt. Formal geht es um die Frage, wie man mit einem Namen umgeht, der zwei verschiedene Zahlennamen bezeichnet. Im Prinzip lässt sich dies so lösen, dass der Name eindeutig gemacht wird. Zum Beispiel wird dem Namen der Ort und die Zeit der Geburt der Person hinzugefügt.

In Sim-Programmen können wir leicht prüfen, ob die Liste der Zahlennamen für Akteure länger ist als die Liste der Namen für Akteure. Wenn dem so ist, gibt es mindestens einen Namen, der zwei verschiedene Zahlennamen bezeichnet. Z.B. wird der Name peter sowohl für den Zahlennamen 34227 als auch für 2114 verwendet. Beide Zahlen für Akteure kann der Computer unterscheiden, aber die Zuordnung mit Hilfe des Namens peter ist mehrdeutig. In solchen Fällen müssen wir die Namensliste ergänzen, um Eindeutigkeit zu erzielen. Im anderen, positiven Fall, in dem jeder Zahlenname einen echten Namen bekommt, können wir jedem Namen eine Zahl als Index anhängen.

Wir formulieren dazu eine passende Schleife. Da diese Schleife in vielen anderen Anwendungen verwendet werden kann, haben wir sie zweimal formuliert. Die allgemein gehaltene Version findet sich in ($\mathcal{KG}$! 261) während wir uns hier auf den speziellen Fall beziehen.[23] In der Vorbereitungsphase müssen zwei Listen list_of_identity_numbers_of_actors(IDENTITY_LIST) und eine name_list(NAMELIST) in der Datenbasis vorhanden sein. Bei der Gelegenheit möchten wir am Beispiel des ersten Prädikats auf ein Entscheidungsproblem hinweisen, welches beim Programmieren in PROLOG ständig auftritt und manchem Leser bereits in früheren Kapiteln aufgefallen sein dürfte. Das neu benutzte Prädikat list_of_ identity_numbers_of_actors lässt sich einerseits inhaltlich gut lesen und verstehen, andererseits ist es ziemlich lang und unhandlich. Ein guter Kompromiss besteht im Allgemeinen darin, das Prädikat zu kürzen, aber so, dass es gerade noch gut lesbar ist, im Beispiel etwa: list_Id_ actors.

In Zeile 3 unten ist eine neue, leere Liste list_ indexed_actors([ ]) angelegt, die durch die Schleife 8 mit den indizierten Namen schrittweise gefüllt wird. Diese Schleife wird im Folgenden genauer beschrieben. Die Länge LENGTH der Liste

---

23 Die Prädikate und Variablen list_of_identity_numbers_of_actors, name_list, list_indexed_actors , make_indexed_actorlist, ACTORNUMBERLIST, NAME-LIST, DYNAMICLIST, LIST_OF_ACTOR_INDEX heißen in den allgemeinen Formulierungen neutraler, nämlich list1, list2, aux_list_pairs, L1, L2, X und LP ($\mathcal{KG}$! 171).

ACTORLIST wird mit dem Befehl length in 7 berechnet: length(ACTORLIST, LENGTH). In 5 kopieren wir die ACTORLIST in eine Hilfsliste DYNAMIC_LIST, die in der Schleife Schritt für Schritt abgebaut wird: aux_list(DYNAMIC_LIST). Die Variable ACTORLIST bleibt dabei unangetastet.

```
... list_of_active_actors(ACTORLIST),                               1
... name_list(NAMELIST),                                            2
... asserta(list_indexed_actors([ ]), ...                          3
make_indexed_actorlist(LIST,ACTORLIST) :-                           4
  DYNAMICLIST = ACTORLIST,                                          5
  asserta(aux_list(DYNAMIC_LIST)),                                  6
  length(ACTORLIST,LENGTH),                                         7
  ( between(1,LENGTH,INDEX), indexing(INDEX), fail; true ),!,       8
  list_indexed_actors(LIST),                                        9
  aux_list(DYNAMIC_LIST1),                                          10
  retract(aux_list(DYNAMIC_LIST1)).                                 11
indexing(INDEX) :- aux_list(DYNAMIC_LIST),                          12
  nth1(INDEX,DYNAMIC_LIST,ACTOR),                                   13
  change(delete,aux_list,DYNAMIC_LIST,ACTOR),                       14
  list_indexed_actors(LIST_OF_ACTOR_LIST),                          15
  change(append,list_indexed_actors,LIST_OF_ACTOR_INDEX,            16
     [ACTOR,INDEX]),!.                                              17
```

Die in 10 zum ersten Mal auftauchende neue Variable DYNAMIC_LIST1 hat folgende Funktion. In 8, 12 und 14 wird Akteur ACTOR aus der Liste DYNAMIC_LIST entfernt und in 16 in LIST_OF_ACTORS_INDEX hinzugefügt. Diese Ersetzung geschieht mehrmals. Erst am Ende der Schleife in 11 wird die Variable gelöscht, die am Anfang DYNAMIC_LIST hieß. Am Ende der Schleife wird in 10 zunächst die Variable im Prädikat aux_list aufgerufen. Wie immer auch die Variable nun belegt ist; sie und die Liste wird in 11 gelöscht.

In 14 und 16 verwenden wir das Prädikat change(_,_,_,_), welches in Sim-Programmen sehr oft benutzt wird (siehe $\mathcal{KG}$! 52). In einem Term wird eine bestimmte Variable durch eine andere Variable verändert, wobei im Ablauf sowohl die erste als auch die zweite Variable an dieser Stelle schon instantiiert sind. Dies lässt sich anhand eines Beispiels einfacher erklären. Beim Term change(delete, aux_list,DYNAMIC_LIST,ACTOR) in Zeile 14 oben wird im ersten Argument eine Option angegeben, hier: delete. Die Veränderung change betrifft hier das Löschen einer Komponente ACTOR aus der Liste DYNAMIC_LIST im Term aux_list(DYNAMIC_LIST). Wenn im Ablauf die Liste die Form DYNAMIC_LIST=[3,2,5,32,44] und der Akteur die Form ACTOR=32 hat, wird aus der Liste [3,2,5,32,44] die Liste [3,2,5, 44].

Werden im Programmablauf neue Akteure erzeugt und entfernt, kommen zwei weitere Prädikate ins Spiel: remove(_,_) »entfernen« und generate(_,_) »erzeugen«. Deren Argumente lassen sich auf mehrere Arten spezifizieren. Meistens werden Wahrscheinlichkeiten W verwendet, so dass auf der individuellen Ebene nicht vorausgesagt werden kann, wann genau ein spezieller Akteur sterben oder ein neuer Akteur geboren wird.

Wir formulieren die Klause für remove wie folgt:

```
remove(ACTOR,W)  :- list_of_active_actors(ACTOR_LIST),      1
  list_of_potential_actors(POTENTIAL_LIST),                 2
  nth1(INDEX,ACTOR_LIST,ACTOR),                             3
  X1 = random(1001), X is X1 / 1000,                        4
  ( X =< W,                                                 5
    change(delete,list_of_active_actors,ACTOR_LIST,ACTOR), 6
    change(append,list_of_potential_actors,                7
       POTENTIAL_LIST, ACTOR),                              8
  ; X > W, true ),!.                                        9
```

In 1 und 2 werden die Liste ACTOR_LIST der Akteure und die Liste POTENTIAL_LIST der potentiellen Akteure geholt. In 3 steht der Akteur ACTOR an der INDEX-ten Stelle der Liste ACTOR_LIST. Eine Zufallszahl wird in 4 gezogen und auf das Intervall [0,1000] normiert. Die vorher schon instantiierte Zahl W wird nun mit der Zufallszahl X verglichen. Wenn X =< W ist, »stirbt« der Akteur, andernfalls bleibt in 7 ACTOR weiterhin aktiv (X > W), d.h. es bleibt alles beim Alten. In 4 verwenden wir eine normierte Zufallszahl X, um in der Vorbereitungsphase eine für praktische statistische Zwecke einfache Zahl zur Hand zu haben. Anders gesagt haben wir bei W nur die ersten 3 Stellen nach dem Komma benutzt, z.B. W=0.333 oder W=0.25 oder W=0.4. In 4 könnten wir natürlich statt der Zahl 1000 auch jede andere Zahl (größer 0) nehmen, etwa 10 000 oder 473 – was allerdings bei der Anpassung ziemlich kompliziert werden würde.

Ähnlich lässt sich mit der Erzeugung eines neuen Akteurs verfahren: generate_new(ACTOR,W). Akteur ACTOR wird generiert, indem wir ihn aus der potentiellen Liste löschen und ihn in die Liste der aktiven Akteure eintragen.

Neben diesem quasi elternlosen Geburtsprozess kann man auch den oder die Erzeuger (die »Eltern«) ins Spiel bringen. Bei der »monogamen« Methode wird ein neuer Akteur mit einem schon aktiven Akteur – einem einzigen »Erzeuger« – verbunden. Dazu wird in der Erzeugungsklause ein Akteur CHILD – das Kind – aus der Liste der potentiellen Akteure und ein Akteur ACTOR – der Erzeuger – aus der Liste der aktiven Akteure ausgewählt, wobei die Auswahl des noch nicht aktiven Akteurs zufällig geschieht. In derselben Weise lässt sich dies auch bei den jeweiligen Erzeugern ausführen.

```
... list_of_potential_actors(LISTpotential),     1
... list_of_active_actors(LISTactual), ...       2
child(CHILD,ACTOR,W) :-                           3
  list_of_potential_actors(LISTpotential),        4
  list_of_active_actors(LISTactual),              5
```

```
nth1(I,LISTpotential,CHILD), nth1(J,LISTactual,ACTOR),          6
X1 = random(1001), X is X1 / 1000,                              7
( X =< W,                                                       8
  change(delete,list_of_potential_actors,LISTpotential,CHILD),  9
  change(append,list_of_active_actors,LISTactual,ACTOR),        10
  assert(child(CHILD,ACTOR)),                                   11
; X > W, true ),!.                                              12
```

Wir haben die neue Beziehung child(CHILD,ACTOR) in 11 auch in die Datenbasis eingetragen: CHILD ist Kind von ACTOR.

Völlig analog lässt sich die Erzeugung eines neuen Akteurs mit zwei (oder mehreren) Eltern programmieren. Hier muss nur bei 6 oben zusätzlich ein weiterer, aktiver Akteur (hier ACTOR2) – der zweite Elternteil – hinzugefügt werden. Solange keine weitere inhaltliche Beziehung zwischen »Kind« und Erzeuger ACTOR2 besteht, bleibt alles Weitere unverändert. Je nach Programm kann man z.B. mit asserta(_) in die Datenbasis die entsprechenden Fakten eintragen: child(CHILD,ACTOR1,ACTOR2): CHILD ist Kind von ACTOR1 und ACTOR2.

Ein weiterer Schritt in Richtung größerer Realitätsnähe ist die Erzeugung von neuen Akteuren durch genetische Algorithmen (Pitz, 2000), (Holland, 1975). Dazu wird jedem Akteur ein *Gen* oder *Gen-Pool* mitgegeben. Im einfachsten Fall gehört zu einem Akteur genau ein Gen, welches aus einer Liste von Bits – d.h. Nullen und Einsen – und der festgelegten Länge LENGTH dieser Liste besteht. Die Gene lassen sich verändern, »kopieren« oder in anderer Weise »replizieren«. Die einfachste Veränderung besteht aus einer *Mutation*, bei der genau ein Bit an einer bestimmten Stelle des Gens verändert wird. Da ein Bit nur zwei Werte annehmen kann, bedeutet dies, 1 durch 0 oder 0 durch 1 zu ersetzen. Weil eine Mutation normalerweise zufällig erfolgt, brauchen wir eine vorher definierte Wahrscheinlichkeit W für die Mutation. Im monogamen Fall wird ein Gen kopiert und zufällig mutiert, so dass der neu entstehende Akteur dieses neue Gen trägt. Im nicht monogamen Fall werden zwei Gene der Eltern gekreuzt. Dazu gehen wir im einfachsten Fall wie folgt vor. Beide Gene GEN1 = [X_1,...,X_LENGTH] und GEN2 = [Y_1,...,Y_LENGTH] haben die gleiche Länge LENGTH. Für die beiden Listen wird dann eine bestimmte Stelle K (K =< LENGTH) zufällig oder in anderer Weise festgelegt. Anschließend fügen wir z.B. das Teilgen [X_1,...,X_K] von GEN1 mit dem Teilgen [Y_K1,..., Y_LENGTH] von GEN2 zusammen: [X_1,...,X_K,Y_K1,...,Y_LENGTH], dabei ist K1 =K+1. Nun trägt der neue Akteur dieses neue Gen.

Um ein Gen mit einer Klausel zu generieren, brauchen wir eine Konstante, die die Länge des Gens festlegt ($\mathcal{KG}$! 262):

```
... length_of_genes(LENGTH_OF_GENES), ...                      1
start :- make_one_gen, one_gen(GEN),                           2
  writein(gen_pool,gen(GEN)),                                  3
  retract(one_gen(GEN)), write(one_gen(GEN)).                  4
```

```
make_one_gen :- length_of_genes(LENGTH_OF_GENES),              5
 asserta(one_gen([ ])),                                        6
 ( between(1,LENGTH_OF_GENES,INDEX), add_bits(INDEX), fail     7
    ; true ),                                                  8
 one_gen(GEN), asserta(one_gen(GEN)).                          9
add_bits(INDEX) :- one_gen(GENdyn),                           10
  X is random(2),                                             11
  append(GENdyn,[X],GENnew),                                  12
  retract(one_gen(GENdyn)), asserta(one_gen(GENnew)),!.       13
```

Für die Simulation künstlicher Gesellschaften ist es zweckmäßig, einen Gen-Pool anzulegen, in dem die Gene erzeugt und verwaltet werden. Dies kann beispielsweise in einer Datei gen_pool erfolgen. Ein extern angelegter Gen-Pool ist vor allem dann angebracht, wenn die Länge der Gene so groß wird, dass sie in Listen nicht mehr effizient verarbeitet werden können.

Wie die Gene sollten auch die Akteure selbst zentral verwaltet werden. In einer künstlichen Gesellschaft macht es deshalb Sinn, ein »Meldeamt« einzurichten, welches alle aktiven und potentiellen Akteure administriert. Da ein einziges, großes Meldeamt, wie in der Wirklichkeit, zu Problemen führen kann, ist es zweckmäßig, mehrere »regionale« Ämter einzurichten. Ein solches Meldeamt lässt sich durch zwei Terme darstellen. Der erste Term verwaltet die Liste von Akteuren, die in einem bestimmten Zeitpunkt in der Region aktiv sind, der zweite Term die Liste von gestorbenen Akteuren, die in dieser Region gelebt haben und dort verwaltet wurden.

```
registration_office(OFFICE_NAME,TICK,active,
    [ACTORNAME_1,...,ACTORNAME_M])
registration_office(OFFICE_NAME,TICK,dead,
    [FORMER_ACTOR_1,...,FORMER_ACTOR_N]).
```

Zu Beginn reicht es, eine Anzahl number_of_registration_offices(_) von Ämtern festzulegen, die die verschiedenen Regionen oder Subsysteme einer Gesellschaft verwalten. Der Zeitpunkt TICK wird dabei in das Hauptprogramm an den passenden Stellen eingebunden. Die erste Liste enthält zu diesem TICK alle aktiven Akteure, ACTORNAME_1,...,ACTORNAME_M, und die zweite Liste enthält alle Akteure, die »vor« diesem Tick TICK in der ersten Liste standen, d.h. Akteure, die gestorben oder weggezogen sind.

Im Folgenden werden wir für Akteure keine echten Namen mehr verwenden, da in unserem Rahmen Personenidentität nicht wichtig ist. Wir benennen also im Weiteren Akteure einfach durch Zahlen.

3. Kapitel

3.1 Soziale Gruppen

Von Handlungsmustern und Rollen kommen wir zu *sozialen Gruppen*. Eine soziale Gruppe (im Folgenden einfach »Gruppe«) enthält mindestens:[1]

- eine Liste von Akteuren;
- eine Liste von Handlungsmustern oder Rollen;
- ein Statussymbol STATUS der Gruppe;
- Verbindungen zwischen Akteuren und Umgebung, die entweder
  - durch Wahrnehmung,
  - durch Handlung oder
  - durch Kommunikation hergestellt werden können;
- interne Modelle, die jedes Gruppenmitglied hat.

Eine Gruppe schreiben wir als PROLOG Prädikat wie folgt:

$$\text{group(groupname,MEMBERS,ROLES,STATUS).} \qquad [3.1.1]$$

In einer konkreten Anwendung sollte der Gruppenname groupname durch einen interessanten und besser verständlichen Namen ersetzt werden. Die Variable MEMBERS muss durch eine Liste von Namen oder Zahlennamen, wie etwa [karl, uta,udo,renate,...] oder [4324,33,4,428,...], ersetzt werden. Analog sollte ROLES (Handlungsmuster) durch eine Liste von Listen von Handlungstypen substituiert werden, beispielsweise: [[thread,attack,conquer] , [appease, appease , [appease, thread],...] oder [[action_typ11,action_typ12,action_typ13] , [action_typ14,action_typ14] ,[action_typ14,action_typ11] ,...]. Die Statusvariable STATUS einer Gruppe wird im Ablauf ebenfalls instantiiert und bindet die Mitglieder auf der psychologischen Ebene zusammen.

Akteurlisten und Handlungsmuster haben wir bereits vorgestellt. Da ein Akteur in mehreren Gruppen Mitglied sein kann, sind Namensverwechslungen möglich. In (2.5) hatten wir diese Möglichkeit in unserem Beispielmodul aus Einfachheitsgründen ausgeschlossen. Wenn wir dies nun zulassen, müssen wir in der Akteurschleife entprechende Vorbereitungen treffen. Die Mitglieder ACTOR_I einer

---

1 (Deutsch und Krauss, 1976), (Heider, 1977) und (Burt, 1982).

Gruppe werden in einer eigenen Liste [ACTOR_1,...,ACTOR_D] verwaltet, wobei die Länge und die zeitliche Veränderung dieser Liste durch zwei Konstanten festgelegt werden (2.6), z.B. number_of_initial_actors(100) und number_of_possible_actors(300).

Ein bestimmtes Handlungsmuster wird durch eine Liste von Handlungstypen der Art [ACTION_TYP_1,...,ACTION_TYP_N] beschrieben. Die einfachsten Handlungsmuster haben wir in (2.5) schon kennengelernt. Ein solches Muster wird aus zwei einfachen Handlungstypen und einem Verbundprädikat zusammengefügt. Wenn wir in einem Restaurant essen gehen, kann z.B. das Muster [eat_fish, bundpred(eat_fish,drink_white_wine),drink_white_wine] verwendet werden. Ein Muster bekommt, wenn nötig, auch einen Namen, etwa role_I. Im Allgemeinen lässt sich das Muster in der Form role(groupname,I,[ACTION_TYP1,BUND1, ACTION_TYP2,...,BUNDN,ACTION_TYP_N1]) in eine Datei eintragen, wobei I der Index (der »Name«) des Musters role_I ist. Diese verschiedenen Muster, die in einer Gruppe zum Tragen kommen, fassen wir normalerweise wieder zu einer Liste zusammen. Auch die Anzahl der Muster wird als Parameter eingetragen, z.B. number_of_roles(group_name5). Eine langfristig interessante Frage ist dabei, ob wir für jede Gruppe die für diese Gruppe wichtigen Klausen in einer eigenen Datei speichern sollen. Module, die in verschiedenen Gruppen zum Einsatz kommen, sollten auf jeden Fall *nicht* in einer Datei für eine bestimmte Gruppe verwaltet werden. Denn wie sollen wir z.B. dann zwei verschiedene Glaubensgruppen programmieren? Jede Gruppe hat andere religiöse Praktiken, die programmtechnisch umgesetzt und besser in getrennten Dateien aufbewahrt werden sollten. Bei ökonomischen Austauschbeziehungen gibt es zwar einige Regeln, siehe (2.2) und (4.1), die für Akteure aus beiden Gruppen identisch sind. Wie verfahren wir aber mit Regeln, die sowohl ökonomische als auch religiöse Aspekte, wie z.B. Lebensmittelverbote, beinhalten?

Für eine Gruppe sind drei Arten von Beziehungen wichtig:

  a) Beziehungen innerhalb einer bestimmten Gruppe,
  b) Beziehungen zwischen Gruppenmitgliedern und »externen« Akteuren und
  c) Beziehungen zwischen Mitgliedern und der Natur.

Grundsätzlich können wir solche Beziehungen in Sim-Programmen auf zwei Arten programmieren. Im »einfachen« Fall greift jeder Akteur auf alle Programmteile und Dateien zu. Dies gilt insbesondere auch für Fakten, die ein anderer Akteur »privat« gespeichert hat. In sequenziellen Programmen lässt sich dieser Weg immer gehen; es wurde und wird oft so verfahren.

Empirisch verankerte Modelle können aber die Privatsphäre nicht ignorieren. Schließlich verfügt jeder menschliche Akteur über einen abgeschotteten mentalen Bereich, der anderen Akteuren nicht zugänglich ist. In abgeschwächter Weise gilt dies auch für Gruppen. Jede Gruppe hat ihre Normen und Werte, die die Gruppe zusammenhält, die aber nicht immer offen zutage liegen oder liegen sollen.

Abgesehen davon, ist es auch nicht allen Mitgliedern klar, woraus der »Kitt« besteht, der die Gruppe zusammenhält.

Ein erster Schritt – der bei zukünftigen parallelen Programmen auf jeden Fall notwendig wird – besteht darin, jede Information, jedes *Inel*, sowohl in der Kommunikation als auch bei der Wahrnehmung und der Speicherung explizit mit Hüllen zu umgeben, siehe (2.1). Wir verwenden hier vier Arten von Hüllen (*Wrappers*). Wenn ein *Inel* nur innerhalb einer Gruppe benutzt wird, hüllen wir es mit dem Prädikat `message_internal(_)` oder `mesint(_)` ein. Wenn ein *Inel* an eine »andere« Gruppe gerichtet ist, schreiben wir `message_group` oder `mesgroup`. Und wenn ein *Inel* an alle Akteure gerichtet ist, verwenden wir die allgemeine Hülle `message`. Da die Akteure Wahrnehmungen haben und mit ihrer Umwelt »etwas tun«, verwenden wir für diese *Inels* den Wrapper `nature`, oder kurz `nat`.

Bei Nachrichten an Akteure ist es zweckmäßig, einem *Inel* weitere Komponenten am Anfang und am Ende hinzuzufügen, wie dies auch bei der Internet-Kommunikation üblich ist. Die Gesamtkommunikation besteht dann aus der Liste:

`[TICK,ACTOR1,GROUP1,INEL,ACTOR2,GROUP2].`

Die Liste besagt: Zum Zeitpunkt `TICK` schickt `ACTOR1` aus `GROUP1` die Information `INEL` an einen `ACTOR2`, der aus `GROUP2` stammt. In einer gruppeninternen Nachricht `mesint([TICK,ACTOR1,INEL,ACTOR2])` können wir uns die Gruppennamen `GROUP1` und `GROUP2` sparen. In anderen Nachrichten, die an alle Mitglieder der betreffenden Gruppe versendet werden, lässt sich der `ACTOR2` einsparen.

Weiter gehört zu einer Gruppe ein identitätsstiftendes Leitbild oder eine soziale Praxis, mit der sich die Mitglieder identifizieren. In einfachen Fällen können dies Fahnen, Maskottchen oder Symbole sein, in komplexeren Fällen kultische oder politische Praktiken. In PROLOG codieren wir ein Symbol in einer Liste, deren Komponenten wieder komplexe Komponenten enthalten können.[2] Für unsere Zwecke geben wir uns zunächst mit einem Statussymbol `STATUS` zufrieden, das für alle Mitglieder bindend ist und das in den internen Modellen jedes Akteurs vorhanden sein muss. Dazu wird für jede Gruppe ein Statussymbol als Konstante von Anfang an in eine passende Datei eingetragen.

Schließlich sind für Akteure und Gruppen die internen Modelle wichtig. Ein internes Modell stellt die »psychische Welt« eines Akteurs dar. Entweder baut ein Gruppenmitglied ein internes Modell im Programmablauf nach und nach auf oder es wird ihm durch das Programm extern mitgegeben. Inhaltlich umfasst ein internes Modell im Prinzip alles, was ein Akteur in einem Programmablauf – real gesprochen: »auf seinem Lebensweg«– erfährt und wichtig genug findet, es in seinem Gedächtnis bzw. Speicher aufzubewahren. In diesem Kontext wäre auch das Thema »Lernen« wichtig, das wir hier aber nicht weiter berücksichtigen können.

---

2 (Durkheim, 1984), (Balzer, 1993), Kap. 7.

Woraus besteht ein internes Modell? In einem internen Modell sollten vier zentrale Arten von Fakten vorhanden sein:

- *Überzeugungen* (Glaube, `believe`, kurz: `bel`),
- *Intentionen* (kurz: *int*, auf Deutsch: *Absichten* oder *Einstellungen*),
- *Wünsche* (`desire` kurz: `des`) und
- *Emotionen* (`emotion` kurz: `emo`).

Die Überzeugungen eines Akteurs ändern sich mit der Zeit und hängen deshalb immer auch vom aktuellen Tick ab. Sie sind auf neudeutsch »volatil« (vom lateinischen *volare: fliegen*). In der sozialen Welt lassen sich die Überzeugungen mit Sätzen verbinden, die in der Sprache der Mitglieder gesprochen werden.

PROLOG bietet eine sehr effektive Möglichkeit, die Überzeugung eines Akteurs direkt durch einen – normalerweise satzartigen – Term auszudrücken: Akteur `ACTOR` hat zum Zeitpunkt `TICK` die Überzeugung `believe`, dass ein Ereignis `EVENT` stattfindet. Z.B. ist `ACTOR` zu `TICK` der Überzeugung, dass er bald Vater wird (`EVENT`), kurz: `believe(ACTOR,TICK,EVENT)`. Sehr viele Überzeugungen eines Akteurs sind unsicher. Z.B. glaubt `ACTOR` zu `TICK`, dass seine Frau möglicherweise einen Geliebten hat. Solche nicht sicheren Überzeugungen werden mit einer Wahrscheinlichkeit `W`, also mit einer Zahl zwischen 0 und 1, versehen. Wir lösen dazu das deterministische Ereignis in einen satzartigen Term mit Zufallsereignis der Form `event(X,...)` (oder kurz: `ev(X,...)`) auf. Dabei können auch weitere Variable vorkommen. Aus einer Überzeugung der Art `believe(ACTOR,TICK,EVENT)` wird so eine Überzeugung `believe(ACTOR,TICK,W,event(X,...))`. Dies bedeutet: `ACTOR` hat zu `TICK` die Überzeugung, dass das Zufallsereignis `event(X,...)` mit Wahrscheinlichkeit `W` stattgefunden hat (2.3).

Eine Person hat nicht nur eine, sondern viele Überzeugungen. Diese können in ihrem mentalen System mehr oder weniger fest verankert sein. Die Überzeugung, der »Glaube«, kann dabei so stark sein, dass `ACTOR` unter keinen Umständen davon Abstand nimmt. Im Extremfall führen solch fest verankerte Überzeugungen zum Fanatismus: Der satzartige Term, der die Überzeugung ausdrückt, ist für den Akteur `ACTOR` unter allen Umständen richtig oder wahr. Am anderen Ende der Skala finden sich Überzeugungen, die so schwach ausgeprägt sind, dass sie beim kleinsten Zweifel aufgegeben werden, z.B. »ich glaube, dass gleich die Sonne scheinen wird«.

In PROLOG können wir auch ohne Probleme Überzeugungen höherer Stufe bilden. Jeder Akteur `ACTOR1` kann glauben, dass der Akteur `ACTOR2` glaubt, dass der Satz – ausgedrückt durch einen Term `SENTENCE` – mehr oder weniger richtig ist: `ACTOR1` glaubt, dass der Akteur `ACTOR2` glaubt, dass es bald regnen wird.

Beim Programmieren benutzen wir normalerweise das Prädikat `bel` mit folgenden Argumenten:[3]

---

3 Siehe (Hofmann, 2009).

```
bel(TICK,ACTOR,STEP,W,SENTENCE):
```
- TICK ist eine Zeitperiode
- ACTOR ist ein Akteur
- STEP ist eine bestimmte Anzahl von Überzeugungen (bel's), die in SENTENCE benutzt werden (»Stufe«)
- W ist eine Wahrscheinlichkeit (eine Zahl zwischen 0 und 1)
- SENTENCE ist ein satzartiger Term der Form event(X1,...,XN).

Das Prädikat event kann auch nullstellig sein. W=0 bedeutet, dass der Akteur den Term SENTENCE überhaupt nicht glaubt und W=1, dass der Akteur den Satz auf jeden Fall für richtig hält. Die Variable STEP läuft über kleine natürliche Zahlen wie 1,2 oder 3. Beispielsweise bedeutet bel(3,uta,1,0.65,mag(uta,peter)), dass Uta zum Zeitpunkt 3 in erster Stufe (1) und mit Wahrscheinlichkeit 0.65 glaubt, dass Uta Peter mag. Eine zweistufige Überzeugung (STEP=2) wäre etwa:

```
bel(4,karl,2,0.35,bel(3,uta,1,0.5,mag(maria,peter))).
```

Dieser Satz lässt sich so lesen: Zur Zeit 4 glaubt Karl mit Wahrscheinlichkeit 0.35, dass zur Zeit 3 Uta mit Wahrscheinlichkeit 0.5 glaubt, dass Maria Peter mag. Das Ereignis event(X1,...,XN) hat hier die Form bel(...,event(X1,...,X5)). Anders gesagt enthält SENTENCE ein »zusätzliches« bel-Prädikat, so dass der Gesamtterm

```
bel(TICK,ACTOR,2,W,bel(event1(X1,...,X5)))
```

zwei Ausprägungen von bel enthält. Etwas unschön ist dabei, dass die umgangssprachlich ausgedrückten Überzeugungen ziemlich schnell länglich werden. Der PROLOG Interpreter hingegen stößt sich daran nicht.

Normalerweise werden in der Wahrscheinlichkeitstheorie nicht nur wirkliche, sondern auch mögliche Ereignisse betrachtet. Zum Beispiel kann diskutiert werden, wie wahrscheinlich es ist, dass Peter morgen krank ist, während er heute gesund ist. Das morgige Ereignis ist bei dieser Diskussion ein rein mögliches Ereignis. Interessanterweise enthält eine Überzeugung beide Aspekte. Eine Überzeugung ist materiell im Akteur »verdrahtet«, trotzdem kann aber der Inhalt der Überzeugung rein fiktiv sein. Ein Teil der Überzeugungen spiegelt jedoch – normalerweise – wirkliche Ereignisse wider. Ein System von Überzeugungen eines bestimmten Akteurs ist quasi eine Spiegelung eines »anderen« Systems.

In (2.3) haben wir geklärt, wie einem Ereignis eine Wahrscheinlichkeit zugeordnet wird. Danach besteht ein Zufallsereignis aus einer Menge von Elementarereignissen, die Wahrscheinlichkeit des Ereignisses fußt auf der relativen Häufigkeit. In einfachen Situationen ist die relative Häufigkeit die Anzahl der Elementarereignisse dividiert durch die Gesamtzahl der Elementarereignisse in einem gegebenen System.

In einer Überzeugung bel(...,SENTENCE) stellt der Term SENTENCE ein Ereignis event(X,...) dar. Wie können wir dem Term event(X,...) eine

Wahrscheinlichkeit W zuschreiben? In einfachen Fällen lassen sich in PROLOG Elementarereignisse und Zufallsereignisse wie folgt ermitteln. Nehmen wir an, dass der Term event(X,...) genau eine Variable X enthält, also: event(X). Der Term event(X) funktioniert damit wie eine Form, in der verschiedene Inhalte zu finden sind. In PROLOG lassen sich diese Inhalte besonders leicht aufspüren. Wir suchen in der Datenbasis mit findall(X,event(X),LIST) alle Terme der Form event(X), in denen die Variable X durch einen variablenfreien Term, z.B. c43, instantiiert ist. All diese Instanzen werden über findall(...) in eine Liste LIST = [c1 ,...,c54] geschrieben. Da die Menge all dieser Instanzen zu einem bestimmten Tick im Ablauf eindeutig bestimmt ist, ist damit auch die Anzahl dieser Instanzen eindeutig festgelegt. Diese Zahl ist aber gerade die Häufigkeit der Elementarereignisse des Typs event(X) zu diesem Tick. Die für die Berechnung der Wahrscheinlichkeit notwendige Gesamtzahl der Elementarereignisse muss im Programm allerdings vorher festgelegt sein. Erst dann können wir die relative Häufigkeit des Zufallsereignisses event(X) berechnen ($\mathcal{KG}$! 311, 312).

Je nach Anwendung formulieren wir die Ereignisse, die in den Überzeugungen enthalten sind, mit mehr oder weniger Variablen: event(X_1,...,X_N). Wenn in einem Ablauf mehrere Handlungstypen benutzt werden, ist es zweckmäßig, jedem Handlungstyp einen Namen zu geben, z.B. eine Zahl, so dass jedes Ereignis in der Überzeugungsbasis mit einem Handlungstyp (oder mit mehreren) verbunden ist. Oft wird der Tick TICK1 eines Ereignisses unabhängig von einem anderen TICK gehalten, zu dem die Überzeugungsbasis gerade bearbeitet wird. Manchmal »enthält« ein Ereignis einen Akteur oder auch mehrere Akteure. Das Ereignis lässt sich dann einfach als eine Handlung beschreiben. Wir können Ereignisse z.B. in folgender Form notieren:

event(EVENT_TYP,TICK,LIST_OF_ACTORS):
  - EVENT_TYP ist die Art des Ereignisses
  - TICK ist die Zeitperiode, zu der das beschriebene
    Ereignis stattfindet
  - LIST_OF_ACTORS = [ACTOR_1,...,ACTOR_M] enthält alle Akteure
    ACTOR_1,...,ACTOR_M, die in ein Ereignis dieses Typs involviert sind.

ACTOR_1 ist dabei immer der Hauptakteur des Ereignisses. Wenn das Ereignis event(...) speziell eine Handlung ist, werden wir normalerweise den Handlungstyp EVENT_TYP so wählen, dass dieser direkt eine Handlung ausdrückt.

Zu Beginn müssen in einem Ablauf Fakten erzeugt werden, unter denen auch die Elementarereignisse zu finden sein müssen. Aus diesen Elementarereignissen lassen sich in Sim-Programmen die Überzeugungen der Akteure bilden. Realistisch gesprochen, müssen die Überzeugungen, und damit die vorher wahrgenommenen oder technisch erzeugten Ereignisse, im Laufe des Lebens eines Akteurs aufgebaut werden. Nehmen wir als Beispiel eine »einfache« Überzeugung, die normalsprachlich ohne Variablen auskommt. Zum Beispiel glaubt Peter, dass

Deutschland heute Exportweltmeister ist. In diesem Beispiel versteckt sich die Zeitvariable in »heute«. Im Laufe seines Lebens hat Peter zu verschiedenen Zeiten
verschiedene Informationen bekommen, die Peters Überzeugung stützen. Seine
Überzeugung hat sich durch eine Folge von konkreten Wahrnehmungen herausgebildet und nach und nach gefestigt. Aus dieser Folge lässt sich – wie in (2.3)
beschrieben – eine relative Häufigkeit bilden, die wir approximativ als die Wahrscheinlichkeit des Ereignisses ansehen.

Wir stellen im Folgenden einen Teil eines Moduls zur *Generierung von Über-
zeugungssystemen* (EBS) vor.[4] In diesen Klausen werden Elementarereignisse für
einen bestimmten Akteur erzeugt, die »seine« Überzeugungsbasis bilden. Die
Wahrscheinlichkeit W eines Elementarereignisses wird hier einfach zufällig generiert. Wir greifen dazu aus einem Ablauf einen bestimmten `actor(3)` und einen
`tick(2)` heraus und erzeugen Elementarereignisse der Art `event(I,J,
ACTORLIST)` zum Tick 2. Die `ACTORLIST` enthält hier genau 2 Akteure, die in dem
zu erzeugenden Ereignis vorkommen. Dies lässt sich natürlich verallgemeinern –
insbesondere möchten wir auch Elementarereignisse generieren, in denen gar keine Akteure vorkommen. Ein Beispiel wäre etwa ein Sonnenuntergang oder eine
Hungersnot. Wir benutzen hier als IQ-Maß eine Konstante, die ausdrücken soll,
wie intelligent (`intelligence(3,0.3)`) ein Akteur mit dem »Namen« 3 ist. Akteur 3 ist in diesem Beispiel mäßig intelligent. Die Zahl 0.3 bezieht sich hier auf
einen Skalenbereich von 0 bis 1, so dass wir diese Zahl ohne weitere Transformation direkt als Wahrscheinlichkeit benutzen können. Aus Platzgründen haben wir
die Variablen im Folgenden abgekürzt.

Erzeugung eines Teils eines Überzeugungssystems (EBS)   [3.1.2]

```
one_tick(2).                                          /* ein Tick */
number_of_actors(10). one_actor(3).
number_of_events(10). event_arity(3).                 /* Ereignisart */
intelligence(3,0.3). social(4,0.3).
```

```
start :-                                                                    1
  one_tick(TICK), one_actor(ACTOR),                                         2
  numbers_of_events(NUMBER_OF_EVENTS),                                      3
  ( between(1,NUMBER_OF_EVENTS,NUMBER_OF_AN_EVENT),                         4
    make_beliefs_for_one_event(NUMBER_OF_AN_EVENT,TICK,ACTOR),             5
    fail ; true ).                                                          6
make_beliefs_for_one_event(NUMBER_OF_AN_EVENT,TICK,ACTOR) :-               7
  event_arity(ARITY), intelligence(ACTOR,INTELLIGENCE_CONSTANT),           8
  social(ACTOR,SOCIAL_CONSTANT),                                           9
  number_of_actors(NUMBER_OF_ACTORS),                                      10
```

---

4 Ein größeres Modul, das weiter ausgebaut werden kann, findet sich in $\mathcal{KG}$! 314.

```
    findall(Z,between(1,NUMBER_OF_ACTORS,Z),ACTORLIST),            11
    X1 is INTELLIGENCE_CONSTANT * ((NUMBER_OF_ACTORS *             12
        NUMBER_OF_ACTORS) - NUMBER_OF_ACTORS),
    NN is ceiling(SOCIAL_CONSTANT * X1),                           13
    ( between(1,NUMBER_OF_ACTORS,ACTOR_B),                         14
      make_belief_arity(ARITY,TICK,ACTOR,ACTOR_B,                  15
          NUMBER_OF_AN_EVENT,NUMBER_OF_ACTORS,ACTORLIST,NN),fail
    ; true ),!.                                                    16
make_belief_arity(ARITY,TICK,ACTOR,ACTOR_B,NUMBER_OF_AN_EVENT,     17
    NUMBER_OF_ACTORS,ACTORLIST,NN) :-
    delete(ACTORLIST,ACTOR_B,ACTORLISTnew),                        18
    asserta(auxlist1(ACTORLISTnew)), asserta(auxlist2([ ])),       19
    ( between(1,NN,N),                                             20
      make_belief(N,TICK,ACTOR,ACTOR_B,NUMBER_OF_AN_EVENT,         21
          NUMBER_OF_ACTORS), fail ; true ),!,
    retract(auxlist2(CCC)), retract(auxlist1(LLL)),!.              22
make_belief(N,TICK,ACTOR,ACTOR_B,NUMBER_OF_AN_EVENT,              23
    NUMBER_OF_ACTORS) :-
    auxlist1(ACTORLIST1), length(ACTORLIST1,LENGTH),               24
    U is random(LENGTH) + 1,                                       25
    nth1(U,ACTORLIST1,ACTOR_C), auxlist2(LIST2),                   26
    change(append,LIST2,[ACTOR_B,ACTOR_C]),                        27
    change(delete,ACTORLIST1,ACTOR_C)                              28
    Z1 is random(101),                                             29
    Z is Z1/100, intelligence(ACTOR,INTELLIGENCE_CONSTANT),        30
    X is INTELLIGENCE_CONSTANT,                                    31
    ( X =< Z , Y is random(1001),                                  32
        ( ACTOR_B = ACTOR, W is Y/1000 ;                           33
          \+ ACTOR_B = ACTOR, Y1 is Y + 1,                         34
          Y2 is random(Y1) + 1, Y3 is Y2/1000,                     35
          Y4 is Y/1000, Y5 is Y3 * Y4, W is Y5/1000 ),             36
    writein('res321.pl',fact(bel(TICK,ACTOR,1,W,event(             37
        NUMBER_OF_AN_EVENT,TICK,[ACTOR_B,ACTOR_C])))) ;
      Z < X , true ),!.                                            38
```

In 2 und 3 holen wir die nötigen Konstanten aus der Datenbasis und in 4 - 6 legen wir eine Schleife über die Zahl NUMBER_OF_EVENTS der Elementarereignisse. In 8 - 10 holen wir weitere Konstanten und in 11 formen wir die Anzahl NUMBER_OF_ACTORS in eine Liste [1,2,...,NUMBER_OF_ACTORS] um. In 12 und 13 berechnen wir aus den Konstanten eine neue Zahl NN, die angibt, wie viele Überzeugungen wir in der übernächsten Schleife in 20 - 21 generieren möchten. Dazu nehmen wir alle Paare von verschiedenen Akteurnummern, und verkleinern diese Zahl durch die beiden Konstanten INTELLIGENCE_CONSTANT und SOCIAL_CONSTANT, so dass das Resultat wieder eine natürliche Zahl ist. In 13 - 16 werden für den Akteur ACTOR in der Schleife 20 - 21 NN Paare von Akteuren gebildet. Diese Paare werden bei der Bildung der Überzeugungen von ACTOR benutzt. Dazu haben wir in 18 ACTOR_B aus der Hilfsliste entfernt und in 19 zwei weitere Hilfslisten auxlist1 und auxlist2 eingerichtet, mit denen in der Schleife 21 in jedem Schritt in 23 eine Überzeugung für ACTOR zu TICK und relativ zur Anzahl NN von Paaren gebildet wird. In 25 ziehen wir mit U einen zufälligen Akteur ACTOR_C, der in 28 aus der Liste ACTORLIST1 entfernt wird. Diese Liste wird dann angepasst. In 29 - 36 werden bei zwei beschriebenen Fällen Wahrscheinlichkeiten W für das Ereignis event(...) (siehe 37) erzeugt. Im ersten Fall (ACTOR_B=ACTOR, Zeile 33) bekommt der Akteur ACTOR_B eine unabhängige Wahrscheinlichkeit, während im zweiten Fall zusätzlich bedacht werden muss, dass ACTOR_B von ACTOR verschieden sein muss. In beiden Fällen wird in 33 oder in 35 die generierte Zahl W als Wahrscheinlichkeit für ACTOR zu TICK für das Elementarereignis event(NUMBER_OF_AN_EVENT,...) genommen und in 37 wird der entsprechende Fakt an die Resultatdatei res312 geschickt. Um die Schleifen immer positiv zu beenden, haben wir in 32 die Zufallszahl Z durch die Konstante INTELLIGENCE_CONSTANT (= X, in Zeile 31) begrenzt.

In 36 enthält ein Fakt zwei Zeitpunkte, die hier identisch sind. Es wäre leicht, eine weitere Schleife und die Anzahl von Ticks einzuführen, so dass beide Zeitpunkte verschieden sind: fact(bel(TICK1,ACTOR,1,W,event(NUMBER_ OF_AN_EVENT, TICK2,[ACTOR_B,ACTOR_C]))). Der Inhalt der Überzeugung event(NUMBER_OF_ AN_EVENT,TICK2,[ACTOR_B,ACTOR_C]) lässt sich vom Zeitpunkt TICK1 trennen, zu dem der Akteur diese Überzeugung hat. In Anwendungen kann TICK2 < TICK1 oder TICK1 < TICK2 oder auch TICK1 > TICK1 = TICK2 gelten.

Das Generieren von Überzeugungen zweiter oder höherer Stufe ist ebenfalls nicht schwierig. Bei einer Überzeugung zweiter Stufe stellen wir einfach dem Term event(NUMBER_OF_AN_EVENT,TICK,[ACTOR_B,ACTOR_C]) das Prädikat bel plus der notwendigen Klammern voran. Wir erhalten dann ($\mathcal{KG}$! 313):

```
bel(TICK1,ACTOR,1,W,bel(event(NUMBER_OF_AN_EVENT,TICK2,
     [ACTOR_B,ACTOR_C]))).
```

Um eine Simulation zum Laufen zu bringen werden in der Regel die Überzeugungsbasen der Akteure am Anfang zufällig oder schon vorstrukturiert generiert. Für unsere Zwecke erzeugen wir meist immer nur eine kleine Teilmenge von Überzeugungen. Es spricht aber grundsätzlich nichts dagegen, in Simulationen Tausende oder gar Millionen von Überzeugungen zu generieren und mit diesen zu arbeiten.

In einer Gruppe gibt es auch *gemeinsame Überzeugungen* (*joint beliefs*). Auch sie lassen sich durch satzartige Terme beschreiben. Gläubige einer christlichen Gemeinde beispielsweise haben alle die Überzeugung, dass sie bei entsprechender Lebensführung nach dem Tod in den Himmel kommen. Ein Akteur glaubt, dass jedes andere Mitglied diese Überzeugung hat, und er glaubt, dass diese Überzeugungen zweiter Stufe geglaubt werden und so weiter. Solche gemeinsamen

Überzeugungen können wir in derselben syntaktischen Form wie eine individuelle Überzeugung schreiben: joint_bel(TICK,GROUP,W,event(...)). Dabei ist GROUP entweder der Name der Gruppe oder die Liste der Mitglieder.

Problematisch kann die große Vielfalt von Überzeugungen sein. Um diese besser in den Griff zu bekommen, sollten die Überzeugungen erstens strukturiert und kategorisiert werden können. Zweitens sollten die Überzeugungen eines Akteurs aber auch programmtechnisch und grafisch so darstellbar sein, dass wir einen Überblick bekommen. Empirisch und philosophisch ist es wohlbekannt, dass Überzeugungen in viele verschiedene Kategorien eingeteilt werden können.[5]

Implizit hat ein Akteur zu einem bestimmten Zeitpunkt viele Überzeugungen gleichzeitig: Peter glaubt z.B., dass das Wetter schön bleibt, dass das Auto näher kommt, dass sein Hund Hunger hat, dass Karl Uta mag, dass Karl ihn eingestellt hat und so weiter. Diese Vielfalt lässt sich durch Netze darstellen. Ein *Netz* (tree) besteht aus *Punkten* (nodes) und *Linien* (lines). Zu jedem Punkt gehört zusätzlich eine *Box* – eine Art von Schreibtafel. In diese Box können Informationen eingetragen und gelöscht werden.

Abbildung 3.1.1 unten zeigt ein Netz von Überzeugungen mit zwei Einträgen in jeder Box. Der erste Eintrag ist ein satzartiger Term, der ein Zufallsereignis EVENT_I darstellt, der zweite Eintrag die dazugehörige Wahrscheinlichkeit W für das Eintreten des Zufallsereignisses. Der Term beschreibt, anders gesagt, ein Zufallsereignis EVENT_I, das mit Wahrscheinlichkeit W eintritt. Zusätzlich kann in der Box auch der Zeitpunkt TICK, der Name ACTOR des Akteurs – und eventuell auch eine Stufe STEP – erfasst sein ($\mathcal{KG}$! 315).

Wenn wir in den Boxen die Zeitpunkte explizit machen, lässt sich das Netz in »Zeitschnitte« zerlegen, so dass zu jedem Zeitpunkt ein Teilnetz entsteht. Diese Zeitschnitte können wir wieder zusammensetzen und erhalten eine Folge von statischen Überzeugungsnetzen, mit der sich zeitliche Veränderungen gut beschreiben lassen. In Abbildung 3.1.1 ist ein Teil eines Überzeugungssystems eines Akteurs ACTOR zur Zeit TICK dargestellt, wobei wir alle zur Zeit TICK für ACTOR konstanten Teile, also bel(...), TICK,ACTOR und STEP, aus Platzgründen aussparen. Wir haben also bei einem Überzeugungsterm der Form bel(TICK,ACTOR,STEP, WI,EI) nur das Paar [EI,WI] notiert. EI ist ein Elementarereignis der Form event(I,TICK,LIST), wobei I der »Name« des Ereignisses, TICK der Tick und LIST eine Liste von weiteren Entitäten ist. Zu jedem Punkt gehört genau eine Überzeugung, welche besagt, dass das bestimmte Zufallsereignis EI mit Wahrscheinlichkeit WI relativ zu TICK und ACTOR eintritt.

---

5   Z.B. (Gärdenfors, 2000).

Abb. 3.1.1

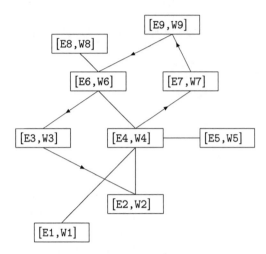

Im Folgenden beschreiben wir ein sehr einfaches PROLOG Modul, mit dem ein Netz von Überzeugungen bestehend aus Pfeilen und Punkten generiert wird – ohne die zugehörigen Boxen und Inhalte. Die unterschiedlichen Arten von Netzen und Programmen bei Netzanwendungen werden hier nicht erörtert.[6]

Ein Modul zur Erzeugung von Netzen: [3.1.3]

```
number_of_points(20).
```

```
start :-                                                                 1
  number_of_points(NUMBER_OF_POINTS),                                    2
  asserta(net([2,[[1,2]]])),                                             3
  asserta(free_leafs([[1,1],[2,2]],[ ])),                               4
  ( between(3,NUMBER_OF_POINTS,NUMBER_OF_A_POINT),                       5
      make_one_leaf(NUMBER_OF_A_POINT,MXH), fail                         6
    ; true ), update(...),                                               7
  net(NET), free_leafs(LIST1e,LIST2e),                                   8
  writein('res2621.pl',net(NET)),                                       9
  writein('res2621.pl',free_leafs(LIST1e,LIST2e)),                     10
  retractall(net(NNN)), retract(free_leafs(FF1,FF2)).                   11
make_one_leaf(NUMBER_OF_A_POINT,MXH) :-                                  12
  net(NET), free_leafs(LIST1,LIST2), length(LIST1,LENGTH1),            13
  X is random(LENGTH1) + 1, nth1(X,LIST1,[P,MeP]),                     14
  ( MeP = 1, change1(P,NUMBER_OF_A_POINT,NET,LIST1,LIST2) ;            15
    MeP = 2, change2(P,NUMBER_OF_A_POINT,NET,LIST1,LIST2) ),!.         16
change1(P,NUMBER_OF_A_POINT,NET,LIST1,LIST2) :-                         17
```

---

6 Ein weiteres Modul für die Netzerzeugung findet sich in (*KG*! 316).

```
nth1(2,NET,LAR), append(LAR,[[P,NP]],LARnew),                    18
nth1(1,NET,H), NETnew = [H,LARnew],                              19
retract(net(NET)), asserta(net(NETnew)),                        20
delete(LIST1,[P,1],LIST1p), append(LIST1p,[[NP,1]],LIST1new),   21
append(LIST2,[P],LIST2new), retract(free_leafs(LIST1,LIST2)),   22
asserta(free_leafs(LIST1new,LIST2new)),!.                       23
change2(P,NUMBER_OF_A_POINT,NET,LIST1,LIST2) :-                  24
NET = [H,LAR], Hnew is H + 1,                                   25
append(LAR,[[P,NUMBER_OF_A_POINT]],LARnew), retract(net(NET)),  26
asserta(net([Hnew,LARnew])), delete(LIST1,[P,2],LIST1p),       27
MePnew is 2 - 1, append(LIST1p,[[P,MePnew]],LIST1new),         28
LIST2new = LIST2, retract(free_leafs(LIST1,LIST2)),            29
asserta(free_leafs(LIST1new,LIST2new)),!.                      30
```

Zur Erzeugung des Netzes wird in 2 nur die Anzahl von Punkten benutzt. Am Anfang besteht in 3 das Netz aus einer Linie [1,2], die vom Punkt 1 zum Punkt 2 führt. Das erste Argument in net gibt die Tiefe des Netzes an: die Länge des längsten Astes des Netzes. Dieses Netz wird nun Punkt für Punkt erweitert. In 5 - 7 wird eine Methode verwendet, mit der an ein bestehendes Netz ein neuer Punkt hinzugefügt wird. Für ein gegebenes Netz lassen sich die *letzten* und die *vorletzten* Punkte von einem Ast des Netzes definieren. Am Anfang ist also 2 der letzte Punkt und 1 der vorletzte Punkt im gerade vorhandenen einzigen Ast. Wir bilden zwei Listen LIST1 und LIST2, die durch free_leafs(LIST1,LIST2) verwaltet werden. LIST1 enthält Paare der Form [P,Meth], wobei P ein letzter oder vorletzter Punkt eines Astes ist und von P aus noch keine zwei Linien gezogen wurden. Wenn P ein letzter Punkt ist, muss Meth die Zahl 2 sein und wenn P ein vorletzter Punkt ist, muss Meth 1 sein. Damit unterscheiden wir zwei Methoden 1 und 2, mit denen ein neuer Punkt angefügt werden kann. Mit dieser Methode können wir die Netzpunkte unterscheiden in »freie« Punkte (free_leafs), an denen noch eine weitere Linie angeheftet werden kann und in die restlichen Punkte. Die zweite Liste LIST2 enthält alle anderen Punkte, die im Netz zu finden sind.

Die Schleife in 5 - 7 fängt in between(3,NUMBER_OF_POINTS,NUMBER_OF_POINTS) gleich mit 3 an, weil die ersten beiden Punkte 1 und 2 schon benutzt wurden. Ein Ausnahmefall bei free_leafs wird mit update(...) abgefangen. In 12 wird in einem Schleifenschritt ein neuer Punkt NUMBER_OF_A_POINT dazugenommen. In 13 werden das gerade in der Datenbasis vorhandene Netz net und die freien Punkte free_leafs geholt. Dabei wird in 14 zufällig eines der Paare aus der Liste LIST1 ausgewählt und weiter analysiert. P ist ein letzter oder vorletzter Punkt des Netzes net und MeP die dazugehörige Methode MeP: [P,MeP]. Wenn MeP=1 ist, wird in 15 die Klause change1 aktiviert, und wenn MeP=2 ist, wird in 16 die Klause change2 benutzt. In change1 ist P ein vorletzter Punkt des Netzes; an diesen Punkt wird in 18 eine neue Linie [P,NP] an das bestehende Netz angehängt. Die Tiefe des erweiterten Netzes bleibt in 19 in diesem Fall gleich. In den folgenden Zeilen werden die alten Teile des Netzes angepasst. change2 in 24 erhöht die Tiefe des Netzes und die folgenden Zeilen fügen dem Netz eine neue Linie und die dazu nötigen Anpassungen hinzu.

Die Beziehungen zwischen den Überzeugungen führen zu vielen Fragen. Wie hängt eine Überzeugung mit einer anderen zusammen? Eine einfache Beziehung lässt sich durch Klassenbildung beschreiben. Ein durch einen Satz beschriebenes Zufallsereignis *ist* mengentheoretisch ausgedrückt eine Menge von Elementarereignissen (»Handlungen«). Eine andere Art von Beziehung kommt aus der Logik. Wenn z.B. E1 ein Faktum ist wie mag(udo,uta) und E2 eine Variable oder einen All-Quantor enthält wie z.B. *Udo mag alle*, können wir E1 – nach richtiger Formatierung – als eine Instanz von E2 ansehen, da E2 durch einen Allsatz ausgedrückt wird und beide Informationen ähnliche Form haben. Solche und ähnliche Zusammenhänge werden in der Logik untersucht, wobei auch modale Formen wichtig werden. Wenn Wahrscheinlichkeiten ins Spiel kommen, muss neben der Logik auch die Wahrscheinlichkeitstheorie benutzt werden. Letzteres sollte die Regel sein, denn wie bereits erwähnt, sind die meisten Überzeugungen, die ein Akteur besitzt, nicht völlig sicher, sondern nur mehr oder weniger wahrscheinlich. Für die Beziehung zwischen zwei Überzeugungen gilt dabei: Eine Überzeugung E1 bestärkt eine andere Überzeugung E2, wenn einerseits E1 eine gewisse Wahrscheinlichkeit W1 besitzt (W1 > 0) und andererseits zwischen beiden Überzeugungen irgendeine Beziehung besteht. In ähnlicher Weise kann E1 auch die Überzeugung für E2 mindern.

All diese Fragen führen zu bedingten Wahrscheinlichkeiten, die in Bayesianischen und neuronalen Netzen eine zentrale Rolle spielen. Um die Bedeutung der bedingten Wahrscheinlichkeit besser zu verstehen, betrachten wir zwei spezielle Zufallsereignisse durch die »kausale Brille«: ein »bedingendes« Ereignis BE (eine »Ursache«) und ein »fokales« Ereignis FE (eine »Wirkung«). Eine Wirkung FE wird durch eine Ursache BE verändert oder »bedingt«. Dabei kann die Wahrscheinlichkeit $p(FE)$ der Wirkung größer oder kleiner werden.

Die *bedingte Wahrscheinlichkeit* $p^*(FE/BE)$ ist in der Wahrscheinlichkeitstheorie wie folgt definiert[7]

$$p^*(FE/BE) = p(FE \cap BE)/p(BE). \qquad [3.1.4]$$

Wenn das bedingende Ereignis BE wenig mit dem fokalen Ereignis zu tun hat, strebt die bedingte Wahrscheinlichkeit $p^*(FE/BE)$ gegen Null. Im Grenzfall, in dem das Zufallsereignis BE gar nichts mit FE zu tun hat, ist die bedingte Wahrscheinlichkeit von FE Null. Andererseits wird die bedingte Wahrscheinlichkeit größer, wenn BE bei FE einen stärkeren Einfluß ausübt.

Aus dieser Definition ist ein neuer Bereich entstanden, in dem die zeitlichen Veränderungen von Zufallsereignissen – wie psychologische Überzeugungen oder

---

7 Siehe z.B. (Bauer, 1974), § 26.

neuronale Prozesse – durch Wahrscheinlichkeitstheorie, Statistik und künstliche Intelligenz (KI, AI) untersucht werden. Der Grundansatz dabei ist folgender: In einem Bayes'schen Netz wird[8] eine bestimmte Art von Beziehung zwischen Punkten dargestellt, die sich abstrakt gesprochen durch die eindeutige Richtung jeder Linie auszeichnet. Damit können Pfade in einem Netz gut beschrieben und verfolgt werden, wie Abbildung 3.1.1 anschaulich zeigt. In einem Bayes'schen Netz wird auch gefordert, dass diese Pfade nicht zu Kreisläufen führen dürfen. Mit solchen Netzen lassen sich menschliches Lernen und die Veränderung von Überzeugungen verstehen und simulativ nachbauen.

Die Modifikation eines Bayesianischen Netzes lässt sich prinzipiell auf die Änderung der Wahrscheinlichkeit an einem Punkt und die nachfolgende Ausbreitung von Wahrscheinlichkeiten reduzieren. Inhaltlich wird zunächst ein Zufallsereignis durch Wahrnehmung oder durch eine andere Art von Information im Überzeugungsnetz an einem bestimmten Punkt verändert oder neu hinzugenommen. Auch das »neue« Zufallsereignis hat eine Wahrscheinlichkeit. Im einfachsten Fall ist das »neue« Zufallsereignis im Netz schon vorhanden und nur seine Wahrscheinlichkeit hat sich geändert. Diese neue Wahrscheinlichkeit (des »neuen« Zufallsereignisses) modifiziert im Netz dann alle durch Pfeile erreichbaren, weiteren Punkte in einem Verfahren, welches auf der bedingten Wahrscheinlichkeit beruht.

Wir beschreiben den zentralen Schritt der Veränderung exemplarisch, indem wir eine dieser Möglichkeiten nachzeichnen. Dazu stellen wir in Abbildung 3.1.2 ein Netz zu zwei zeitlich benachbarten Ticks T und T1, T1=T+1 dar. An den Punkten P0,P1,P2 hängen zu T die beiden Zufallsereignisse ET, EFT und die zugehörigen Wahrscheinlichkeiten WT,VT. Weiter gibt es einen Punkt P0, dessen Box zunächst leer ist. Im nächsten Tick liegt am Anfangspunkt P0 ein neues Elementarereignis e* vor, welches die Wahrscheinlichkeit 1/(k+1) hat und an P1 weitergegeben wird. All die »alten« und die veränderten Zufallsereignisse ET1, FT1 und die Wahrscheinlichkeiten WT1,VT1 haben wir explizit notiert. Das Zufallsereignis ET besteht aus einer Menge von Elementarereignissen (von Handlungen) ET = { e1,...,er }. Im Übergang zu T1 kommt für den Akteur ein weiteres Elementarereignis e* hinzu. Dieses wird über Wahrnehmung oder durch eine andere Information hinzugefügt und im Punkt P0 gespeichert. Das »neue« Zufallsereignis sieht also so aus: ET1 = { e1,...,er,e* }. Damit hat sich auch die Wahrscheinlichkeit p(ET) (=WT) zu p(ET1) = WT1 geändert. Wir betrachten das zweite Zufallsereignis FT, welches durch die Menge { f1,...,fn } beschrieben ist und untersuchen den Fall, in dem das neue Elementarereignis e* auch zu dem veränderten Zufallsereignis FT1 gehört. Sowohl ET als auch FT werden, anders gesagt, durch das neue Elementarereignis e* verstärkt. Damit haben sich die Wahrscheinlichkeiten p(ET) und p(FT) zu p(ET1) und zu p(FT1) vergrößert, also: p(ET) < p(ET1) und p(FT) < p(FT1). Das Entscheidende ist nun, dass sich die Beziehung der Wahrscheinlichkeiten zwischen

---

8   Z.B. (Doyle, 1979). Der Name *Bayes* wurde erst später benutzt.

dem Pfeil durch die Formel [3.1.4] für bedingte Wahrscheinlichkeiten *quantitativ* genau beschreiben lässt. Durch die Änderung wird die bedingte Wahrscheinlichkeit bei T, $p(FT/ET)=p(FT \cap ET)/p(ET)$, zu $p(FT1/ET1)=p(FT1 \cap ET1)/p(ET1)$. Da in diesem dargestellten Fall die »neuen« Zufallsereignisse ET1 und FT1 bekannt sind, sieht man, wie sich die bedingte Wahrscheinlichkeit zahlenmäßig genau verändert. In diesem Fall wird $p(FT1/ET1)$ größer. In einem Überzeugungsnetz zu Tick T sind alle Ereignisse präsent.

Wir können mit PROLOG die Anzahl k der präsenten Elementarereignisse bestimmen, die in der Datenbasis vorhanden sind. Damit lassen sich die relativen Häufigkeiten r und n der Zufallsereignisse ET = { e1,...,er } und FT = { f1,..., fn } berechnen. Im hier erörterten Fall verändert sich die Wahrscheinlichkeit WT für das Zufallsereignis ET in folgender Weise: $WT1=(r+1)/(k+1)$. Und in derselben Weise wird VT zu $VT1=(n+1)/(k+1)$. Diese Veränderungen werden im Netz an alle weiteren, erreichbaren Punkte weitergegeben.

Abb. 3.1.2

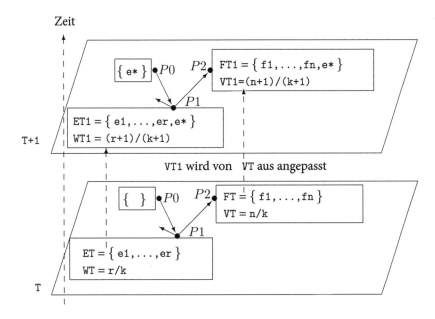

In PROLOG lässt sich diese zentrale Figur ziemlich einfach programmieren. Sie wird in einem Netz ständig ablaufen, so dass sich mit der Zeit ziemlich viele Wahrscheinlichkeiten ändern (*KG!* 317).

Neben den Überzeugungen lassen sich auch die anderen, internen Komponenten des Modells eines Akteurs mit Netzen in dieser Weise beschreiben – und auch simulieren. Wir können einige Punkte aus einem Überzeugungsnetz herausgreifen und für diese Punkte eine zweite Art von Boxen einrichten. Solche Boxen repräsentieren statt einer Überzeugung eine Intention, die ganz ähnlich abgehandelt wird. Prologisch schreiben wir die Einstellung eines Akteurs ACTOR zu einem TICK wie folgt:

$$\text{intention(TICK,ACTOR,W,SENTENCE).} \qquad [3.1.5]$$

Die Intention intention liegt mit einer Wahrscheinlichkeit W vor und wird durch einen satzartigen Term SENTENCE beschrieben. Da wir keine geschachtelten Intentionen zulassen entfällt die Stufe STEP.[9]

In einer Gruppe gibt es nicht nur »individuelle« Intentionen, sondern auch *gemeinsame* Intentionen (*collective* oder *joint intentions*). Eine gemeinsame Intention wird, wie bereits erwähnt, wie eine individuelle Intention durch einen satzartigen Term repräsentiert, der auf ein Ereignis bezogen ist. Die Entstehung einer gemeinsamen Intention ist schwierig und langwierig. Normalerweise wird nur eine Untergruppe von Akteuren »infiziert«, der Rest besteht aus »Mitläufern«. Prologisch wird eine gemeinsame Intention durch eine Mischung von individuellen Intentionen und zusätzlichen Bedingungen dargestellt. Im einfachsten Beispiel wird eine solche Bedingung direkt durch einen zusätzlichen Term, etwa *joint_intention(...)*, ausgedrückt, siehe z.B. (Balzer und Tuomela, 2003).

Genauso können wir auch mit *Wünschen* (*desire*) verfahren:

$$\text{desire(TICK,ACTOR,W,SENTENCE).} \qquad [3.1.6]$$

Emotionen lassen sich in einem ersten Schritt ähnlich wie Intelligenz beschreiben. Dazu verwenden wir eine kurze Liste von Emotionen, wie etwa [rage,love, sorrow,joy] (Zorn, Liebe, Trauer, Freude). Diese lassen sich analog zu Intelligenz in verschiedenen Ausprägungen quantifizieren. Bei der Entscheidung und Auswahl eines bestimmten Handlungstyps kann dann auch der emotionale Zustand des Akteurs berücksichtigt werden.

Die letzte Gruppenkomponente drückt die Identität der Gruppe aus. Diese Identität wird durch viele Arten von symbolischer Repräsentation dargestellt. Auch gemeinsame Überzeugungen und gemeinsame Einstellungen lassen sich für Repräsentationszwecke nutzen. Einerseits verfügt eine Gruppe oft über materielle Repräsentationen wie geschriebene Wörter, Sätze, Dokumente oder Kunstwerke. Zum Beispiel benutzt ein Verein oft einen Wimpel als Gruppensymbol. Andererseits sind die Gemeinsamkeiten der Gruppe auch in den internen Modellen der Mitglieder mehr oder weniger vorhanden. Für einen Mitläufer sind die entsprechenden symbolischen Überzeugungen und Einstellungen nur schwach ausgeprägt, dagegen sind sie bei den »Aktivisten«, die die Gruppe am Leben erhalten und weiter verstärken, sehr dominant.

---

9 Siehe aber z.B. (Balzer, 1990) und (Schmid, 2012).

Oft ist ein Akteur Mitglied in mehreren Gruppen. Je nach Situation »steckt« ein Akteur in einem bestimmten Handlungsmuster, das sich in einer bestimmten Gruppe entwickelt hat. Er kann aber mehr oder weniger schnell in eine andere Rolle schlüpfen. Dazu beendet er das erste Handlungsmuster zu TICK – mit oder ohne positives Resultat – und aktiviert im nächsten Tick TICK+1 ein anderes Handlungsmuster, das zu einer anderen Gruppe gehört. Für ein Sim-Programm bedeutet dies, dass eine Regel zweiter Stufe eingesetzt werden muss, welche zu jedem Zeitpunkt TICK bestimmt, welches Handlungsmuster der Akteur zu diesem Zeitpunkt ausführen möchte. Im positiven Fall handelt der Akteur im nächsten Tick genau so, wie es in dem Muster vorgesehen ist. Erst nach Beendigung des Musters wendet sich der Akteur im nächsten Tick einem anderen Muster zu. Es gibt aber auch harte Schnitte, bei denen in einer Zeitperiode ein Muster plötzlich abgebrochen wird. Z.B. diskutiert ACTOR1 mit ACTOR2 ziemlich heftig, er wird aber plötzlich durch eine wichtige Information veranlasst, einen anderen Handlungstyp zu aktivieren.

3.2 Institutionen

Kommen weitere Eigenschaften hinzu entstehen aus Gruppen Institutionen. Erforderlich dafür sind vor allem zwei formale Eigenschaften: Erstens besteht eine Institution aus mehreren – mindestens zwei – Gruppen und zweitens hat sie eine hierarchische Machtstruktur. Es ist uns klar, dass es auch völlig andersartige Ansätze und Definitionen zu Institutionen gibt,[10] aber wir beschränken uns hier auf einen Rahmen (Balzer, 1990, 1993), der auch prologisch ziemlich einfach zu beschreiben ist.

In einer Institution führen die Akteure bestimmte Handlungen aus, welche für die Institution und für eine bestimmte Gruppe in der Institution typisch sind und die durch bestimmte Handlungstypen ausgedrückt werden. Alle anderen Handlungstypen haben wir herausgefiltert. Die so übriggebliebenen Handlungstypen haben eine Eigenschaft, die durch ein Prädikat zweiter Stufe beschrieben werden kann, siehe Abschnitt (2.5).

Ein zentraler Handlungstyp in einer Institution ist beeinflussen. Ein Akteur ACTOR1 beeinflusst durch eine Handlung einen anderen Akteur ACTOR2, so dass ACTOR2 eine Handlung ausführt, die ACTOR2 zunächst gar nicht ausführen möchte. Den ersten Akteur ACTOR1 bezeichnen wir im Folgenden als den *Macher* und den zweiten Akteur ACTOR2 als den *Betroffenen*. Die Handlung von ACTOR1 nennen wir *anweisend* und die von ACTOR2 ausgeführte Handlung die (oder eine, von ACTOR1) *beeinflusste* Handlung.

---

10 In der Soziologie wird eine Institution z.B. in (Luhmann, 1997) anders beschrieben als in (Diekmann, 2009, 3.1), in der Rechtswissenschaft (Aktiengesetz, 1993) anders als in der politischen Wissenschaft (Goehler, 1987) und in der Betriebswirtschaft (March und Simon, 1958) anders als in der Philosophie (Searle, 1995).

Der Macher lebt in der Institution »oben«, der Betroffene »unten«, jeweils relativ
zu einer bestimmten Handlungssequenz, einer Beeinflussung. Dabei formulieren
wir drei Beschränkungen. Erstens müssen beide Handlungen wirklich stattfinden,
beziehungsweise im Computer ablaufen. Zweitens hat der Betroffene am Anfang
der Beeinflussung nicht die Disposition (oder in Abschnitt (3.1) die Intention),
eine beeinflusste Handlung auszuführen. Dagegen hat der Macher dezidiert die
Absicht, die anweisende Handlung vom Betroffenen ausführen zu lassen. Drittens
müssen beide Handlungen teilweise kausal verknüpft sein. D.h. die anweisende
Handlung ist eine Teilursache für die beeinflusste Handlung und die letztere eine
teilweise Wirkung ersterer. Neben der anweisenden Handlung gibt es normalerweise noch andere Faktoren, die für die beeinflusste Handlung nötig sind.

Durch diese Regel, die ein Prädikat zweiter Stufe (2.5) enthält, bildet sich ein
Handlungssystem, in dem es genau eine einzige *Führungsgruppe* (»Herrschaft«)
gibt, so dass alle anderen Gruppen durch die Führungsgruppe beeinflusst werden.
Wir benutzen hier *Beeinflussung* als theoretischen Term; wir könnten auch von
Befehl, Machtausübung, aber auch von Werbung sprechen. In Abbildung 3.2.1 ist
die Führungsgruppe oben eingezeichnet; die restlichen Gruppen sind hierarchisch
darunter angeordnet.

Abb. 3.2.1

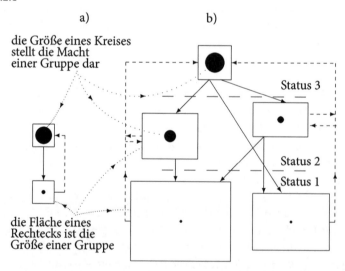

Die einfachste Institution links in Abbildung 3.2.1 a) enthält genau zwei Gruppen; rechts in b) ist eine Institution mit fünf Gruppen dargestellt. Die Größe eines
Kreises stellt die Macht der jeweiligen Gruppe dar und die Fläche eines Rechtecks
die Größe der Gruppe, d.h. die Anzahl von Gruppenmitgliedern. Von den oberen
Gruppen führen durchgezogene Pfeile nach unten zu anderen Gruppen, von unteren Gruppen führen gestrichelte Pfeile zu oberen Gruppen. Jeder Pfeil drückt aus,

dass eine Gruppe in Pfeilrichtung eine andere Gruppe beeinflusst. Ein gestrichelter Pfeil besagt, dass eine Gruppe nur marginal beeinflusst wird, dagegen bedeutet ein durchgezogener Pfeil, dass es um eine für die Institution wichtige Beeinflussung geht. In b) ist jeder Gruppe ein bestimmter Status zugeordnet, jede Gruppe liegt auf einer von drei Statusebenen. Die Führungsgruppe besitzt den höchsten Status (hier: 3), die zwei Gruppen auf der mittleren Ebene haben den nächstbesten Status (2) und die zwei unteren Gruppen den schlechtesten Status (1), siehe auch (Burt, 1982).

In Abbildung 3.2.1 ist auch zu erkennen, dass eine Institution in eine Art Kreislauf eingebunden ist. Die Beeinflussungen laufen nicht nur von oben nach unten; sie können auch von unten nach oben gehen. Allerdings gibt es auch Institutionen, bei denen der Rückfluss – die gestrichelten Pfeile – völlig versiegt. Empirisch betrachtet ist dies in autoritären Diktaturen der Fall: In einer autoritären Diktatur haben Gruppen auf dem untersten Status-Level keine Möglichkeit, die Führungsgruppe zu beeinflussen. Normalerweise aber fügen sich die Pfeile zu einem Kreislauf. Dort wird auch die Führungsgruppe durch »untere« Gruppen zumindest marginal beeinflusst. Wahldemokratische Institutionen und Unternehmen, die Gewerkschaften zulassen, sind Beispiele dafür.

Die Programmierung einer Institution beinhaltet vier Arten von Regeln (Hypothesen). Regeln der ersten Art befassen sich mit individuellen Handlungen, mit denen Akteure beeinflusst werden. Regeln der zweiten Art verwalten Überzeugungen und Intentionen der Akteure. Regeln der dritten Art stellen Beziehungen zwischen Gruppen und dem Status der Gruppen her. Schließlich gibt es viertens Regeln, die sich der »Wir«-Einstellungen und ihren zugehörigen Symbolen annehmen. Die vielen Arten von Institutionen und die zugehörigen Handlungstypen können wir an dieser Stelle nicht erörtern. Wir beschreiben zunächst unten eine isolierte Klause [3.2.1], die nur in einem Gesamtprogramm funktioniert und die eine einzelne Beeinflussung enthält ($\mathcal{KG}$! 321).

Dazu müssen wir die oben eingeführten drei Bedingungen der Beeinflussung prologisch umschreiben. Wir gehen von zwei Akteuren aus, dem Macher MAKER und dem Betroffenen SERVER, von zwei Ticks TICK1, TICK2 und von zwei Handlungstypen TYP_SUPERIOR und TYP_INFERIOR. Durch ein Prädikat action_superior wird eine »anweisende« und durch ein Prädikat action_inferior eine »erleidende« Handlung ausgedrückt. Mit action_superior wird also eine Handlung für eine obere Gruppe notiert: action_superior(TYP_SUPERIOR,TICK1, MAKER,PLAN). Mit action_inferior entsprechend eine Handlung für eine untere Gruppe: action_inferior(TYP_INFERIOR,TICK2,SERVER). In die anweisende Handlung action_superior(...) haben wir zusätzlich einen PLAN aufgenommen, nach dem der betroffene Akteur SERVER zu einem späteren Tick TICK2 eine erleidende Handlung action_inferior des Typs TYP_INFERIOR ausführen soll: PLAN = [action_inferior,TYP_INFERIOR,TICK2,SERVER]. Wie dieser Plan zustande kommt lassen wir hier offen. Eine Beeinflussung erfolgt mit verschiedenen Methoden; sie kann von grobschlächtiger Gewalt bis zu sublimen Einflüsterungen reichen. Bei einer erleidenden Handlung `action_inferior` ist dagegen kein Plan erforderlich.

`MAKER` beeinflusst `SERVER` durch die anweisende Handlung `action_superior`, in dessen Plan auch der Handlungstyp `TYP_INFERIOR` explizit gemacht wird, den der Betroffene später zu `TICK2` ausführen soll. In der Klausel [3.2.1] unten wird in 1 zunächst geprüft, ob die beiden Handlungstypen überhaupt für eine Beeinflussung in Frage kommen. Dazu muss die Handlung `action_superior(...)` eine Teilursache der Handlung `action_inferior(...)` sein. Am einfachsten können wir dies beschreiben, indem wir die entsprechenden Fakten über Kausalverhältnisse in einer gesonderten Datei aufbewahren, die am Anfang des Programms erzeugt werden müssen. Wir schreiben z.B. den Fakt `caus(TYP_SUPERIOR,TYP_INFERIOR)` in eine Datei `data_causes`. Dieser Fakt besagt, dass der Handlungstyp `TYP_INFERIOR` von dem Handlungstyp `TYP_SUPERIOR` kausal abhängt, genauer: Jede Handlung des Typs `TYP_INFERIOR` ist von einer Handlung des Typs `TYP_SUPERIOR` teilweise kausal abhängig. Wenn diese Überprüfung positiv endet, wird in 2 eine Intention `intend(TICK1,MAKER,action_inferior(TYP_INFERIOR,TICK1,MAKER,[ action_inferior,TYP_INFERIOR,TICK2,SERVER]))` aus dem Speicher von `MAKER` geholt. Diese Intention muss im Programmablauf vorher erzeugt worden sein. Sie besagt, dass der Macher `MAKER` zu `TICK1` die Intention hat, die Handlung

```
action_superior(TYP_SUPERIOR,TICK1,MAKER,
    [action_inferior,TYP_INFERIOR,TICK2,SERVER])
```

auszuführen. Dies lässt sich in derselben Weise erledigen wie die in (3.1) beschriebene Generierung von Überzeugungen.

In 1 wird auch überprüft, ob der Tick `TICK2`, in dem der Betroffene eine Handlung ausführen soll, später als `TICK1` liegt. Der Grund: Die Intention für den Macher muss schon vor `TICK1` gebildet worden sein und für diese Intention muss schon der spätere Zeitpunkt `TICK2` benannt und für `MAKER` bekannt sein. In 3 wird die Handlung `action_superior(...)` des Machers ausgeführt. Diese Handlung wird hier nicht weiter beschrieben. In 4 wird geprüft, ob der betroffene Akteur zu `TICK1` die Absicht hat, die Handlung `action_inferior(TYP_INFERIOR, TICK2,SERVER)` zum späteren Zeitpunkt `TICK2` zu realisieren. Nur wenn diese Intention im Betroffenen noch *nicht* vorhanden ist, kann es sich um eine Beeinflussung handeln. Ist die Intention in der Datenbasis des Betroffenen schon existent, scheitert die Klausel [3.2.1]. Wir gehen im Weiteren davon aus, dass der Betroffene zu `TICK1` noch keine Absicht hat, `action_inferior(TYP_INFERIOR,TICK2, SERVER)` zu `TICK2` auszuführen. An dieser Stelle ist das Programm bei `TICK2` angekommen und der betroffene Akteur ändert in 5 seine in 4 negative Intention in 6 zu einer positiven. Nun ist in 6 zu `TICK2` die positive Intention `intend( TICK2,SERVER,action_inferior(TYP_INFERIOR,TICK2,SERVER))` des Betroffenen vorhanden, nämlich, die Handlung `action_inferior(TYP_INFERIOR,TICK2,` `SERVER)` auszuführen – was wir hier nicht genauer diskutieren wollen. Zwischen `TICK1` und `TICK2` hat sich bei `SERVER` ein Sinneswandel vollzogen, was sich sprachlich in vielerlei Arten ausdrücken lässt. Wir können sagen, dass `SERVER` dem Druck von `MAKER` nachgegeben hat, oder dass `SERVER` dem Befehl von `MAKER` nachgekommen ist, oder dass `SERVER` der Bitte von `MAKER` entsprochen hat, etc. Damit wird der Betroffene `SERVER` zu `TICK2` die Handlung `action_inferior(TYP_INFERIOR,` `TICK2,SERVER)` in 7 realisieren.

Das Beeinflussungsmodul [3.2.1]

```
exert_power(TICK1,TICK2,MAKER,SERVER,TYP_SUPERIOR,TYP_INFERIOR)    1
    :-
    caus(TYP_SUPERIOR,TYP_INFERIOR), TICK1 < TICK2,               2
    intend(TICK1,MAKER,action_superior(TYP_SUPERIOR,TICK1,MAKER,  3
        [action_inferior,TYP_INFERIOR,TICK2,SERVER])),            4
    action_superior(TYP_SUPERIOR,TICK1,MAKER,                     5
        [action_inferior,TYP_INFERIOR,TICK2,SERVER]),             6
    \+ intend(TICK1,SERVER,action_inferior(TYP_INFERIOR,TICK2,    7
        SERVER)),
    change_intention(TICK1,TICK2,SERVER,action_inferior(          8
        TYP_INFERIOR,TICK2,SERVER)),
    intend(TICK2,SERVER,action_inferior(TYP_INFERIOR,TICK2,       9
        SERVER)),                                                 10
    action_inferior(TYP_INFERIOR,TICK2,SERVER).                   11
```

Die hier nicht näher beschriebene Intention wurde so gebildet, dass der geplante Zeitpunkt `TICK2` innerhalb der Ablaufs erreicht werden kann. D.h. zur Zeit `TICK` der Bildung der Intention muss der spätere Zeitpunkt `TICK2` noch in der Zeitschleife liegen: `TICK2 =< NUMBER_OF_TICKS` und `TICK < TICK1 < TICK2`.

Relativ »harmlose« Beispiele für Beeinflussungen liefert die Arbeitswelt. Ein direkter Vorgesetzter gibt einem Angestellten zu verstehen, dass er eine halbe Stunde länger arbeiten soll. Der Mitarbeiter würde zwar gerne nach Hause gehen, aber er weiß, dass sein Arbeitsverhältnis unsicher ist und er ohne Weiteres gekündigt werden kann. Aus diesem Grund gibt er der »befehlenden Bitte« nach. Um das Beispiel etwas komplexer zu gestalten: Drei Akteure `ACTOR1`,`ACTOR2`,`ACTOR3` seien Eigentümer einer Buchprüfungsfirma. Diese kontrollieren unter anderem mit 4 MitarbeiterInnen `ACTOR_B1`,...,`ACTOR_B4` die Bilanz einer bestimmten Firma. Die Eigentümer `ACTOR1`,`ACTOR2`,`ACTOR3` der Buchprüfungsfirma bilden die erste Gruppe `GROUP1`, die MitarbeiterInnen `ACTOR_B1`,...,`ACTOR_B4` die zweite Gruppe `GROUP2`. Die erste Gruppe `GROUP1` hat einen höheren Status als die Gruppe `GROUP2`:

```
status(GROUP2) < status(GROUP1).
```

Der Chef ACTOR1 hat den Mitarbeiter ACTOR_B1 zum Zeitpunkt TICK1 gerufen und ihm mitgeteilt, dass ACTOR_B1 die Bilanz, die er gerade bearbeitet, bis zum nächsten Montag um 9 Uhr (TICK2) fertig haben muss. Schafft er das nicht, droht er, ihm die Bonuszahlung zu verweigern. In diesem Fall hat ACTOR1 ACTOR_B1 beeinflusst, die Bilanz am Wochenende fertigzustellen. Andere Beispiele in diese Klause [3.2.1] umzuwandeln dürfte nicht weiter schwer sein.

In einer Institution sind Mitarbeiter ständig Beeinflussungen ausgesetzt. Da eine Beeinflussung immer zwei Zeitpunkte beinhaltet und da die betreffenden Akteure immer aus zwei verschiedenen Gruppen stammen, müssen wir uns in einem Gesamtprogramm entscheiden, wie wir die Zeit- mit der Akteurschleife koppeln. Wir erörtern kurz zwei Optionen. Bei der ersten Möglichkeit bleiben wir bei der Standardlösung: erst Zeitschleife – dann Akteurschleife. In diesem Fall wird zu gegebenem Tick jeder Akteur der Reihe nach aktiviert. Hier gibt es zwei Unterfälle. Der Akteur kann erstens in der gegebenen Situation frei von jeder Beeinflussung sein, er kann diejenige Handlung ausführen, die er gerade im Sinn hat: er ist ein Macher. Wenn das Sim-Programm nur für eine einzige Institution gedacht ist, kann dieser Fall genauer spezifiziert werden. Zweitens kann der Akteur SERVER als Betroffener eingebunden sein. Im Programmablauf gab es vorher einen Macher MAKER, der eine Handlungssequenz [action_superior, action_inferior] angestoßen hat mit dem Ziel, SERVER zu TICK die Handlung action_inferior(TICK, SERVER) ausführen zu lassen. In diesem Fall muss im Programm sichergestellt sein, dass SERVER keiner weiteren Beeinflussung zu TICK unterliegt.

Die zweite Möglichkeit, bei der Zeit- und Akteurschleife »gemischt« werden, kompliziert den Gruppenaspekt weiter. Um den Gruppenzusammenhang nicht zu zerstören, gehen wir nicht von einem Akteur aus, sondern von einem Paar, bestehend aus einem Akteur und der zugehörigen Gruppe. In der folgenden Lösung wird erst die Zeitschleife abgearbeitet. Innerhalb einer Periode (Tick) wird immer mit der Führungsgruppe begonnen und die Liste der Akteure, die zu dieser Gruppe gehören, anschließend ermittelt. Die Akteure aus dieser Gruppe handeln nun gemeinsam. Es bildet sich eine gemeinsame Intention, aus der dann eine gemeinsame Handlung entsteht. Die Gruppe als eine Entität zweiter Stufe beeinflusst eine andere Gruppe, so dass die betroffene Gruppe eine zunächst nicht gewollte, ge- meinsame Handlung ausführt. Auf diese Weise werden alle Gruppen bearbeitet, wobei in jedem Schritt jeweils diejenigen Akteure aktiviert werden, die zu den Gruppen in einer Beeinflussungsrelation stehen. Wir überqueren in dieser Weise den Gruppenbaum der Institution, so dass jeweils die Akteure in einer Gruppe andere Akteure aus Gruppen niedrigeren Status beeinflussen. Ein generisches Beispiel haben wir in ($\mathcal{KG}$! 324) formuliert. Ein Akteur aus der niedrigsten Statusgruppe kann in einer Variante gar nichts tun, oder in einer zweiten Variante die Akteure aus der Führungsgruppe marginal beeinflussen.

Wir beschreiben nur einen minimalen Schritt, in dem zwei Beeinflussungen von Akteuren, also zwei Prozesse, zusammengefügt werden. Dies wird in Abbildung 3.2.2 unten dargestellt. In beiden Prozessen stammen die Akteure aus drei verschiedenen Gruppen. Es gibt drei Gruppen GROUP1, GROUP2, GROUP3, vier Akteure MAKER1, SERVER1, MAKER2, SERVER2, vier Ticks TICK1, ..., TICK4 und vier Handlungstypen ACTION_TYP_SUPERIOR_I, ACTION_TYP_ INFERIOR_I, ACTION_TYP_ SUPERIOR_J, ACTION_TYP_INFERIOR_J.

Abb. 3.2.2

Abkürzungen:

```
AO1:=MAKER1, AO2:=MAKER2,
BU1:=SERVER1, BU2:=SERVER2,
hO_I:=action_superior(ACTION_TYP_SUPERIOR_I,TICK1,MAKER1,
     [action_inferior,ACTION_TYP_INFERIOR_I,TICK2,SERVER1]),
hO_J:=action_superior(ACTION_TYP_SUPERIOR_J,TICK3,MAKER2,
     [action_inferior,ACTION_TYP_INFERIOR_J,TICK4,SERVER2]),
hU_I:=action_inferior(ACTION_TYP_INFERIOR_I,TICK2,SERVER1),
hU_J:=action_inferior(ACTION_TYP_INFERIOR_J,TICK4,SERVER2).
```

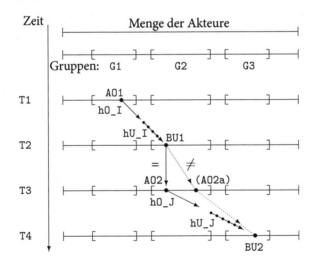

Der erste Prozess hat die Form [[TICK1,MAKER1,GROUP1,ACTION_TYP_SUPERIOR_I],[TICK2,SERVER1,GROUP2,ACTION_TYP_INFERIOR_I]] und der zweite die Form [[TICK3,MAKER2,GROUP2,ACTION_TYP_SUPERIOR_J] , [TICK4,SEVER2,GROUP3, ACTION_TYP_INFERIOR_J]]. Aus diesen Komponenten setzen wir vier Handlungen wie folgt zusammen. Aus dem Handlungstyp ACTION_TYP_SUPERIOR_I und der Form action_superior(...) entsteht eine Handlung action_superior(ACTION_TYP_SUPERIOR_I,TICK1,MAKER1, [action_inferior,ACTION_TYP_ INFERIOR_I,TICK2,SERVER1]),wenn alle Variablen ersetzt werden. Dabei ist action_superior das generische Prädikat für Handlungen aus »oberen« Gruppen. Die Handlung hat den Handlungstyp ACTION_TYP_SUPERIOR_I und enthält einen bestimmten Plan [action_inferior,ACTION_TYP_INFERIOR_I,TICK2, SERVER1], den sich der Macher MAKER1 zurechtgelegt hat. Wenn dieser Plan in PROLOG umgesetzt wird, entsteht nach Instantiierung aller Variablen die Handlung action_inferior(ACTION_TYP_INFERIOR_I,TICK2,SERVER1).

Inhaltlich wird die Handlung action_inferior(...) des Typs ACTION_TYP_ INFERIOR_I zur Zeit TICK2 durch den Betroffenen SERVER1 ausgeführt. In einer Beeinflussung unterscheiden wir durch zugehörige Handlungstypen die Handlungen in solche »von oben« (O) und in solche »von unten« (U). Verschiedene Handlungstypen notieren wir hier formal durch einen Index, der im Gesamtprogramm von 1 bis N läuft: $I, J = 1 =< N$. D.h. für verschiedene Arten von Beeinflussung werden andere Handlungstypen ACTION_TYP_SUPERIOR_I, ACTION_TYP_INFERIOR_I verwendet. Eine Beeinflussung ist durch eine Beziehung depend(ACTION_ TYP,SUPERIOR_I,ACTION_TYP_INFERIOR_J) verbunden. Sie besagt, dass der Handlungstyp ACTION_TYP_INFERIOR_I vom Handlungstyp ACTION_TYP_SUPERIOR_I abhängt (depend). Im ersten Prozess in Abbildung 3.2.2 müssen die Gruppen GROUP1, GROUP2 und die Akteure MAKER1,SERVER1 verschieden sein: GROUP1 $\neq$ GROUP2, MAKER1 $\neq$ SERVER1 und im zweiten Prozess die Gruppen GROUP2,GROUP3 und die Akteure MAKER2, SERVER2: GROUP2 $\neq$ GROUP3, MAKER2 $\neq$ SERVER2. Die Handlungstypen ACTION_TYP_SUPERIOR_I,... sollten am Anfang des Programms in der Datenbasis vorhanden sein, etwa in

```
list_of_action_typs([...,ACTION_TYP_SUPERIOR_I,...,ACTION_TYP_
    INFERIOR_J,...]).
```

Zusätzlich muss die Relation depend erfüllt sein, die ebenfalls am Anfang eingetragen sein muss, etwa durch:

```
depend(ACTION_TYP_SUPERIOR_1,ACTION_TYP_INFERIOR_1),
depend(ACTION_TYP_SUPERIOR_2,ACTION_TYP_INFERIOR_2).
```

Im Tick TICK1 führt Macher MAKER1 die anweisende Handlung action_ superior(ACTION_TYP_SUPERIOR_I,...) aus, die zu einer Beeinflussung gehört, in der zu TICK3 der Macher MAKER2 die zugehörige anweisende Handlung action_ superior(ACTION_TYP_SUPERIOR_2,...) durchführt. Im Prozess 1 ist SERVER1 der Betroffene und im Prozess 2 ein Macher MAKER2. Es kann aber auch ein anderer Macher MAKER2a die Beeinflussung nach unten fortsetzen: SERVER1 $\neq$ MAKER2. Um eine Beeinflussung »nach unten weiter zu reichen«, muss der Betroffene MAKER1 aus derselben Gruppe GROUP2 stammen wie der Macher MAKER2 bei der zweiten Beeinflussung. Beim direkten »Weiterreichen« ist der Akteur am Anfang der Betroffene, im zweiten Schritt wird er zum Macher.

Solche Paare von aufeinander folgenden Beeinflussungen kommen in Institutionen ständig vor. Wenn wir solche Prozesse in Abbildung 3.2.2 »nach unten«

aneinanderfügen, erhalten wir Pfade oder Wege in einem Netz. Ausgehend von einem Akteur aus der Führungsgruppe können wir solche Pfade analysieren, die Schritt für Schritt durch Beeinflussungen zu Gruppen von minimalem Status führen.

In einer Institution geht es aber nicht nur um Beeinflussungen auf der Akteursebene, es werden auch ganze Gruppen beeinflusst. Alle Akteure aus einer bestimmten Gruppe sind durch ihren Status und durch die Handlungstypen der Gruppe verbunden. Diese Liste von Akteuren können wir als eine neue Einheit ansehen und benutzen. Anders gesagt, ersetzen wir die Akteure, die in Abbildung 3.2.2 als Punkte dargestellt wurden, durch Gruppen. Wir erhalten so ein Netz von Gruppen (*KG!* 322).

Die Beeinflussung von Gruppen lässt sich bis zu den Akteuren zurückverfolgen. Aus mehreren individuellen Handlungen, Überzeugungen und Intentionen entstehen *gemeinsame Handlungen, gemeinsame Überzeugungen* und *gemeinsame Intentionen*. Die ersten Schritten hierfür sind, wie in (3.1) beschrieben, nicht schwierig. Eine gemeinsame Handlung »besteht aus Teilen«, die auch individuelle Handlungen sind. In welchem Sinn können wir aber Teile wie individuelle Handlungen zu einer gemeinsamen Handlung zusammenfügen? Wenn z.B. zwei Akteure ein Klavierduo spielen, kann der Akteur ACTOR1 seinen Part und der Akteur ACTOR2 seinen Part spielen. Aber dies allein reicht für ein Duo nicht aus. ACTOR1 muss auch eine Form verinnerlicht haben, bei der der andere Akteur ACTOR2 zusammen mit ACTOR1 gleichzeitig handelt.[11]

In solchen Sim-Programmen mit kollektiv agierenden Akteuren muss im Prinzip ein neuer Term benutzt werden, mit dem zwei Teilhandlungen zu einer neuen Gesamthandlung verschmelzen. Formal werden zwei (oder mehr) Teilhandlungen »konkateniert«. Auf der Handlungsebene können wir Handlungstypen ACTIONTYP1,...,ACTIONTYPn prologisch durch Konkatenation zu einem neuen Handlungstyp zusammenfügen. Wir können einen solchen Handlungstyp einfach als Liste LIST_ACTION_TYPS = [ACTIONTYP1,....,ACTIONTYPn] verwenden. Sinnvoller ist es aber, für diese Liste ein neues Prädikat einzuführen, etwa joint_action. Damit können wir die Liste der individuellen Handlungstypen auch bei joint_action einsetzen: joint_action(LIST_ACTION_TYPS) = joint_action([ACTIONTYP1,...,ACTIONTYPn]). In verschiedenen Anwendungen nutzen wir natürlich spezielle deutsche oder englische Wörter für Handlungstypen »gemeinsamer Art« (*KG!* 323).

Ähnlich können wir auch bei Überzeugungen und Intentionen verfahren. Wir fügen zwei Überzeugungen von zwei Akteuren zu einer Liste zusammen und geben ihr einen neuen »gemeinsamen Namen«. Damit liegt formal die gemeinsame Überzeugung schon vor. In einem ersten Schritt ist diese Methode sinnvoll;

---

11 Verschiedene Ansätze über gemeinsame Handlungen finden sich z.B. in (Gilbert, 1992), (Sandu und Tuomela, 1996) und (Schmid, 2012).

langfristig wird eine komplexe Struktur des Entstehens und des Zusammenfügens nicht zu vermeiden sein. Dies gilt genauso für Intentionen.

Mit dieser hier skizzierten, einfachen Methode können wir die Beeinflussung von Akteuren auf die Gruppenebene anheben. Wenn wir in Abbildung 3.2.2 die Akteure durch Gruppen, und die Handlungen und Intentionen durch gemeinsame Handlungen und gemeinsame Intentionen ersetzen, lässt sich die Klause [3.2.1] problemlos auf Gruppen übertragen. Wie bei Akteuren nennen wir bei einem Paar [GROUP_SUPERIOR,GROUP_INFERIOR] die Gruppe GROUP_SUPERIOR die Macher und die Gruppe GROUP_INFERIOR die Betroffenen. Wir »definieren«, dass eine Gruppe GROUP_SUPERIOR eine Gruppe GROUP_INFERIOR beeinflusst, wenn (fast) alle Akteure aus GROUP_SUPERIOR (fast) alle Akteure aus GROUP_INFERIOR im eingeführten Sinn beeinflussen.

Auf Gruppenebene beschreiben wir nun ein Modul, mit dem ein Netz oder ein Baum (tree) von Gruppen hierarchisch erzeugt wird. Dazu benötigen wir eine Anzahl NUMBER_OF_GROUPS von Gruppen, number_of_groups(NUMBER_OF_GROUPS) und eine Anzahl BRANCHING_POINTS von möglichen Verzweigungspunkten, number_of_branching_points(BRANCHING_POINTS). Das Netz wird dann schrittweise über die Zahl der Gruppen aufgebaut. Am Ende hat das Netz dann die Form [K1,...,K_N], wobei eine Komponente K_I so aussieht: K_I = [GROUP, [EXERTING_GROUP,GROUP]]. Die Gruppe GROUP wird beeinflusst durch die Gruppe EXERTING_ GROUP. Grafisch betrachtet läuft eine Linie vom Punkt EXERTING_GROUP »nach unten« zum Punkt GROUP. Aus programmiertechnischen Gründen wird die Gruppe, die bei einem Schleifenschritt erzeugt wird, zweimal in einer bestimmten Ordnung notiert.

Zu Beginn tragen wir ein Startnetz tree([[1,[0,1]]]) und die zugehörigen Endpunkte end_line([1]) ein. Die EXERTING_GROUP Nummer 0 wird hier nur aus technischen Gründen benutzt, d.h. diese Gruppe existiert in der Institution real nicht.

Bei der Erzeugung eines Netzes generieren wir auch eine Liste der Endpunkte des Netzes ($\mathcal{KG}$! 322).

Ein Modul für hierarchische Netze   [3.2.2]

```
number_of_groups(20).                                              1
number_of_branching_points(3).                                     2
start :-                                                            3
  number_of_groups(NUMBER_OF_GROUPS),                              4
  number_of_branching_points(BRANCHING_POINTS),                    5
  asserta(tree([[1,[0,1]]])),                                      6
  asserta(end_line([1])),                                          7
  make_a_tree(1,NUMBER_OF_GROUPS,BRANCHING_POINTS),               8
  tree(TREE), end_line(END),                                       9
  writein('res322.pl',tree(TREE)),                                 10
  writein('res322.pl',end_line(END)),!.                            11
```

```
make_a_tree(NUMBER_OF_GROUPS,NUMBER_OF_GROUPS,BRANCHING_POINTS).    12
make_a_tree(G,NUMBER_OF_GROUPS,BRANCHING_POINTS) :-                 13
  G =< GG, add_points(G,NUMBER_OF_GROUPS,BRANCHING_POINTS,GY),      14
  Gnew is GY,                                                       15
  ( Gnew =< NUMBER_OF_GROUPS, make_a_tree(Gnew,NUMBER_OF_GROUPS,    16
      BRANCHING_POINTS); true),!.
add_points(G,NUMBER_OF_GROUPS,BRANCHING_POINTS,GY) :-              17
  tree(TREE), end_line(END), length(END,LENGTH),                  18
  X is random(LENGTH) + 1, nth1(X,END,G1),                        19
  nth1(G1,TREE,[G1,LL]), GGn is NUMBER_OF_GROUPS - 1,             20
  ( G = GGn, Y is 1 ; G < GGn,                                    21
      Y1 is min(NUMBER_OF_GROUPS - G,BRANCHING_POINTS),           22
      Y is random(Y1)+1 ),                                        23
  GY is G + Y,                                                    24
  ( between(1,Y,Z), add_one_point(Z,G,G1), fail; true),          25
  end_line(END1), delete(END1,G1,ENDnew),                        26
  retract(end_line(END1)),                                       27
  asserta(end_line(ENDnew)),!.                                    28
add_one_point(Z,G,G1) :-                                          29
  tree(TREE), end_line(END1), Gnew is G+Z,                        30
  change(append,TREE,[Gnew,[G1,Gnew]]),                          31
  change(append,END1,Gnew),!.                                    32
```

In 8 wird eine Schleife eröffnet und in 6, 12 und 13 bearbeitet. Dabei sind G und GY technische Variable, die diese Schleife steuern. Die Liste der Endpunkte END hat in 18 die Länge LENGTH. In 19 wird aus der Liste der Endpunkte die Komponente G1 zufällig aus dieser Liste genommen. Diese Zahl ist die Nummer einer Gruppe, die im Netz schon zu finden ist. In 21 werden zwei Fälle unterschieden. Im ersten Fall (G=GGn) ist G der Index für den vorletzten Schritt in der Schleife. In diesem Fall gibt es in 21 für Y, die Zahl der Verzweigungen, nur eine Möglichkeit. Y wird zu 1, weil nur noch eine nicht benutzte Gruppe bearbeitet werden kann. Im zweiten Fall (G < GGn) wird berechnet, wieviele (Y1) nicht benutzte Gruppen noch zur Verfügung stehen. In diesem Fall wird Y zufällig zwischen 1 und Y1 gezogen. In 24 wird für später die gerade berechnete Zahl GY=G+Y in 15 benutzt. In 15 ist GY zunächst eine freie Variable, erst jetzt wird sie durch eine Zahl ersetzt. In 25 wird nun die so festgelegte Anzahl von Verzweigungen durch eine Schleife abgearbeitet. Z ist der Index für eine bestimmte Verzweigung, G die Nummer der gerade aufzubauenden Gruppe und G1 die letzte Endgruppe in der Liste der Endpunkte. In 30 wird eine neue Gruppe (Gruppennummer) Gnew bestimmt und in 29 wird diese Gruppe in der Form [Gnew,[G1,Gnew]] zum Netz hinzugenommen.

Das so entstehende Netz ist in der Datei res322.pl in der Form

```
tree([[1,0],[2,1],...])
```

zu finden. Die Zahlen 1, ... , 20 sind inhaltlich interpretiert »Namen« für Grup-
pen. Im Beispiel geht es also um 20 Gruppen: number_of_ groups(20). Es werden
genau so viele Paare erzeugt, wie es Gruppen gibt. Ein Paar [GROUP_
INFERIOR,GROUP_SUPERIOR] drückt hier aus, dass die untere Gruppe GROUP_
INFERIOR, die gerade erzeugt wird, »unter« einer vorher schon erzeugten oberen
Gruppe GROUP_SUPERIOR im Netz liegt. Dabei ist sichergestellt, dass eine untere
Gruppe genau von einer »früher« erzeugten, oberen Gruppe abhängt. Die ersten
Komponenten   GROUP_INFERIOR   der   Paare   [GROUP_INFERIOR,GROUP_
SUPERIOR] sind von 1 bis 20 geordnet. Die zweite Komponente von [GROUP_
INFERIOR,GROUP_SUPERIOR] ist die eindeutig bestimmte obere Gruppe GROUP_
SUPERIOR, von der GROUP_INFERIOR abhängt. Grafisch entsteht so ein »umgedreh-
ter Baum«.

Die so beschriebene Netzstruktur können wir sowohl auf Gruppen- als auch auf
Akteursebene benutzen. Wir können sie auch für die Analyse eines bestimmten
Akteurs einsetzen (siehe Abbildung 3.2.2). Bei größeren Institutionen lässt sich
eine solche Netzstruktur aber kaum noch überblicken.

Neben diesem technischen Problem gibt es in einem Netz auch einen realen
Grund, nicht Akteure, sondern Gruppen in den Vordergrund zu stellen. Wenn eine
Gruppe mehrere Akteure hat, die gemeinsame Handlungen durchführen, lehrt uns
die Geschichte der deutschen Sprache, dass sich für eine gemeinsame Handlung
auch ein natürlichsprachliches, eigenes Wort (oder eine Phrase) entwickelt. Dies
gilt auch für gemeinsame Überzeugungen und Intentionen. Z.B. hat eine Führungsgruppe wenig Interesse, alle Anweisungen an jeden einzelnen Betroffenen zu richten. Oft ist es effektiver, eine Mitteilung gleichzeitig am gleichen Ort an alle Betroffenen zu richten. In einer Armee versammeln sich z.B. die Betroffenen (die Soldaten) zu einer Befehlsausgabe, in einem Unternehmen verschickt eine Führungs-
kraft eine E-Mail an die Untergebenen. In Sim-Programmen lässt sich dies einfach
durch ein *Inel* darstellen, welches an eine ganze Liste von Akteuren verschickt wird.
In einer Institution kann diese Liste z.B. an alle Mitglieder einer anderen Gruppe
versendet werden.

Mit einem einfachen Modul (𝒦𝒢! 321) lässt sich eine betroffene Gruppe durch
eine Machergruppe beeinflussen. Dies beinhaltet folgende Schritte. Im ersten
Schritt beraten sich die Mitglieder der Machergruppe GROUP_SUPERIOR. Sie disku-
tieren, wie sie die betroffene Gruppe GROUP_INFERIOR beeinflussen können. Da es
für die Machergruppe GROUP_SUPERIOR oft mehrere Möglichkeiten gibt, GROUP_
INFERIOR zu beeinflussen und da es in der Machergruppe oft verschiedene An-
sichten gibt, welche Möglichkeit ausgewählt werden soll, erfolgt in diesem ersten
Schritt eine Beratung, mit dem Resultat, dass am Ende eine Entscheidung vorliegt.
Diese Entscheidung wird nun als Anweisung an die betroffene Gruppe gegeben.
Ein bestimmtes *Inel* wird an GROUP_INFERIOR verschickt mit dem Inhalt, dass GROUP_
INFERIOR diese Anweisung befolgen soll. Oft ist einer der Macher aus GROUP_

SUPERIOR für diese Aufgabe vorgesehen; in größeren Institutionen gibt es dafür spezielle MitarbeiterInnen, z.B. AssistentInnen. Dieser erste Schritt entspricht bei einer individuellen Handlung der Bildung einer Intention.

Im zweiten Schritt wird überprüft, ob die betroffene Gruppe plant, die entsprechende Anweisung auszuführen. Da es um eine Beeinflussung geht, ist dieser Schritt nötig. Andernfalls würde es sich eher um kooperative Handlungsformen handeln. Auch dieser Handlungstyp wäre interessant, allerdings spielt er bei Beeinflussung keine Rolle. In diesem zweiten Schritt wird die gemeinsame Intention der Betroffenen aus GROUP_INFERIOR thematisiert. Wir können eine solche Intention auf zwei verschiedene Arten programmieren. Erstens: Wir rufen die gemeinsame Intention einfach ab, die im Ablauf vorher schon entstanden ist. Zweitens: Wir können in diesem Schritt fragen, ob die Betroffenen aus GROUP_INFERIOR gegen diese Anweisung sind. Wenn ein gewisser Prozentsatz von Mitgliedern von GROUP_INFERIOR nicht die individuelle Intention besitzt, die der Anweisung entspricht, tragen wir ein, dass die Gruppe GROUP_INFERIOR diese gemeinsame Intention *nicht* hat (siehe auch Klause [3.2.1], 7, wo statt GROUP_INFERIOR der Term SERVER benutzt wird). Erst wenn die Gruppe GROUP_INFERIOR als Gruppe nicht diese Intention besitzt, kann dann der nächste, dritte Schritt ausgeführt werden.

Im dritten Schritt führt die Machergruppe die beschlossene gemeinsame Handlung, eine Anweisung zu geben, aus. Hier wird die Mitteilung an alle Mitglieder von GROUP_INFERIOR geschickt mit dem Vermerk, dass jeder Empfänger die Anweisung sofort ausführen soll. Im vierten Schritt wird überprüft, ob die betroffene Gruppe GROUP_INFERIOR eine »neue«, gemeinsame Intention entwickelt, die für die Umsetzung der Anweisung nötig ist. Im positiven Fall führt die Gruppe GROUP_INFERIOR die Anweisung von GROUP_SUPERIOR und damit die aufoktroyierte gemeinsame Handlung aus.

Das Modul überprüft am Ende, ob die betroffenen Akteure aus GROUP_INFERIOR die Handlung wie angewiesen ausführen. Bei gemeinsamen Handlungen ist dies notwendig, weil unter den betroffenen Akteuren normalerweise »Trittbrettfahrer« zu finden sind.[12] Dieser Punkt ist auch deshalb interessant, weil ein Akteur in Wirklichkeit meist nicht nur einer einzigen Institution angehört. Oft können Akteure eine Institution verlassen; manchmal ist dies aber schwierig oder gar unmöglich. In *KG*! 324 haben wir diese Beeinflussungen mit besonderen Formen von Schleifen programmiert.

Ein wichtiger Punkt in diesem Modul betrifft das Handeln mehrerer Akteure. Die schon diskutierte, formale Zusammenlegung von individuellen Handlungen zu gemeinsamen Handlungen führt in Wirklichkeit zu vielen Problemen, weil die individuellen Teilhandlungen oft nicht harmonieren. Im Beispiel der Beeinflussung auf Gruppenebene kommt dies dann zustande, wenn die Gruppenakteure nicht mit »einer Stimme sprechen«. Wenn eine Gruppe eine andere Gruppe

---

12 Siehe etwa (Olson, 1965).

beeinflussen möchte, ist es für die Macher wichtig, einen einzigen Plan nach unten
weiter zu geben, um keine Missverständnisse in der Kommunikation zu erzeugen.
Im Allgemeinen lässt sich dies z.B. wie folgt lösen.

Wir gehen von eine Machergruppe GROUP = [ACTOR1,...,ACTOR_N] aus und benutzen eine 3-stellige *Repräsentationsrelation* represent. represent(TICK,
ACTOR,GROUP) besagt, dass zu dem TICK der Akteur ACTOR die Gruppe GROUP repräsentiert. Diesen Sachverhalt beschreiben wir in einem Sim-Programm so:

[3.2.3]

```
...                                                                              1
group(GROUP1). tick(TICK1).                                                      2
        /* GROUP1 = [ACTOR1,...,ACTOR_N] */                                      3
...                                                                              4
determine_a_representative(TICK1,ACTOR1,GROUP1),                                 5
member(ACTOR1,GROUP1),                                                           6
retract(represent(TICK1,SOME_ACTOR,GROUP1)),                                     7
asserta(represent(TICK1,ACTOR1,GROUP1)),                                         8
exert_power(TICK1,TICK2,ACTOR1,GROUP2,ACTION_TYP_SUPERIOR,                       9
        ACTION_TYP_INFERIOR),                                                   10
...                                                                             11
exert_power(TICK1,TICK2,ACTOR1,GROUP2,ACTION_TYP_SUPERIOR,                      12
        ACTION_TYP_INFERIOR):-                                                  13
    member(ACTOR1,GROUP1),                                                      14
    exert_power(TICK1,TICK2,GROUP1,GROUP2,ACTION_TYP_SUPERIOR,                  15
        ACTION_TYP_INFERIOR).                                                   16
```

Schließlich kommen wir kurz auf juristische Personen zu sprechen, die in (2.2)
eingeführt wurden. Um die Sache einfach zu halten, trennen wir bei den Akteuren
juristische von natürlichen Personen. Für natürliche Personen benutzen wir Variable ACTOR,ACTOR1,ACTOR_I,ACTOR_B,.... Bei juristischen Personen stellen wir
einfach das Symbol LEGAL voran: LEGAL_ACTOR, LEGAL_ACTOR1, LEGAL_
ACTOR_I,..., welches ausdrücken soll, dass es sich um juristische Personen handelt. Die Handlungsformen haben wir schon in (2.2) getrennt:

action_individual(TICK,ACTOR,TYP,...) ist eine individuelle Handlung,
action_common(TICK,GROUP,COMMON_TYP,...) ist eine gemeinsame Handlung,
legal_action(TICK,LEGAL_ACTOR,LEGAL_TYP,...) ist eine juristische
    Handlung.

Wir geben oft explizit auch die Handlungstypen als Argumente an. Bei formalen
Anwendungen sammeln wir diese Handlungstypen als natürliche Zahlen: list_
of_individual_action_typs([1,2,3,...,M]),list_of_common_action_typs([M
+1,...,N]),list_of_legal_action_typs([N+1,...,K]). Wenn diese Notation
nicht ausreicht, können wir die Handlungstypen auf andere Weise differenzieren,
z.B. TYP = [i,M], COMMON_TYP = [g,N], LEGAL_TYP = [j,K] mit Zahlen M,N,K und

Indizes i, g, j, die die Formen auseinanderhalten. In Anwendungen lassen sich diese Handlungstypen natürlich durch deutsche oder englische Wörter ersetzen. Statt 1 nehmen wir z.B. kaufen, statt M+1 nehmen wir produzieren und statt K+1 nehmen wir erwerbe_einen_Konzern, etc. Eine juristische Person kann in Wirklichkeit auch einige individuelle Handlungen ausführen, dagegen gibt es juristische Handlungen, die durch einen Menschen allein kaum realisiert werden können.

Juristische Personen haben im Gegensatz zu natürlichen Personen keinen menschlichen Körper.[13] Inhaltlich ist eine juristische Person eine abstrakte Entität, die dazu erfunden wurde, juristische Verträge zu schließen. Diese gelten einerseits oft auch noch, wenn ein Mensch als Vertragspartner schon gestorben ist. Andererseits werden durch diese Verträge Teile der Verantwortung an eine juristische Person abgegeben. Eine juristische Person funktioniert wie folgt. Die juristische Person LEGAL_ACTOR schlüpft jeweils für eine festgelegte Zeitperiode in eine natürliche Person ACTOR. ACTOR kann in dieser Periode durch die juristische Person handeln. Man kann die juristische Person auch als eine Rolle betrachten, die ACTOR für eine festgelegte Periode spielt. Ohne diesen juristischen Rahmen könnte ACTOR bestimmte Handlungen nicht ausführen. Wenn ACTOR z.B. durch Aufsichtsräte seine Vorstandsposition verliert, kann er keine Entlassungen mehr vornehmen.

Die Funktionsweise einer juristischen Person hat grundsätzlich mit der Abwälzung von Verantwortung für Handlungen zu tun. Dies hat positive aber auch negative Aspekte. Wenn es um »große« Verträge geht, in denen im schlimmsten Fall viele Menschen zu Schaden kommen können, hat ein Handelnder in der Position einer juristischen Person die Chance, als Mensch nicht für den Schaden aufkommen zu müssen. Die juristische Person trägt den Schaden. Der in der Position verantwortliche Mensch wird oft nur positiv gesehen. Andererseits gibt es negative Resultate, die teilweise durch eine juristische Person in Vertretung eines Menschen verursacht werden. Beispiele sind: Krieg, Umweltzerstörung, Überproduktion oder Hasspredigten.

In zukünftigen Simulationen dürften – wie im richtigen Leben auch – juristische Personen eine zentrale Rolle spielen. In Sim-Programmen kann eine juristische Person ziemlich einfach eingeführt werden. Sie bekommt wie andere Akteure einen Namen. Dazu werden wir juristische Personen in einer eigenen Liste führen und diese am Anfang eines Programms erzeugen, etwa:

```
list_of_legal_actors([legal_name1,...,legal_nameN]).
```

In jeder Periode ist die juristische Person durch einen individuellen Akteur ACTOR repräsentiert. Wir schreiben etwa represent(ACTOR,TICK,legal_name4), was besagt, dass zur Zeit TICK ACTOR die juristische Person legal_name4 repräsentiert und damit für sie handelt.

---

13 Interessanterweise wird aber eine Steuer für bestimmte juristische Personen als *Körper*schaftssteuer(!) bezeichnet.

Wie diskutiert, kann die Bildung gemeinsamer Überzeugungen und Intentionen längere Zeit in Anspruch nehmen. In der Geschichte der Menschheit haben sich viele Abkürzungen entwickelt, in denen sich bei begrenzter Zeit trotz verschiedener Hindernisse eine »quasi« gemeinsame Überzeugung und Intention ausdrückt. Zum Beispiel können Akteure aus fundamental anders eingestellten Gruppen eine gemeinsame Überzeugung haben, etwa: friedlich miteinander zu leben und Mehrheitsentscheidungen zu respektieren. In einer oft verwendeten Methode wird über mehrere Alternativen einfach abgestimmt, weil sich die Gruppenmitglieder in anderer Weise nicht einigen können. In einer AG wird z.B. meist der Vorstandsvorsitzende durch die Vorstände gewählt.

Mit solchen Abkürzungen können wir bei der Beeinflussung auf Gruppenebene das schwierige Terrain der gemeinsamen Intentionen umgehen. Statt Bildung einer gemeinsamen Intention wird ein »technisches« Verfahren benutzt: die Abstimmung.

Dazu müssen bei einer Abstimmung die Alternativen bei den Akteuren bekannt sein. Je nach Abstimmungsmodus kann dies allerdings auch in eine Endlosschleife münden. In diesem Fall wird eine Abstimmung nicht zu einer Entscheidung führen. Ähnlich können wir mit der anfänglichen »negativen« Intention der betroffenen Gruppe verfahren. Statt genau nachzuprüfen, wieviele Akteure die angewiesene Handlung nicht ausführen möchten, wird eine juristische Person diese Prüfung übernehmen und eine Entscheidung treffen. Auch die betroffene Gruppe verfügt oft über eine juristische Person, die für die Mitglieder spricht. Beispiele dafür sind Gewerkschaftsvertreter, Ombutsmänner oder Vertrauensmänner.

Der Übergang von einer Gruppe zu einem Repräsentanten kann juristisch effektiver gestaltet werden, indem wir neben einem natürlichen Repräsentanten ACTOR zusätzlich noch eine weitere juristische Person als neuen Akteur hinzunehmen. Wir können für eine Gruppe GROUP eine Liste der Form [ACTOR1,...,ACTOR_N, LEGAL_ACTOR] benutzen, in der LEGAL_ACTOR (eine Variable für) einen juristischen Akteur für die Gruppe darstellt. Bei der Repräsentation wird einerseits eine natürliche Person bestimmt, andererseits wird zusätzlich ein juristischer Akteur ins Spiel gebracht. Wir schreiben z.B. represent(TICK,ACTOR,LEGAL_ACTOR,GROUP), d.h. »ACTOR ist zu TICK der Repräsentant von GROUP, der die juristische Stellung LEGAL_ACTOR innehat«. Eine Beeinflussung auf Gruppenebene beginnt dann mit der Klause

```
exert_power(TICK,TICK1,ACTOR,LEGAL_ACTOR,GROUP1,
            ACTION_TYP_SUPERIOR,ACTION_TYP_INFERIOR) :-
    member(ACTOR,GROUP),
    represent(TICK,ACTOR,LEGAL_ACTOR,GROUP),
        exert_power(TICK,TICK1,GROUP,GROUP1,ACTION_TYP_SUPERIOR,
            ACTION_TYP_INFERIOR).
```

Juristische Personen sind in Ökonomie, Politik und Religion gleichermaßen präsent, sie beschränken sich aber nicht auf Beeinflussungen. Die Palette an Handlungstypen ist breit: Der Repräsentant der *European Central Bank* (EZB) beispielsweise bewegt ungeheure Summen, ein Ministerpräsident entscheidet gesellschaftliche Fragen und der Papst steuert die älteste noch aktive Institution. Oft geht es um große, materielle und andere Werte.

Im hier dargestellten Blickwinkel wurden zunächst weitere Aspekte, die in der Realität oft wichtig werden, ausgeblendet. Es ist klar, dass die so beschriebenen Klausen mit anderen Beziehungen verknüpft werden können. Zum Beispiel gibt es innerhalb einer Institution oft weitere, zusätzliche Handlungstypen der zweiten Stufe. Wichtige Beispiele dafür sind *Wettbewerb* und *Kooperation*. Diese lassen sich nicht ohne Weiteres unter den Begriff der Beeinflussung subsumieren. Wettbewerb kommt in zwei verschiedenen Bereichen einer Institution vor. Erstens gibt es innerhalb einer Gruppe Wettbewerb. Z.B. geht es bei den Vorständen einer AG nicht immer kooperativ zu; Geld, Macht und Status spielen eine tragende Rolle. Zweitens kann eine obere Gruppe zwei untere Gruppen nach der alten römischen Machtregel »Teile und herrsche« gegeneinander ausspielen. Es gibt aber auch viele Bereiche in Institutionen, in denen kooperativ gearbeitet wird.

3.3 Künstliche Gesellschaften

Wir haben nun verschiedene Bausteine beschrieben, die in der PROLOG Programmierung künstlicher Gesellschaften eingesetzt werden können. Die zwei am Ende von (1.1) angerissenen Punkte lassen sich nun präziser beschreiben. Wie kann erstens in einem – heute noch sequenziell funktionierenden – Computer ein Simulationsablauf eine »echte« Gesellschaft abbilden und wo liegen zweitens die Hauptprobleme einer solchen Simulation? Abbildung 3.3.1 veranschaulicht diese Punkte grafisch.

Auf der rechten Seite ist ein Simulationsablauf eingezeichnet, der durch einen Computer mit einem Programm und Inputdaten ausgeführt wird. Während des Ablaufs und am Ende werden verschiedene Resultate erzeugt, die gespeichert werden. Auf der linken Seite ist grob vereinfacht eine reale Gesellschaft zusammen mit einigen sehr abstrakten Merkmalen abgebildet. Eingezeichnet sind soziale Prozesse und Daten. Soziale Prozesse wären zum Beispiel: ein Unternehmen in Konkurs gehen lassen, eine Wahl durchführen, einen Krieg beginnen oder eine christliche Messe lesen. Da diese Prozesse regelmäßig auftreten, haben sie eine allgemeine Form und können natürlichsprachlich – in Deutsch, Englisch oder anderen Sprachen – oder formalsprachlich wie in PROLOG – beschrieben werden. Diese beiden Beschreibungsarten können (mehr oder weniger) auf drei verschiedene Arten zusammenpassen. Prozessformen in der realen Gesellschaft passen zu Programmen (»$passen_1$«), Daten aus der realen Gesellschaft passen zu

Inputdaten (»$passen_2$«) und hypothetische Daten der realen Gesellschaft passen zu bestimmten Simulationsresultaten (»$passen_3$«). Die Fragezeichen in Abbildung 3.3.1 besagen, dass erstens die Güte der Passung zwischen Programm und Prozessform zu prüfen ist, dass zweitens die Daten (»Sachverhalte«) aus der Gesellschaft mit den Inputdaten des Ablaufs mehr oder weniger stimmig in Verbindung gebracht werden und dass drittens künftige oder fiktive Daten irgendwie mit den Simulationsresultaten übereinstimmen. Zudem sollten sich die sozialen Daten sprachlich in PROLOG gut darstellen lassen. Ein echtes Datum, welches in deutscher Sprache beschrieben wird, könnten wir dann passgenau durch ein Inputdatum wiedergeben.

Abb. 3.3.1

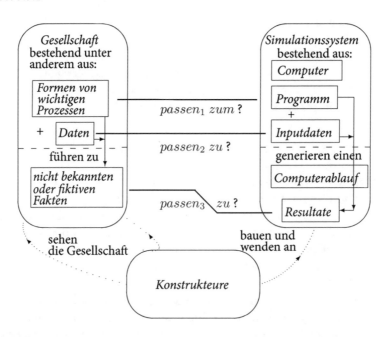

In unserem Kontext haben soziale Daten - wie mehrfach erwähnt – oft die Form einfacher Sätze wie: »Das Bauunternehmen Holzmann AG hat Konkurs angemeldet.«, »Angela Merkel wird zur Kanzlerin gewählt.«, »Papst Franziskus liest seine erste Messe als Papst.« Ein Vorteil von PROLOG ist, dass sich diese Daten fast analog wie in der deutschen Sprache formulieren lassen. Solche Daten bilden die Grundlage von Simulationen. In einem Simulationsprogramm wird unter Beachtung der Regeln der jeweiligen Programmiersprache (bei uns: PROLOG) ein bestimmtes Programm (in PROLOG: eine Liste von Klauseln) in dieser Sprache geschrieben und dieses Programm verarbeitet »irgendwie« im Programmablauf die vorliegenden Daten.

Wir erörtern diesen Prozess nun etwas genauer. In Abbildung 3.3.1 rechts generiert das Programm zusammen mit den Inputdaten einen Computerablauf. In analoger Weise gibt es in der links symbolisierten Gesellschaft einen Weg von Prozessen und Daten zu neuen Daten, die Beobachter vorher oft nicht bewußt wahrgenommen und/oder beschrieben haben. Z.B. führt ein Krieg meist zu einem Friedensvertrag, eine Wahl zu einer nächsten Wahl oder der Konkurs zur Entlassung der Mitarbeiter. Es können aber auch neue Daten in die Welt gesetzt werden, die nur fiktiv sind und keine reale Grundlage haben. Wie diese »vorher« unter Umständen noch nicht wahrgenommenen Daten zustande kommen, wird hier nicht weiter diskutiert. Kausale Prozesse sind sicher dafür verantwortlich; sie sind aber schwer genauer zu beschreiben. Trotzdem können sie für die Gesellschaft – oder auch nur für eine Simulation durch Konstrukteure – relevant sein.

Die Güte der Abbildung sozialer Prozesse in die Programmregeln haben wir mit der ersten Passungsrelation $passen_1$ bezeichnet. Die Regeln können soziale Prozesse mehr oder weniger gut oder genau wiedergeben. Soziale Daten und Inputdaten werden über die Relation $passen_2$ verglichen. Bei empirisch verankerten Simulationen können soziale Daten direkt empirischen Studien entstammen und passgenau 1:1 in den Computerablauf eingebunden werden.

Die dritte Passungsrelation $passen_3$ betrifft die erzeugten Daten. Auf der rechten Seite in Abbildung 3.3.1 werden aus dem Programm und den Inputdaten neue Daten erzeugt, die wir als *Resultate* bezeichnen. Die Resultate entstehen erst im oder nach einem Computerablauf. Sie lassen sich mit write(_) direkt am Bildschirm ausgeben oder in Dateien speichern.

Wie wollen wir auf wissenschaftlicher Ebene mit diesen neu erzeugten Daten bzw. Fakten umgehen: Fakten, die möglicherweise noch nicht beobachtet wurden, aber leicht beobachtet werden könnten? Dies erfordert einen wissenschaftstheoretischen Apparat, dessen Begriffe wie Vorhersage, Induktion, Bestätigung oder Erklärung zwar zur Verfügung stehen, die aber bis jetzt nur rudimentär bei sozialen Simulationen benutzt wurden.[14]

In Abbildung 3.3.1 wird die Simulation einer Gesellschaft und speziell der zugehörige Computerablauf in grober Näherung dargestellt. Wir sehen, dass die Anfangsdaten aus der Gesellschaft stammen und mit mehr oder weniger Erfolg mit neuen, gesellschaftlichen Phänomenen verglichen und wissenschaftlich beschrieben werden. Wir sehen, wie die inhaltlich wichtigen Programmklauseln als Formen von Prozessen mit gesellschaftlichen, »wirklichen« Prozessen verglichen werden. Und wir sehen, wie die Entstehung neuer Daten durch eine Simulation zustande kommt.

Mit Hilfe dieser knapp formulierten Zusammenfassung können wir eine formale Antwort auf die oben formulierten Fragen geben: die Bestandteile eines Computerablaufs lassen sich »ordnungsgemäß« in der richtigen Weise mit entsprechenden

---

14 Etwa (Balzer, 2009), Kap. 4.

Bestandteilen einer Gesellschaft verbinden. Sie passen mehr oder weniger zusammen. Wie in realen Abbildungen ist aber auch bei einer formalen Darstellung das Bild nur eine grobe Annäherung an das Original.

Was ist dann eine künstliche Gesellschaft? Eine künstliche Gesellschaft ist eine maschinell erzeugte (Teil-)Darstellung einer natürlichen Gesellschaft. Der Konstrukteur wählt diejenigen Teile und Prozesse einer natürlichen Gesellschaft aus, die ihn interessieren und bildet sie im Rechner informationstechnisch nach. Ziel dieser Nachbildung (»Modellierung«) ist in der Regel, eine möglichst genaue Entsprechung von natürlicher und realer Gesellschaft in dem ausgewählten Teil.

In der systemorientierten Soziologie werden Teile einer Gesellschaft als Subsysteme bezeichnet. Wir hatten in (1.1) einige – aus unserer Sicht zentrale – Subsysteme bereits angegeben: das politische, das ökonomische, das religiöse, das kulturelle und das medizinische System sowie das Erziehungssystem. In Abbildung 3.3.2 sind diese Subsysteme durch Kreise mit Akteuren als Punkten schematisch dargestellt. Ein solcher Kreis mit Akteuren und Beziehungen wird in der Simulationsgemeinde oft als »Small World Model« bezeichnet. Der Term stammt ursprünglich in etwas anderer Bedeutung von *Stanley Milgram* (Milgram, 1974). Über das populäre Simulations-Tool Netlogo ist dieser Begriff inzwischen bei Simulationen zu einem *terminus technicus* geworden, z.B. (Buchanan, 2003).

Abb. 3.3.2

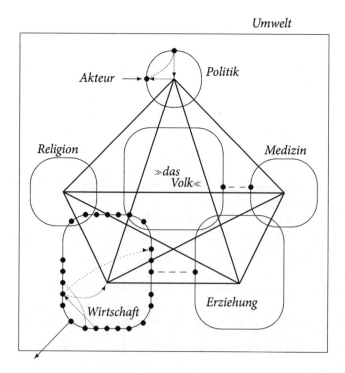

In einer systemtheoretischen Interpretation können wir sagen (siehe Abbildung 3.3.2): Eine (künstliche) Gesellschaft besteht schematisch aus Subsystemen, die durch drei Arten von Beziehungen zusammengehalten werden. Erstens sind die Akteure innerhalb eines Subsystems intern verbunden. Zweitens stehen jeweils zwei (oder mehr) Subsysteme miteinander in (Gruppen-) Beziehungen. Drittens gibt es Verbindungen zwischen Akteuren aus verschiedenen Subsystemen. In Abbildung 3.3.2 stellen die punktierten Linien interne Beziehungen dar und die gestrichelten Linien individuelle, gruppenüberschreitende Beziehungen. Die dick eingezeichneten Linien stehen für Gruppenbeziehungen. Eine Gruppenbeziehung bündelt viele individuelle Verbindungen zwischen Akteuren einer ersten und einer zweiten Gruppe. In Sim-Programmen können wir eine solche Gruppenbeziehung als eine Art »Informationsautobahn« auffassen. Dabei ist ein *Inel* an eine Liste von Akteuren gerichtet und/oder wird von einer Liste von Akteuren abgeschickt, wobei wir solche Listen effektiver durch eigene Gruppennamen ersetzen können.

Inhaltlich besteht ein Subsystem im Wesentlichen aus Institutionen und Gruppen. Auch künstliche Gesellschaften brauchen diese Bestandteile. Die vielen Untersysteme, die in modernen Massengesellschaften existieren, können wir hier nicht alle beschreiben. Wir begnügen uns stattdessen mit zwei kurz gefassten Beispielen.

Fast jede Gesellschaft hält sich eine Art von Armee – in Deutschland die Bundeswehr. Sie hat die Form einer Institution (3.2) und ist hierarchisch in viele Gruppen (3.1) und Untergruppen gegliedert. Die Beeinflussungsrelation wird hier durch »Befehl, befehlen, Befehl ausführen« und durch viele weitere Begriffe, die in speziellen Situationen gebraucht werden, ausgedrückt. Alle Gruppen haben eindeutig gekennzeichnete Namen, wie »Generalstab«, »Heeresleitung«, »Armee« oder »Division« bis zur kleinen Einheit »Gruppe«. Die menschlichen Akteure tragen eindeutige Statusbezeichnungen wie »General«, »Feldwebel«, »Gefreiter« etc., die auch als Symbole an der Kleidung angebracht sind. Die Handlungsmuster und Rollen lassen sich direkt in den dafür geschriebenen »Vorschriften« nachlesen. Diese Rollen sind jeweils spezifisch auf eine bestimmte Gruppe zugeschnitten. Sie werden durch die aktuell hinzugekommenen Mitglieder neu gelernt. Auf diese Weise bleiben diese Rollen über viele Generationen von Akteuren stabil.

Die Verbindungen zwischen Akteuren und Umwelt lassen sich durch Beobachtung, Planung, Befehl, Ausführung etc. zusammenfassen. Jeder Akteur hat eine Menge von Überzeugungen, die speziell diese Armee betreffen. Viele dieser Überzeugungen enthalten die gerade genannten Teile, Statussymbole und Rollenbeschreibungen. Eine Armee verfügt natürlich auch über Statussymbole wie z.B. Lieder, Schwüre, Fahnen oder Zeichen, die an Geräten oder Gebäuden angebracht sind, welche die Armee insgesamt symbolisieren.

Als zweites Beispiel, welches im Moment etwas virulenter ist, betrachten wir ein Subsystem aus der Ökonomie, nämlich eine Aktiengesellschaft (AG), die wir hier nur sehr allgemein beschreiben. Wir interpretieren eine AG als eine soziale

Institution und nicht, wie üblich, als eine juristische Person. In vielen AGs werden inzwischen die nationalen Grenzen überschritten, so dass eine international aufgestellte AG (als Holding juristisch neu strukturiert und den Nationalstaaten teilweise entzogen) mehrere Teile in verschiedenen Gesellschaften unterhält. Trotzdem ist ein solcher Teil in einer bestimmten Gesellschaft immer noch eine Institution.

Eine AG hat, wie in Abschnitt (3.2) beschrieben, eine hierarchische, statusbeherrschte Struktur, auch wenn im Moment in der Ökonomie gerne von »flacher Hierarchie« gesprochen wird. Sie besteht aus verschiedenen Gruppen, die sich beeinflussen. Führungsgruppe sind die Kapitaleigner, die Aufsichtsräte und die Vorstände, die wir auch weiter unterteilen könnten. Unterhalb der Führungsgruppe gibt es in einer großen AG oft mehrere tausend Gruppen, die durch Beeinflussung zusammengehalten werden. Die juristischen Verflechtungen sind oft nicht einfach zu erkennen.

Abgesehen von der Führungsgruppe sind die Handlungsmuster und Rollen in den meisten Gruppen einer AG flexibel. Der größte Teil an Beeinflussung wird mit monetären oder ähnlichen Mitteln erreicht. Im einfachsten Fall wird einem Akteur ein Geldbetrag gegeben, mit der Anweisung, eine bestimmte Handlung oder Handlungsfolge auszuführen. Mitarbeiter erhalten diese Beträge oft regelmäßig, um die geplanten Handlungen permanent umzusetzen. Je nach Unternehmen können solche Handlungen unterschiedlich beschrieben werden. Z.B. wird das Gehalt monatlich auf das Konto eines Mitarbeiters, der in einem Supermarkt arbeitet, überwiesen. Oft sind bestimmte Arbeitsprozesse (»Rollen«) durch einen Anstellungsvertrag, mit dem die Arbeiten und die Löhne geregelt werden, juristisch fixiert.

In beiden Beispielen – Militär und Ökonomie – werden größere Datenbereiche geheim gehalten. Von einer Armee ist dies bekannt, aber auch in einer AG bleiben sensitive Daten möglichst intern. Inzwischen ist es oft schwierig zu unterscheiden, wo der ökonomische Wettbewerb endet und die Geheimhaltung in einer AG anfängt.

In diesem groben Modell für Gesellschaften sind zwei weitere Punkte wichtig, die wir nur kurz anreißen. Erstens wird eine (künstliche) Gesellschaft durch viele verschiedene, individuelle Informationsflüsse aufrecht erhalten; ohne diese würde eine Gesellschaft bald auseinanderbrechen. Solche Informationsflüsse, die oft auch Kreisläufe bilden, finden sich in allen Ebenen und Schichten; sowohl in Gruppen als auch gruppenübergreifend mit nur zwei Akteuren, mit mehreren oder mit sehr vielen. In einem kleinen Handwerksbetrieb wie einer Bäckerei kauft der Chef die Zutaten, verkauft seine Waren, kalkuliert, passt sein Sortiment und die Preise an, und spricht mit seinen Kunden. In diesem Beispiel existieren bereits mindestens zwei Mikrokreisläufe, die dem Wirtschaftssystem zugerechnet werden. Der Bäcker unterhält erstens längerfristige Beziehungen mit seinen Zulieferern.

Zweitens betreibt er sein Geschäft mit einem stabilen Kreis von Kunden, die seine Produkte kaufen.

Im Erziehungssystem können wir zwei Kreisläufe erkennen, die für den Aufbau von individuellen Überzeugungsbasen wichtig sind. Einerseits ruft ein Lehrer Wissenselemente aus der Gesellschaft ab und gibt dieses Wissen entsprechend aufbereitet an die Schüler weiter. Andererseits geben die Schüler später als Erwachsene diese Informationen an andere Akteure weiter, die in einer oft verschlungenen Weise wieder im Erziehungssystem ankommen und über eine neue Generation von Lehrern dieses Wissen verändert an neue Schüler weitergeben. Dieser Kreislauf von Wissenselementen durch die Gesellschaft kann ziemlich kompliziert sein und ist oft schwer nachzuvollziehen. Der Weg und die Veränderungen eines solchen *Inels* werden natürlich auch von anderen Quellen wie neuen Medien beeinflusst. Noch komplexer sind politische Kreisläufe – jedenfalls in den westlichen Demokratien, in denen öfter echte Wahlen abgehalten werden.

Wir können in einem ersten Schritt prologisch solche Kreisläufe nachbauen. Dazu reicht es, wenn bei vielen Akteuren Handlungstypen zur Verfügung stehen, mit denen Akteure *Inels* formulieren, senden und empfangen können. Abbildung 3.3.3 zeigt beispielhaft einen solchen Kreislauf.

Abb. 3.3.3

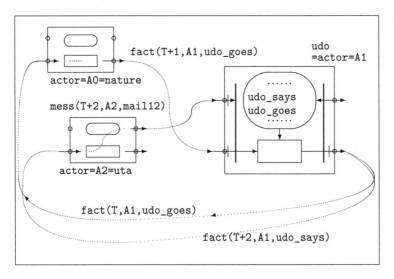

Einige *Inels* gehen von Akteuren nach außen in die Umwelt oder an andere Akteure. Andere *Inels* kommen von außen, von der Umwelt oder von anderen Akteuren. Wir sehen, dass der Inhalt eines *Inels* wichtig wird, um einen Kreislauf zu verstehen. Dies führt direkt zur Sprache. In der Abbildung oben haben wir den Akteur Udo rechts platziert, den »Umweltakteur« nature links oben und den Akteur

Uta links unten. Die Ovale repräsentieren die Mailboxen. Zu Tick T hat Udo sich entschlossen, einen Spaziergang zu machen. Der Fakt des Gehens wird öffentlich fact(T,udo,udo_goes).

Die Umwelt speichert diesen Fakt und stellt die Zeit von T auf T+1. Der Fakt, dass Udo geht, wird ebenfalls angepasst. Zu T+1 nimmt Udo wahr, dass er geht. Zum nächsten Zeitpunkt T+2 sagt Udo etwas zu Uta. Auch dieser Fakt wird öffentlich: fact(T+2,udo,udo_says). Uta hört dies zu T+2. Am oberen, rechten Ausgang von Uta sehen wir eine Reaktion von Uta an Udo, die wir aber nicht weiter beschreiben. Wir erkennen Pfade von *Inels* von Akteuren zur Umwelt und zu anderen Akteuren, die ständig wiederholt werden können.

Der zweite Punkt betrifft die Ordnung. Nach dieser sollte sich ein Akteur richten, wenn er eine Handlung ausführt, die andere Akteure negativ beeinflussen. In modernen Gesellschaften nimmt die Streitschlichtung eine zentrale Rolle ein. Hierfür wurden Regeln erfunden, kodifiziert und institutionalisiert, mit denen zwei Konfliktparteien einen Streit beenden können. In westlichen Gesellschaften gibt es dazu viele verschiedene Institutionen. Angefangen von Ämtern, in denen verschiedene mehr oder weniger sinnvolle Regeln für die Akteure beachtet werden sollen, über informelle Einigungsrituale, formale, juristische Urteile, bis hin zu Verfolgung, Bestrafung und Freiheitsentzug.

Ein weiterer Punkt betrifft die Identität von Akteuren. In Sim-Programmen können »Meldeämter« – wie in (2.6) eingeführt – die Identität der Akteure erfassen und verwalten, so dass die Identität eines Akteurs (»sein Pass«) nicht beliebig verändert werden kann. In den heutigen Gesellschaften spielen Identitätsveränderungen auch bei juristischen Personen eine große Rolle. Oft kommt eine juristische Person LEGAL_ACTOR »zu Tode«, weil die Akteure, die diese juristische Person eingerichtet haben, LEGAL_ACTOR wieder aus dem Verkehr ziehen wollen. Wenn LEGAL_ACTOR einen Schaden angerichtet hat, lässt sich die Abfindung für die Betroffenen in dieser Weise minimieren. Normalerweise schafft es ein Meldeamt aber nicht, alle in einer Gesellschaft vorkommenden Fälle abzudecken. Die Akteure sind normalerweise kreativer und schneller als ein bürokratisches Amt.

In einer künstlichen Gesellschaft können wir prologisch ein Meldeamt einrichten, so dass alle aktiven und potentiellen – d.h. gestorbenen und (oder) noch nicht geborenen – Akteure verwaltet und mit eindeutigen Namen versehen werden. Dazu ist es zweckmäßig, mehrere, regionale Ämter aufzubauen (siehe dazu auch Kap. 2). Ein solches Meldeamt lässt sich durch einen Term darstellen, der den Namen des Amtes, eine Liste von zu verwaltenden Akteuren, die zu einem bestimmten Zeitpunkt aktiv sind, und eine Liste von nur potentiellen Akteuren beinhaltet.

```
registration_office(NAME,TICK,[ACTORNAME_1,...,ACTORNAME_M],
     [POTENTIAL_ACTOR_1,...,POTENTIAL_ACTOR_N]).
```

Am Anfang reicht es aus, eine Anzahl von Ämtern festzulegen, number_of_ registration_offices(_), die die verschiedenen Regionen oder Subsysteme einer Gesellschaft verwalten. Der Zeitpunkt TICK wird in das Hauptprogramm an den passenden Stellen eingebunden.

Einen wichtigen Punkt haben wir in diesem Buch noch nicht besprochen: Wie sollen wir mit Spielwelten, also mit fiktiven künstlichen Gesellschaften, umgehen, denen jegliche empirische Basis fehlt. Künstliche Gesellschaften, die wir als Computerabläufe beschrieben haben, sind Computerspielen ziemlich ähnlich. Ein Spieler aktiviert das Spiel, gibt eventuell einige »Fakten« ein und interagiert mit dem Spiel. Bei Computerspielen ist es meistens auch vorgesehen, dass der Spieler als Computernutzer in den Ablauf des Spiels eingreift.

Zwischen einem Computerspiel und einer wissenschaftlichen Simulation gibt es grundsätzliche Unterschiede. Erstens möchte ein Spieler normalerweise als Sieger hervorgehen. In einem Spielablauf gibt es für den Spieler zwar Spielregeln, die er auch befolgt, um nicht ausgeschlossen zu werden. Diese Regeln sind aber nicht die Programmregeln, die das Programm steuern. Diese bleiben dem Spieler normalerweise verborgen. In der Regel sind dem Spieler weder die Modelle noch die Daten bekannt, die die Programmabläufe steuern. Zwar benutzen auch die ProgrammierInnen eines Sim-Programms normalerweise PROLOG ohne auf die Bit- und Hardwareebene von Abläufen vorzudringen. Die PROLOG BenutzerInnen können aber, wenn sie wollen, alle Details von PROLOG lernen und verstehen, während diese Details für den Spieler kaum von Interesse sind.

Zweitens unterscheiden sich Computerspiele und wissenschaftliche Simulationen in ihren Motiven und Zielen. In Simulationen geht es hauptsächlich darum, ein konstruiertes und programmiertes Modell und die eingegebenen Fakten mit wirklichen Systemen und Fakten zu vergleichen. Spieler versuchen hingegen in künstliche Welten einzutauchen und die Realität zumindest zum Teil auszuklammern.

Ein dritter Unterschied besteht im Umgang mit dem Zufall. Zwar werden auch in einem Spiel Zufallszahlen benutzt, aus diesen Zahlen lassen sich aber keine theoretischen Erkenntnisse gewinnen, weil die Spieler die Regeln nicht kennen, mit denen Zufallszahlen gezogen werden. Dieser Umgang führt wissenschaftlich gesehen zum zentralen Punkt von sozialen Simulationen. Mit Zufallszahlen erzeugen wir viele unterschiedliche Abläufe, »Welten«, oder Modelle, die wir aber *systematisch* analysieren können. In einem Computerspiel möchte ein Spieler oder eine Gruppe von Spielern gewinnen, aber nichts analysieren. In einer künstlichen Gesellschaft geht es nicht um Gewinnen oder Verlieren, sondern im Vordergrund steht der Erkenntnisgewinn. Eine Simulation, eingeschränkt auf Gesellschaften, ahmt eine Gesellschaft modellhaft, dynamisch und möglichst wirklichkeitsgetreu zu Übungs- oder Erkenntniszwecken nach.[15]

---

15 (Duden, 1997).

3.4 Sequenziell oder Parallel

Ein klassisches Computerprogramm bearbeitet die Programmanweisungen während eines Ablaufs immer sequenziell, also nacheinander. Ein paralleles Programm hingegen führt bestimmte Aufgaben gleichzeitig aus. In PROLOG können z.B. bei einer Konjunktion beide Konjunktionsglieder unabhängig voneinander bearbeitet werden. Ein Beispiel für das Zusammenspiel von mehreren Anweisungen ist ein Hausbau. Hier gibt es die Aufgaben: *Baue eine Wand* 1 und *Baue eine Wand* 2, ... In einem »klassischen« PROLOG Programm werden die einzelnen Aufgaben – »Wände bauen« – nacheinander ausgeführt, bis alle abgeschlossen sind. Wird das Programm parallelisiert, werden die Aktionen »gleichzeitig« und unabhängig zur Ausführung gebracht. In der Informatik werden solche Abläufe »nebenläufig« genannt. Wenn der Computer mehrere Prozessoren besitzt, können die Aufgaben auf die Recheneinheiten aufgeteilt und somit zeitgleich bearbeitet werden. Bildlich gesprochen wird dabei für jede Wand ein Arbeiter zur Verfügung gestellt.

Bis in die Mitte der neunziger Jahre wurden in einer ersten Welle schon Anwendungen durch parallele Computer und Programme erledigt. Auch unsere Arbeitsgruppe nutzte damals ein echt-parallel arbeitendes Computersystem, bestehend aus einem *Transputersystem* und einer PROLOG Variante namens BAP (*Brain Aid – PROLOG*).[16] Die Rechenleistung der ersten Transputer war damals allerdings ziemlich schwach. Sie wurden nach einigen Jahren nicht mehr weiter entwickelt, so dass wir wieder auf sequenzielle Computer umsteigen mussten.

Inzwischen entdeckt »der Markt« parallele Aspekte wieder neu. Verantwortlich dafür ist der technologische Fortschritt. Ein aktueller Rechner enthält heute in der Regel mehrere Prozessorkerne - sogar in Mobilgeräten wie Smartphones oder Tablet PCs sind mittlerweile Prozessoren mit mehreren Kernen zu finden. Auch auf Grafikkarten findet sich inzwischen eine Vielzahl von stark optimierten und sehr spezifischen Kernen, die ebenfalls parallel arbeiten, allerdings nur einfache geometrische Aufgaben ausführen können. Am anderen Ende der Skala – bei den großen Rechenanlagen und im so genannten High Performance Computing – arbeiten heute Tausende von Prozessoren »massiv parallel«. Diese Rechner simulieren komplexe Börsen-, Wetter-, aber auch Kriegssituationen.

Ein paralleles Programm kann auf zwei Ebenen betrachtet werden. Auf der Hardwareebene verzweigt der physikalische Ablauf eines Programm in zwei (oder mehr) Äste, so dass mehrere Teilprozesse tatsächlich gleichzeitig – parallel – im selben Computer ablaufen. Auf der Softwareebene lässt sich die Parallelisierung von Prozessen nachahmen. Beim Programmieren werden dafür zwei oder mehr *Threads* (»Fäden«) eingerichtet, so dass die Befehle für einen bestimmten Thread nur innerhalb dieses Threads wirksam werden; die lokalen Befehle für einen

---

16 (Bergmann, 1994), (Brendel, 2010) und (Balzer und Brendel, 1996).

einen Thread werden »gekapselt«. Sie sind für andere Bereiche des Programms, insbesondere für andere Threads, unwirksam.

In SWI-PROLOG lassen sich Threads sehr einfach erzeugen. Wenn die dazugehörigen Threadbefehle nicht benutzt werden, läuft ein »normales« Sim-Programm immer in einem »Hauptthread«, der beim Aufruf des Programms automatisch gestartet wird und bis zum Ende des Programms aktiv ist. Werden mehrere Threads verwendet, wird im Ablauf für jeden zusätzlichen Thread ein kleiner Bereich abgetrennt.

In Abbildung 3.4.1 wird abstrakt auf der PROLOG-Programmebene die Taktung von Programmabschnitten, die in einem Sim-Programm mit zwei Threads ausgeführt werden, dargestellt.

Abb. 3.4.1

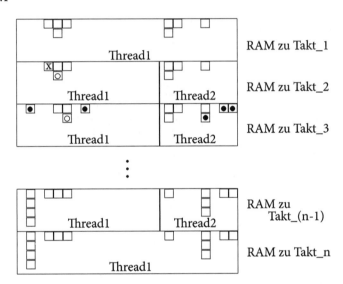

Die fünf »Zeittakte« werden in der Abbildung oben durch die fünf großen Rechtecke repräsentiert. Jeder Takt verfügt über eine bestimmte Datenbasis. Im Takt_1 gibt es nur den Hauptthread Thread1. Die kleinen Boxen repräsentieren Teile der Programms zu den jeweiligen Takten, hier also zu Takt_1. Die freibleibende Fläche des Rechtecks stellt den Gesamtplatz im Arbeitsspeicher (RAM) des Computers dar, der zu Takt_1 nicht belegt ist. In Takt_2 wird ein zweiter Thread2 »erzeugt«, der grafisch durch eine Trennlinie von Thread1 abgetrennt ist. PROLOG Regeln, die zu einem bestimmten Takt gehören und zum nächsten Takt führen, werden jeweils innerhalb des betreffenden Threads ausgeführt. Im Takt_3 sehen wir, dass durch das Programm 5 zusätzliche Terme (schwarze Kreise) in die Datenbasis aufgenommen wurden, dass ein mit x bezeichneter Term weggefallen ist und dass ein weiterer Term (ein weißer Kreis) an eine andere Stelle geschoben wurde. Mit den folgenden Takten hat sich die Datenbasis bis zum Takt T_(n-1) weiter verändert. Am Ende von Takt T_(n-1) wird der zweite Thread – Thread2 – wieder entfernt.

Die beiden Threads werden durch den Computer abwechselnd getaktet bzw. bearbeitet. Der Rechner beginnt mit dem ersten Thread Thread1 und bearbeitet einige Schritte aus diesem Thread. Dann wendet er sich dem zweiten Thread Thread2 zu und rechnet dort kurze Zeit. Anschließend kehrt er wieder zu Thread1 zurück, arbeitet einige weitere Schritte im Thread1 ab, pausiert dann bei Thread1 und geht wieder zu Thread2 zurück. Und so weiter.

Diese Taktung ist ein zentraler Bestandteil der neuen Thread-Struktur von PRO-LOG. Eine interessante Frage ist: Wann beginnt ein Thread zeitlich innerhalb eines Ablaufs und wann endet er? Die damit zusammenhängenden Programmiertechniken und die neuen PROLOG Befehle für die Verwendung von Threads können wir hier nur kurz streifen.

Wir beschreiben einige der einfachsten und zentralen Befehle, die für die Thread-Struktur nötig sind. Diese Befehle erklären wir anhand sehr einfacher Beispiele.

Einfache Thread Befehle	
thread_create alias(_)	Ein Thread wird eingerichtet; ist eine spezielle Option für den Befehl thread_create
thread_join	Ein Thread wird wieder beendet
thread_self(Id)	Die Identifikationsnummer oder der Name des Threads werden aus- gegeben
thread_send_message	Ein Thread sendet eine Nachricht an das Programm
thread_get_message	Eine Nachricht wird von einem Thread empfangen
thread_signal(Id, (attach_console,trace))	trace wird für den Thread Id geöffnet

Ein erster Befehl, mit dem ein neuer Thread gesteuert wird, ist:

$$\text{thread\_create(thread,Id,[ ])} \qquad\qquad [3.4.1]$$

Der Befehl hat drei Argumente. Das erste Argument in [3.4.1], das wir hier thread nennen, hat zwei Funktionen. Erstens wird thread wie ein Name verwendet, der den neuen Thread bezeichnet, zweitens wird thread als Kopf einer Klausel der Form thread :- ... genutzt, so dass der Thread durch diese Klausel beschrieben und programmiert wird. Wird der Thread für einen bestimmten Akteur verwendet, könnten wir z.B. den Thread in der Form thread_create(peter,Id, [ ]) schreiben und die dazugehörige Klausel so beginnen lassen: peter :- ... Ist

der Thread für Gruppe Nr. 1 gedacht, könnten wir stattdessen `thread_create(`
`group1,Id,[ ])` schreiben und die Klause so beginnen lassen: `group1 :- ...` Wird
der Thread für eine mathematische, parallele Berechnung eingesetzt, könnten wir
`thread_create(method1,Id,[ ])` schreiben.

Die Variable `Id` wird bei Ausführung des Befehls durch eine natürliche Zahl ersetzt. Sie ermöglicht PROLOG die Identifikation des Threads. Diese Zahl wird von
PROLOG automatisch vergeben. Der erste neue Thread, der im Programm eingerichtet wird, bekommt immer die Identifikationsnummer 2, der nächste Thread
die Nummer 3 und so weiter. Diese Vergabe lässt sich nicht verändern. In dieser
Thread-Struktur wird das Gesamtprogramm, das die normalen Threads steuert,
ebenfalls als ein Thread behandelt. Dieser bekommt immer die Identifikationsnummer 1.

Das dritte Argument enthält eine eventuell leere Liste von zusätzlichen Optionen, die die Einrichtung des Threads effizienter machen. Wir betrachten nur eine Option, die wir in diese Liste eintragen können, nämlich die Option `alias(`
`thread_name)`. Durch diese Variable, die wir hier generisch durch `thread_name`
bezeichnen, können wir im Programm die Identifikationsnummer `Id` durch einen
besser lesbaren Namen ersetzen. Die etwas verwirrende Zahlenfolge der Identifi-
kationsnummern brauchen wir in diesem Fall nicht mehr zu benutzen. Z.B. schreiben wir beim zweiten Thread, also dem Thread Nr.2 mit Identifikationsnummer 3,
statt der Zahl 3 einfach `group1`. PROLOG verwendet im Hintergrund weiterhin
die Zahl 3, wir benutzen im Programm dagegen den für uns besser lesbaren Namen `group1`. Im Beispiel würden wir also folgendes eintragen:

            `thread_create(group1,Id,[alias(group1)]).`

Der neue »Name« `group1` für den Thread Nr.2 lässt sich also im Programm verwenden, ohne dass ein Programmierer die »echte« Identifikationsnummer (hier
3) benutzen muss.

Haben wir keinen Aliasnamen für den Thread vergeben, können wir mit `thread_`
`self(Id)` die Identifikationsnummer herausfinden. Dazu muss der Term innerhalb der Klause für den Thread `thread` stehen, also

```
...,
create_thread(thread,Id,OPTIONS),                                        (1)
...
```

`thread :- ..., thread_self(Id1), ...`   (2)

In (1) wurde die Variable `Id` durch eine Zahl ersetzt, und in (2) findet die Variable
`Id1` diese Identifikationsnummer. Z.B. wurde in (1) `Id` auf 3 gesetzt, was wir uns
normalerweise nicht merken. Mit `thread_self(Id1)` finden wir diese Zahl durch
PROLOG in (2) wieder heraus.

Mit `thread_join(Id,Status)` beendet PROLOG den Thread, der die Identifikationsnummer `Id` hat oder den durch uns vergebenen Alias, wie `group1`. Die zweite Variable `Status` gibt den Status aus, in dem der Thread sich gerade befindet. `Status` kann z.B. durch `true` oder durch `false` instantiiert werden. Der Fall `true` drückt aus, dass der Thread erfolgreich beendet wurde, `false` bedeutet, dass er gescheitert ist. Misslingen kann ein Thread, weil es in der Thread-Architektur viele Fehlermöglichkeiten gibt. Ein Thread wartet z.B. auf eine Information, die er aber nie bekommt, obwohl diese Information im Programm durch einen anderen Thread erzeugt wurde. Dies führt in parallelen Abläufen oft zu Problemen. Wenn ein Thread nicht regelgerecht beendet wurde, können wir den Fehler mit `Status` besser finden. Weitere Optionen für den `Status` eines Threads finden Sie im PROLOG Manual.

Mit den vorgestellten Befehlen formulieren wir ein einfaches, »parallel« laufendes Beispiel, in dem zwei Threads unabhängig voneinander arbeiten. Der erste Thread beschreibt eine Warenproduktion, die in verschiedenen Produktionsstätten (`number_of_production_ places(20)`) eines Unternehmens stattfindet. Dazu läuft der Thread in einer Schleife über verschiedene Produktionsstätten. Für all diese Produktionsorte beschreiben wir dieselbe produzierte Ware durch dieselbe Produktionsfunktion f. Im Beispiel braucht eine Produktion als Input zwei Waren der Quantitäten Q1 und Q2, wie z.B. Kapital und Arbeit oder Wasser und Chlor. Aus diesen entsteht eine neue Ware in einer bestimmten Quantität Q. Im Beispiel gehen wir von 1000 Einheiten der ersten Inputware und von 500 Einheiten der zweiten Inputware aus: `number_of_quantities(1,1000)` und `number_of_ quantities(2,500)`. Die Produktionsfunktion f transformiert die Quantitäten Q1 und Q2 zu einer Quantität Q der neuen Ware. Wir nehmen dazu eine *Cobb-Douglas* Produktionsfunktion f, die in der ökonomischen Standardliteratur verwendet wird, nämlich[17]

$$Q = f(Q1, Q2) = Q1^{C1} * Q2^{C2}, \text{ wobei } C1 + C2 = 1.$$

Dabei sind prologisch geschrieben C1 und C2 zwei Konstanten, die wir hier willkürlich festlegen: `C1=0.7`, `C2=0.3`. Wir tragen diese Konstanten in die Parameterdatei para ein: `const1(0.7)` und `const2(0.3)`. Dies kann z.B. bedeuten, dass im Produktionsprozess 70 Prozent (`0.7`) des Inputs Kapital und 30 Prozent (`0.3`) Arbeit sind. Schließlich legen wir die Zahl der Produktionsstätten fest, etwa `number_ of_production_places(20)`.

Der zweite Thread bearbeitet eine Menge von Kampfgruppen, die zusammen im Krieg kämpfen. Dazu legen wir die Anzahl der Gruppen `number_ of_groups(10)` fest, die Gesamtanzahl von Soldaten `number_of_soldiers(900)`, aus denen diese Gruppen bestehen und eine Konstante `const3(0.8)`, welche die

---

17 Siehe z.B. (Henderson und Quandt, 1971, 3.4).

Wahrscheinlichkeit ausdrückt, ob ein Soldat in einer bestimmten Gruppe im Kampf zu Tode kommt. Dieser Thread enthält eine interne Schleife über die Kampfgruppen.

Um den Unterschied deutlich zu machen, haben wir die beiden Threads auf zwei verschiedene Arten programmiert.

```
start :-                                                                       1
 number_of_production_places(NUMBER_OF_PLACES),                                2
 number_of_soldiers(NUMBER_OF_SOLDIERS),                                       3
 thread_create(thread1,Id1,[]),                                                4
 thread_create(thread2,Id2,[alias(thread2)]),                                  5
 thread_join(Id1,STATUS1),                                                     6
 thread_join(thread2,STATUS2),                                                 7
 append('res331.pl'), repeat,                                                  8
 ( production(X,Y), write(production(X,Y)),                                    9
     write('.'), nl, fail ; true ), told, ...                                  10
thread1 :-                                                                     11
 thread_self(Id1), asserta(thread1(Id1)),                                      12
 thread_signal(Id1,(attach_console,trace)),                                    13
 number_of_production_places(NUMBER_OF_PLACES),                                14
 constant1(CONSTANT1), number_of_quantities(1,QUANTITY1),                      15
 constant2(CONSTANT2), number_of_quantities(2,QUANTITY2),                      16
 AMOUNT1 is QUANTITY1/NUMBER_OF_PLACES,                                        17
 AMOUNT2 is QUANTITY2/NUMBER_OF_PLACES,                                        18
 ( between(1,NUMBER_OF_PLACES,PLACE),                                          19
   produce(PLACE,CONSTANT1,AMOUNT1,CONSTANT2,AMOUNT2,FUNC_VALUE)               20
       , fail
 ; true ).                                                                     21
produce(PLACE,CONSTANT1,AMOUNT1,CONSTANT2,AMOUNT2,FUNC_VALUE) :-               22
 Z1 is AMOUNT2/2, Z2 is random(ceiling(Z1)),                                   23
 Z3 is Z1 + Z2,                                                                24
 FUNC_VALUE is exp(PLACE1*log(QUANTITY1))*exp(PLACE2*log(Z3)),                 25
 asserta(production(PLACE,FUNC_VALUE)),!.                                      26
thread2 :-                                                                     27
 thread_self(thread2), asserta(thread2(thread2)),                             28
 thread_signal(thread2,(attach_console,trace)),                               29
 number_of_groups(NUMBER_OF_SOLDIERSp),                                        30
 NUMBER_OF_SOLDIERS is NUMBER_OF_SOLDIERSp + 1,                               31
 number_of_soldiers(QUANTITY3),                                                32
 AMOUNT3 is QUANTITY3/NUMBER_OF_SOLDIERS, constant3(CONSTANT3),               33
       asserta(pool(QUANTITY3)),
 loop(1,NUMBER_OF_SOLDIERS,CONSTANT3,AMOUNT3).                                 34
loop(NUMBER_OF_SOLDIERS,NUMBER_OF_SOLDIERS,COSTANT3,AMOUNT3).                  35
loop(SOLDIER,NUMBER_OF_SOLDIERS,CONSTANT3,AMOUNT3) :-                          36
 SOLDIER < NUMBER_OF_SOLDIERS,                                                 37
```

```
      fallen(SOLDIER,CONSTANT3,AMOUNT3),                              38
      SOLDIERnew is SOLDIER + 1,                                      39
      loop(SOLDIERnew,NUMBER_OF_SOLDIERS,CONSTANT3,AMOUNT3).          40
                                                                      41
fallen(SOLDIER,CONTANT3,AMOUNT3) :-                                   42
      pool(QUANTITY),                                                 43
      CONSTANT is random(ceiling(CONSTANT3*AMOUNT3)) + 1,             44
      asserta(battle(SOLDIER,CONSTANT)),                              45
      QUANTITYnew is QUANTITY - CONSTANT,                             46
      retract(pool(QUANTITY)), asserta(pool(QUANTITYnew)),!.          47
```

In 4 und 5 werden zwei Threads eingerichtet. Der erste Thread bekommt seine normale Identifikationsnummer (hier 2). Der zweite bekommt zusätzlich ein Alias thread2. Die Identifikationsnummer Id1 von Thread1 wird durch PROLOG auf 2 gesetzt und Id2 auf 3. Beide Threads arbeiten nun alle die in den weiteren Klausen beschriebenen Schritte ab. Am Ende werden in 6 und 7 beide Threads wieder beendet. In 6 wird der Thread mit Identifikationsnummer 2 geschlossen und in 7 mit dem Alias thread2. In 8 bis 10 haben wir die Resultate aus beiden Threads aufgesammelt und an eigene Dateien geschickt, die wir zur Analyse direkt weiterverwenden können. Dazu versehen wir jeweils die neu erzeugten Terme mit einem Punkt. In Thread Nr.1 wird in 12 die Identifikationsnummer Id1 des Threads aus der Datenbasis geholt. 13 haben wir eingefügt, falls wir den trace für diesen Thread öffnen möchten. In diesem Fall wird PROLOG also den trace für Thread1 einschalten.

Nachdem wir das Programm mit start aktiviert haben, sehen wir, dass sich ein weiteres SWI-PROLOG Fenster öffnet. In diesem erscheint oben der Name Thread 2 (und anderes). PROLOG ist nun im trace Modus und wartet, bis wir Return drücken. PROLOG hat die Programmstelle nach dem trace gefunden. Mit dem nächsten Return wird der Thread beauftragt, den Term number_of_production_places(20) aus der Datenbasis zu holen. In 15 und 16 werden Konstanten geholt und in 17 wird die Gesamtmenge QUANTITY1 der Inputware Nr.1 im Ort in NUMBER_OF_PLACES geteilt. D.h. für jede Produktionsstätte PLACE wird die Inputmenge QUANTITY1/NUMBER_OF_PLACES=AMOUNT1 zur Verfügung gestellt, mit der an dieser Stätte produziert werden kann. In 19 bis 21 wird dann eine Schleife über alle Produktionsstätten PLACE gelegt. In 22 wird die Produktion am Ort PLACE beschrieben. Dazu wird hier etwas willkürlich in PLACE die volle Inputmenge AMOUNT1 und eine Zufallszahl Z3 als Inputmenge benutzt. Der Funktionswert FUNC_VALUE wird also durch die Produktionsfunktion f berechnet, die hier explizit gar nicht mehr zu sehen ist:

```
      FUNC_VALUE is
            exp(AMOUNT1*log(QUANTITY1))*exp(AMOUNT2*log(QUANTITY2)).
```

Dieser Wert FUNC_VALUE wird nun durch production(PLACE,FUNC_VALUE) in die

Datenbasis aufgenommen. Der Term besagt, dass in dieser Produktionsstätte PLACE die Quantität FUNC_VALUE produziert wurde. Da die normalen Befehle append und told innerhalb eines Threads nicht funktionieren, haben wir an dieser Stelle die Resultate nicht gleich in eine Resultatdatei geschickt, sondern legen sie nur in der Datenbasis ab. Erst am Ende des Hauptprogramms werden in 8 bis 10 diese Resultate extern gespeichert. Wir müssen erwähnen, dass der angeschaltete trace nicht lange wartet. Nach einiger Zeit wird PROLOG diesen Thread von sich aus beenden und eine Fehlermeldung ausgeben. Wenn wir den trace aber »zügig« durchlaufen lassen, beendet PROLOG das Programm regelgerecht.

Der zweite Thread ist in ähnlicher Weise formuliert. Nur wird in 35 bis 40 eine Art der Schleifenbildung benutzt, die wir in (3.1) kurz vorgestellt haben. Die Option für die Identifikationsnummer haben wir hier mit alias(thread2) eingesetzt. In 5, 7 und in der Klausel für thread2 ist dann nicht die Identifikationsnummer des Threads Nr. 2 (also die Zahl 3) zu sehen, sondern der dazu passende Name thread2.

Diese Struktur lässt sich in derselben Weise auch bei anderen Threads benutzen. Das Ganze funktioniert aber nur für Threads, die keine Nachrichten verschicken und/oder empfangen.

Ein Nachrichtenaustausch zwischen Threads benötigt zusätzliche Vorkehrungen. In einem zweiten Beispiel beschreiben wir daher den Nachrichtenfluss genauer. Andere Handlungen, die in und zwischen den Threads ablaufen, lassen wir hier beiseite. »Echte« Handlungen, die nicht nur Nachrichten austauschen, können an den passenden Stellen im Beispiel leicht eingefügt werden. Bei der Nachrichtenstruktur spielt die Ordnung der Ticks und die Taktung der Threads eine zentrale Rolle. Wir setzen hier voraus, dass die Längen verschiedener Threads, also die Anzahl der Ticks, identisch sind. Im einfachsten Fall beschäftigen wir uns mit nur zwei Threads. Wir legen für den Ablauf z.B. 20 Ticks fest: number_of_ticks(20), d.h. beide Threads laufen über die gleiche Anzahl von Ticks. In diesem Beispiel nennen wir die beiden Threads actor1 und actor2, da in einem Thread der Austausch von Nachrichten für einen bestimmten Akteur programmiert ist. Auch hier formulieren wir aus didaktischen Gründen für die beiden Akteure die Schleifen innerhalb der Threads verschieden. Bei Thread Nr.1 wurde die Schleife im Akteur Nr.1 mit between(. . .) und bei Thread Nr.2 für Akteur 2 ohne diesen Befehl codiert.

```
start :-                                                        1
number_of_ticks(NUMBER_OF_TICKS),                               2
thread_create(actor1,Id1,[alias(actor1)]),                      3
thread_create(actor2,Id2,[ ]),                                  4
thread_join(actor1,STATUS1),                                    5
thread_join(Id2,STATUS2),                                       6
writein(res2,...), ...                                          7
```

```
actor1 :-                                                           8
 thread_self(actor1), number_of_ticks(NUMBER_OF_TICKS),            9
 ( between(1,NUMBER_OF_TICKS,TICK), action(actor1,TICK),           10
   thread_send_message(3,action(event(actor1,TICK))),              11
   asserta(message(actor1,TICK)),                                  12
   thread_get_message(action(event(Y,Z))), fail                    13
 ;   true ).                                                       14
action(actor1,TICK) :- true.                                       15
actor2 :-                                                          16
 thread_self(Id2), number_of_ticks(NUMBER_OF_TICKS),              17
 findall(TICK,between(1,NUMBER_OF_TICKS,TICK),LIST2),              18
 repeat,                                                      ,    19
 ( nth1(X,LIST2,TICK), action(Id2,TICK),                          20
   thread_send_message(2,action(event(Id2,TICK))),                21
   asserta(message(Id2,TICK)),                                    22
   thread_get_message(action(event(Y,Z))), TICK < X               23
 ;   true).                                                       24
action(Id2,TICK) :- true.                                          25
```

In 2 wird die Anzahl der Ticks geholt, in 3 und 4 werden die beiden Threads eingerichtet. 5 und 6 beenden sie wieder, sammeln in 7 die Resultate, die in den Threads
erzeugt wurden, aus der Datenbasis auf und schicken sie an die Resultatdateien. Im
ersten Thread für den Akteur actor1 haben wir die Identifikationsnummer durch
den Alias actor1 ersetzt, siehe auch 8 bis 14. In 9 wird der Threadname durch den
Alias actor1 gefunden und die Anzahl der Ticks geholt. In der Schleife 10 bis 14
geschieht in jedem Tick folgendes. Zuerst wird durch actor1 zu TICK die Handlung action(actor1,TICK) ausgeführt, die in der Klausel 15 beschrieben wird. In
diesem Beispiel haben wir diese Handlung in 15 ohne Inhalt gelassen. Es geschieht
inhaltlich gesprochen nichts; nur die Zeit vergeht. In 11 sendet Akteur 1 (actor1)
eine Nachricht an den zweiten Thread, der dem Akteur Nr.2 (actor2) gehört. Die
Nachricht   action(event(actor1,TICK))   besagt,   dass   ein   Ereignis
event(...) durch den Akteur actor1 zum Tick TICK ausgeführt wurde. Diese
Nachricht könnten wir in 15 leicht mit echtem Inhalt füllen. In 12 wird diese Nachricht in der Form mess(event(actor1,TICK)) auch in die Datenbasis geschrieben,
so dass wir später diese Nachricht weiter verwenden können. In 13 empfängt Akteur 1 eine Nachricht. Wenn er keine Nachricht findet, wird der Ablauf in diesem
Programm nicht fortgesetzt. Da wir aber das Beispiel dezidiert so geschrieben haben, dass Akteur 1 immer eine Nachricht findet, wird der Thread regelgerecht beendet.

In derselben Weise wird auch der zweite Thread bearbeitet. Bei Akteur 2 haben
wir nur die Identifikationsnummer des Threads benutzt und eine andere Schlei-
fenform gewählt. Zeitlich läuft dieser Thread genauso ab. Akteur 2 beginnt zu einem gegebenen Tick immer damit, eine Handlung auszuführen und sodann eine

entsprechende Nachricht an den anderen Akteur zu schicken. Erst dann empfängt Akteur 2 Nachrichten. In diesem Beispiel wird Akteur 2 nur von dem einzigen, anderen Akteur 1 genau eine Nachricht bekommen.

In einem dritten Beispiel, das die Leser in $\mathcal{KG}$! 332 finden, wird die Zeitschleife *über* die Threadstruktur gelegt. D.h. die Threads werden in einem bestimmten Tick eingerichtet und am Ende desselben Ticks wieder entfernt. Durch diese zunächst ineffizient erscheinende Struktur können wir die Taktung beim Senden und Empfangen teilweise umgehen. Dazu wird ein herausgehobener Thread eingerichtet, der normalerweise als `main_thread` oder Thread für den `main_actor` bezeichnet wird. Dieser Thread hat die Hauptaufgabe, Informationen von den restlichen Threads zu erhalten und weiterzugeben. Wir beschreiben hier nur den Teil, bei dem der Thread *Inels* erhält. Die anderen Threads senden an jeder für sie zweckmäßigen Stelle ein $Inel$ an den `main_thread`.

Im `main_thread` läuft ständig die folgende gleichförmige Schleife ab:

```
..., 
thread_create(main_actor,Id,[alias(main_actor)]),
...

main_agent :-
  repeat, thread_get_message(message(INEL)),
  writein(message(INEL)), fail.
```

In dieser Version wird der `main_thread` nicht beendet. Es gibt aber Möglichkeiten, diese Endloschleife zu stoppen, z.B. mit einem Befehl `thread_at_ exit(:_)`, siehe SWI Manual und $\mathcal{KG}$! 334. Diese Struktur wird in technischen Programmen schon jahrzehntelang verwendet und hat ihre Wurzeln in Petri-Netzen.[18]

Das Thema »Parallelität« ist damit bei Weitem nicht erschöpft. Es gibt noch viele andere Techniken, soziale Simulationen parallel auszuführen. Doch diese sind teilweise sehr technisch und lenken von unserem eigentlichen Thema ab. Zusammenfassend lässt sich sagen: Die hier besprochenen Methoden stellen einen ersten Ansatz dar, um Threads in PROLOG zu erzeugen und einzusetzen. Eine andere Möglichkeit wäre, eine Simulation nicht über Ticks zu steuern, sondern den Ablauf innerhalb von unabhängigen Threads ausführen zu lassen. Eine asynchrone Simulation stellt eine andere Art der Parallelisierung dar, die auch andere Ergebnisse zeitigt.

Derzeit sind uns im Kontext der künstlichen Gesellschaften keine Simulationen bekannt, die genau letzteren Aspekt abdecken. Sicherlich wird es hier künftig weitere Entwicklungen geben.

---

18 In einem auch für soziale Anwendungen benutzten Ansatz werden sogenannten DEVS (»discrete event systems«) benutzt. Allgemein (Zeigler, 1984) oder als Beispiel (Broutin, Bisgambiglia und Santucci, 2009); auch http://www.moncs.cs.mcgill.ca/MSDL/research/DEVS .

3.5 Analyseschleifen

Die wissenschaftliche Analyse von Resultaten eines Sim-Programms wird oft un-
terschätzt. Wir haben betont, dass in sozialen Anwendungen Zufallszahlen und
Verteilungen von Ereignissen wichtig sind. Komplexe, zufallsgesteuerte Programme führen aber meist zu einer großen und nicht einfach zu beschreibenden Menge
von Resultaten. Um die Auswirkungen von Zufallszahlen in einem Programm zu
verstehen, müssen wir die Verwendung von Zufallszahlen systematisch beschreiben und analysieren. Wir vergleichen dazu viele verschiedene Abläufe, die sich
durch Zufallsprozesse unterschiedlich entwickeln.

Betrachten wir zunächst in einem Sim-Programm die Stelle eines Handlungs-
ablaufs, an der unter Verwendung von Zufallszahlen *random* ein Zufallsprozess
startet. Wenn zwei Abläufe bis zu einer bestimmten Stelle identisch sind, trennen
sich die beiden Abläufe genau an dieser Stelle. Sie unterscheiden sich ab diesem
Punkt voneinander mehr oder weniger. Inhaltlich können wir zwei Aspekte bei
den Abläufen untersuchen. Erstens lassen sich die beiden Abläufe auf qualitativer
Ebene von ihrer Form her unterscheiden. Wir haben z.B. die Möglichkeit, aus den
Resultaten beider Abläufe zwei Funktionen zu »destillieren«, die sich anschaulich nachzeichnen lassen. Diese beiden Funktionen können ziemlich unterschiedliche Form haben. Z.B. könnte die erste Funktion approximativ linear sein und die
zweite könnte oszillieren. Zweitens lassen sich auf der quantitativen Ebene viele
Abläufe durchführen und durch statistische Methoden in verschiedene Klassen zusammenfassen. Aus jeder dieser Klassen können wir eine repräsentative Funktion
auswählen, so dass diese repräsentativen Formen wieder qualitative Unterschiede
erkennen lassen.

Im einfachsten Fall eines zufallsgesteuerten Programms würden wir mit random
(2) eine der beiden Zahlen 0 oder 1 ziehen. Alle Abläufe, die nach diesem Programmschritt mit 0 fortgesetzt werden, fassen wir zu einer ersten Ablaufklasse zusammen, und solche die mit 1 weiterführen, sammeln wir in einer zweiten Ablaufklasse. Wenn wir in beiden Klassen jeweils einen in grafischer Form aufbereiteten Ablauf betrachten, lässt sich erkennen, was der Zufall bewirkt. Hat sich in
einem Ablauf die erste Möglichkeit (X=0) realisiert, lässt sich schon von der Form
her vermuten, dass die zweite Möglichkeit (X=1) in einem anderen Ablauf nicht
nur statistisch, sondern auch qualitativ anders aussieht.

Die in vielen verschiedenen Abläufen entstehenden, unterschiedlichen Resultate werden mit Hilfe von statistischen Verfahren in statistische Größen überführt
und zusammengefasst – wie z.B. in das arithmetische Mittel (kurz: Mittelwert), den
Median oder die Varianz. Beispielsweise lassen sich die unterschiedlichen physischen Stärken eines Akteurs bei einzelnen Abläufen in Form des arithmetischen
Mittelwerts in einer typischen Kennzahl zusammenfassen. Die Resultate aus den
verschiedenen Abläufen werden – wie wir künftig einfachheitshalber sagen –

»gemittelt«.[19] Da der Input immer gleich bleibt, handelt es sich um Wiederholungen desselben Programms. Trotzdem entstehen in zwei Abläufen verschiedene Resultate, weil im Programm Zufallszahlen benutzt werden.

Wiederholungen können wir im einfachsten Fall so beschreiben, dass wir uns auf ein einziges Argument in einem Prädikat an einer ganz bestimmten Stelle des Programms beschränken. Dazu müssen wir die in (2.3) erörterten Ausprägungen eines Arguments kennen. Als Beispiel verwenden wir die 4 Stärkeausprägungen 1,2,3,4, in dem Term strength(ACTOR,STRENGTH). Der Akteur ACTOR hat die Stärke STRENGTH, z.B. strength(peter,3). In der Statistik wird aber normalerweise eine Notation für Funktionen benutzt, nicht für Prädikate. Wenn es in Sim-Programmen um Prädikate geht, bei denen verschiedene Ausprägungen eine Rolle spielen, treffen für diese Prädikate auch die mathematischen Funktionseigenschaften zu. Im Beispiel erfüllt das Prädikat strength die Funktionseigenschaften für das zweite Argument STRENGTH. Wir können deshalb die normale Notation für Funktionen benutzen und schreiben: strength(ACTOR)=STRENGTH, im Beispiel strength(peter)=3. Weiter müssen wir wissen, wie oft wir wiederholen wollen – wieviele Runden wir ablaufen lassen möchten. Nehmen wir an, dass wir ein Programm genau 10 Mal laufen lassen. Für diese Runden müssen wir einen eigenen Index I bereitstellen, prologisch ausgedrückt durch 1=<I,I=<10. Diesen Index fügen wir in das Prädikat ein: strength(I,ACTOR)=STRENGTH.

In statistischer Notation wird ein Index normalerweise an ein Symbol angehängt, z.B. strength_i(ACTOR), s_i(ACTOR) oder auch einfach s_i. Ein Mittelwert wird in der Statistik durch $\bar{x}$ notiert. Damit können wir den Mittelwert über die Stärken eines bestimmten Akteurs bilden, die in verschiedenen Runden unterschiedlich sind, weil sie in jedem Ablauf zufällig erzeugt werden. Es ist wichtig zu sehen, dass es in diesem Beispiel um einen bestimmten Akteur ACTOR geht, der sich in verschiedenen Runden nur durch seine Stärke unterscheidet. Anders gesagt, muss ein Mittelwert für ein bestimmtes Argument kenntlich gemacht werden, wenn die Funktion (das Prädikat) mehr als ein Argument hat.

Der Mittelwert $\bar{x}$ wird in diesem Beispiel durch die bekannte Formel berechnet:

$$\bar{x} = 1/n \cdot \Sigma x_i,$$

wobei im Beispiel die Zahlen $x_1, ..., x_4$ die Werte 1,2,3,4 annehmen.

In PROLOG lässt sich das wie folgt formulieren:

```
findall(X,X=strength(I,ACTOR),LIST),

calculate_sum(LIST,STRENGTH), length(LIST,LENGTH),

Y is STRENGTH/LENGTH, asserta(strength_mu(ACTOR,Y)).
```

wobei LENGTH die Anzahl der Runden, I=<LENGTH, und calculate_sum ein Hilfsprädikat ist, welches in einer Hilfsdatei gespeichert ist (siehe z.B. $\mathcal{KG}$! 52).

---

19 Obwohl in Simulationen viele statistische Maßzahlen relevant sein können, beschränken wir uns im Folgenden aus Einfachheitsgründen auf Mittelwerte.

Der Mittelwert wird mathematisch zunächst nur für ein bestimmtes Argument gebildet, d.h. wir mitteln nur an einem bestimmten Punkt. Im obigen Beispiel wird
die Stärke des Akteurs peter in verschiedenen Abläufen gemittelt. Wenn wir statt
peter einen anderen Akteur, z.B. udo nehmen, wird bei der Funktion strength an
einer anderen Stelle, bei einem anderen Argument der Funktion, gemittelt. In der
Statistik werden bei allen Argumenten der Funktion Mittelwerte gebildet. All diese Mittelwerte werden zusammengesetzt, so dass eine neue statistische Funktion
entsteht.

Andererseits können wir den Mittelwert auch bei einem anderen Argument des
Prädikats bilden – falls das Prädikat mindestens zwei Argumentstellen hat. Im
Term strength(ACTOR,STRENGTH) könnten wir auch den Mittelwert auf das ers-
te Argument ACTOR anwenden. In diesem Fall würden wir die Stärkeausprägung
festhalten und den Index für die Akteure laufen lassen. Dies macht allerdings nur
Sinn, wenn die Ausprägungen im Ablauf selbst zufällig erzeugt werden.

In einem Sim-Programm wird random normalerweise an mehreren Stellen verwendet, so dass wir an einer bestimmten Programmstelle die durch random verur-
sachte Veränderung nicht immer leicht erkennen können. Dieser Unterschied ist
zwar punktuell vorhanden, er ist aber durch viele andere Zufälle überlagert. Auch
dies lässt sich anhand eines Beispiels leicht erkennen. Dazu betrachten wir neben
dem Akteur Peter einen zweiten Akteur Udo. Das Girokonto von Peter soll zu Beginn fast leer sein, während Udo am Anfang über ein gut gefülltes Konto verfügt,
account(1,peter)=2, account(1,udo)=100 (1 soll der erste Tick in einer Runde
sein). Dagegen nehmen wir an, dass Udo schwach (strength(udo,1)) und Peter
stark ist (strength(peter,4)). Nach einer gewissen Anzahl von Runden erkennen
wir, dass das Konto von Peter mit der Zeit wächst, während das von Udo abnimmt.
In diesem Fall werden wir vermuten, dass die Stärke eines Akteurs in dieser Runde
an den Reichtum, der durch das Konto gegeben ist (wealth(TICK,ACTOR,WEALTH)
gdw account(TICK,ACTOR)=WEALTH), gekoppelt ist. Dies muss nicht zwangsläufig
so sein. Zum Beispiel kann die (physische) Stärke der Akteure durch ein weiteres
Prädikat intelligence(ACTOR,INTELLIGENCE) überlagert werden. Peter ist zwar
stark, aber Udo ist intelligent, Peter nicht. All diese Eigenschaften werden normalerweise zu Beginn einer Runde zufällig generiert. Mit anderen Worten, reicht
es nicht aus, nur einen bestimmten Mittelwert an einer Programmstelle zu untersuchen. Normalerweise müssen mehrere – oft viele – Mittelwerte berechnet und
verglichen werden, um zu einer sinnvollen Analyse zu kommen.

In der Statistik gibt es viele verschiedene Verfahren, mit denen sich mehrere Parameter (»Argumente für eine Funktion«), eine ganze Funktion oder noch komplexere Entitäten mitteln lassen.[20] Wir möchten an dieser Stelle keine speziellen
Verfahren vorstellen. Viele programmierte, statistische Analysemethoden finden
sich im R-Projekt: www.R-project.org.

---

20 Siehe z.B. (Bortz, 1985).

Inhaltlich müssen wir je nach Anwendung überlegen, wie und an welchen Stellen eines Programms gemittelt wird. Welche paradigmatischen Phänomene sind für die Konstrukteure und auch für die Benutzer eines Programms interessant? In welcher Runde tritt ein solches Phänomen auf?

Diese Fragen führen wissenschaftlich gesehen auf eine höhere Begriffsebene. Solche Phänomene lassen sich am Besten wahrscheinlichkeitstheoretisch in den Griff bekommen. Der beste Weg führt hier über die Statistik. Ohne Wahrscheinlichkeitstheorie und Statistik untersuchen wir »konkrete« Ereignisse, die zwar möglich sind, aber deren Wahrscheinlichkeit wir nicht kennen.

In Sim-Programmen ist es erforderlich, »über« die Zeitschleife eine weitere Schleife zu legen, die wir als *Statistikschleife* bezeichnen. In der Statistikschleife wird die Zeitschleife NUMBER_OF_RUNS Mal wiederholt. D.h. wir lassen die Zeitschleife R-mal, R =< NUMBER_OF_RUNS, ablaufen. In einer solchen Programmumgebung bezeichnen wir die Zeitschleife als einen run (eine *Runde*), und die für ein Programm festgelegte Anzahl von Runden notieren wir durch den Term runs(NUMBER_OF_RUNS), d.h. das Programm läuft über NUMBER_OF_RUNS Runden. In jeder Runde wird die Zeitschleife wiederholt; eine Runde ist einfach eine Zeitschleife.

Im Schleifenprädikat der Statistikschleife läuft der Index RUN über eine am Anfang festgelegte Anzahl von Runden: number_of_runs(NUMBER_OF_RUNS), z.B. NUMBER_OF_RUNS=100. Das Schleifenprädikat schreiben wir   run(RUN,NUMBER_ OF_TICKS,...), wobei RUN der Zählindex der Statistikschleife ist, NUMBER_OF_ TICKS die Anzahl der Ticks und TICK ein Tick.

```
number_of_runs(100). number_of_ticks(20).              1
start :-                                               2
   generate_data,                                       3
   number_of_runs(NUMBER_OF_RUNS),                      4
   number_of_ticks(NUMBER_OF_TICKS),                    5
   ( between(1,NUMBER_OF_RUNS,RUN),                      6
      run(RUN,NUMBER_OF_TICKS,...), fail;               7
   true ),                                              8
   ...                                                  9
run(RUN,NUMBER_OF_TICKS,...) :-                         10
   ( between(1,NUMBER_OF_TICKS,TICK),periode(TICK,RUN,...),fail;  11
   true ),                                              12
   ...                                                  13
```

In Runde Nr. RUN wird zum Tick TICK die periode(TICK,RUN,...) aufgerufen. In einer Periode werden, wie früher beschrieben, weitere innere Schleifen ausgeführt.

Die Statistikschleife bewirkt inhaltlich folgendes. Beim Start eines Sim-Programms sind, wie in (2.4) besprochen (Abbildung 2.4.1), verschiedene Parameter schon festgelegt, die in diesem Programm nicht verändert werden. Diese Parameter justieren und verankern das Programm und das Modell. Beim Start werden aus diesen Parametern neue Inputdaten für die sich entwickelnde Runde erzeugt und extern in einer unabhängigen Datei, z.B. in data, gespeichert. Diese Fakten nennen wir *dynamische Fakten*. Dynamische Fakten können in einem Ablauf verändert werden und solche Veränderungen werden auch oft innerhalb einer Runde stattfinden. Die Statistikschleife wird in 6 - 8 oben aktiviert. In der ersten Runde, RUN=1, werden mit Hilfe der dynamischen Fakten alle Klausen und Schleifen, die wir vorgestellt haben, bearbeitet. Alle Handlungsprozesse werden mit der Zeit und durch die Akteure ausgeführt. Am Ende dieser ersten Runde sind auch viele neue Resultate entstanden, die in unabhängigen Dateien gespeichert werden.

An diesem Punkt ist in 12 eine Runde, eine Zeitschleife, zu Ende. In der Statistikschleife wird nun die nächste Runde aktiviert, die mit denselben Anfangsfakten beginnt. Dies wird RUN Mal ausgeführt. Anders gesagt wird die Zeitschleife 3 NUMBER_OF_RUNS Mal wiederholt, um statistische Regelmäßigkeiten zu untersuchen – und eventuell auch erst zu finden. Da in einer Runde an vielen Stellen *random* zum Einsatz kommt, müssen wir durch viele Wiederholungen die verschiedenen Resultate mitteln, um statistisch verwertbare Ergebnisse zu bekommen. Technisch ist dabei folgender Punkt zu beachten. Am Ende einer Runde sind die dynamischen Fakten noch in der Datenbasis des Ablaufs vorhanden. Bei einer Wiederholung müssen wir aber immer dieselben Anfangsdaten verwenden, die zu Beginn der Runde erzeugt wurden. Da sich diese aber innerhalb der Runde verändern können, sind die Anfangsfakten nicht ohne Weiteres vorhanden. Wir haben daher einen eigenen Wrapper fact(RUN,TICK,...) benutzt, mit dem *alle* dynamisch erzeugten Fakten umhüllt werden; auch die, die in einer Runde verändert werden. Auf diese Weise sind wir sicher, dass alle in einer Runde erzeugten und auch alle dynamisch veränderten Fakten ziemlich schnell am Ende einer Runde Nr. RUN wieder gelöscht werden.

```
retract_facts :-
    (fact(RUN,TICK,FACT),retract(fact(RUN,TICK,FACT)),fail;true).
```

RUN steht, wie oben eingeführt, für die Rundenwiederholung, TICK für einen Tick in der weiter innen liegenden Zeitschleife und FACT für eine Variable, die in einem Term der Art fact(RUN,TICK,FACT) in der Datenbasis zu finden ist. Inhaltlich werden mit FACT alle am Anfang erzeugten, dynamischen Fakten und ihre veränderten Versionen gelöscht. Mit dieser Klause wird das Programm – bildlich gesprochen – wieder »auf Anfang« zurückgestellt, dass heißt an die Stelle, an der die Fakten zum ersten Mal erzeugt wurden. Da diese Fakten in der gerade zu Ende gehenden Runde alle aus der Datenbasis gelöscht wurden, müssen sie vorher z.B. aus einer Datei data (siehe oben) wieder geholt werden. Die nächste, d.h. die (RUN+1)-te Runde (NUMBER_OF_RUNS >= RUN > 1), wird in der gleichen Weise aktiviert – wie für RUN=1 gerade beschrieben.

Mit der Statistikschleife endet die wissenschaftliche Analyse einer Simulation aber nicht. Neben der Statistikschleife gibt es eine weitere Schleife, die noch

»weiter oben« liegt und die zur Analyse benutzt werden *kann*. Diese Schleife bezeichnen wir als *Analyseschleife*.[21] Für das Prädikat in dieser Schleife verwenden
wir das etwas abgenutzte Wort *Modell* (*model*). In einer Analyseschleife werden
Schritt für Schritt verschiedene Modelle simuliert.

Auch den Teilprozess, der nur ein einziges Modell umfasst, nennen wir einen
Ablauf. Wir verwenden also »Ablauf« in verschiedenen Bedeutungen. Je nach
Kontext sollte es aber keine Mißverständnisse geben. So weit wir sehen können,
wurde eine Analyseschleife in der hier vorgestellten Form in anderen Ansätzen
bei sozialen Simulationen bis jetzt noch nicht benutzt und diskutiert. Wir werden
deshalb bei der Erklärung etwas ausholen.

Die heutigen wissenschaftstheoretischen Ansätze unterscheiden zwischen Daten und Hypothesen. Eine Theorie, bestehend aus Daten und Hypothesen, stellt
reale Systeme annähernd richtig dar, wenn die Daten in theoretische Modelle approximativ eingepasst oder eingebettet[22] werden können. Diese Ansätze gehen von
dem naturwissenschaftlichen Ideal aus, nach dem die Daten zu einem Modell immer besser passen, wenn immer mehr Daten beobachtet, erhoben oder durch andere *wissenschaftliche* Betätigungen bekannt werden. Bei sozialen Systemen gibt
es aber ein Problem, welches wir schon mehrfach erwähnten. Zum einen überfor-
dert die schiere Menge von Daten für ein wirkliches, soziales System die Wissenschaft. Zum anderen gibt es viele ökonomische oder ethische Hindernisse, um für
eine statistisch überzeugende Analyse über ausreichend viele Daten verfügen zu
können.

Mit dieser Zweiteilung ist aber nicht das letzte Wort gesprochen, wie wir mit
PROLOG unschwer demonstrieren. Wir können auf der einen Seite Daten syn-
taktisch komplexer machen, auf der anderen Seite bei den Hypothesen verschiedene Ebenen einziehen. Wir können Hypothesen »erster« und »zweiter« Stufe
unterscheiden. Eine Hypothese zweiter Stufe wird durch ein System erfüllt, wenn
dieses System normalerweise als eine Menge von kleineren Systemen betrachtet
wird, wobei die kleineren Systeme durch Hypothesen erster Stufe dargestellt werden. Anders gesagt, wird eine Hypothese zweiter Stufe erst bestätigt, wenn es sich
um ein größeres, in irgendeiner Weise zusammengesetztes System handelt (Sneed,
1971). Zum Beispiel können wir nicht nur ein Modell konstruieren, welches für
eine bestimmte, wirklich existierende Aktiengesellschaft gilt, sondern wir können
ein Modell (und die zugehörigen Hypothese) zweiter Stufe formulieren, das bzw.
die *nur* richtig ist, wenn es global, »gleichzeitig« die gesamte Menge aller realen
Aktiengesellschaften umfasst. Dieser abstraktere Blickwinkel entwickelt sich bei
Menschen schon in der Kindheit. Jedes Kind nimmt z.B. viele verschiedene

---

21 In früheren Arbeiten hatten wir die Analyseschleife in unserer munich-simulation-group.org und
   in (Balzer, Brendel, Hofmann, 2012) als *Weltschleife* bezeichnet.
22 Der Ausdruck *Einbettung* stammt von (Ludwig, 1978).

Prozesse des Tauschens wahr. Mit fortgesetzter Entwicklung bildet das Kind das abstrakte Wort »Tausch«, welches sich auf die Klasse aller Täusche bezieht.

In unserer Formulierung hat die Analyseschleife den Zweck, zwei Arten von Daten zu unterscheiden. Eine Menge von Daten wird nicht in einem Schritt in ein Modell für gegebene Hypothesen eingebettet, sondern in zwei Schritten. Inhaltlich wird im ersten Schritt eine Menge von echten Daten an eine größere Menge von »nur möglichen Daten« übergeben und erst im zweiten Schritt wird diese große Menge in ein Modell eingepasst. Diese, zunächst widersprüchlich scheinende Formulierung, lässt sich in Sim-Programmen ziemlich einfach verstehen. »Mögliche Daten« sind diejenigen, welche in einem Ablauf erst dynamisch erzeugt werden.

Die Frage, wie und warum Daten bei einer sozialen Anwendung erhoben oder in anderer Weise bestimmt werden können und sollten, können wir hier nicht erörtern. Beim Aufbereiten von Daten werden Computermethoden auch dort immer wichtiger; das hat aber wenig mit Computersimulation zu tun.[23] Beispiele für echte Daten, die vor allem aus der Ökonomie stammen und in Simulationen benutzt werden, finden sich in Artikeln von *JASSS*.

Neben der Parameterdatei para, die wir schon öfter benutzt haben, könnten wir eine weitere Datei – etwa real_data – in das in (2.4) beschriebene Dateiensystem einbinden. Damit würden zunächst die echten Daten aus real_data in die Datenbasis des Hauptprogramms hinzugeladen und alle diese Daten mit einem Wrapper umhüllt. Erst dann werden die restlichen »möglichen« Daten erzeugt, die ebenfalls einen Wrapper tragen. Ansonsten läuft das Programm nicht anders ab als vorher.

Eine Analyseschleife lässt sich verschieden programmieren (siehe z.B. $\mathcal{KG}$! 352). Wir beschreiben eine solche Schleife hier nur informell und deuten die Programmierung an.

Für eine Analyseschleife muss erstens ein neues Teilprogramm in das Hauptprogramm eingefügt werden, welches quasi automatisch eine Liste von Listen

$$[\text{modpara1}, \ldots, \text{modparaM}]$$

von »verschlüsselten« Parametern erzeugt. Diese Liste notieren wir mit model_list([modpara1,...,modparaM]), die wir in einer eigenen Datei, z.B. models, aufbewahren. Für diese Liste brauchen wir auch eine Variable, z.B. LIST_OF_MODELS. Eine Liste der Form modpara1 besteht aus Metaparametern, die im Ablauf benutzt werden, um die Anfangsparameter für eine Statistikschleife zu generieren. Zweitens wird eine »ganz oben« liegende Klause hinzugefügt, die die Analyseschleife bearbeitet. Das Hauptprogramm sieht dann grob so aus:

```
start :-                                                                    1
    ...                                                                     2
    make_model_lists(LIST_OF_MODELS),                                       3
```

---

23 Z.B. (Friedrichs, 1985) oder www.R-project.org.

```
model_list(LIST_OF_MODELS),                                    4
length(LIST_OF_MODELS,LENGTH),                                 5
( between(1,LENGTH,ONE_WORLD),make_one_model(ONE_WORLD,        6
    NUMBER_OF_RUNS,...), fail                                  7
  ; true ),                                                    8
  ...                                                          9
make_one_model(ONE_WORLD,NUMBER_OF_RUNS,...) :-                10
  ( between(1,NUMBER_OF_RUNS,RUN),                             11
      run(RUN,NUMBER_OF_TICKS,...), fail ;                     12
    true ),                                                    13
  ...                                                          14
```

In 3 wird eine Liste von Listen erzeugt:

LIST_OF_MODELS = [MODPARA1,...,MODPARAM].

Jede Komponente MODPARAI ist dabei eine Liste [P_1, ...,P_N] von Parametern. Diese Liste MODPARAI nennen wir eine Liste von *Modellparametern*. Eine solche Liste enthält Fakten derselben Form, wie wir sie in der Originalparameterdatei para finden. Anders gesagt, ist jede Komponente MODPARAI eine Variante einer Blaupause. Jede dieser Varianten führt zu einem neuen Modell. Für eine Analyseschleife wird also eine Liste von Listen möglicher Parameter generiert, so dass jede Liste von Modellparametern in einem der kommenden Abläufe für ein Modell benutzt wird. Diese lange, unleserliche Liste LIST_OF_MODELS erzeugen wir aus zwei Ingredienzien, nämlich aus einem Schema und aus einer Liste von Metaparametern, mit denen die »normalen« Parameter für jeweils ein Modell generiert werden. Über diesen Prozess laufen mit anderen Worten viele Modelle quasi automatisch nacheinander ab.

Zu Beginn eines Sim-Programms nehmen wir die Parameterdatei para und verwenden sie als Blaupause. Aus dieser können wir viele verschiedene Parameterlisten gewinnen, indem wir in den Termen der Parameterdatei die Argumente variieren. Dazu müssen wir für jedes Prädikat aus der Blaupause den zugehörigen Prädikattyp bestimmen. Ein Prädikat kann einstellig oder mehrstellig sein und es kann Argumente haben, die durch Listen instantiiert werden. Wir beschränken uns hier auf Zahlen oder Zahlenlisten als Argumente. Aus der Blaupause gewinnen wir eine neue Liste von Modellparametern, indem wir einen Fakt aus der Blaupause nehmen, ein bestimmtes Argument aus dem Fakt verändern und den »alten« Fakt durch den veränderten Fakt ersetzen.

Um die Analyseschleife zum Laufen zu bringen, brauchen wir viele Listen von Modellparametern. Dazu generieren wir zuerst für jeden einzelnen Parameter mit zugehörigem Prädikat aus der Originaldatei para eine Liste von neuen Parametern, die alle mit diesem Prädikat beginnen. Für diese Parameter schreiben wir die Liste in folgender Weise: LIST(1),..., LIST(N), wobei N die Anzahl der Fakten aus para ist. Ein inhaltliches Problem kann entstehen, wenn zwei solche Listen

verschiedene Längen haben. Abstrakt gesprochen macht es nicht viel Sinn, für jeden Parameter die gleiche Anzahl von möglichen, neuen Parametern zu erzeugen. Z.B. können wir bei einer Analyse die Zahl NUMBER_OF_ACTORS von Akteuren in number_of_actors(NUMBER_OF_ACTORS) durch viele andere Zahlen ersetzen. Dagegen macht es wenig Sinn, den Parameter für die Rastergröße GRIDWIDTH
in gridwidth(GRIDWIDTH) genauso oft zu verändern. Wir können keine Schleife
bilden, in der für jeden Parameter jeweils ein neuer Parameter genommen wird.
Stattdessen nehmen wir aus den Parameterlisten LIST(1),...,LIST(N) jeweils genau eine Zahl heraus und fügen alle diese Zahlen zu einer neuen Liste LIST_1
zusammen. Dieses Herauspicken wiederholen wir so lange, bis *alle* Zahlen in *allen* Listen LIST(1),...,LIST(N) verwendet wurden. Dabei achten wir nur darauf,
dass keine der neu entstehenden Listen LIST_1,LIST_2,...,LIST_NUMBER mit einer anderen identisch ist. Mit dieser Methode lassen sich viele Listen LIST_1,...,
LIST_NUMBER konstruieren. Eine Liste LIST_M, M=1,...,NUMBER, enthält, wie diskutiert, genau alle Zahlen, die in die Blaupause eingesetzt werden. Jede dieser vielen
neuen Modelllisten lässt sich zu einer neuen Parameterdatei ausbauen (siehe unten).[24] Die Anzahl NUMBER der Listen von Modellparametern ergibt sich erst durch
diese Konstruktion.

Die Generierung einer Liste von Parametern für ein bestimmtes Prädikat lässt
sich auch automatisieren. Ausgehend von einem Fakt aus para formulieren wir
am Anfang des Sim-Programms für diesen Fakt ein »Metafakt«, der den Argumentbereich und die Anzahl der neuen, einzusetzenden Argumente angibt. Diese
Metafakten tragen wir in eine eigene Datei ein, die wir z.B. meta_data nennen. Die
Anzahl der zu generierenden Argumente hängt von der Größe des Zahlenbereichs
ab, aus dem wir Varianten eines Arguments nehmen. Dabei können normalerweise die Konstrukteure ziemlich frei entscheiden, welchen Zahlenbereich sie wählen.
Dies lässt sich am einfachsten durch ein Beispiel erklären.

Wenn wir in der Blaupause die Fakten number_of_runs(20), number_of_
ticks(100),   number_of_actors(150),   gridwidth(4),   number_of_exprs_
strengths(4),cumulative_frequencies_of(intelligence,[15,30,60,65,100])
... finden, verändern wir diese Liste an einer einzigen Stelle. Außer dieser neuen
Parameterdatei bleibt bei der Analyseschleife alles andere unverändert. D.h. in der
Analyseschleife wird mit der neuen Parameterliste ein neues Modell, eine neue
Statistikschleife für das »nächste« Modell aktiviert. Nehmen wir z.B. den Fakt
number_of_runs(20) und ersetzen ihn durch number_of_runs(30). Im nächsten
Modell wird damit die Statistikschleife 30 Mal durchlaufen. Für ein weiteres Modell verändern wir die gerade benutzte Parameterdatei an dieser Stelle weiter. D.h.
wir ersetzen den Parameter durch einen neuen, der bis jetzt noch nicht benutzt

---

24 Wenn wir die Listen LIST(1),...,LIST(N) in der Topologie als Mengen betrachten, wird
   aus diesen Mengen das *kartesische Produkt* von LIST(1),..., LIST(N) gebildet (Schubert,
   1964). Jede Liste LIST_J ist topologisch gesehen ein Tupel bestehend aus N Komponenten.

wurde. Im Beispiel der Anzahl von Runden nehmen wir statt 30 nun 40, und so weiter. Genauso verändern wir die Zahl der Ticks. In einem nächsten Modell werden nicht 100 Ticks durchlaufen, sondern 150, dann 200, 250, etc. bis 2000. Es ist klar, dass diese Prozedur nur durch den Computer durchgeführt werden kann.

Die Automatisierung einer Parameterliste beschreiben wir anhand des Beispiel-Parameters number_of_actors(10). In der Blaupause gehen wir von dem Fakt number_of_actors(10) aus, welcher in der Datei para zu finden ist. Wir können diese Zahl 10 durch viele andere Zahlen ersetzen. An diesem Punkt müssen wir als Konstrukteure überlegen, in welchem Bereich wir diesen Parameter variieren möchten. Mit jeder Ersetzung des Parameters durch eine andere Zahl entsteht ein anderes Modell, das in einer Simulation zu einem anderen Ablauf führt. Für jede Anwendung hängt der Parameterbereich auch von inhaltlichen, anwenderspezifischen Überlegungen ab. Wenn in einer Anwendung eine kleine Gruppe von Akteuren simuliert wird, könnten wir diesen Parameter z.B. von 2 bis 30 oder bei einer mittelgroßen Anwendung von 20 bis 1000 variieren. Bei der Simulation einer »sehr großen« Menge von Personen, etwa im Umfang ganzer Gesellschaften, könnten wir z.B. mit 1000 Akteuren beginnen und dies, je nach Gusto, bis zu 10 Millionen oder noch mehr Akteuren fortsetzen. Für jede solche Variation entsteht eine neue Parameterliste, mit der jeweils ein Modellablauf generiert wird.

Es ist klar, dass der Variationsbereich vorrangig inhaltlich und mit Bedacht gewählt werden sollte. Bei großen Gruppen beispielsweise macht es wenig Sinn, *jede* Zahl von 1000 bis 10 Millionen als Variante in eine Liste aufzunehmen. Selbst wenn der Computer diese Liste noch verarbeiten kann, wird er bei z.B. 20 verschiedenen Fakten in para an seine Leistungsgrenzen kommen. Wir müssen deshalb zusätzlich eine weitere Zahl als Parameter verwenden, welche ausdrückt, wie *grob* wir diesen Parameter variieren. Dazu bestimmen wir zuerst die untere und die obere Grenze des Bereichs und berechnen dessen Größe. Da dieser bei uns immer durch ein Zahlenintervall der Form $[\alpha, \beta]$ festgelegt ist, wird die Größe des Intervalls durch $\delta = \beta - \alpha$ bestimmt. Wir teilen dieses Intervall in n gleichgroße Teile der Länge $\varepsilon = \delta/n$. So erhalten wir Zahlen $\alpha, \alpha + \varepsilon, \alpha + 2 \cdot \varepsilon, ..., \alpha + (n - 1) \cdot \varepsilon, \beta$. Die Zahl ε drückt die *Körnigkeit* aus, in die wir den Bereich aufteilen. Wenn es z.B. um einen Bereich von 1000 bis 10000 Akteuren geht, können wir im ersten Ansatz eine Körnigkeit von 1000 wählen. Wir generieren in diesem Fall eine Liste von 10 möglichen Zahlen, die in das diskutierte Prädikat in den verschiedenen Modellen eingesetzt werden. Im ersten Modell würden 1000 Akteure benutzt, im zweiten Modell 2000, und so weiter bis 10000. Erscheinen uns die Probeläufe als zu grob »kalibriert«, reduzieren wir die Körnigkeit von 1000 auf 500.

Diese einfache Methode lässt sich durch verschiedene, weitere Methoden verfeinern. Zum Beispiel können wir die Abstände zwischen zwei Parameterwerten aus demselben Bereich mit fortschreitendem Laufindex größer werden lassen, z.B. 5, 10, 30, 60, 150, 300 etc. In ähnlicher Weise können wir diese Abstände durch eine

»Metafunktion« festlegen. Beispielsweise lässt sich der nächste Wert y aus dem vorherigen Wert x bestimmen: $y = f(x)$.

In einem konkreten Simulationslauf mit einem einstelligen Prädikat brauchen wir für den Metafakt drei Zahlen: die kleinste und die größte Zahl, die den Variationsbereich beschreiben, sowie die Körnigkeit. Alle drei Zahlen sollen natürliche Zahlen sein. Als Beispiel können wir für das Prädikat number_of_actors(_) einen Metafakt der Art

$$\text{meta\_number\_for\_a\_fact}(2,40,2)$$

in die meta_data eintragen. 2 wäre die untere Grenze, 40 die obere Grenze des Parameters number_of_actors(_) und 2 die Körnigkeit. Konkret werden in diesem Fall dann 19 (= (40 - 2)/2) mögliche Parameter für des Prädikat number_of_actors erzeugt, die im Weiteren in eine Liste aux_list(actors,LIST) eintragen werden. LIST enthält im Beispiel die zu generierenden Anzahlen für Akteure in den verschiedenen Modellen.

In PROLOG erzeugen wir die Liste folgendermaßen: ($\mathcal{KG}$! 352)

```
meta_number_of_a_fact(2,40,2).                                        1
make_meta_fakt(actors,LIST) :-                                        2
    meta_number_of_a_fact(LOWER,UPPER,COARSE),                       3
    NUMBER_OF_COMPONENTS is ceiling((UPPER-LOWER)/COARSE),           4
    asserta(aux_list(actors,[LOWER])),                              5
    ( between(1,NUMBER_OF_COMPONENTS,N), make_and_add_para(N,        6
        LOWER,COARSE),fail
      ; true ),                                                      7
    ...                                                              8
                                                                     9
make_and_add_para(N,LOWER,COARSE) :-                                 10
    aux_list(actors,LIST), ENTRY is UPPER+(N*COARSE),               11
    append(LIST,[ENTRY],LISTnew),                                   12
    retract(aux_list(actors,LIST)),                                 13
    asserta(aux_list(actors,LISTnew)),!.                            14
```

In ähnlicher Weise können wir bei mehrstelligen Prädikaten und Listen verfahren. Es muss nur eine zusätzliche Schleife über die Anzahl der Argumente bzw. für die Länge der Liste eingefügt werden und für jede Argumentstelle bzw. Listenstelle brauchen wir eigene Zahlen, die in einen Metafakt eingetragen werden müssen.

Damit haben wir für jeden Fakt mit zugehörigem Prädikat pred aus der Datei para eine Liste aux_list(pred,LIST) erzeugt. Aus diesen Listen konstruieren wir, wie diskutiert, eine neue Liste von Listen von Modellparametern. Dieser Schritt ist rechentechnisch relativ aufwändig. Behilflich ist uns dabei ein kleines PROLOG Programm, die *Urban-Regel*.[25] Dieses Programm erzeugt aus den Listen

---

25 *Joseph Urban* hat diese n-fache Konstruktion in PROLOG programmiert, siehe munich-simulation-group.org.

$$\text{LIST(1)},\dots,\text{LIST(N)}$$

eine neue Liste

$$[\text{LIST\_1},\dots,\text{LIST\_NUMBER}]$$

von Listen von Modellparametern. Aus jeder solchen Liste LIST_M (M =< 1,..., NUMBER) bauen wir schließlich eine neue Parameterdatei. Die Liste LIST_M enthält genau alle Zahlen, die in die Blaupause eingesetzt werden. Um die vielen Zahlen aus den verschiedenen Parametermodellen unterscheiden zu können, ist programmtechnisch ein letzter Schritt nötig. Wenn wir die Parameter für ein bestimmtes Parametermodell durch einen Index (d.h. durch ein zusätzliches Argument) unterscheiden möchten, führt dies in dem in (2.4) dargestellten Dateienschema beim Löschen der Parameter am Ende eines Modellablaufs zu viel Aufwand. Deshalb vermeiden wir diesen Weg und hängen den jeweiligen Index für ein Modell direkt an das Prädikat an. Dazu bilden wir aus dem Prädikat pred(...) ein neues Prädikat predI(...), indem der »lokale« Index I in das Prädikat pred fest eingebaut wird, und damit den Indexstatus verliert. Prologisch lösen wir das Problem in einer Analyseschleife, die im Schritt Nr. I mit der Variable I aktiviert wird. Diese ist in dem Zustand durch eine bestimmte Zahl instantiiert und wird durch den PROLOG Befehl concat(_,_,_) in das neue Prädikat: concat(pred,I,X) überführt. Wenn predI z.B. die Zahl 23 ist, erhalten wir concat(pred,23,pred23). Mit write lässt sich dies leicht überprüfen.

Zusammenfassend können wir sagen: In der Analyseschleife wird in jedem Schleifenschritt eine Statistikschleife aktiviert. Vor jedem Analyseablauf bereitet das Programm die Erzeugung von neuen Daten vor, die bis jetzt noch nicht existieren. Bei einem einzigen Ablauf, den wir in den früheren Abschnitten beschrieben haben, wurde eine Parameterdatei para hinzugeladen, in der alle für die Erzeugung der dynamischen Fakten erforderlichen Parameter bereitstehen. Bisher wurden diese Parameter per Hand in die Datei para eingetragen. In einer Analyseschleife würde dies zu einer ziemlich aufwändigen Prozedur führen. Wir müssten uns am Anfang nicht nur klar machen, wie viele Abläufe wir brauchen, sondern wir müssten auch für *jeden* Analyseablauf für jedes Modell eine Menge von Parametern in eine jeweils neu erzeugte Datei eintragen.

Es sei angemerkt, dass unsere Analyseschleife nicht die einzige Möglichkeit ist, verschiedene Modelle – »Welten« – zu erzeugen und zu analysieren. In anderen Wissenschaftsbereichen sind auch andere Ideen und Ansätze entstanden. In der Modallogik gibt es z.B. »Möglichkeitssphären« (Lewis, 1973) oder syntaktische Ansätze (Brewka, 1991).

Mit dem Ende dieses Abschnitts sollte klar sein, dass es für eine Simulation nicht ausreicht, nur eine Variante zu bearbeiten und sie durch die Statistikschleife laufen zu lassen. Der Erkenntnisgewinn durch eine Simulation aus einer einzigen Faktenmenge ist zu gering und statistisch kaum abgesichert. Erst bei mehrfacher

Wiederholung mit entsprechend modifizierten Parametern können statistisch abgesicherte Aussagen gemacht werden. Erst dann bildet sich ein mehr oder weniger wirkungsmächtiger Kreislauf, wie in Abbildung 1.1.1 dargestellt.

3.6 Hilfsprogramme zur Visualisierung

Die Resultate eines Sim-Programms können wir mit Hilfe der Programmiersprache XPCE relativ einfach in Grafiken oder Grafiksequenzen übertragen. XPCE hat für uns den Vorteil, dass wir keine weitere Programmiersprache lernen müssen, weil in XPCE ein Grafikprogramm in PROLOG Notation formuliert wird. In diesem Abschnitt beschreiben wir die Grundstruktur einfacher XPCE Programme und skizzieren drei Darstellungsmöglichkeiten von Daten: Als Balkendiagramme, als Funktionen und als Zellraster. Die technische Einbindung von XPCE in PROLOG haben wir in (1.4) vorgestellt. Einfachheitshalber gehen wir im Folgenden von einem Sim-Programm ohne Statistik- und Analyseschleife aus.

Grundsätzlich gehen wir bei der Visualisierung von Simulationsergebnissen so vor: Wir fügen am Ende eines Hauptprogramms in der äußersten Zeitschleife das nullstellige Prädikat `make_pictures` ein:

```
periods(NUMBER_OF_TICKS) :-
    ..., consult(display),                                     (1)
    make_pictures.                                             (2)

make_pictures :-...                                            (3)
```

In (2) wird am Ende des Ablaufs (1), nachdem alle Resultate in einer Datei `res` oder in mehreren Dateien `res1,...,resN` gespeichert wurden, `make_pictures` aktiviert. Die Klause (3) können wir direkt in das Hauptprogramm einfügen oder in einer eigenen Datei, etwa `display`, speichern. Diese müssen wir vorher durch `consult(display)` dazugeladen haben. Dabei setzen wir voraus, dass das File `display` an einer geeigneten Stelle des Dateibaums liegt, so dass `consult(display)` in (1) zu finden ist, siehe (1.4).

XPCE ist objektorientiert aufgebaut. Im Manual von XPCE finden wir ein großes Netz von Objektarten, die sich baumartig verzweigen. Z.B. generiert das Programm ein Objekt der Form `picture`, indem es von der Klasse `picture` ausgeht. Das Programm kommt von `picture` zur Klasse `window`, von `window` zu `device`, von `device` zu `graphical`, von `graphical` zu `visual` und von der Klasse `visual` zum Schluss zur Klasse `object`. Das erzeugte `picture` ist damit auch ein Objekt. In das Objekt `picture` können wir verschiedene weitere Objekte, wie z.B. Punkte (`point`), Kreise (`circle`), Boxen (`box`) oder Linien (`line`), einfügen.

In einem XPCE Programm muss im ersten Schritt ein *Objekt* erzeugt werden, das für jede grafische Darstellung zentral ist: der *Rahmen* (`frame`). Der Rahmen erscheint an einer bestimmten Stelle im Programmablauf am Monitor und wird

im weiteren Verlauf unter dem Namen name verwendet. Vor den Namen wird das
Symbol @ gestellt: @name, zum Beispiel @exchange. XPCE erzeugt dann einen blau-
en Rahmen, der oben mit dem Namen exchange beschriftet ist. Ein Browser-Pro-
blem kann durch die Skalierung des Rahmens entstehen: Als Anwender möchten
wir für den Rahmen eine im Vergleich zum Computerbildschirm geeignete Größe
und einen passenden Ort am Monitor festlegen. Zur Bestimmung von Größe und
Ort eines Rahmens bietet XPCE technische Hilfestellung an. Es ist auch möglich,
mehrere Rahmen gleichzeitig auf dem Bildschirm zu platzieren. Diese Schritte –
und die folgenden natürlich auch – können mit trace nachvollzogen werden.

Eine Grafik ist in Pixel bzw. Punkte eingeteilt, die zeilenweise von oben nach
unten und spaltenweise von links nach rechts »nummeriert«– aber für den Benutzer unsichtbar – sind. Jeder Punkt hat zwei Koordinaten (I,J), die relativ zum
aktiven Rahmen mit XPCE festgelegt werden. An jedem Punkt mit seinen Koordinaten können wir ein weiteres Objekt oder mehrere Objekte festmachen. Dies
geschieht durch den Befehl send(...) – siehe unten.

Ist der Rahmen generiert, werden verschiedene weitere Objekte in den Rahmen
eingefügt, die in der Grafik als Teile zu sehen sind. All diese Objekte bekommen
Namen. Zusätzlich können von den ProgrammiererInnen für die Objekte auch
Koordinaten festgelegt werden. In dieser Phase sind die Objekte im Rahmen noch
nicht sichtbar.

Die Objektnamen haben in XPCE die Form @predicate – bei Farben gibt es
eine Ausnahme, die wir weiter unten beschreiben. Ein Objektname, wie

objectname(@pred),

oder eine Objektliste, wie

object_list([@pred1,@pred2,@pred3,...])

lässt sich mit asserta(...) in die Datenbasis eines Ablaufs aufnehmen.

Im Rahmen und in einigen Objekten, die in den Rahmen schon eingefügt wurden, können wir mit dem Befehl send(...) weitere Objekte »einzeichnen«. Einige der wichtigsten Befehle haben wir in der Tabelle unten aufgelistet.

send wird mit zwei oder mit drei Argumenten benutzt. Die ersten beiden Argumente haben dabei die Standardform:

send(objectname,predicate,X).

objectname besitzt die gerade diskutierte Form @name und predicate ist ein Prädikat (oder bei Farben: eine Zahl). Der send-Befehl lässt sich im Programm iterieren.
Wenn ein Objekt mit @name erzeugt wurde, kann der Term @name in Klauseln durch
eine Variable weiterverarbeitet werden. Komplementär zu send gibt es den Befehl
get, welcher analog wie send benutzt wird.

Was mit send(...) an ein Objekt geschickt werden kann, hängt genauer vom
Typ des Objekts ab, an welches etwas gesendet wird und vom Prädikat predicate,
das an der zweiten Argumentstelle steht. Das Analoge gilt für *get*. Durch die drei

Hauptfunktionen von send können wir erstens ein neues Objekt öffnen, zweitens eine Eigenschaft des Objekts festlegen oder drittens eine solche Eigenschaft ändern.

Eigenschaften für ein Objekt	
Grundlegend:	
`send(@func12,open)`	(1)
`send(@cell352,flush)`	(2)
`send(@bars,destroy)`	(3)
Etwas Neues dem Objekt schicken:	
`send(@func12,display,new(AXISUP,line(5,5,5,160,f)))`	(4)
`send(@func12,display,new(P,circle(4)),point(I,J))`	(5)
`send(@bars,display,new(E,box(10,20)),point(I,J))`	(6)
`send(@func12,display,new(@W31,text('yes')))`	(7)
`send(@bars,append,new(TI,text_item(type_End,'')))`	(8)
Etwas von einem Objekt holen, Pause einlegen:	
`get(OBJECT,position,point(X,Y))`	(9)
`sleep(NUMBER)`	(10)
Eine Eigenschaft festlegen:	
`send(box,fill_pattern,colour(green))`	(11)
`send(OBJECT1,position,point(X,Y))`	(12)
`send(OBJECT2,height,HEIGHT)`	(13)

Wir haben oben eine kleine Auswahl von Prädikaten aufgelistet, die solche Funktionen erkennen lassen. Das Prädikat open in (1) öffnet z.B. einen Rahmen oder ein Bild, und mit destroy in (3) wird das Objekt genauso wieder gelöscht. Mit get in (9) holen wir z.B. Koordinaten von Objekten, um sie im Ablauf zu verschieben oder zu verändern. Mit get lassen sich alle Objekte aus der Datenbasis holen, die auch mit send gesendet werden können.

In (1) oben wird das Objekt @func12 geöffnet – in diesem Beispiel eine Grafik picture. Mit (2) wird das Objekt @cell352 auf dem Bildschirm sichtbar und in (3) wird das Objekt @bars gelöscht. bars deutet an, dass es sich dabei um Balken handelt. In (4) wird im Objekt des Names @func12 eine Linie »eingezeichnet«. Diese Linie bildet die y-Achse für die Funktion dieses Namens. Dazu stellt XPCE das Objekt line zur Verfügung. Die Argumente im Prädikat line(X1,Y1,X2,Y2, Z) bedeuten folgendes. (X1,Y1) sind die Koordinaten des »Anfangspunktes« der Linie und (X2,Y2) die Koordinaten des Endpunktes der Linie. Z kann der Linie zusätzliche Eigenschaften zuordnen. first (statt Z) bedeutet z.B., dass ein Pfeil sichtbar wird, wobei die Pfeilspitze an den Koordinaten (X1,Y1) hängt. Ähnlich wird in (5) ein Kreis mit Durchmesser D erzeugt (hier: z.B. D=4). Diese Zahlen hängen vom Gesamtmaßstab ab, welcher ohne weitere Vorgaben automatisch festgelegt wird. Er lässt sich zu Beginn durch den Nutzer aber auch individuell bestimmen. Je nach Maßstab wird ein Kreis mit Durchmesser 4 größer oder kleiner aussehen. Wenn wir Kreise klein genug wählen, reduziert sich ein solcher Kreis auf einen Punkt. Auf diese Weise können wir den Graphen einer Funktion durch Punkte darstellen. In (6) wird eine neue Box mit Breite 10 und Höhe 20 an den Punkt (I,J) gehängt. Die Zahlen für die Höhe und die Breite hängen von der am Anfang des Grafikprogramms festgelegten Größe ab, z.B. box_width(5), box_height(8). In (7) wird ein neues Objekt mit dem Namen @W31 erzeugt und in das Objekt @func12 eingefügt. Das neue Objekt hat keinen aussagekräftigen Namen, weil solche Objektnamen oft nur in einer Liste gebraucht werden, um eine Schleife abzuarbeiten. Im Fall (7) sehen wir aber, dass es sich um ein Textobjekt handelt. Wie besprochen, nimmt ein PROLOG Programm den in Anführungszeichen stehenden Text, hier yes, und verarbeitet den Term weiter. In (7) wird yes einfach an die vorgesehene Stelle in die Grafik eingefügt. In (8) wird in einem Rahmen des Namens @bars ein neues und spezielles Objekt erzeugt, welches in die Welt der Fragen und Antworten führt. Innerhalb des »großen« Rahmens wird ein neuer Rahmen erzeugt. Das Objekt, der kleine Rahmen, bekommt eine Variable TI und einen Namen, der oben auf dem Rahmen fixiert ist; in dem Beispiel type_End, was auch am Monitor erscheint. Im Programmablauf können wir dann in den kleinen Rahmen direkt etwas eintippen. In (9) werden die Koordinaten des Objekts OBJECT, welches sich an diesem Ort befindet, geholt. Das Prädikat position besagt, dass sich das Objekt OBJECT auf einer bestimmten Position befindet, die durch die Koordinaten point(X,Y) festgelegt werden. In (10) wird durch sleep(NUMBER) ei- ne zeitliche Pause im Ablauf eingelegt, wobei NUMBER eine Zahl ist und in Sekunden anzugeben ist. Wenn durch das Programm z.B. die Höhe eines grafischen Objekts geändert wird, geschieht dies sehr schnell, so dass wir den Effekt der Änderung nur beobachten können, wenn wir dem Programm an dieser Stelle befehlen, z.B. eine halbe Sekunde zu warten. Da solche Änderungen in Grafikprogrammen ty- pischerweise sehr oft und sehr schnell stattfinden, können wir mit diesem Befehl in Ruhe betrachten, wie z.B. eine ganze Funktion mit der Zeit eine andere Form bekommt. Wenn die Grafik mit diesem Befehl zu langsam abläuft, ersetzen wir sleep(1) z.B. durch sleep(0.3). In (11) wird eine Box grün »gestrichen«. Dabei ist die Box ein Objekt, welches innerhalb eines größeren Rahmens generiert wurde. Genauso wird in (12) ein neu erzeugtes Objekt OBJECT1 an die Koordinaten (X,Y) angehängt. Hier sieht man sofort, dass es sich um ein »internes« Objekt handelt, welches sich im Ablauf verändert. Ähnlich gilt dies in (13) auch für OBJECT2. Um die richtige Höhe für das Objekt festzulegen, muss in diesem Fall im Programm- verlauf vorher zu sehen sein, um welche Art von Objekt es sich handelt. Z.B. kann OBJECT2 ein Balken (bar) sein, der im Rahmen von @bars generiert wurde.

Die Sequenz get – send wird bei jeder Veränderung eines Bildes benutzt. Zum Beispiel wird die Koordinate selbst verändert, das Objekt (Kreis, Box, Linie etc.) wandert. Oder es wird die Höhe einer Box verändert, die Länge einer Linie, oder die Farbe.

```
... change(TICK,OBJECT,position,CHANGE),                          (1)
get(OBJECT,position,point(CO1,CO2)),                              (2)
CO2new is CO2+CHANGE,
send(OBJECT,position,point(CO1,CO2new)),...
```

Die Instantiierung der Variable CHANGE in (1) muss vorher im Ablauf aus den Resultaten geholt oder durch Resultatdaten berechnet worden sein. Analog muss das Objekt, welches in (2) geholt werden soll, vorher schon instantiiert sein, d.h. es muss einen Namen haben. Die alten Koordinaten brauchen wir nicht aktiv zu löschen; dies erledigt XPCE automatisch. Ein send-Befehl überlagert die »alten« Koordinaten.

In XPCE gibt es einfache Objekte und komplexe Objekte. *Einfache* Objekte werden direkt durch einen Befehl erzeugt, indem sie an einem bestimmten Punkt mit seinen Koordinaten festgemacht werden. Einige einfache Objekte haben wir bereits kennengelernt. Das Beispiel einer Box, d.h. hier genauer: eines Rechtecks, dessen Höhe und Breite wir selbst einstellen möchten, haben wir eben diskutiert. In etwas unüblicher Form hängt eine Grafik an einem Punkt, der ganz links *oben* in der Grafik positioniert ist. Dies gilt in XPCE auch für alle anderen Objekte, die Koordinaten benutzen. Eine Box hängt also – von den Koordinaten (I,J) der Box gesehen – oben und links. Wenn wir die Höhe und Breite einer BOX ändern möchten, müssen wir mit get(BOX,box(I,J),point(CO1,CO2)) die Koordinaten (CO1,CO2) und die Höhe I und Breite J der Box holen. Durch die folgenden oder vorhergehenden Zeilen, in denen weitere Variablen wie DCO1,DCO2,FI,FJ benutzt oder generiert werden, lassen sich die Variablen CO1,CO2,I,J neu berechnen: z.B. Jnew is J+FJ, Inew is FI, CO1new is CO1-DCO1 und CO2new is DCO2. Schließlich werden diese veränderten Zahlen wieder an die BOX geschickt: send(BOX,box(Inew, Jnew),point(CO1new,CO2new)). Wir haben im Beispiel die Höhe J der Box mit Jnew is J+FJ vergrößert und die CO1-Koordinate der Box um denselben Betrag verkleinert: CO1new is CO1-DCO1. Die Box – eigentlich ein Rechteck – wird länger und hängt weiter oben.

Einige der Objekte können mit Farben gefüllt werden, die sich im Ablauf verändern lassen. Dazu kann der Term colour(COLOUR) oder der Term colour(name,NUMBER1,NUMBER2,NUMBER3) verwendet werden. Im ersten Fall wird die Variable COLOUR durch einen nullstelligen Term aus der in PROLOG voreingestellten Liste red,blue, green,... instantiiert. Im zweiten Fall hat die Farbe einen eigenen Namen name und wird durch drei Zahlen NUMBER1, NUMBER2, NUMBER3 festgelegt. Diese drei Zahlen müssen natürliche Zahlen aus dem Bereich $[0,1,...,$ 65535] sein. Die Zahlen stellen die drei Farbkomponenten red, green, blue (kurz: RGB)

dar, wie sie in der Informatik üblich sind. Aus diesen Farbkomponenten lässt sich jeder Farbton erzeugen. Wenn wir die Zahlen NUMBER2 und NUMBER3 auf 0 setzen und NUMBER1 von 0 bis 65535 laufen lassen – dies lässt sich als Übung ohne große Schwierigkeit programmieren – sehen wir z.B., wie sich eine Box von hellrot zu dunkelrot verändert. Dasselbe gilt für die anderen Farbkomponenten. Wenn wir alle drei Komponenten variieren, ist es nicht so einfach, aus der Mischung der Zahlen auf einen bestimmten Farbton zu kommen. Hier muss man experimentieren und sich am besten etwas mit der Farbenlehre vertraut machen.

Neben den direkt verfügbaren, einfachen Objekten sind in XPCE komplexe Objekte generierbar. Diese lassen sich aus den Grundobjekten zusammenbauen. Z.B. können wir Boxen und ihre Einhängepunkte mit between(1,20,COORDINATE) 20 Mal generieren, so dass alle entstehenden Boxen untereinander liegen. Hat eine Box die vorher festgelegte Größe 4, hängen wir die erste Box z.B. an den Punkt (5,10) mit Koordinate 10, die zweite an (5,14), die dritte an (5,18), etc. Ähnlich verfahren wir mit der Liste von Argumenten für eine bestimmte Funktion. Neue Objekte für die Funktionsargumente werden »der Reihe nach in die x-Achse« eingehängt. In jedem Schritt wird das »nächste« Objekt erzeugt, zu der zuständigen Objektliste hinzugefügt und für das Objekt ein Koordinatenpaar festlegt. Dabei nehmen wir als y-Koordinate in dieser Schleife immer denselben Wert. Die x-Koordinate wird in jedem Schleifenschritt z.B. um 5 oder 10 erhöht.

Die Programmierung einer Grafik hat zwei klar trennbare Teile. Im ersten Teil wird ein statisches Bild generiert und im zweiten Teil wird dieses Bild dynamisiert. Dazu werden im ersten Teil der Rahmen picture und weitere statische Objekte erzeugt. Wir benutzen hierfür zwei oder mehr Objektlisten, in denen wir die Objektnamen (@termI) zur Datenbasis hinzufügen. Eine erste Objektliste betrifft alle Objekte, die sich im dynamischen Teil *nicht* ändern. Für eine Funktion wird beispielsweise ein Koordinatensystem an einer passenden Stelle generiert und platziert. In einer zellulären Welt werden die Boxen erzeugt und an den richtigen Stellen eingehängt. Und in einem Balkendiagramm werden die Balken an die passenden Koordinaten angehängt und ihnen die richtigen Höhen und Breiten zugewiesen. Wir können dazu auch einige Wörter (oder Phrasen) einhängen (siehe oben), so dass die statische Grafik besser verständlich wird. Wenn es z.B. um eine Kontobewegung für einen einzigen Akteur geht, können wir den Namen des Akteurs an der y-Achse anbringen und unter der x-Achse z.B. »time« schreiben. Einige der statischen Objekte werden schon in dieser Phase mit Dummy-Eigenschaften versehen. Werden beispielsweise einige Objekte gefärbt, kann der Farbton eines Objekts dann im dynamischen Teil verändert werden. Im Segregations-Beispiel in (2.4) werden im statischen Teil die Zellen mit drei Farben koloriert, je nachdem, ob in der Zelle ein Akteur der ersten oder der zweiten Art (black oder white) lebt oder die Zelle leer bleibt (rose). Wenn wir den statischen Anteil programmiert haben, sollte die Figur wie geplant zu sehen sein. Dazu benutzen wir am Ende dieses Programmteils `trace` und betrachten das Resultat – die Grafik – in Ruhe.

Im zweiten Teil des Grafikprogramms werden Kreise, Rechtecke, Punkte und Linien »lebendig«. Wir starten mit einer Schleife, in der eine bestimmte Eigenschaft in jedem Schritt verändert wird. Eine solche Schleife kann in weitere, innere Schleifen führen. Die erste Schleife läuft meist über Ticks oder über Akteure; sie kann aber auch über eine bestimmte Eigenschaft laufen. Je nachdem, wird die Schleife etwas anders aussehen.

Wir beschreiben im Folgenden den Schleifenprozess und das nötige Umfeld nur im Allgemeinen. Dabei stellen sich mehrere Fragen: Wie schaffen wir es, die ziemlich unübersichtliche Menge von Resultaten eines Ablaufs, die möglicherweise auch noch in einer Resultatdatei (oder in mehreren) gespeichert wurden, durch Bilder verständlich zu machen? Wie schaffen wir es, aus den vielen Daten »die Richtigen« herauszufiltern, die zusammen ein inhaltsreiches und verständliches Bild erzeugen?

Für die Grafikprogrammierung müssen wir uns schon bei der Formulierung des Hauptprogrammms überlegen, welche Daten wir in welcher Form, an welcher Stelle des Programms an welche Resultatdateien senden möchten. Wir haben die Resultatdateien in diesem Buch und in $\mathcal{KG}$ in der Form `resIJK` oder `resIJKL` notiert. Dabei bezeichnet

- `IJ` einen Abschnitt des Buches,
- `K` (oder `KL`) die Nummer eines Sim-Programms im Abschnitt `IJ` und
- `L` die Nummern der Resultatdateien, die in einer Anwendung Nr. `K` in Abschnitt `IJ` generiert und durch Fakten gefüllt werden.

Wir haben z.B. in $\mathcal{KG}$! 316 für Abschnitt (3.1) ein Netz generiert, wobei die verschiedenen Ergebnisarten auf vier Resultatdateien verteilt sind. Die erste Datei enthält die Äste (`branches`) des Netzes, die zweite die Pfeile (`lines`), die dritte eine Liste von Netzen, die sich im Programm gebildet haben und die vierte unter anderem das vollständige Netz. Das Versenden eines neuen Fakts wird an verschiedenen Stellen des Hauptprogramms oder in der Datei `rules` in der diskutierten Form an der richtigen Stelle eingefügt.

In einem zweiten Beispiel in $\mathcal{KG}$! 324 wird zum Tick `TICK` der Kontostand `WEALTH` eines Akteurs `ACTOR` angepasst. Dazu tragen wir an der richtigen Stelle den neuen Kontostand auch in eine Resultatdatei `res3242.pl` ein. Da es in diesem Beispiel auch Gruppenkonten gibt, notieren wir den Kontostand so:

```
writein('res3242.pl',individual_account(TICK,ACTOR,WEALTH))
```

($\mathcal{KG}$! 52). Weiter müssen wir für jede Grafik die »beste« grafische Darstellungsform finden, um den Inhalt verständlich zu machen. In einem Beispiel ($\mathcal{KG}$! 363) haben wir zwei verschiedene Balken nebeneinander gelegt, so dass diese zu verschiedenen Ticks unterschiedliche Höhen haben. Ein erster Balken, der am Monitor grün erscheint, stellt zu einem bestimmten Tick die Stärke eines Akteurs ACTOR dar und ein zweiter, rechts daneben liegender, blauer Balken den Kontostand von ACTOR. In einem Programmablauf können wir zu verschiedenen Ticks nicht nur beobachten, wie sich die Höhe des grünen Balkens und damit die Stärke ändert, sondern auch, wie der Kontostand im Vergleich zur Stärke größer oder kleiner wird.

In der dritten Anwendung einer zellulären Welt, bei der Akteure von einer Zelle zu anderen Zellen umziehen, zeichnen wir eine zweidimensionale Zellwelt. Jede Zelle wird durch eine Box dargestellt. Die Generierung einer Spalte von Boxen haben wir oben beschrieben; mit einer zweiten, inneren Schleife funktioniert dies zeilenweise analog. Für jede Spalte in der Zeilenschleife muss die Spaltennummer zur Verfügung stehen. Jede Box können wir dann mit einer Farbe füllen, die sich im Ablauf verändern kann.

Nach diesen Schritten wird die Schleife programmiert. Bevor wir die Schleife aktivieren, werden Resultate aus einer bereits vorhandenen Datei geholt. Einen bestimmten Fakt können wir nun innerhalb der Schleife in der Datenbasis finden. Die Schleife selbst lässt sich nicht in allgemeiner Form beschreiben; sie ist für jede Grafik anders.

Als Beispiel programmieren wir die in Abbildung 3.6.1 dargestellte Funktion. Zunächst weisen wir darauf hin, dass die vier äußeren Eckpunkt in der Grafik nicht sichtbar sind. Wir haben sie eingezeichnet, um die Höhe und Breites des Bildes klarer darzustellen. Die Koordinaten für Bildhöhe und -breite können durch die Konstrukteure festgelegt werden. Sie lassen sich aber auch einfach über die automatisch generierten Standard-Koordinaten von XPCE übernehmen. Die Anzahl der Ticks (hier 16) und der Bereich der Kontowerte (hier [0,120]) müssen durch die Konstrukteure festgelegt werden. Auf dieses Skalenproblem haben wir oben bereits hingewiesen.

Inhaltlich stellt die Funktion individual_account auf der y-Achse den Kontostand eines bestimmten Akteurs ACTOR zu den Zeiten 1,2,3,..,TICK,..,NUMBER_ OF_TICKS (hier: NUMBER_OF_TICKS=16) dar. Zu jedem Tick TICK wird der Kontostand von ACTOR zu TICK: individual_account(TICK,ACTOR,WEALTH) zugeordnet. ACTOR ist hier ein bestimmter Akteur, er bleibt in dieser Grafik konstant. Dieses sehr einfache Programm illustriert einen dynamischen Aspekt, nämlich die Veränderung des Kontostands eines Akteurs. Die Grafik stellt eine Funktion in ihrer Gänze dar, d.h. ihrer Form nach. Erst bei einem zweiten Ablauf zeigt sich, dass sich die Form der Funktion geändert hat. Wenn der Akteur ACTOR z.B. in einem ersten Ablauf einer Institution (3.2) zur Führungsgruppe gehört, steigt das Konto mit der Zeit, d.h. mit den Ticks von links nach rechts, an. Wenn ACTOR in einem zweiten Ablauf zu einer der »untersten« Gruppe gehört, wird das Konto entweder mit der Zeit immer weniger, oder es bleibt konstant, wenn ACTOR schon im ersten Tick arm war. Die Kontobewegung verläuft horizontal ohne größere Ausschläge.

Abb. 3.6.1

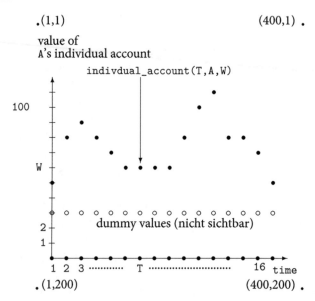

Im statischen Teil werden zuerst die x- und y-Achse erzeugt, siehe Tabelle [3.6.1] (4). Auf der x-Achse wird für jeden Tick TICK ein Objekt @OBJECT_ACTOR_T für ein Funktionsargument generiert. Diese Objekte sollen auf der x-Achse in der natürlichen Ordnung 1, ... , NUMBER_OF_TICKS eingezeichnet werden. Dazu legen wir für jedes dieser Objekte die dazugehörigen Koordinaten fest, etwa: (CO1_T,CO2_T):

Objekt @OBJECT_ACTOR_T bekommt die Koordinaten (CO1_T,CO2_T).

Die Objekte für die Funktionsargumente stellen wir als schwarze Kreise dar, die in Abbildung 3.6.1 auf der x-Achse zu sehen sind. Genauso erzeugen wir für jeden Funktionswert ein Objekt @OBJECT_WEALTH_T, so dass jedes Objekt die richtigen Koordinaten zugewiesen bekommt, etwa (V_T,WEALTH_T). Dabei müssen die x-Koordinaten für ein Funktionsargument und für den zugehörigen Funktionswert identisch sein: d.h. CO1_T=V_T. In Abbildung 3.6.1 haben wir diese Objekte für Funktionswerte als weiße Kreise eingezeichnet. Zunächst legen wir diese y-Koordinaten der Funktionswerte willkürlich fest – im Beispiel auf die Zahl 3. Im dynamischen Teil wird für jeden Tick eine andere Zahl WEALTH aus den Daten berechnet.

All diese Objekte generieren wir mit dem Befehl `send(...)`:

```
send(@func12,display,new(OBJECT_ACTOR_T,circle(3)),
    point(CO1_T,CO2_T)),
send(@func12,display,new(OBJECT_WEALTH_T,circle(3)),
    point(CO1_T,WEALTH_T)).
```

Die x-Koordinaten von `OBJECT_ACTOR_T` und die von `OBJECT_WEALTH_T`, die mit `point` eingetragen werden, sind also identisch: `CO1_T=V_T`. Da dieser Prozess für viele Ticks ausgeführt werden muss, bilden wir eine Schleife, in der in jedem Schritt ein Objekt und seine Koordinaten festgelegt werden. Um den »Index« beim Lesen sichtbar zu machen, notieren wir die x-Koordinaten in der Form `CO1_T`. In einer Schleife generieren wir die x-Koordinate von `@OBJECT_ACTOR_(T+1)`, indem wir die x-Koordinate `CO1_T` von `@OBJECT_ACTOR_T` um 10 Pixel erhöhen: `CO1_T1 is CO1_T+10`. Die bequemere Art `CO1_(TICK+1)` statt `CO1_TICK1` würde PROLOG nicht akzeptieren. Auf der x-Achse existieren nun alle Objekte für Funktionsargumente und -werte an den beschriebenen Stellen. Jedes Argument hängt z.B. an einem Punkt `(CO1_T+(TICK*10)-1,CO2)`, `TICK=1,...,NUMBER_OF_TICKS`. Aus diesen Koordinaten können wir in Abbildung 3.6.1 sofort entnehmen, wie die Ticks, die Argumente und die Funktionswerte zusammenhängen.

Die so erzeugten Objekte tragen wir in zwei Listen ein: `object_list1(LIST1)` und `object_list2(LIST2)`. Da bei Grafikprogrammen oft mehrere Objektarten erzeugt werden müssen, macht es Sinn, jede Objektart in einer eigenen Liste zu speichern. Statt den Indizes 1 und 2 benutzen wir besser lesbare Formulierungen, wie etwa `object_arguments(ARGUMENT_LIST)`.

Im dynamischen Teil werden die y-Koordinaten der Werte aus den Resultaten des Ablaufs genau dargestellt. Dabei müssen alle Kontowerte schon erzeugt sein, bevor das Grafikprogramm aktiviert wird.[26]

Hier müssen wir kurz innehalten, um eines der Skalenprobleme zu diskutieren. Das Problem: Wir müssen in Probeläufen des Hauptprogramms herausbekommen, welcher Zahlenbereich für die Variable `WEALTH` bei `account(_,_, WEALTH)` in Frage kommt. Dies lässt sich natürlich auch theoretisch angehen. Abhängig von den Regeln, die wir in `rules` verwenden, kann dies aber komplex werden. Wenn wir einen groben Zahlbereich `[BELOW,UPPER]` gefunden haben, müssen wir diesen Bereich mathematisch so transformieren, dass `BELOW` identisch mit der y-Koordinate des Objekts für den kleinsten Wert und `UPPER` identisch mit der y-Koordinate für den größten Wert ist. In $\mathcal{KG}$! 362 haben wir eine solche Transformation in einem Beispiel programmiert. Auch die Länge der x-Achse sollte natürlich mit der Anzahl der Ticks korrespondieren. Legen wir z.B. die »Argumentobjekte« zu eng zusammen, ragt die x-Achse zu weit nach rechts, in einen von

---

26 An diesem Punkt hat Netlogo einen Vorteil. Dort findet die graphische Darstellung gleichzeitig mit dem Ablauf des Hauptprogramms statt.

der Funktion nicht benutzten Bereich. Im Beispiel oben (CO1_T+(TICK*10)-1, CO2) sollten wir statt der 10 eine größere Zahl nehmen, z.B. 20.

Beim Programmieren des dynamischen Teils nehmen wir aus Einfachheitsgründen an, dass alle Kontowerte WEALTH ohne Transformation in der Grafik darstellbar sind. Dazu wird in einer Schleife bei jedem Tick TICK die y-Koordinate des TICK-ten Funktionswerts, die wir mit WEALTH_T bezeichneten, aus den Resultaten von res1263 berechnet. Für diesen Zweck holen wir die Objektliste object_list2 (LIST2) für Funktionswerte. Aus der Liste LIST2 nehmen wir mit TICK die TICK -te Komponente heraus: nth1(TICK,LIST2,@OBJECT_WEALTH_T). Die Koordinaten des Objekts @OBJECT_WEALTH_T sind damit vorhanden, z.B. (V_T,WEALTH_T). Diese Koordinaten lassen sich nun berechnen. Als x-Koordinate V_T nehmen wir einfach die im statischen Teil erzeugte x-Koordinate von @OBJECT_WEALTH_T. Um die y-Koordinate zu bestimmen, holen wir aus der Resultatdatei res1263 den »passenden« Fakt heraus. Im Beispiel wäre dies etwa ein Fakt der Form account(TICK,ACTOR,WEALTH), der vorhanden sein sollte. Dieser Wert WEALTH wurde im Simulationsablauf bereits generiert. Im statischen Programmteil hatten wir einen Dummywert Wd für die y-Koordinate von OBJECT_WEALTH_T festgelegt. In Abbildung 3.6.1 hat Wd den Wert 3. An dieser Stelle ersetzen wir nun den Wert Wd durch den im Ablauf entstandenen Wert WEALTH_T. Wir können diese Änderung mit trace auch direkt verfolgen.

Der folgende Code zeigt einige zentrale Schritte für eine Funktion.

```
object_list2([@{ojectw_1},@{objectw_2},@{objectw_3}]).            1
one_actor(17). number_of_ticks(3). magnify_by(0.2).               2
activate_picture(func12) :-                                       3
    object_list2(OBJECTLIST), one_actor(ACTOR), height(func12,   4
        HEIGHT),
    display_account_loop(ACTOR,OBJECTLIST,HEIGHT).                5
display_account_loop(ACTOR,OBJECTLIST,HEIGHT) :-                  6
  number_of_ticks(TICKS),                                        7
  ( between(1,TICKS,TICK),                                       8
    depict_account_value(TICK,ACTOR,OBJECTLIST,HEIGHT),          9
    fail; true ),!.                                              10
depict_account_value(TICK,ACTOR,OBJECTLIST,HEIGHT) :-            11
  consult(res1263), fact(TICK,account(TICK,ACTOR,WEALTH_A)),     12
  magnify_by(CONSTANT_FOR_MAGNIFY),                              13
  WEALTH is CONSTANT_FOR_MAGNIFY*WEALTH_A,                       14
  WEALTH_T is HEIGHT-WEALTH,                                     15
  nth1(TICK,OBJECTLIST,@{OBJECT_WEALTH}),                        16
  get(OBJECT_WEALTH,position,point(V_T,CO2)),                    17
  send(OBJECT_WEALTH,position,point(V_T,WEALTH_T)),              18
  send(OBJECT_WEALTH,fill_pattern,colour(black)),                19
  send(OBJECT_WEALTH,flush),!.                                   20
```

In einem vollständigen Ablauf bräuchten wir in 1 `object_list2(OBJECTLIST)` nicht explizit zu machen; diese Liste würde im Ablauf erzeugt werden. Wir haben hier eine sehr kleine Objektliste im Vorspann als Faktum codiert. Auch die Anzahl der Ticks `number_of_ticks(3)` ist sehr gering. Die Konstante `magnify_by(0.2)` in 2 befindet sich in einem vollständigen Programm in der Parameterdatei para. In 3 wird eine schon existierende Grafik `picture` des Names func12 aus der Datenbasis geholt. Term `height(func12,HEIGHT)` ist ein fest eingebauter XPCE Term. XPCE findet automatisch die Höhe HEIGHT des Bildes func12, die eventuell vorher durch das Programm eingestellt wurde. Im Beispiel haben wir HEIGHT auf 270 festgelegt. Die Schleife 5-6 könnten wir uns normalerweise sparen; wir haben sie hier nur aus Lesbarkeitsgründen in eine eigene Klause gelegt. In 7 wird die Anzahl der TICKS geholt (im Beispiel TICKS=3). In dem Schleifenschritt in 9 wird in `depict_account_value(TICK,ACTOR,OBJECTLIST,HEIGHT)` der Kontostand von ACTOR zu TICK berechnet und eingezeichnet. Dazu wird in 12 die Resultatdatei res1263 geladen und der Fakt `fact(TICK,account(TICK,ACTOR,WEALTH_ACTOR))` aus der Datenbasis geholt. WEALTH_ACTOR ist der zu TICK aktuelle Kontostand von ACTOR. Die Konstante CONSTANT_FOR_MAGNIFY hat den Zweck, die y-Koordinate des Werts so zu skalieren, dass *alle* y-Koordinaten innerhalb des Bildes gezeichnet werden können. Wie sind wir auf diese Zahl 0.2 gekommen? Wir haben bei den so eingestellten Parametern geprüft, wo die Koordinaten nach einem oder mehreren Abläufen liegen und haben dann die Zahl CONSTANT_FOR_MAGNIFY ungefähr festgelegt. In 13 - 15 wird der »etwas verkleinerte« Wert WEALTH von der Zahl HEIGHT abgezogen. HEIGHT ist hier die y-Koordinate des Nullpunkts. Durch HEIGHT – WEALTH wird die y-Koordinate um den Betrag WEALTH nach oben geschoben, weil – wie diskutiert – die y-Koordinaten in XPCE von oben nach unten angeordnet sind. In 16 wird das TICK-te Objekt @OBJECT_WEALTH aus der Liste OBJECTLIST und in 17 die Position von @OBJECT_WEALTH mit `get(...,point(V_T,CO2))` bestimmt. Die x-Koordinate V_T bleibt gleich und die y-Koordinate CO2 wird verändert. Dazu wird in 18 einfach mit `send(...)` statt CO2 der gerade gefundene Wert WEALTH_T an das Objekt gesendet. Damit wird der alte Wert durch den neuen ersetzt. In 19 haben wir aus didaktischen Gründen das Objekt @OBJECT_WEALTH – einen Kreis – mit Farbe gefüllt. Dieser gefüllte Kreis erscheint in 20 dann am Monitor.

4. Kapitel

4.1 Ökonomie: Tauschwirtschaft

Im deutschen Sprachraum wird das Wort »Tausch« ungern verwendet. Es riecht nach Marxismus. In der englischen Umgangssprache kommt dagegen der Begriff »Tausch« (*exchange*) häufig vor. Auch in der gegenwärtigen Ökonomie bildet der Tausch – zusammen mit dem Nutzen – (*utility*) eine wesentliche Säule. Beide Begriffe sind eng miteinander verwoben. Die Nutzentheorie behandelt die Vergrößerung des Nutzens »eines« Akteurs. Implizit vergrößert sich der Nutzen aber durch Tausch, jedenfalls wenn wir Täusche eines Akteurs mit sich selbst (»Leerverkäufe«) ausschließen.

Analytisch lässt sich ein Tausch in zwei Teile zerlegen: Kaufen und Verkaufen – oder sehr grundsätzlich ausgedrückt: Geben und Nehmen.

In (2.2) haben wir ein zentrales Modul für kaufen (buy) diskutiert. Dort hat die Handlung buy die Form

$$\text{buy}(\text{TICK}, \text{ACTOR}, \text{STATE\_before}, \text{STATE\_after}),$$

wobei TICK ein Zeitpunkt, ACTOR der Käufer und STATE_before und STATE_after die Zustände des Akteurs ACTOR vor und nach dem Kauf sind. In den Zuständen wird implizit auch auf den Verkäufer Bezug genommen.

Wir kürzen im Folgenden die hier benutzten Terme so ab, dass ein Zustand und ein Kauf einerseits symbolisch kurz ausgedrückt wird, aber andererseits die wichtigen Aspekte des Zustands und des Kaufs angedeutet sind. Wir führen folgende Symbole ein:

- b (oder before) ist der relative Zeitpunkt des Kaufs »vorher«
- A (oder ACTOR1) ist der Käufer,
- B (oder ACTOR2) ist der Verkäufer,
- QbA_I ist der Geldbetrag, den A besitzt (die Quantität der Ware Nr. I, hier Geld)
- QbA_J ist die Quantität der Ware Nr. J, die A besitzt
- QbB_I ist der Geldbetrag, den B besitzt
- QbB_J ist die Quantität der Ware Nr. J, die B besitzt.

Einen Zustand STATE_before »vorher« schreiben wir prologisch in folgender Kurz-
form:

S_b = [[b,A,[QbA_I,QbA_J]],[b,B,[QbB_I,QbB_J]]].

In analoger Weise wird im Folgenden der Zustand nach dem Kauf notiert. Damit
lässt sich der Term buy(TICK,ACTOR,STATE_before,STATE_after) kurz so formulieren buy(T,A,S_b,S_a).

Für einen Moment schränken wir aus Verständnisgründen die Quantitäten auf
diejenigen ein, die im Kauf wirklich benutzt werden – nämlich eine Menge von
Geld I und eine Menge der Ware J. In diesem Fall können wir die Zustände in
»reduzierter« Form schreiben:

SR_b = [[QbA_I,0],[0,QbB_J]] und SR_a = [[0,QaA_J],[QaB_I,0]].

Grafisch lässt sich die Bewegung der Quantitäten anschaulich so darstellen:

```
SR_b:     [[QbA_I,0],          [ 0,QbB_J]]


SR_a:     [[ 0,QaA_J],         [QaB_I,0]]
```

Der Kaufbetrag QbA_I (das Geld) wandert von A nach unten zu B, wo er mit dem
neuen Symbol QaB_I bezeichnet wird: aus b wird a und aus A wird B. Inhaltlich
ändert sich der Zeitpunkt und der Besitzer des Geldes, die Quantität – als Zahl –
bleibt dagegen gleich. Im Programm lässt sich dies so ausdrücken, dass beide Terme QbA_I und QaB_I gleichgesetzt werden: QbA_I = QaB_I. Das Analoge geschieht
bei der Quantität QbB_J, die von B nach unten zu A geschoben wird und durch einen
anderen Term QaA_J ausgedrückt wird: QbB_J = QaA_J. Alle anderen Quantitäten,
die die Akteure noch besitzen, sind auf Null gesetzt. Auf diese Weise können wir
die neuen Besitzverhältnisse sehr einfach verstehen.

Dieses formale Korsett lässt sich auch bei einem Verkauf anwenden. Wir verändern den Term buy(T,A,S_b,S_a) nur dadurch, dass das Prädikat buy durch sell
ersetzt wird und die Variablen entsprechend uminterpretiert werden. Bei einem
Verkauf sell(T,A,S_b,S_a) verkauft A zu T im Zustand S_b = [[b,A,[QbA_I,
QbA_J]],[b,B,[QbB_I,QbB_J]]] »vorher« die Quantität QbA_I an B. B ist hier der
Käufer, er gibt die Ware QbB_J (Geld) als Gegenleistung an A. Nach dieser Aktion
finden wir die Zustände S_a = [[a,A,[QaA_I,QaA_J]],[a,B,[QaB_I,QaB_J]]]; oder
bei reduzierter Beschreibung die Zustände: [[0,QaA_J],[QaB_I,0]].

Aus Kauf und Verkauf wird ein Tausch, wenn beide Handlungen gleichzeitig
ausgeführt werden. Wir können z.B. schreiben:

exchange(T,A,B,I,J,S_b,S_a),

wobei A,B die Tauschpartner sind, I,J zwei Indizes für Warenarten, die getauscht
werden und S_b,S_a die Zustände von A und B vor und nach dem Tausch.

Bevor wir fortfahren, müssen wir auf einen anderen Punkt zu sprechen kommen. In einem ökonomischen Sim-Programm werden Täusche normalerweise ständig ausgeführt, und zwar nicht nur für zwei, sondern für viele verschiedene Warenarten. Für solche Sim-Programme ist es deshalb von Vorteil, nicht nur die beiden Waren und ihre Warenarten, die in einer bestimmten Situation getauscht werden, zu notieren, sondern *alle* Warenbestände der Akteure *vor* und *nach* einem Tausch. Dazu werden die beiden Waren, die getauscht werden, an den richtigen Stellen in zwei Warenlisten eingebettet. In der Ökonomie werden solche Listen als *Güterbündel* (bundle_of_goods) bezeichnet. Wir nehmen hier an, dass es eine konstante Anzahl von Warentypen gibt, die in der Datenbasis eines Sim-Programms zur Verfügung steht, etwa als Faktum number_of_goods(20), oder variabel: number_of_goods(NUMBER_OF_GOODS), NUMBER_OF_GOODS=MG. Es ist auch zweckmäßig, eine Liste [TYP_OF_GOOD_1,...,TYP_OF_GOOD_MG] von Warentypen zu benutzen, etwa list_of_types_of_goods([TYP_OF_GOOD_1,...,TYP_OF_GOOD_MG]) und diese Liste in die Datenbasis einzutragen, z.B. list_of_types_of_goods([euro,milk,bread,house]).

Ein Güterbündel ist also eine Liste von Quantitäten, die in einem Programm durch Zahlen ausgedrückt werden. Eine solche Liste enthält MG Komponenten, so dass für jeden Index I =< MG das I-te Element der Liste eine Quantität Q_I vom Warentyp TYP_OF_GOOD_I ist. Wir benutzen hier den Index I, um jede Quantität eindeutig dem »zugehörigen« Warentyp zuzuordnen. Ein Güterbündel notieren wir in PROLOG wie folgt:

$$\text{stored(bundle\_of\_goods(T,A,LIST))},$$

wobei LIST eine Liste von Quantitäten Q_I, T ein Zeitpunkt und A ein Akteur ist:

$$\text{LIST} = [\text{QbA\_1},...,\text{QbA\_MG}] = [...,\text{QbA\_I},...,\text{QbA\_J},...].$$

Die Hülle stored teilt mit, dass diese Liste dynamisch verändert werden kann. Ein Mini-Güterbündel für A zu T enthält etwa die Zahlen [1500,1.5, 0.5,0], bezogen auf [euro,milk,bread,house]. Das Beispiel zeigt, dass eine Quantität auch 0 sein kann, Q_4=0. In diesem Fall besitzt A kein Haus.

Mit Hilfe solcher Güterbündel können wir viele Täusche allgemein beschreiben, so dass ein Akteur zu verschiedenen Ticks verschiedene Warentypen kauft und verkauft. Wir können den Term exchange(...) auch in der Form exchange(T, A,B,I,J,BUNDLE_A,BUNDLE_B) schreiben, so dass wir die Güterbündel BUNDLE_A, BUNDLE_B von den Akteuren A und B in diesem Term direkt verwenden. Im Ablauf eines Sim-Programms würde dies aber zu vielen redundanten Teillisten führen.

Besser ist es deshalb, die Güterbündel separat, dynamisch einzubinden. Wir schreiben dazu in der Erzeugungsphase die Güterbündel in Form von stored(bundle_of_ goods(1,A,BUNDLE_A)) in eine Datei, die im Ablauf in die Datenbasis geladen wird (1 ist der erste Tick). Der Tausch wird in dieser Form durch exchange(T,A,B,I,J) ausgedrückt.

Ein Tausch läuft nun in mehreren Schritten ab. Zunächst wird der Term exchange(T,A,B,I,J) aktiviert. Dabei sind schon zwei bestimmte Warenarten, genauer: die entsprechenden Indizes I,J, ausgewählt – was schon vorher erfolgt sein muss. Beide Akteure holen ihre Güterbündel stored(bundle_of_goods(T,A, BUNDLE_A)) und stored(bundle_of_goods(T,B,BUNDLE_B)) und prüfen, wieviel Waren der Typen I und J sie haben. A findet in der Liste BUNDLE_A die Quantitäten QbA_I, QbA_J und B findet in BUNDLE_B die Quantitäten QbB_I, QbB_J. Damit ist ein Austausch möglich. Für einen konkreten Tausch muss Akteur A eine bestimmte Quantität QrA_I festlegen, die er an B abgeben möchte. Im Gegenzug muss B ebenfalls eine bestimmte Quantität QrB_J bestimmen, die an A übergeben werden soll. Der zentrale Punkt dabei ist, dass sich beim Tausch die Quantität QrA_I, die A übergibt, als Zahl nicht ändert. Dasselbe gilt für QrB_J. In anderer Formulierung kauft z.B. A eine Ware der Art J von B, wobei A den Geldbetrag QbA_I an B übergibt und auf Seite von B verkauft B diese Ware an A. Wenn es zu einem Tausch kommt müssen diese vorher bestimmten »Tausch-Quantitäten« QrB_J und QrA_I von einer Liste zu einer anderen Liste geschoben werden. Da diese Tausch-Quantitäten als Zahlen aber nicht explizit in den Listen stehen, müssen sie zuerst vom Besitz des einen Akteurs subtrahiert und nach Verschiebung in die Liste des anderen Akteurs an der richtigen Stelle addiert werden. Die Besitzverhältnisse werden damit also angepasst.

Wir nehmen die vier Quantitäten QbA_I, QbA_J und QbB_I, QbB_J, ziehen z.B. von QbA_I die Tausch-Quantität QrA_I ab, übertragen sie an B und addieren sie zu dem Besitz von B hinzu.

Abb. 4.1.1

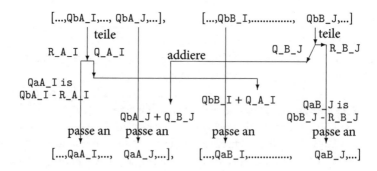

Das folgende Beispielprogramm geht von den Akteuren A,B, den Warenarten Nr. I,J und den Güterbündeln BUNDLE_A, BUNDLE_B aus, so dass der Tick T aus der Zeitschleife identisch mit b ist (T=b). Weiter müssen vorher die Tauschquantitäten QrA_I, QrB_J festgelegt sein. Der Grundprozess läuft dann wie folgt ab.

```
...,                                                         1
stored(bundle_of_goods(T,A,BUNDLE_A)),                      2
nth1(I,BUNDLE_A,QbA_I),                                     3
stored(bundle_of_goods(T,B,BUNDLE_B)),                      4
nth1(J,BUNDLE_B,QbB_J),                                     5
QaA_I is QbA_I - QrA_I,                                      6
replace(I,QbA_I,QaA_I,BUNDLE_A),                            7
QaB_J is QbB_J + QrB_J,                                      8
replace(J,QbB_J,QaB_J,BUNDLE_B),                            9
...                                                        10
```

Das Prädikat replace in den Zeilen 7 und 9 findet sich in $\mathcal{KG}$! 52. replace ersetzt in der Liste LIST an der Stelle I die Komponente X durch Y: replace(I,X,Y,LIST). Insgesamt werden genau vier Quantitäten verändert:

$$[..,QbA\_I,..,QbA\_J,..],[..,QbB\_I,..,QbB\_J,..]$$
$$\downarrow \qquad \downarrow \qquad \qquad \downarrow \qquad \downarrow$$
$$[..,QaA\_I,..,QaA\_J,..],[..,QaB\_I,..,QaB\_J,..].$$

Zu bedenken ist noch: Ein Tausch findet nicht in einer abgeschlossenen Situation statt. Ein Akteur besitzt viele verschiedene Waren (unter anderem Geld). Er kann aber – heutzutage – nicht alle Produkte selbst herstellen, die er zum Leben braucht. Deshalb muss er einige Waren kaufen und andere Waren, die er bereits besitzt, verkaufen. Realistisch gesehen wird der Akteur bei zwei Waren I,J abwägen, welche Ware er kaufen oder verkaufen möchte oder muss. In einem Tausch werden die beiden Akteure A,B eine Ware GOOD in verschiedener Weise betrachten. A braucht GOOD1, aber B braucht GOOD1 nicht. Analog braucht B eine andere Ware GOOD2, die A nicht braucht. Normalerweise hat A in dieser Situation »überflüssig viel« von GOOD2und B hat »überflüssig viel« von GOOD1. Erst dann kann A einen Teil seiner nicht benötigten Ware abgeben (verkaufen), um eine andere Ware zu bekommen, die er braucht. Dem anderen Akteur geht es ähnlich.

Warum Akteure überhaupt tauschen untersucht die Ökonomie. Aktuelle ökonomische Modelle zu beschreiben und in PROLOG umzusetzen ist in diesem Einführungsbuch nicht möglich.[1] Ganz ohne Hypothesen geht es aber auch nicht. In dem bis jetzt vorgestellten Rahmen gibt es viele Austauschaktionen, die niemand als ökonomische Handlungen ansehen würde. Jeder kennt solche Fälle: ein prekärer Akteur, der für eine Stunde Arbeit 1 Euro bekommt, eine hungernde Akteurin, welche ihr letztes Schmuckstück für ein Stück Brot weggibt, oder ein notdürftig bekleideter Akteur, der für eine flehende Geste 2 Euro bekommt. Für einen Tausch gibt es in der Ökonomie eine grundlegende Hypothese, die aber normalerweise in den ökonomischen Modellen nicht im Vordergrund steht.

---

1 Z.B. (Henderson und Quandt, 1971), (Krusch, 2008), (Thünen, 1990).

Was ist der Hauptgrund für einen Tausch? Der Grund ist, dass jeder der Tauschpartner den Nutzen vergrößern möchte, den er aus seinem Güterbündel zieht. Dabei ist auch zugelassen, das ein Bündel nutzenmässig gleich bleibt, aber normalerweise wird der Nutzen wenigstens eines der beiden Bündel echt größer. Was bedeutet aber Nutzen genauer? Diese Frage führt wieder zurück zum Begriff des Tausches. Wie lassen sich Täusche von anderen Austauschformen wie der Schenkung
oder der Ausbeutung trennen? In der Ökonomie spielt der Begriff des Wertes eine
zentrale Rolle. Bei einem Tausch sollen die zwei Waren, die zum Tausch kommen,
den gleichen Wert (*value*) haben.[2]

Der *Wert* einer Ware = [Typ, Quantität,Preis] wird in der Ökonomie durch das
Produkt Quantität mal Preis festgelegt

$$\text{Wert} = \text{Quantität} \cdot \text{Preis}.$$

Hier ist es wichtig, das implizit bleibende Maßsystem für die Ware zu kennen. Der
Wert von [bread,1,2.50] ist, wie in (2.2) beschrieben: 1 * 2.50 = 2.50, wobei hier
die Quantität gerade 1 ist. Wenn die Ware aus zwei Broten [bread,2,2.50] besteht, muss klar sein, dass der Preis auf *eine* Einheit (eben auf ein einziges Brot)
bezogen ist. Der Wert dieser Ware wäre insgesamt dann 2*2.50=5 und der Wert
für [euro,2.50,1] wäre 2.50*1=2.50; die Quantität (der Geldbetrag) ist mit dem
Wert dieses Geldbetrags im Euroraum identisch. Der Wert eines ganzen Güterbündels, das A besitzt, ist die Summe all der Werte, die in dem Bündel zu finden
sind.

Damit ein Tausch in idealer Weise stattfindet dürfen sich die Werte der Güterbündel nicht ändern. D.h. der Wert des Güterbündels von A muss nach dem Tausch
derselbe sein wie vor dem Tausch. Dasselbe gilt für die Bündel von B. Rechnerisch
können wir die Gleichheit der Werte für eine bestimmte Warenart durch Addieren
und Subtrahieren feststellen. Damit können wir die Hypothese des gleichbleiben-
den Wertes in eine PROLOG Klause, die einen Tausch beschreibt, einbauen.

Eine solche Klause haben wir unten programmiert. Dabei kürzen wir die Variablen aus Platzgründen etwas ab. Wir setzen voraus, dass die Zahlen 1,...,I,...,
J,...,MG, die die Warentypen darstellen (und die dazugehörigen Quantitäten)
ebenso wie die Preise in derselben Weise geordnet sind. I,J sind also Indizes für
Quantitäten und für Preise. BUNDLE_A kürzt die Liste von Quantitäten aus einem
Güterbündel ab und QI,QJ sind die Quantitäten, die tatsächlich ausgetauscht werden.

Das Modul *Handlungstyp Tausch*, exchange: [4.1.1]

```
exchange(T,A,B,I,J,QI,QJ) :-                                              1
stored(A,T,bundle_of_goods(BUNDLE_A),                                     2
```

---

2 Wir lassen die Büchse der Pandora geschlossen. Wer das Grundsätzliche liebt, könnte mit (Debreu,
   1987) und (de la Sienra, 1992) beginnen.

```
stored(B,T,bundle_of_goods(BUNDLE_B)),                              3
stored(T,price(I,PRICE_I)), stored(T,price(J,PRICE_J)),             4
nth1(I,BUNDLE_A,Qb_AI), nth1(J,BUNDLE_A,Qb_AJ),                     5
nth1(I,BUNDLE_B,Qb_BI), nth1(J,BUNDLE_B,Qb_BJ),                     6
VALUE_AI is QI * PRICE_I, VALUE_BJ is QJ * PRICE_J,                 7
VALUE_AI = VALUE_BJ,                                                8
Tnew is T + 1,                                                      9
Qa_AI is Qb_AI - QI, Qa_AJ is Qb_AJ + QJ,                          10
Qa_BI is Qb_BI + QI, Qa_BJ is Qb_BJ - QJ,                          11
replace(I,Qb,_AI,Qa_AI,BUNDLE_A,BUNDLE_Anew),                      12
replace(I,Qb_AJ,Qa_AJ,BUNDLE_A,BUNLDE_Anew),                       13
replace(J,Qb_BI,Qa_BI,BUNDLE_B,BUNLDE_Bnew),                       14
replace(J,Qb_BJ,Qa_BJ,BUNDLE_B,BUNLDE_Bnew),                       15
retract(stored(A,T,bundle_of_goods(BUNDLE_A))),                    16
retract(stored(B,T,bundle_of_goods(BUNDLE_B))),                    17
asserta(stored(A,Tnew,bundle_of_goods(BUNDLE_Anew))),              18
asserta(stored(B,Tnew,bundle_of_goods(BUNLDE_Bnew))).              19
```

Um diese Klause zu bearbeiten, müssen natürlich die Variablen T,A,B,I,J, QI,QJ,BUNDLE_A und BUNDLE_B an früheren Stellen des Ablaufs instantiiert worden sein. Das heißt, es geht um einen bestimmten Zeitpunkt, um zwei bestimmte Akteure, um zwei bestimmte Warentypen I,J und um zwei vorher festgelegte Quantitäten, die getauscht werden sollen. In 2 und 3 werden aus der Datenbasis die beiden Güterbündel von A und B zu T geholt und in 4 die entsprechenden Preise. Bei dieser Form müssen die Preise zu Beginn des Programms erzeugt werden. In 5 und 6 werden die vier Quantitäten aus den Güterbündeln entnommen. Qb_AI ist die Quantität der Ware Nr. I vor dem Tausch, die A tauschen will, etc. In 7 und 8 werden die ökonomischen Bedingungen untersucht, die für einen Tausch vorhanden sein müssen. In 7 werden die Werte berechnet. In 8 identifiziert PROLOG diese Werte. Wenn sie nicht gleich sind scheitert die Klause. Im positiven Fall, wenn beide Quantitäten QI,QJ den gleichen Wert haben, findet der Tausch statt. In 9 wird der nächste Tick aus der Zeitschleife »berechnet«: Tnew is T+1. In dieser Variante ist das Ende des Tausches, den wir oben mit a bezeichnen, einfach der nächste Tick T+1. In 10 und 11 werden die Tausch-Quantitäten QI,QJ aus dem jeweiligen Besitz von A und B entfernt. Z.B. wird in 10 der Besitz von A beim Warentyp I durch den Betrag QI vermindert. Gleichzeitig wird die neue Zahl Qa_AI anders bezeichnet. Inhaltlich wird, wie oben besprochen, der Besitz von A um den Betrag QI kleiner. In gleicher Weise geschieht dies auch bei B. Komplementär dazu werden diese Beträge in 10 und 11 an den richtigen Stellen dazu addiert. Z.B. bekommt A von Ware Nr. J einen Betrag QJ dazu. Die Zahl QJ wird, wie vorher diskutiert, durch die Tauschpartner festgelegt. Von B wird diese Quantität QJ nun an A übergeben: Qa_AJ is Qb_AJ+QJ. Gleichzeitig bezeichnet die neue Zahl Qa_AJ den Besitz von A an J nach dem Tausch. In 12 bis 15 werden in den vier Güterbündeln die »alten« Quantitäten durch die neuen ersetzt. Der Term replace(I,X,Y, LIST,LISTnew) beschreibt folgendes. Aus Liste LIST wird die I-te Komponente X durch eine neue Komponente Y ersetzt. Die resultierende Liste LISTnew wird als viertes Argument ausgegeben, so dass man sie gleich weiter verwenden kann. Schließlich werden die beiden Güterbündel für die beiden Akteure aus der Datenbasis entfernt. Kurz gesagt, aber nicht leicht zu verstehen, werden alle die Variablen für die Güterbündel, die »früher« instantiiert wurden, und noch nicht weiter verwendet werden konnten, nun endgültig wieder freigegeben. Das heißt, diese Variablen, die in früheren Schritten belegt waren, können nun wieder als freie Variable im weiteren Ablauf genutzt werden. Am Ende des Tausches werden die neuen Güterbündel schließlich in die Datenbasis eingetragen.

Aus dem Handlungstyp exchange können wir die Handlungstypen buy und sell leicht gewinnen, indem wir als zweite Ware einfach Geld (z.B. Euro) nehmen. Ein nicht-isolierter Tausch lässt sich also kurz so darstellen.

Abb. 4.1.2

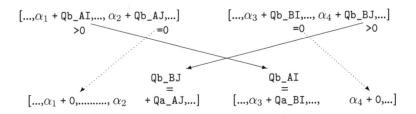

Diese Tauschregeln können mit Existenzminima versehen werden. Ein Akteur verkauft nur so viel, dass sein »Restbesitz« über seinem Existenzminimum liegt. Wir könnten auch einen (oder mehrere) Trigger (»Auslöser«) einführen. Solche Trigger könnten sein: Ein Markt wird nur zu bestimmten Perioden abgehalten, etwa alle 7 Ticks (hier: Tage). Ein Markt ließe sich auch auf eine räumliche Umgebung beschränken, so dass zwei Tauschpartner in derselben Region leben müssen. Oder wir könnten Charaktereigenschaften für Akteure einführen.

4.2 Sozialpsychologie

Die Balancetheorie von (Heider, 1946) ist eine der bedeutendsten sozialpsychologischen Theorien. Sie hat in den fünziger bis siebziger Jahre eine entscheidende Initialisierungsrolle in den Sozialwissenschaften gespielt. Zum einen hat sie eine große Zahl von Experimenten angeregt und die Formulierung anderer – komplexerer – Gleichgewichtstheorien initiiert. Zum anderen hat sie den Anstoß gegeben, genauer über Formalisierungsmöglichkeiten in den Sozialwissenschaften nachzudenken.

Die Balancetheorie in der Ursprungsfassung betrachtet Einstellungen von Akteuren, die entweder im Gleichgewicht oder im Ungleichgewicht sind. Der wissenschaftshistorisch interessante Punkt ist, dass dieses beschränkt anwendbare Einstellungsmodell später in mehreren Entwicklungsstufen auf soziale Netze verallgemeinert wurde. Die allgemeinste Balancetheorie von (Holland und Leinhardt, 1971) enthält die historisch früheren Modelle als Spezialfälle. Einige dieser Theorien wurden in (Manhart, 1995) rekonstruiert und simuliert. Inzwischen gibt es viele andere Untersuchungen über soziale Netze, die den Modellen von *Heider* nachempfunden sind, z.B. (Burt, 1982).

Im Ursprungsmodell von Heider gibt es Akteure, Objekte und Beziehungen zwischen Akteuren und Objekten. Drei Entitäten – Akteur 1 als Beobachter, Akteur 2 als weitere Person und das Objekt – bilden dabei eine *Triade*. Nimmt man die Beziehungen zwischen den drei Entitäten noch hinzu, besteht eine Triade aus zwei Akteuren, einem Objekt sowie aus den drei Beziehungen zwischen den Akteuren und dem Objekt (siehe Abbildung 4.2.1). Im Folgenden benutzen wir für den Ausdruck »Beziehung« auch den englischen Term *relation*.

In diesem Abschnitt kürzen wir Akteure und Objekte wie folgt ab:

A ist der Akteur, der alle Beziehungen der Triade aus der
  Perspektive von A betrachtet und versteht,
B ist der zweite Akteur der Triade,
Ob ist das Objekt der Triade.

Ein bestimmter Akteur betrachtet implizit oder explizit normalerweise viele verschiedene Triaden und Beziehungen.

In dem Heider-Modell sind Beziehungen in einer Triade reduziert auf lediglich zwei Ausprägungen: Sie sind entweder positiv oder negativ. Diese positiven oder negativen Relationen können sowohl auf den zweiten Akteur als auch auf das Objekt gerichtet sein. Wichtig dabei ist, das die Triade immer nur aus der Sicht von Akteur A gesehen wird.

Eine positive Beziehung drücken wir durch + und eine negative durch – aus. In Abbildung 4.2.1 auf der nächsten Seite wird eine positive Beziehung (+) mit einer durchgezogenen Linie und eine negative Beziehung (–) mit einer gepunkteten Linie dargestellt. Abbildung 4.2.1 zeigt alle Realisierungen von Triaden, die sich rein kombinatorisch ergeben.

Die Symbole A,B und Ob sind für PROLOG Variable; PROLOG kann auf dieser Ebene zunächst Akteure und Objekte nicht unterscheiden. Wir führen prologisch die Unterscheidung zwischen Akteuren und Objekten ein, indem wir bei dem Prädikat relation zwei Konstanten person und object (kurz: per und obj) als Argumente benutzen. Zwar könnten wir das Prädikat relation auch durch zwei unabhängige Prädikate ersetzen, wie z.B. relation_person(...) und relation_object(...). Wir haben uns hier entschlossen, die Unterscheidung mit demselben Term `relation(...)` auszudrücken: `relation(per,...)` und `relation(obj,...)`.

In derselben Weise drücken wir aus, ob eine Beziehung positiv oder negativ ist. Wir benutzen dazu zwei weitere Konstanten: `positiv` und `negativ` (kurz: `pos` und `neg`), die *quasi* die Eigenschaften der Relationen festlegen. Es gibt Fakten für positive und für negative Beziehungen, die auch als Fakten erhoben werden können. Die weitergehende Möglichkeit, bei der gefragt wird, ob eine Beziehung einer bestimmten Art besteht oder nicht besteht, wird hier ausgeblendet.

Abb. 4.2.1

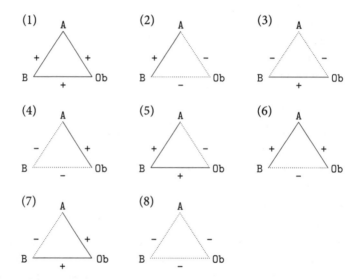

An dieser Stelle sind ein paar Worte zur Negation angebracht. In der natürlichen Sprache wird eine Negation oft auf die positive Form zurückgeführt. Wenn ein Sachverhalt *S* tatsächlich besteht, wird deren Negation oft einfach durch (nicht-*S*) ausgedrückt. In PROLOG lässt sich eine Negation immer nur relativ zur Datenbasis formulieren. D.h. aus der Sicht von PROLOG ist ein Term, der nicht aus der Datenbasis abgeleitet werden kann, falsch. In empirischen Anwendungen gibt es aber normalerweise Fakten, bei denen unklar ist, ob eine Beziehung positiv oder negativ ist. In einer Erhebung ist es z.B. einfach nicht bekannt, ob A mit B eine Beziehung hat oder nicht. Auch dieser Aspekt ist durch die Formulierung mit + und – abgedeckt.

Auf der Variablenebene ist im Term `relation(T,A,X,Y,Z)` die Variable `T` ein Tick und die Variable `A` der betrachtete Akteur. Die drei folgenden Variablen `X`, `Y`, `Z` haben jeweils zwei Einsetzungen. `X` kann ein Akteur wie `peter` oder ein Objekt wie `mein_Auto` sein; `Y` ist die Relationenvariable, die durch `positiv` oder `negativ`

instantiiert werden kann und Z durch `person` oder `object`. Der Term `relation(`
`T,A,X,Y,Z)` führt, abgesehen von `T` und `A`, in dieser Form zu folgenden Interpretationen:

Mögliche Relationen
`relation(T,A,B,positiv,person)`
`relation(T,A,B,negativ,person)`
`relation(T,A,Ob,positiv,object)`
`relation(T,A,Ob,negativ,object)`

Diese Terme lassen sich z.B. wie folgt instantiieren. `relation(3,uta,peter,pos,`
`person)` besagt, dass Uta zu einem Zeitpunkt (hier zum Tick 3) eine positive
(pos) Beziehung zu Peter hat. `relation(2,uta,clockwork_orange,neg,obj)` besagt, dass Uta zum Zeitpunkt 2 eine negative (neg) Beziehung zum »Objekt« (dem
Film) *Clockwork Orange* hat.

Aus Sparsamkeitsgründen haben wir die satzartigen Terme `relation(...)` mit
Hilfe der Symbole + und - unterschieden. Die folgende Tabelle zeigt das Ergebnis
der Übersetzung von `relation(T,A,B,Y,Z)`:

Tabelle der Relationen	
`relation(T,A,B,positiv,person)`	+
`relation(T,A,B,negativ,person)`	−
`relation(T,A,Ob,positiv,objekt)`	+
`relation(T,A,Ob,negativ,objekt)`	−
`relation(T,B,Ob,positiv,objekt)`	+
`relation(T,B,Ob,negativ,objekt)`	−

Wir können dann eine Triade auch wie folgt darstellen.

$$[\text{Nr},[\text{A},\text{B},\text{Ob}],[\text{X},\text{Y},\text{Z}]], \qquad\qquad [4.2.1]$$

wobei

- `Nr` die Nummer (der »Name«) der Triade ist,
- `A` und `B` die beiden Akteure sind,
- `Ob` das Objekt in der Triade ist, und
- `X,Y,Z` Zahlen aus dem Bereich $\{1, -1\}$ sind.

Die Triaden werden von Heider in `balanced` und `imbalanced` bzw. in *ausbalanciert*
(oder *im Gleichgewicht*) und *nicht ausbalanciert* (oder *im Ungleichgewicht*) unterschieden. Von allen möglichen Triaden sind insgesamt vier ausbalanciert, siehe
oben Abbildung 4.2.1. Die ausbalancierten Triaden lassen sich metaphorisch aus
der Sicht von A (und unter der Erweiterung, dass die dritte Entität Ob ebenfalls
eine Person ist) wie folgt interpretieren:

- Der »Freund« meines »Freundes« ist mein »Freund«.
- Der »Feind« meines »Freundes« ist mein »Feind«.
- Der »Freund« meines »Feindes« ist mein »Feind«.
- Der »Feind« meines »Feindes« ist mein »Freund«.

Balancierte und unbalancierte Triaden	
ausbalanciert:	1) X=Y=Z=1
	2) X=1 und Y=Z=-1
	3) X=Y=-1 und Z=1
	4) X=Z=-1 und Y=1
nicht ausbalanciert:	5) X=Z=1 und Y=-1
	6) X=Y=1 und Z=-1
	7) X=-1 und Y=Z=+

Eine letzte Triade, in der alle Beziehungen negativ sind, bildet einen Grenzfall und wird von Heider nicht weiter beachtet.

Die oben in [4.2.1] eingeführte Schreibweise für Triaden hat den Vorteil, dass sich diese aus wissenschaftstheoretischer Sicht durch die gerade erörterten Entitäten explizit definieren lassen. Erst wenn die Struktur der Triaden klar ist, unterscheiden wir eine Triade im Gleichgewicht von einer, die nicht im Gleichgewicht ist.

Die dritte Komponente in [4.2.1] bezeichnen wir mit dem Ausdruck *Signatur*. [X,Y,Z] ist also die Signatur der Triade [Nr,[A,B,Ob],[X,Y,Z]]. Aus der Signatur einer Triade sehen wir sofort in der obigen Tabelle (siehe auch Abbildung 4.2.1), ob die Triade im Gleichgewicht ist oder nicht. Dies lässt sich ganz einfach auch durch die Multiplikation der Signaturkomponenten X Y und Z berechnen. Ist das Ergebnis positiv, ist die Triade im Gleichgewicht, ist es negativ, ist sie im Ungleichgewicht. Zum Beispiel ist Triade 3) mit X*Y*Z=(-1)*(-1)*1=1 im Gleichgewicht, Triade 6) mit X*Y*Z=1*1*(-1)=-1 ist nicht im Gleichgewicht, also unbalanciert.

Die Signaturen, die zu den Triaden gehören, tragen wir in eine Liste ein:

```
triades_negative_balanced([[1,-1,1],[1,1,-1],[-1,1,1]]).          [4.2.2]
triades_positive_balanced([[1,1,1],[1,-1,-1],[-1,-1,1], [-1,1,-1]]).
```

In dem Modell von Heider gibt es eine einzige Hypothese, die sehr informell und vage ausgedrückt wird. Sie lautet: Unbalancierte Triaden werden vom Akteur als unangenehm empfunden und deshalb über einen (nicht definierten) Zeitraum in balancierte Triaden überführt.

Im Folgenden formulieren wir einige Klausen, mit denen unbalancierte Triaden in ausbalancierte Triaden überführt werden. Diese Klausen erstellen wir nicht nur für didaktische Zwecke, sondern auch für die Programmierung einer großen Klasse von Sim-Programmen, die generisch sinnvoll sind.

Dazu verallgemeinern wir das Modell auf mehrere »aktive« Akteure. Bei diesem generalisierten Modell betrachten die jeweiligen Akteure ihre persönlichen Triaden: ein erster Akteur A1 »seine« Triaden, ein zweiter Akteur A2 »seine« Triaden etc. Im Folgenden beschreiben wir aber hier nur ein Verfahren für einen Akteur.

In einem ersten Schritt führen wir sechs Konstanten für das Modell ein: die Anzahl der Akteure `number_of_actors(_)`, die Anzahl der Objekte `number_of_objects(_)`, die Anzahl von Zeitpunkten `number_of_ticks(_)`, die Unterscheidungen, die durch `obj` und `per` ausgedrückt werden, eine Konstante `pos_neg_constant(2)`, die positive und negative Beziehungen trennt, die beiden oben formulierten Balance-Tabellen und zwei Konstanten `MRA` und `MRO`, die die maximale Anzahl von Beziehungen zu Personen und zu Objekten angeben:

```
maximal_number_of_relations_for_one_actor_to_another(
    MAXIMAL_NUMBER_OF_RELATIONS_TO_PERSONS)
```

und

```
maximal_number_of_relations_for_one_actor_to_objects(
    MAXIMAL_NUMBER_OF_RELATIONS_TO_OBJECTS).
```

Diese Konstanten tragen wir in eine Datei para ein. Wir benutzen in dem Modell die Indizes, die über eine Schleife laufen, gleichzeitig als »Namen« für die Objekte oder Akteure. Auf diese Weise sparen wir uns Namenslisten. Z.B. ist in einer Akteurschleife die Zahl 3 der Name eines Akteurs, in einer Schleife über Triaden dagegen der Name einer Triade. Eine Verwechslung ist im Prinzip nur auf der Ebene des Lesens und des Verstehens möglich. Eine Zahl wie 3, die in zwei Schleifen an zwei verschiedenen Argumentstellen des gleichen Prädikats benutzt wird, kann PROLOG natürlich auseinander halten. Wie wir mehrfach betonten, können wir diese Strategie nur verwenden, wenn wir sicher sind, dass die Ordnung der Dinge in einer Schleife in diesem Modell keine Rolle spielt.

In diesem Programm benutzen wir nur einen einzigen Handlungstyp. Dieser besagt, das ein Akteur psychisch ins Gleichgewicht kommen möchte. Den Handlungstyp drücken wir durch das Prädikat `equilibrate` (»ins Gleichgewicht bringen«) aus und verwenden für ihn zwei bedingende Prädikate (siehe allgemein (2.4)), die wir in [4.2.2] gerade einführten:

```
triades_negative_balanced(_) und triades_positive_balanced(_).
```

In einem Modell werden wie gesagt viele verschiedene Triaden betrachtet. Ein Akteur pflegt viele Beziehungen zu anderen Akteuren und zu vielen Objekten.

Die Handlung `equilibrate` besteht darin, dass der Akteur ACTOR zu TICK versucht, diejenigen Triaden mehr ins Gleichgewicht zu bringen, die den Akteur selbst betreffen. Dazu reduzieren wir die Liste aller Triaden zu einer Liste von Triaden, die nur die Triaden des Akteurs ACTOR enthält. Wir prüfen, ob eine dieser Triaden unbalanciert ist. Nur in diesem Fall geschieht etwas. Eine Triade von ACTOR wird zufällig aus der Liste entnommen und eine der Signaturkomponenten der Triade geändert. Die unbalancierte Triade von ACTOR wird zu einer balancierten Triade. Dieses Vorgehen ist natürlich sehr einfach und könnte um psychologisch fundierte Hypothesen ergänzt werden.

Um das einfache Modell zu programmieren, müssen wir zunächst eine Menge von persönlichen und Sachbeziehungen für die Akteure erzeugen. Die persönlichen Beziehungen können wir zufällig generieren. Dazu legen wir die Anzahl der Akteure, die maximale Anzahl von Beziehungen, die ein Akteur zu anderen Akteuren haben kann und den »Intensitätsgrad« von Beziehungen fest. Bei den Intensitätsgraden gibt es hier nur zwei Möglichkeiten: positive oder negative, siehe Zeile 3 in den Klausen unten.

Persönliche Beziehungen, zufällig generiert

```
number_of_actors(20).                                                1
maximal_number_of_relations_for_actor_to_another(7).                 2
positive_negative_constant(2).                                       3
make_personal_relations :-                                           4
  number_of_actors(NUMBER_OF_ACTORS),                                5
  ( between(1,NUMBER_OF_ACTORS,ACTOR),                               6
      generate_lists_of_relations(ACTOR),                            7
      fail ; true),!.                                                8
generate_lists_of_relations(ACTOR) :-                                9
  asserta(list_of_persons_for(ACTOR,[ ])),                          10
  maximal_number_of_relations_for_actor_to_another(MNRAA),          11
  MNRAA < NUMBER_OF_ACTORS,                                         12
  findall(Y,between(1,NUMBER_OF_ACTORS,Y),LIST_OF_ACTORS),          13
  delete(LIST_OF_ACTORS,ACTOR,LIST_OF_ACTORS1),                     14
  asserta(dyn_resevoir(LIST_OF_ACTORS1)),                           15
  NUMBER_OF_RELATIONS_FOR_ACTOR is random(MNRAA)+1,                 16
     make_relations(ACTOR,NUMBER_OF_RELATIONS_FOR_ACTOR),           17
  dyn_resevoir(LIST_OF_ACTORS2),                                    18
  retract(dyn_resevoir(LIST_OF_ACTORS2)),                           19
  list_of_persons_for(ACTOR,LIST_OF_KNOWNS),                        20
  retract(list_of_persons_for(ACTOR,LIST_OF_KNOWNS)),!.             21
make_relations(ACTOR,NUMBER_OF_RELATIONS_FOR_ACTOR) :-             22
  ( between(1,NUMBER_OF_RELATIONS_FOR_ACTOR,N),                     23
    make_one_relation(N,ACTOR), fail ;                              24
    true ),                                                         25
  list_of_persons_for(ACTOR,LIST_OF_KNOWNS1),                       26
  retract(list_of_persons_for(ACTOR,LIST_OF_KNOWNS1)),!.            27
make_one_relation(N,ACTOR) :-                                       28
  dyn_resevoir(LIST_OF_ACTORS3),                                    29
```

```
length(LIST_OF_ACTORS3,LENGTH),                              30
repeat,                                                      31
Z is random(LENGTH)+1,                                       32
nth1(Z,LIST_OF_ACTORS3,ACTOR_B),                             33
list_of_persons_for(ACTOR,LIST_OF_KNOWNS2),                  34
\+ member(ACTOR_B,LIST_OF_KNOWNS2),                          35
positive_negative_constant(CONSTANT),                        36
U is random(CONSTANT)+1,                                     37
( U = 1, EXPRESSION is 1 ; U = 2, EXPRESSION is -1 ),        38
writein('data421.pl',fact(relatin(ACTOR,ACTOR_B,person,      39
    EXPRESSION)))),
change(delete,LIST_OF_ACTORS3,ACTOR_B),                      40
change(append,LIST_OF_KNOWNS2,ACTOR_B),!.                    41
```

In 7 und 9 wird für einen Akteur ACTOR eine Liste von Beziehungen erzeugt und in der Form list_of_persons_for(ACTOR,_) formuliert. Am Anfang ist diese Liste in 10 leer. In 11 wird die Konstante MNRAA für die maximale Anzahl von Beziehungen, die ein Akteur zu anderen haben kann, geholt, die in der Datei para für Konstanten vorhanden sein muss. Sie muss in 12 kleiner als die Gesamtanzahl von Akteuren sein. Diese Konstante ist so angelegt, dass für jeden Akteur eine eigene Maximalzahl NUMBER_OF_RELATIONS_FOR_ACTOR zufällig erzeugt wird, siehe 21. NUMBER_OF_ RELATIONS_FOR_ACTOR ist die Zahl von Beziehungen, die für den Akteur A generiert wird. Der random Befehl erzeugt in 16 eine Zufallszahl, die zwischen 1 und MNRAA liegt. Die Anzahl der Beziehungen kann damit für jeden Akteur verschieden sein. In 13 wird eine nur »intern« für 9 und speziell für die innere Schleife 21 verwendete Liste LIST_OF_ACTORS erzeugt. Diese Liste enthält am Anfang alle Akteure. In 14 wird Akteur ACTOR aus dieser Liste entfernt und die entstehende Liste LIST_OF_ACTORS1 mit dem Prädikat dyn_resevoir(_) in 15 in die Datenbasis eingetragen. Diese Liste wird in der Rekursionsschleife 22 ständig verändert, und am Ende der Schleife in 18 wieder gelöscht. Auch der Term list_of_persons_for(ACTOR,_) und die entsprechende Liste für den Akteur ACTOR werden in der nächsten Zeile in 20 wieder gelöscht.

In 21 und 27 werden in einer so vorbereiteten Schleife die verschiedenen neuen, persönlichen Beziehungen als Fakten für ACTOR generiert. In 28 wird die dynamische Liste wieder aus der Datenbasis mit einer neuen Variablen LIST_OF_ACTORS3 geholt. Diese Liste enthält verschiedene Akteursnamen (hier einfach: Zahlen). Je nach der Schrittnummer der Schleife ist diese Liste größer oder kleiner. In 29 wird deren Länge LENGTH bestimmt und in 30 eine offene Schleife generiert. In 31 wird eine zufällige Zahl Z gezogen (2.3). Diese wird in 32 dazu verwendet, an der Z-ten Stelle der LIST_OF_ACTORS3 die »richtige« Komponente, nämlich ACTOR_B, zu bestimmen. ACTOR_B ist also ein Akteur. Da wir uns in einer Schleife befinden, in der sowohl die »Reserveakteure« als auch die schon durch Beziehungen zu ACTOR verbundenen Akteure erzeugt wurden, müssen beide Listen zur Verfügung stehen.

Nachdem in 31 eine Zufallszahl Z (und der dazugehörige Akteursname ACTOR_B) gezogen wurde, wird in 34 überprüft, ob ACTOR_B nicht schon in einem früheren Schritt der Schleife relativ zu ACTOR benutzt wurde. In diesem Fall wäre ACTOR_B schon in der Liste LIST_OF_KNOWNS2 zu finden, d.h. inhaltlich würden schon Beziehungen zwischen ACTOR und ACTOR_B bestehen. Wir können deshalb ACTOR_B nicht noch ein Mal benutzen, denn dann würden Inkonsistenzen entstehen. In einem früheren Schritt der Schleife kann z.B. ACTOR den ACTOR_B positiv sehen, während in dem gerade erörterten Schritt ACTOR *keine* Relation zu ACTOR_B hat – dies wird in den Zeilen 35 - 37 deutlich. Aus diesem Grund müssen wir in 30 und 34 eine Sicherheitsklausel einfügen. In 34 wird überprüft, ob der gerade »gezogene« Akteur schon in der LIST_OF_KNOWNS2 steht. Der PROLOG Befehl \+ in 34 verneint den Term member(ACTOR_B,LIST_OF_KNOWNS2), d.h. wenn 34 richtig ist, befindet sich ACTOR_B nach der Verneinung nicht in dieser Liste. Nur in diesem Fall, d.h. wenn 34 wahr ist, wird das Programm weiter nach unten gehen. Ist 34 falsch, geht PROLOG nach oben zu 30. Dort wird wieder eine Zufallszahl gezogen. Dies wird solange wiederholt, bis Zeile 34 richtig wird. Da in 30 mehrmals dieselbe Zahl zufällig gezogen werden kann, kann diese Prozedur öfter durchlaufen werden. Wenn die LeserInnen zum ersten Mal mit einem solchen Fall zu tun haben, sollten sie dem Computer Zeit lassen und eventuell mit trace untersuchen, ob das Programm fehlerhaft ist.

In 35 wird die Konstante CONSTANT aus der Datenbasis geholt. In diesem Beispiel hat eine Beziehung nur zwei Intensitätsgrade (Ausprägungen): 0 oder 1. D.h. relation(ACTOR,ACTOR_B) oder \+relation(ACTOR,ACTOR_B). Ob die Beziehung von Akteur ACTOR zum Akteur ACTOR_B stärker ist als die zu C spielt hier keine Rolle. Auch wird hier nicht erörtert, aus welchem bestimmten Grund ACTOR mit ACTOR_B in Beziehung steht. Nur in solchen spezielleren Fällen wäre es zweckmäßig, die Konstante CONSTANT zu einer ganzen Liste von Konstanten auszubauen, so dass jede Beziehungsart eine eigene Konstante bekommt, die einen unterschiedlichen Grad aufweisen kann. In 36 wird die Zufallszahl U (U=1 oder U=2) gezogen. Ist in 37 U gleich 1, wird eine neue Beziehung als Fakt mit dem positiven Wert 1 belegt, d.h. in 38 wird der Fakt fact(relation(ACTOR,ACTOR_B,person,1)) an eine Datei data421 gesendet, so dass er im Hauptprogramm später verwendet werden kann (2.4). Wenn in 37 U gleich 2 ist, wird der Fakt fact(relation(ACTOR, ACTOR_B,person,-1)) an data421 geschickt. Die Variablen ACTOR,ACTOR_B sind im Programm an diesem Punkt durch Zahlen instantiiert. Da wir aber nicht wissen, über welchen Akteur wir in den Schleifen gerade sprechen, lassen wir hier einfach die Variablen stehen, um das Lesen nicht noch schwieriger zu machen. In 38 haben wir auch das Symbol ».« an die Datei geschickt, weil ein Fakt auf Textebene mit einem Punkt enden muss. Diesen Sachverhalt haben wir in Kapitel 1 ausführlich diskutiert. Wenn wir den Term plus Punkt in Anführungszeichen setzen, ließe sich zwar append('fact(relation(ACTOR,ACTOR_B,person,1)).') an die Datei `data421` schicken, aber dann muss sich das Hauptprogramm, welches später den Term `fact(relation(ACTOR,ACTOR_B,person,1))` ohne Punkt benutzen muss, mit den Anführungszeichen beschäftigen. In 38 wird ein Mechanismus benutzt, mit dem eine Datei – hier `data421` – mit `append` geöffnet und später wieder mit `told` geschlossen wird. Schließlich werden in 39 und 40 die beiden Listen `LIST_OF_KNOWNS` und `LIST_OF_ACTORS` angepasst.

Wenn wir diese Fakten generiert haben, müssen wir als nächstes die Fakten zu Triaden zusammenbauen. Dies lässt sich durch eine weitere Klause formulieren, die wir hier nicht angeben (𝒦𝒢! 421). Wir kommen nun zum Hauptprogramm, bei dem wir die Analyseschleifen weglassen.

```
start :- ...                                                            1
  number_of_ticks(NUMBER_OF_TICKS), make_data,                          2
  consult('data421.pl'), activate_time, ...,                            3
  ( between(1,NUMBER_OF_TICKS,TICK), make_one_tick(TICK), fail;         4
     true),!.
make_one_tickt(TICK) :- number_of_actors(NUMBER_OF_ACTORS),            5
  ( between(1,NUMBER_OF_ACTORS,ACTOR),                                  6
     use_one_actor(TICK,ACTOR), fail ;                                  7
   true ),!.                                                            8
use_one_actor(TICK,ACTOR) :-                                            9
  stored(TICK,list_of_triades(LIST_OF_TRIADES)),                        10
  make_list_of_personal_triades(ACTOR,LIST_OF_TRIADES,                  11
     LIST_OF_PERSONAL_TRIADES),                                         12
  length(LIST_OF_PERSONAL_TRIADES,LENGTH),                              13
  ( LENGTH = 0 ;                                                        14
    0 < LENGTH, U is random(LENGTH) + 1,                                15
    nth1(U,LIST_OF_PERSONAL_TRIADES,TRIADE),                            16
    TRIADE = [NR,[ACTOR,B,OB],[X,Y,Z]],                                 17
    change(TICK,ACTOR,TRIADE,TRIADEnew)                                 18
  ),!.                                                                  19
```

Hier wird in 2 durch `make_data` eine Menge von Triaden erzeugt und in `data421` gespeichert. In 3 wird diese Datei `data421` in die Datenbasis geladen. Nach einigen weiteren Vorbereitungen wird in 4 die Zeitschleife angelegt und in 6 kommt die Akteurschleife hinzu. Diese ist hier von der einfachsten Art. Jeder Akteur wird dabei mit einer Zahl identifiziert. In 10 wird die Liste von Triaden aus der Datenbasis geholt, welche vorher in 2 erzeugt wurde. Diese Liste wird hier nicht beschrieben. In 11 wird die Liste reduziert zu Triaden, über die nur der Akteur ACTOR verfügt und die alle unbalanciert sind (siehe [4.2.1]). Auch dies haben wir hier nicht weiter beschrieben. In 13 wird die Länge der reduzierte Liste berechnet. Im ersten Fall befindet sich in 14 der Akteur ACTOR in völligem Gleichgewicht; er hat keine unbalancierten Triaden: LENGTH=0. In diesem Fall endet die Klause in 9. Im zweiten

Fall in 15 wird in 16 zufällig eine unbalancierte Triade aus der Liste genommen und in 17 analysiert.

TRIADE = [NR,[ACTOR,B,OB], [X,Y,Z]].

In 18 wird diese Triade nun so verändert, dass sie balanciert ist.

```
change(TICK,ACTOR,TRIADE,TRIADEnew) :-                                    1
    TRIADE = [NR,[ACTOR,B,OB],[X,Y,Z]],                                   2
    V is random(3) + 1,                                                   3
    nth1(V,[X,Y,Z],COMPONENT_OF_SIGNATUR),                               4
    ( COMPONENT_OF_SIGNATUR = 1, COMPONENTnew is -1,                      5
    ;                                                                     6
      COMPONENT_OF_SIGNATUR = -1, COMPONENTnew is 1                       7
    ),                                                                    8
    replace(V,COMPONENT_OF_SIGNATUR,COMPONENTnew,[X,Y,Z],                 9
          SIGNNATURnew),                                                  10
    write(changed(TICK,ACTOR,number,V,COMPONENTnew)),                    11
    write('.'), nl                                                        12
    TRIADEnew = [[ACTOR,B,OB],SIGNUMnew],                                 13
    stored(T,list_of_triades(LISTold)),                                   14
    retract(stored(T,list_of_triades(LISTold))),                          15
    asserta(stored(T,list_of_triades(LISTL2))),                           16
    told,!.                                                               17
```

In 2 haben wir aus Lesbarkeitsgründe die Triade noch einmal aufgeschlüsselt. In 3 und 4 wird zufällig eine dieser drei Komponenten des Signums [X,Y,Z] berechnet. In 5 und 7 wird diese Komponente geändert, »umgepolt«. In 9 wird die »alte« Komponente durch die neue ersetzt, was wir hier nicht genau beschreiben. Der Term

replace(V,COMPONENT_OF_SIGNATUR,COMPONENTnew,[X,Y,Z],SIGNATURnew)

bewirkt, dass die V-te Komponente COMPONENT_OF_SIGNATUR der Liste [X,Y,Z] durch die Komponente COMPONENTnew ersetzt wird, so dass die neue SIGNNATURnew entsteht (siehe $\mathcal{KG}$! 51, replace). Schließlich wird auch die ganze Triadenliste list_of_triades(_) angepasst.[3]

Inhaltlich können wir die psychologische Anpassung wie folgt umschreiben. Ein Akteur, z.B. peter, stellt alle Triaden zusammen, in denen er vorkommt. Die *individuellen* Informationen werden in diesem einfachen Programm nicht thematisiert. Jeder Akteur kann hier alle Informationen, die in der Datenbasis gespeichert sind, auch abrufen. Peter wählt eine unbalancierte Triade aus – zufällig oder mit einer mehr rationalen Methode. Dabei ist es möglich, dass es keine unbalancierten Triaden gibt. In diesem Fall wird Peter gar nichts machen, in der Akteurschleife wird einfach der nächste Akteur aufgerufen. Im interessanten Fall, in dem Peter eine unbalancierte Triade findet, wird er diese Triade so verändern, dass sie ausbalanciert

---

3 Ein vollständiges Programm findet sich in ($\mathcal{KG}$! 421).

ist. Dazu wird eine der positiven oder negativen Beziehungen in der Triade »umgepolt«. Eine solche Beziehung wird in der Datenbasis also gelöscht und durch eine neue ersetzt, die in die Datenbasis eingetragen wird.

Dieser formale Prozess lässt sich natürlich mit psychologischen Hypothesen empirisch gehaltvoller machen. Wir haben hier nur den einfachsten Weg formuliert, bei dem aus den wenigen, möglichen Fällen eine Triade zufällig ausgewählt, und auch zufällig verändert wird, so dass diese nicht mehr unbalanciert ist.

Der vorherige Zustand der Triaden wird in eine Datei res421 eingetragen, so dass wir am Ende des Programms analysieren können, ob Heider's Hypothese durch die Simulation bestätigt wurde. Wir können die Resultate genauer untersuchen und prüfen, ob die Anzahl der ausbalancierten Triaden in einem Zeitablauf zunimmt oder nicht.

Aus dieser einfachen Handlungsregel ergeben sich ziemlich komplexe Verhältnisse im Netz der Beziehungen. Ein solches Netz entsteht, wenn es zwischen den Triaden weitere Beziehungen gibt. Wir nennen solche Beziehungen Metabeziehungen und unterscheiden sie so klar von den »internen« Beziehungen in den Triaden. Metabeziehungen führen zu Netzen oder Graphen, die sich mit der Zeit verändern. Dabei lassen sich solche Veränderungen nicht immer einfach durchschauen.

4.3 Politische Wissenschaften: Krisen

Die Politikwissenschaft untersucht schon lange politische Krisen. Auf empirischer Ebene gibt es erste, präzise formulierte Hypothesen in (Brecher, 1993), (Brecher und Wilkinfeld, 1988), (Lebow, 1981), (McClelland, 1968). Im Moment werden solche Krisen hauptsächlich in der Spieltheorie studiert, z.B. (Reiter und Selten, 2003). Auch militärische Einrichtungen verschiedener Staaten führen Computersimulationen über Krisen durch; allerdings lässt sich dies der wissenschaftlichen Literatur kaum entnehmen. Die Literatur über Krisensimulationen ist daher etwas einseitig. Dafür gibt es jede Menge Computerspiele, wie das Spiel *Fallout*, in denen Krisenszenarien in Form von Kriegen vorkommen.

Ausgehend von (Brecher, 1993) wurde in (Balzer, 1996) ein formales Krisenmodell formuliert, das hier als Ausgangspunkt für Simulationen genutzt wird. Eine erste PROLOG Simulation, die einige Komponenten dieses Modells verwendet, stammt von (Will, 2000).[4]

In dieser Krisensimulation sind die Akteure *Nationen*, die – wie in der wirklichen Welt – mit anderen Nationen zusammenarbeiten, einen Konflikt austragen oder sogar mit ihnen kämpfen. Bei einer Krise spitzt sich bei zwei Akteuren die Lage zu. Diese allgemeine Formulierung lässt sich in einer Simulation inhaltlich genauer mit Handlungstypen füllen. Die verwendeten Handlungstypen beschreiben

---

4 Siehe auch www.munich-simulation-group.org und (Sander, 1993).

Handlungen von Nationen und sind zunächst noch ziemlich allgemein gehalten. Sie lassen sich aber durch empirische Studien aus der Politikwissenschaft stützen. Im Folgenden kürzen wir Akteure mit A, B und C ab und Ticks mit T.

Die in unserem Modell verwendeten Handlungstypen, die durch die Akteure ausgeführt werden, sind hier: threat, appease, attack, defend, surrender, conquer und do_nothing. Die Handlungstypen bedeuten im Einzelnen: Ein Akteur

- A bedroht (threat) einen anderen Akteur B,
- A beschwichtigt (appease) B,
- A macht einen Angriff (attack) auf B,
- A verteidigt sich (defend) gegen B,
- A ergibt sich (surrender) dem Feind B,
- A erobert (conquer) B und
- A verhält sich gegenüber B neutral (do_nothing).

Jeder Akteur hat drei weitere Eigenschaften. Erstens besitzt jeder Akteur eine bestimmte Ausprägung von Stärke (strength) und zweitens eine bestimmte Ausprägung von Aggression (aggression). Die Stärke strength(A,STRENGTH) eines Akteurs A wird durch eine natürliche Zahl STRENGTH ausgedrückt. Damit lässt sich die Stärke STRENGTH_A von A sehr einfach mit der Stärke STRENGTH_B von B vergleichen: STRENGTH_A =< STRENGTH_B oder STRENGTH_A >STRENGTH_B. Auch die Aggression aggression(A,AGGRESSION) eines Akteurs A hat eine bestimmte Ausprägung AGGRESSION. Hier können wir ebenfalls direkt vergleichen, ob ein Akteur A der Ausprägung AGGRESSION_A aggressiver ist als ein Akteur B der Ausprägung AGGRESSION_B: AGGRESSION_A =< AGGRESSION_B oder AGGRESSION_A > AGGRESSION_B. Diese beiden Eigenschaften haben wir hier diskret verteilt. Anders gesagt werden die Stärken STRENGTH und die Aggressionsstufen AGGRESSION der Akteure als Fakten erzeugt.

Die dritte Eigenschaft eines Akteurs ist sein Gedächtnis. Für jeden Akteur A werden je nach Situation wichtige, profitable oder emotionale Handlungen und Ereignisse in seinem Gedächtnis gespeichert. Dies erfolgt über eine Liste LIST bisher ausgeführter Handlungen in der Klause history(A,LIST). Zu jedem Tick wird A einige Ereignisse und Handlungen, die er gerade ausgeführt hat, in diese Liste aufnehmen. Im Gedächtnis von A (zum Tick T) ist zudem die Vorgeschichte des Akteurs A in einer Liste LIST aus Tripeln der Form [J,ACTION_TYP,ENEMY], J = 1,...,T abgelegt. Zu einem Tick J führt der Akteur A den Handlungstyp ACTION_TYP aus, der gegen den Feind ENEMY gerichtet ist, z.B. ACTION_TYP = threat, ENEMY = B = 3 und LIST = [...,[J,threat,3],...].

In dieser Simulation werden verschiedene Handlungstypen wie threat oder appease durch zwei Verbundprädikate (2.5) escalate und deescalate (verschärfen und entschärfen) zu Mustern zusammengefasst. Ein Verbundprädikat verbindet zwei Handlungstypen, die logisch unabhängig sind. threat – attack wäre zum Beispiel verschärfend, threat – appease wäre entschärfend. Einige Paare von Handlungstypen werden wie in der natürlichen Sprache verwendet: Wenn ein Akteur A zu T die Nation B bedroht und dann zu T+1 auch B den Akteur A bedroht, verschärft sich die Krise. Ebenso verschärft sich die Krise, wenn A zu T das Land B angreift und B zu T+1 auch A angreift. Andererseits entschärft sich eine Krise zum Beispiel, wenn A zu T die Nation B bedroht und B zum nächsten Zeitpunkt A beschwichtigt. Oder: A erobert B zu T und B ergibt sich zu T+1.

Neben diesen eindeutigen Situationen gibt es auch Fälle, die manchmal verschärfend und manchmal entschärfend verstanden werden. Wenn A neutral bleibt und B im nächsten Zeitpunkt A droht, kann dies zu einer Krise führen – es muss aber nicht so sein. Wenn A sich verteidigt und B im nächsten Zeitpunkt aufgibt, kann dies unterschiedliche Folgen haben. Es ist klar, dass auf dieser sehr allgemeinen Ebene vieles unbestimmt bleiben muss. In einer konkreten Krise lassen sich diese Unbestimmtheiten aber in der Regel eindeutig spezifizieren.

In Sim-Programmen verwalten wir diese verschärfenden und entschärfenden Verbundprädikate, also Paare von Handlungstypen, in einer eigenen Datei. Wir schreiben etwa

escalate([[thread,thread],[thread,attack],...])

und

deescalate([[thread,appease] , [conquer,surrender] ,...]).

Aus einer solchen Liste lässt sich in einer Klause ein Paar von Handlungstypen – wie in (2.5) diskutiert – mit den passenden Variablen verbinden.

Im Beispiel geben wir den Handlungstypen drei Argumente: einen Tick T und zwei Akteure A,B. Die Verbundprädikate benutzen wir hier in der einfachsten Weise. In einem Verbundprädikat wird der erste Handlungstyp zum Tick T ausgeführt und der verbundene, »nächste« Handlungstyp findet im nächsten Tick T+1 statt, z.B.

escalate(thread(T,A,B),thread(T+1,B,A)), oder

deescalate(conquer(T,A,B),surrender(T+1,B,A)).

Solche Handlungspaare lassen sich auch zu längeren Sequenzen zusammenfügen. Einige dieser Sequenzen machen Sinn, andere nicht. Z.B. kann ein Akteur mehrmals drohen und bedroht werden. Wenn hingegen A das Land B erobert hat, macht es wenig Sinn, im nächsten Zeitpunkt B wieder anzugreifen. Auf diese Weise entstehen Handlungsmuster, die in dem Krisen-Simulationsprogramm von (Will, 2000) durchgespielt wurden.

Ein zentrales Problem bei diesem Programm ist die Umsetzung der gegeneinander gerichteten Handlungen. Hier lassen sich zwei fundamental verschiedene Vorgehensweisen unterscheiden. Auf der einen Seite muss ein Akteur immer individualistisch handeln, auf der anderen Seite kann er aber auch über mehr oder weniger soziale Komponenten verfügen. Diese beiden Ansätze lassen sich in Sim-

Programmen auf verschiedene Weise programmieren. In einem ersten Modell – das in der heutigen Zeit dominiert – wird die Akteurschleife »individualistisch« dargestellt, während in einem zweiten Modell eine »soziale« Akteurschleife angewendet wird.

In einer individualistischen Akteurschleife wird in einem Krisenzustand zu einem Tick ein bestimmter Akteur »alleine« handeln. Andererseits finden sich implizit auch Gemeinsamkeiten von feindlichen Akteuren, die aus der Geschichte beider Akteure stammen. In einer sozialen Akteurschleife hingegen werden nicht einzelnen Akteure, sondern feindliche Paare von Akteuren erzeugt und festgelegt. Genau diese Paare werden dann in der Akteurschleife abgearbeitet. Bei dieser Struktur beschäftigt sich ein Akteur zu einem Zeitpunkt nur mit solchen feindlichen Akteuren, die am Anfang der Schleife vorgegeben sind.

Im einer sozialen Akteurschleife wird eine Liste enemy_list(ENEMY_LIST) von Feinden erzeugt. Ein Element [A,B] aus dieser Liste besteht aus zwei Akteuren A und B; A ist der gerade »aktive« Akteur und B ist ein Feind von A. Dabei kann A in einer Akteurschleife mehrere Feinde haben; Koalitionen sind dabei nicht vorgesehen. Bevor der Akteur A mit dem Term activate(T,A,B) aktiviert wird, wählt das Programm mit activate_pair(T,[A,B]) ein feindliches Paar [A,B] aus der Liste ENEMY_LIST aus. Allgemeiner formuliert werden *alle* Akteure zunächst zu Paaren geordnet. Dabei kann ein Akteur in einem ersten Paar als Hauptakteur und in einem zweiten Paar als Nebenakteur erscheinen. In der Akteurschleife werden also Paare bearbeitet.

Das Prädikat check_environment wird benutzt, um die Umgebung von A zu untersuchen. Diese Umgebung wird hier rein zeitlich interpretiert und ist auf den Akteur A zugeschnitten. In check_environment(T,A,B) werden aus history(A,LIST) von A nur solche Ereignisse ausgewählt, in denen B der Feind ist. Diese Ereignisse werden in eine Liste EVENT_LIST eingetragen: actor_history(A,B,EVENT_LIST). In einer solchen Liste finden wir z.B., dass A zu einem früheren Zeitpunkt den Feind Nr. 4 angegriffen hat: [...,[T,attack,4],...].

Im Hauptprogramm wird in der Zeitschleife zu T ein Term, z.B. choosemode(T, A,B,MODE), aufgerufen. Dieser benutzt die Aggressivitätsstufe AGGRESSION, fact(T,aggression(A,AGGRESSION)) und die Akteursgeschichte von A relativ zu B, actor_history(A,B,HISTORY), so dass in einem kleinen Entscheidungsbaum ein bestimmter Handlungstyp TYP ausgewählt wird. Diese Möglichkeiten beschreiben wir hier nicht weiter im Detail; eine allgemeine Darstellung dieser Methode findet sich z.B. in SMASS (Balzer, 2000).

Schließlich werden Regeln formuliert, die für jeweils eine der Handlungstypen ausgeführt werden. Diese Regeln sind in unserem Beispiel sehr einfach. Bei einigen Handlungstypen wird zu Beginn der Handlung geprüft, ob der Feind B nicht zu stark für A ist. Ist z.B. A stärker als B, SB < SA, hat der Akteur A die Möglichkeit, die gerade untersuchte Handlung, z.B. threat, in die Tat umzusetzen. Im anderen

Fall, in dem der Feind B zu stark ist, SA =< SB, wird der Akteur gar nichts tun. Solche einfachen Stärkevergleiche lassen sich natürlich komplexer gestalten. Dazu benutzen wir einen eigenen Term, wie z.B. feasible(attack,A,B,T,X), der in einer Klausel beschreibt, ob ein Handlungstyp zu T für den Akteur A möglich ist.

```
feasible(attack,A,B,T,X):-
  ( fact(T,strength(A,STRENGTH_A)), fact(T,strength(B,STRENGTH_B)),
    STRENGTH_B/3 < STRENGTH_A ,X=0 ;
  X=1 ),!.
```

In diesem Beispiel muss A mindestens ein Drittel der Stärke von B haben, um die Handlung attack umzusetzen.

Ist es für den Akteur A machbar, wird er die vorgesehene Handlung der Art TYP ausführen. Wenn z.B. Akteur A Akteur B droht, muss B zunächst prüfen, ob es überhaupt möglich ist, dass A ihn bedroht. Nur wenn dies der Fall ist, wird auch der Bedrohte B eine Handlung ausführen. In diesem Fall tragen beide Akteure den Fakt, z.B. das Tripel [T,A,threat,B], in ihr Gedächtnis ein:

```
...,
fact(T,history(A,HISTORY)),append(H,[[T,A,threat,B]],HISTORYnew),
retract(fact(T,history(A,HISTORY))),
asserta(fact(T,history(A,HISTORYnew))),...
```

Nehmen wir als Krisenbeispiel die Handlung attack. Aus mehreren Akteuren – in diesem Fall: Nationen – werden zwei Akteure A, B herausgegriffen, die sich zur Zeit T feindlich gegenüber stehen. Das Prädikat attack(T,A,B) soll besagen, dass Nation A zur Zeit T die Nation B angreift. Dieses Prädikat wird hier aus der Sicht von A betrachtet. Zwei Eigenschaften von Nationen nutzen wir dabei als Fakten: die Ausprägungen der Kriegsstärke (strength) und der Aggression (aggression). Diese Ausprägungen werden durch kleine, natürliche Zahlen ausgedrückt. Die Stärke STRENGTH des Akteurs A kann z.B. zwischen 1 und 20 liegen und die Aggression AGGRESSION von A zwischen 1 und 5.

Eine einfache Klausel für attack würde etwa so aussehen.

```
attack(T,A,B) :-                                         1
  store(T,A,strength(T,A,STRENGTH_A)),                   2
  store(T,A,strength(T,B,STRENGTH_B)),                   3
  store(T,A,aggression(T,A,AGGRESSION_A)),               4
  store(T,A,aggression(T,B,AGGRESSION_B)),               5
  STRENGTH_B < STRENGTH_A,                               6
  AGGRESSION_B < AGGRESSION_A,                           7
  active(T,A,attack(A,B)), ...                           8
```

Wir formulieren nun ein einfaches Modul, mit dem die normale, individualistische Akteurschleife verallgemeinert werden kann ($\mathcal{KG}$! 431).

Wir gehen davon aus, dass eine Liste von möglichen Akteurpaaren gegeben ist. Ein bestimmter Akteur A wird zu einem gegebenen Tick T aus dieser Liste alle Gegner von A sammeln und für jeden solchen Gegner B das Paar [A,B] in das Gedächtnis von A eintragen. Diese Feindliste ENEMY_LIST von A wird A nun weiter bearbeiten. Die Komponenten aus dieser Feindliste sind also Paare von Akteuren der Form [A,B]; wobei A der aktivierte Akteur ist.

Ein Akteur bearbeitet seine Krisengegner   [4.3.1]

```
tick(53). enemy_list_for(3,[[3,2],[3,4]]).                    1
handle_crisis(T,A) :-                                         2
  enemy_list_for(A,ENEMY_LIST), tick(T),                     3
  length(ENEMY_LIST,NUMBER_OF_ENEMIES),                      4
  asserta(auxlist(ENEMY_LIST)),                              5
  ( between(1,NUMBER_OF_ENEMIES,N), choose_enemy(N,T,A), fail ;   6
    true ),                                                  7
  retract(auxlist(ENEMY_LIST)).                              8
choose_enemy(N,T,A) :-                                        9
  auxlist(ENEMY_LIST1), length(ENEMY_LIST1,LENGTH),         10
  X is random(LENGTH) + 1,                                  11
  nth1(X,ENEMY_LIST1,ENEMY_PAIR), ENEMY_PAIR = [A,B],       12
  activate(T,A,B),!,                                        13
  delete(ENEMY_LIST1,ENEMY_PAIR,ENEMY_LIST1new),            14
  retract(auxlist(ENEMY_LIST1)),                            15
  asserta(auxlist(ENEMY_LIST1new)),!.                       16
activate(T,A,B) :- ...                                       17
```

In 1 ist der Tick 53 ausgewählt und eine Liste wird gefunden, die den handelnden Akteur, A=3, und zwei Paare enthält. In jedem Paar ist 3 der aktive Teil, 2 und 4 sind die Gegner von 3. In 3 und 4 wird für A »seine« ENEMY_LIST und die Anzahl seiner Gegner bestimmt. In 6 - 7 wird eine Schleife über die Anzahl der Gegner von A gelegt. In 5 wird eine Hilfsliste auxlist(ENEMY_LIST) eingerichtet, die in dieser Schleife dann Schritt für Schritt verkleinert wird. In jedem Schleifenschritt wird in 10 -12 von der verbleibenden Liste zufällig ein Paar ENEMY_PAIR aus der Feindliste genommen. In 12 wird ENEMY_PAIR zu einem Paar [A,B], wobei A der aktiv Handelnde ist. In 13 führen beide Akteur A und B »zusammen« eine Handlung aus; sie »bearbeiten sich« in der Krise gegenseitig: activate(T,A,B).

Durch den Term activate(T,A,B) wird der Hauptakteur A zunächst seine Umgebung beobachten und dann seine mailbox lesen (siehe Abschnitt 2.1). Eventuell bekommt A einen Befehl von einem anderen Akteur, den er sofort ausführen muss. In diesem Fall hat A zu diesem Tick keine Möglichkeit, sich der Krise mit B zuzuwenden. Nur wenn A keinen zwingenden Anlaß für eine andere Handlung sieht, wird sich A mit der Krise zwischen A und B beschäftigen. In diesem Fall wird A

»nachdenken« und sich schließlich entscheiden, mit welcher Art von Handlungstyp er dem Feind B begegnen will. Wir haben dazu unten die Klause choosemode(...):-... erstellt ($\mathcal{KG}$! 431), wobei wir die Statistikschleife und die zugehörige Variable RUN ausgespart haben. Die Aggressionsausprägungen werden am Anfang des Gesamtprogramms zufällig, diskret erzeugt, so dass jeder Akteur weiß, wie aggressiv er ist. Dies wird als Faktum fact(T,aggression(A, AGGRESSION)) gespeichert. Die hier festgelegten drei Aggressionsausprägungen belegen wir mit den Zahlen 1,2,3: AGGRESSION =< 1,2,3, in Worten: wenig, mittel, hoch. aggression(T,A,1) besagt z.B., dass A wenig aggressiv ist. Da die Klause choosemode(T,A,B,HTYP):-... für alle Akteure A ausführbar sein muss, müssen wir diese Klause unabhängig von einer bestimmten Aggressionsstufe des gerade bearbeiteten Hauptakteurs A halten. Alle möglichen Ausprägungen sollten also in einer Klause beschrieben sein. Dies führt in der hier benutzten Form zu einer verschachtelten *Oder*-Konstruktion, die wir hier aus Platzgründen nicht optimal anordnen können. Wenn wir mehr Ausprägungen benutzen möchten, müssten wir diese Klause anders programmieren.

```
choosemode(T,A,B,ACTION_TYP) :-                                          1
  fact(T,aggress(A,AGR_A)),                                              2
  actor_history(A,B,HISTORY), length(HISTORY,LENGTH),                    3
  ( LENGTH = 0 , choose_free(T,A,B,AGR_A,ACTION_TYP) ;                   4
    0 < LENGTH, choose_constrainted(T,A,B,HISTORY,AGR_A,               5
       ACTION_TYP)),!.
choose_free(T,A,B,AGR_A,ACTION_TYP) :-                                   6
  ( AGR_Y = 3, ACTION_TYP = attack ;                                     7
    ( AGR_A = 2, LIST = [threat, attack, do_nothing],                    8
      X is random(3) + 1, nth1(X,LIST,ACTION_TYP)                        9
    ; AGR_A = 1, ACTION_TYP = do_nothingg ) ),!.                         10
choose_constrainted(T,A,B,HISTORY,AGR_A,ACTION_TYP) :-                   11
  length(HISTORY,LENGTH3), nth1(LENGTH3,HISTORY,TYP),                    12
  ( AGR_A = 3, ACTION_TYP = attack ;                                     13
    ( AGR_A = 2, findall(TYP1,escalate(TYP,TYP1),LIST1),                 14
    length(LIST1,LENGTH1),                                               15
    ( 0 < LENGTH1, Y is random(LENGTH1) + 1, nth1(Y,LIST1,              16
       ACTION_TYP)
      ; 0 = E1, choose_free(R,T,A,B,AGR_A,ACTION_TYP))                   17
  ; AGR_A = 1, ( TYP = attack, ACTION_TYP = defend                      18
      ; findall(TYP2,deescalate(TYP,TYP2),LIST2),                       19
        length(LIST2,LENGTH2),                                           20
        ( 0<LENGTH2, Y is random(LENGTH2)+1,                            21
        nth1(Y,LIST2,ACTION_TYP)                                         22
      ; 0 = LENGTH2, choose_free(R,T,A,B,AGR_A,ACTION_TYP) )            23
  ) ) ),!.                                                               24
```

In 2 wird die Aggressionsausprägung AGR_A von A und die Vorgeschichte der Krise zwischen A und B aus der Datenbasis geholt. Diese Geschichte wird in der einfachsten Art erzählt; es werden nur die Handlungstypen aufgezählt, die in den vorherigen Ticks von beiden Kontrahenten in dieser Krise schon ausgeführt wurden. D.h. die history_list HISTORY enthält Handlungstypen in der Reihenfolge, wie sie in der Vergangenheit (von A und B) durchgeführt wurden, z.B. [threat,attack, defend,attack,defend,...]. In 3 wird die Länge der Geschichte bestimmt. Am Anfang der Krise gibt es keinen Eintrag, also ist die Liste zu Beginn leer. In diesem Fall hat A in 4 »freie Hand«, den Anfang der Krise so zu gestalten, wie A sich dies wünscht. Andernfalls muss A in 5 bei der Auswahl seiner Handlung bestimmte Nebenbedingungen (»constraints«) beachten. In 6 hat der Akteur im Allgemeinen drei Möglichkeiten, die in 7, 8, 10 beschrieben sind. Im Ablauf wurde A schon durch eine bestimmte Zahl (oder einen »Namen«, hier z.B. deutschland) ersetzt. A muss in diesem Stadium *die* Möglichkeit ergreifen, die ihm seine Aggressionsstufe vorgibt. Wenn A wenig aggressiv ist, macht er in 10 gar nichts: do_nothing. Dies kann inhaltlich natürlich vieles bedeuten, die LeserInnen können sich diesen Typ selbst weiter ausmalen. Wenn A sich auf einer mittleren Aggressivitätsstufe befindet, wird A in 8 eine von drei Möglichkeiten [threat, attack, do_nothing] auswählen. Wir haben hier die Auswahl einfach dem Zufall überlassen. Im dritten Fall in 7 ist A hoch aggressiv: AGR_A=3. A wird – wie nicht anders zu erwarten – angreifen: attack.

Wenn A in der letzten Periode, d.h. im vorherigen Tick, schon an dieser Krise beteiligt war, findet A in 12 den letzten Handlungstyp TYP in seiner Geschichte. Je nach dem, wie aggressiv A ist, nimmt das PROLOG Programm eine der drei formulierten Möglichkeiten. Wenn A hoch aggressiv ist, wird er ohne weitere Überlegung in 13 zum Angriff schreiten. Bei mittlerer Aggressivität (AGGRESSION=2) wird sich A in 14 - 17 rational beraten lassen. Die Fakten escalate(do_nothing, threat),escalate(threat,attack),escalate(attack,conquer) und escalate(attack,surrender) für das Metaprädikat escalate werden in der Parameterdatei para aufbewahrt. In 14 werden mit findall alle Handlungstypen TYP1 gesammelt, die zu den genannten Metafakten passen. Wenn z.B. der letzte Handlungstyp attack ist (TYP=attack), hat A zwei Anschlussmöglichkeiten: in diesem Beispiel escalate(attack,conquer) und escalate(attack,surrender). Die Liste LIST1 enthält in diesem Fall genau die beiden Handlungstypen conquer und surrender:

LIST1 = [conquer,surrender].

Wenn es mindestens eine Option gibt, d.h. wenn in 16 die Liste LIST1 nicht leer ist, wird A in 16 eine der Optionen zufällig auswählen. Dies funktioniert auch, wenn die Liste nur eine Option enthält. In 11 wird damit die Variable ACTION_TYP durch einen Handlungstyp ersetzt, aus ACTION_TYP wird z.B. attack. In diesem Fall übergibt PROLOG den Handlungstyp, im Beispiel attack, weiter nach oben in 1 an den Term choosemode(T,A,B,ACTION_TYP). Dieser sieht dann z.B. so aus: choosemode(T,A,B,attack). Damit hat A einen Handlungstyp ausgewählt, im

Beispiel also: `attack`. Wenn die Optionsliste auch innerhalb des Ablaufs leer ist, wird in 17 die Klause `choose_free(...)` aufgerufen. In diesem Fall handelt A wie schon besprochen. Ob dann jede Option sinnvoll ist, erläutern wir hier nicht weiter.

Schließlich kann A wenig aggressiv sein (`AGGRESSION=1`). In diesem Fall sind in 18 - 22 zwei Möglichkeiten programmiert. Die erste Möglichkeit besteht darin, dass die »letzte« Handlung ein Angriff auf A war. Da A wenig aggressiv ist, wird er sich auf die Verteidigung beschränken. Damit wird in 18 die Handlung `defend` ausgeführt: `ACTION_TYP=defend`. Wenn nicht, wird A in 19 die entschärfende Strategie wählen. In 19 werden wie in 14 alle Optionen aus den Metadaten aufgelistet. Ist die Optionsliste leer, wird A in 22 auf `choose_free(...)` zugreifen. Sind Optionen verfügbar, wird A in 21 aus der Liste eine Option zufällig auswählen, die Variable durch den so gefundenen Handlungstyp ersetzen und nach oben weiterreichen.

4.4 Psychologie: Rollen und Intentionen

Soziale Rollen und Handlungsmuster bilden für jeden Menschen ein zentrales Element seines Lebens. Ein Kind beispielsweise lernt schnell bestimmte Handlungstypen zu suchen und zu vermeiden. Im ersten Fall imitiert es das, was ein anderer gerade tut; im zweiten Fall speichert es bestimmte Reaktionen, die es mit der Situation, in der es sich gerade befindet, in eine stabile Beziehung setzt. In beiden Fällen werden zwei oder mehrere Handlungstypen verbunden. Das Kleinkind lacht in Standardsituationen, wenn die Mutter lacht; es bekommt einen Klaps von ihr, wenn es Unsinn macht. Ein Jugendlicher lernt Redewendungen oder Gesten, um die Angebetete zu beeindrucken; er lernt aber auch sprachliche und Handlungsmuster im Umgang mit Rivalen. Bis ins Alter erwirbt ein Akteur neue Rollen - im Altersheim ist an den Bewohner ein ganzes Bündel neuer Rollenerwartungen geknüpft.

Wir haben solche Muster in (2.5) schon kennengelernt. Sie wurden z.B. in der Soziologie (Fararo & Skvoretz, 1984), (Axten & Fararo, 1977), aber auch in der Psychologie und in der Ökonomie studiert und inzwischen auch in die Informatik übertragen. Heute werden Handlungsmuster auch in vielen Computerspielen verwendet.

Für uns sind hier zwei Punkte wichtig. Einerseits werden Handlungsmuster durch Verbindungen zwischen Handlungstypen gebildet, die für einen Akteur zusammengehören. Ein Akteur muss lernen, dass zwei Handlungstypen auf der Wahrnehmungsebene verbunden sind. Diese Verbindungen werden in der Regel in jungen Jahren geknüpft, wenn zwei Handlungen gleichzeitig oder direkt nacheinander ausgeführt werden. Andererseits wird in einem Handlungsmuster ständig von der Handlungsebene in die innere, psychologische, neuronale Welt des Akteurs und zurück gewechselt. Um solche Handlungsverknüpfungen zu lernen, müssen

Handlungen auf neuronaler Ebene öfter miteinander mental verknüpft werden. Die zwei Handlungstypen müssen als eine neue Einheit gespeichert, mit einer Wahrscheinlichkeit versehen und in das Überzeugungssystem des Akteurs aufgenommen werden.

Wir illustrieren diesen Punkt durch ein einfaches Beispiel. Dieses kann in diversen Varianten und vielen anderen, komplexeren Mustern eingesetzt werden. Es geht um ein Handlungsmuster, in welchem der Handlungstyp des Predigens (preach) zentral ist. Ein Akteur, ein Prediger, hält eine Rede der besonderen Art, nämlich eine Predigt; andere Akteure hören zu. Wir beschreiben ein Modell, welches mindestens drei Handlungstypen enthält: predigen, etwas Gehörtes (im religiösen Sinn) glauben und »etwas anderes tun«, auf Englisch formuliert: preach, hear_the_word (im Folgenden kurz hear) und other. Der »leere« Handlungstyp other bleibt hier ohne Inhalt. Wir lassen offen, was ein Akteur, der eine Predigt hört, aber kein Interesse an ihr hat, in dieser Zeit und/oder später macht.

Das Handlungsmuster besteht darin, eine Predigt zu halten mit der Absicht, die Überzeugungen der Hörer zu ändern. Auf der einen Seite führt ein Akteur eine Handlung aus, auf der anderen Seite ändert ein anderer Akteur seine Überzeugungen. Zuerst wird daraus eine neue Intention und später eine Handlung entstehen. Da sowohl die Entstehung neuer Intentionen als auch die dazugehörigen Handlungen zu vielen weiteren Fragen führen, begrenzen wir das Beispiel auf Überzeugungsänderungen. Das hier beschriebene Beispiel lässt sich im Übrigen auch in anderen Bereichen verwenden, wenn wir die Handlungstypen mit anderen Worten belegen. In der Politik z.B. nennt man das Muster »Wahlrede«, in der Wirtschaft »Werbeveranstaltung«.

Der Sinn einer Predigt ist ziemlich klar. Ein Prediger möchte die Überzeugungen und die Handlungen »seiner« Gläubigen in seinem Sinn beeinflussen – er wird dies allerdings so nicht formulieren. Im Handlungsmuster des Predigens werden wie folgt drei Handlungstypen aufeinander bezogen. Der Prediger wählt ein Thema aus, über das er predigen möchte. Wenn er ein Thema gewählt hat, und wenn genügend Hörer versammelt sind, predigt er, die anderen hören zu. Ein Hörer ändert seine Überzeugungsbasis auf Grund der gerade gehörten Sätze (und Gesten) oder er ändert sie nicht.

Dieses so beschriebene Muster lässt sich natürlich weiter verfeinern. Wir könnten genauer beschreiben, warum der Prediger gerade dieses Thema wählt, warum ein Hörer diese Veranstaltung überhaupt besucht oder warum er seine Überzeugungen ändert. Wir könnten auch genauer die Vorbereitungen und die Auswirkungen einer Handlungssequenz aus diesem Muster beschreiben. Ein Thema hängt von der jeweiligen Religion, dem politischen oder dem ökonomischen System und der gesellschaftlicher Situation ab. Die Auswirkungen können vielfältig sein. Ein Hörer kann eine Intention für eine bestimmte Handlung gewinnen, so dass er in Zukunft diese Handlung tatsächlich ausführen wird.

Da wir uns hier hauptsächlich für Simulationsmechanismen interessieren, beginnen wir mit den Bestandteilen, die in dem Muster vorhanden sein oder erzeugt werden müssen. Dieser »Mechanismus« wirkt einerseits von konkreten Handlungen in ein Überzeugungssystem eines Akteurs hinein, andererseits wirkt er auch direkt auf der Ebene der Überzeugungen. Eine Überzeugung verändert sich, sie kommt hinzu, oder entfällt. Und sie kann zu einer Intentionsänderung und am Ende auch zu einer Handlung führen.[5]

Für die Programmierung richten wir die Überzeugungssysteme so ein, dass eine Überzeugungsänderung mit wenigen Klauseln beschrieben wird ($\mathcal{KG}$! 441). Wir beschränken dazu die Überzeugungen eines Akteurs auf das Nötigste. Erstens brauchen wir einige Inhalte, die in den Überzeugungen beschrieben werden. Dazu nehmen wir eine bestimmte Gesamtzahl MXNE von Ereignissen, die wir am Anfang eintragen: maximal_number_of_events(MXNE), z.B. MXNE=13. Unter den Ereignistypen befinden sich – wie in Abschnitt (2.2) diskutiert – auch die Handlungstypen. Auch eine Handlung ist ein Ereignis. Wir trennen die Handlungstypen von den restlichen Ereignistypen, indem wir neben der Gesamtzahl MXNE eine kleinerer Anzahl MXAC (etwa MXAC=8) von Handlungstypen festlegen:

number_of_actiontyps(MXAC).

Drei bestimmte Namen für Handlungstypen heben wir durch nullstellige Prädikate hervor, nämlich preach,hear,other. Wir lassen hier weitere Namen für Handlungstypen zu, um die Klauseln auch in anderen Situationen verwenden zu können, d.h. 3 =< MXAC < MXNE. Die Ereignisarten und die Handlungstypen tragen wir in zwei Listen ein, etwa list_of_events([preach,hear,other,event4,...,event13]) und list_of_actiontyps([preach,hear,other,action4,...,action8]). Ebenso tragen wir die Zahl der Ticks, z.B. number_of_ticks(100) und die Anzahl der Akteure number_of_ actors(30) ein.

Aus den Ereignisarten, den Ticks, den Akteuren und den Zahlen (Stufen und Wahrscheinlichkeiten) lassen sich wie in (3.1) beschrieben, die Überzeugungen der Akteure in folgender Form generieren:[6]

believe(TICK,ACTOR,STEP,W,SENTENCE) oder kurz bel(...):
- TICK ist eine Zeitperiode
- ACTOR ist ein Akteur
- STEP ist eine bestimmte Anzahl von believes, die in SENTENCE
    benutzt werden (»Stufe«)
- W ist eine Wahrscheinlichkeit (eine Zahl zwischen 0 und 1)
- SENTENCE ist ein satzartiger Term der Form event(X1,...,XN).

---

5   Die Frage, ob eine Überzeugungsänderung eine Handlung ist, führt einerseits in die Philosophie,
    andererseits aber auch zu technischen Fragen über Sim-Programme.
6   Siehe (Hofmann, 2009).

Beispielsweise kann ACTOR der Prediger gregorius sein, der zum Zeitpunkt 13 (= T) über eine Tat action4 predigt, welche sich in unserer Kultur so ausdrücken lässt: »Wenn Du die Ehe brichst, kommst Du ins Fegefeuer«. Für gregorius ist diese Überzeugung fast sicher (W=0.999):

bel(13,gregorius,1,0.999,action4).

Normiert ausgedrückt: »gregorius hat zum Zeitpunkt 13 die Überzeugung erster Stufe mit Wahrscheinlichkeit 0.999, dass dieses Ereignis tatsächlich so eintritt«.[7] Eine Überzeugung zweiter Stufe wäre z.B. »gregorius hat zum Zeitpunkt 13 die Überzeugung zweiter Stufe mit Wahrscheinlichkeit 0.8, dass »der Gläubige im Allgemeinen« diese Handlung zu normalen Zeiten wahrscheinlich nur im Grad 0.55 glaubt:

bel(13,gregorius,2,0.8,bel(TICK,ACTOR,1,0.55,action4)).

Genauso kann ein Hörer john zur Zeit 13 in Stufe 1 glauben, dass diese Handlung für ihn unwahrscheinlich ist (z.B. W=0.2). Nach der Predigt hat sich bei ihm aber – im nächsten Tick – diese Wahrscheinlichkeit auf W1=0.6 erhöht.

Um die Programmierung effizienter zu gestalten, lassen wir die Stufen beiseite, und fassen die vier Komponenten TICK,ACTOR,W,EVENT in einer Liste zusammen, so dass eine Überzeugung die Form bel([TICK,ACTOR,W,EVENT]) bekommt. Nach dieser Modifizierung können wir Überzeugungen, wie in (3.1) erörtert, generieren.

In dem Beispielprogramm müssen wir neben den Überzeugungen auch Intentionen für die Akteure bilden, um zu sehen, ob eine Überzeugungsänderung auch Auswirkungen hat. Im einfachsten Fall betrifft eine Überzeugung direkt eine Handlung. Die Intention eines Akteurs ACTOR, ein Handlung ACTION mit Wahrscheinlichkeit W auszuführen, beschreiben wir durch intend([ACTOR,W,ACTION]), wobei wir wieder die Komponenten in Listen zusammenfassen. Den Tick T schieben wir hier gleich in den Wrapper. Auch für die Intentionen tragen wir am Anfang eine maximale Anzahl ein, z.B. number_of_intentions(MXINT). Diese Anzahl kann nicht größer als die maximale Anzahl von Handlungstypen sein, z.B. MXINT=5=<8= MXAC.

In diesem Beispiel haben wir den Prediger herausgehoben. Er bekommt spezielle Intentionen. Dazu haben wir eine Liste von Predigern angelegt preachers(LIST_OF_PREACHERS). Alle Einzelheiten des Programms finden sich in ($\mathcal{KG}$! 441).

```
make(intention) :-                                              1
  number_of_actors(NUMBER_OF_ACTORS),                           2
  number_of_intentions(MXINT),                                  3
  ( between(1,NUMBER_OF_ACTORS,ONE_ACTOR),                      4
    make_intent(ONE_ACTOR,MXINT), fail ; true ),               5
  retractall(fact(bel(XX))),!.                                  6
make_intent(ONE_ACTOR,MXINT) :-                                 7
```

---

7   Gewisse Logikregeln setzen wir hier stillschweigend voraus, z.B. (Fagin et al., 1996).

```
fact(0,0,list_of_intention_typs(INTENTION_LIST)),           8
( between(1,MXINT,ONE_INTENTION),                            9
   make_intentions(ONE_INTENTION,ONE_ACTOR,INTENTION_LIST),  10
      fail;
   true),!.                                                  11
make_intentions(ONE_INTENTION,ONE_ACTOR,INTENTION_LIST) :-   12
 nth1(ONE_INTENTION,INTENTION_LIST,ACTION_TYP),              13
 actor_list(LIST),                                           14
 nth1(ONE_ACTOR,LIST,ACTOR), preachers(LIST_OF_PREACHERS),   15
 ( member(ONE_ACTOR,LIST_OF_PREACHERS),                      16
   ( ONE_INTENTION = 1, W is 0.9 ;                           17
     ONE_INTENTION = 2, W is 0.1 ;                           18
     2 < ONE_INTENTION, W is 0.5 )                           19
 ; \+ member(ONE_ACTOR,LIST_OF_PREACHERS),                   20
   ( bel([0,ACTOR,W_A,ACTION_TYP]), W is W_A ;               21
     X is random(100)+1, X1 is X/100,                        22
     W is X1-(1/100) ),                                       23
   writein('res441.pl',fact(int([ACTOR,W,ACTION_TYP])))      24
 ),!.                                                        25
```

In 6 löschen wir sicherheitshalber alle für die Generierung von Überzeugungen verwendeten Terme der Form bel(...). Alle Überzeugungen tragen in dieser Phase schon einen Wrapper, etwa fact(R,T,bel(...)). In 8 holen wir eine Liste von Intentionstypen, die vorher mit den Anzahlen und den drei speziellen Handlungstypen erzeugt wurden. In der zweiten Schleife wird in 9 - 11 eine Intention für den Handlungstyp Nr. ONE_INTENTION für Akteur Nr. ONE_ACTOR generiert. In 15 wird die Liste der Prediger geholt, um die folgenden Unterscheidungen machen zu können. Im ersten Fall in den Zeilen 16 - 19 werden die Intentionen für einen Prediger ACTOR generiert. In 20-23 werden die Intentionen für die anderen Akteure erzeugt. Im Fall, der in 21 beschrieben ist, hat ACTOR schon eine Überzeugung über die Handlung (genauer: den Handlungstyp) ACTION_TYP: bel([0,ACTOR, W_A,ACCTION_TYP]). In den anderen Fällen wird in 22 - 23 die Wahrscheinlichkeit W für die Intention von ACTION_TYP zufällig generiert. Schließlich werden in 24 diese Intentionen als umhüllte Fakten an die Datei res441.pl geschickt.

Neben den Handlungstypen, Ereignissen, Überzeugungen und Intentionen führen wir auch eine Eigenschaft für jeden Akteur ein, nämlich sündhaft (sinful) zu sein. Ein Akteur ist aber nicht einfach sündhaft, auch nicht sündhaft in bestimmtem Grade, sondern er kann eine bestimmte, sündhafte Handlung mit einer bestimmten Wahrscheinlichkeit vollbringen. Es ist für den Akteur ACTOR in der Ausprägung GRADE sündhaft, die Handlung (genauer den Handlungstyp) ACTION_TYP zu vollbringen. Zum Beispiel ist es für ACTOR im Grad GRADE sündhaft, einen bestimmten Gegenstand von einem anderen Akteur zu rauben. In diesem Beispiel wäre der Raub die bestimmte Handlung, die für den Akteur sündhaft ist.

Im Allgemeinen sagen wir, dass es mit Ausprägung GRADE für ACTOR sündhaft ist, eine Handlung ACTION_TYP zu vollziehen: sinful(ACTOR,ACTION_TYP, GRADE). Die Ausprägungen haben wir in diesem Programm so fein unterschieden, dass wir diese auch als Wahrscheinlichkeit deuten können. Auch die Extremfälle sind eingeschlossen: Eine Handlung ist für einen Akteur *nicht* sündhaft (GRADE=0) oder sie ist auf jeden Fall sündhaft (GRADE=1).

Mit diesen Bestandteilen können wir die Predigerrolle auf Programmebene wie folgt beschreiben. In den Programmregeln für einen Prediger führen wir ein Prädikat ein, welches ausdrückt, dass der Prediger ein Thema für die nächste Predigt sucht. Der Prediger sucht nach Sünden, auf englisch: search_sin. Dazu benutzt er die Eigenschaft sinful. Er sucht die Überzeugungsbasen der Akteure ab – so weit ihm dies möglich ist – und wählt ein Ereignis als Thema, welches er aus der Sicht der Gläubigen für besonders sündhaft hält.

Für die drei Handlungstypen gibt es drei Handlungsregeln. Ein Akteur, der predigt, sucht zunächst die sündhaften Ereignisse, die er in den Überzeugungsbasen der Akteure finden. Wir beschränken uns hier auf Handlungen, d.h. andere Ereignisse werden nicht untersucht. Als teilweise rationaler Prediger nimmt er das sündhafteste Ereignis, das er in den Basen der Akteure finden kann. In diesem Fall predigt er gegen diese Sünde, d.h. genauer gegen den entsprechenden Handlungstyp. Ein weniger rationaler Prediger kann über ein anderes Ereignis predigen. Um die Auswirkungen später parat zu haben werden all diese Predigten im Hauptprogramm in eine Liste eingetragen.

Beim zweiten Handlungstyp hört ein Akteur eine Predigt. Auch hier werden alle Handlungen des Hörens von einem Akteur in eine Liste eingetragen. Bei den anderen, nicht spezifizierten Handlungstypen passiert folgendes. Eine Handlung wird zufällig »gezogen« und in eine Liste eingetragen. Es ist z.B. nicht ausgeschlossen, dass ein anderer Akteur zufällig den Typ preach aktiviert.

Der Sinn einer Predigt ist nun, die Zuhörer zu überzeugen. Mit anderen Worten möchte der Prediger die Überzeugungsbasis der Akteure ändern. Wenn der Hörer den Gegenstand, um den es in der Predigt geht, nicht kennt, wird er sich eine Meinung bilden und einen Satz (oder auch mehrere Sätze, im Programm: Terme) in sein Überzeugungssystem einbauen.

Wenn der Akteur ACTOR die angepriesenen Sätze annimmt, wird er diese Aussagen speichern und mit anderen *Inels* verbinden. Wenn ACTOR kein Interesse an dem Inhalt dieser Sätze hat, kann zweierlei passieren. Bei der ersten Möglichkeit wendet sich der Akteur anderen Handlungen zu, ohne dass er seine Überzeugungsbasis verändert. Im zweiten Fall wird ACTOR seiner Überzeugungsbasis einen neuen Term hinzufügen, der mit den gepredigten Inhalten nicht kompatibel ist. Dieser neue Term kann eine strikt ablehnende Haltung zum Inhalt des Prediger Terms ausdrücken (Negation) oder zu einer neutralen Haltung führen.

Wenn alle Handlungen zu einem Zeitpunkt durchlaufen wurden, werden am Ende der Akteurschleife die Hörer mit den Predigten verbunden. Bei jedem Hörer, der die Predigt über eine Sünde oder über eine andere Handlung gehört hat, wird die Beliefbasis des Hörers abgesucht. Wenn über eine Sünde (technisch gesprochen: über einen Handlungstyp ACTION_TYP) gepredigt wurde und wenn die Sünde ACTION_TYP in der Beliefbasis des Hörers zu finden ist, wird der Glaubensgrad W von ACTION_TYP verkleinert. Z.B. kann der neue Glaubensgrad Wneu = W − 0.1 sein. Wenn es in der Predigt nicht um eine sündhafte Handlung geht, wird der Glaubensgrad W der Handlung, wenn er in der Beliefbasis des Hörers vorhanden ist, etwas vergrößert, z.b. Wneu = W + 0.1. Neben diesen beiden Fällen werden auch die Überzeugungen eines Akteurs minimal verändert, wenn er in dem gerade durchlaufenen Zeitpunkt eine nicht-spezifizierte Handlung in die entsprechende Liste eingetragen hatte. Hier wird die Überzeugungswahrscheinlichkeit zufällig vergrößert oder verkleinert.

Wir können hier neben den so veränderten Überzeugungen auch die Intentionen anpassen. Wenn die Wahrscheinlichkeit für eine Überzeugung zu einer Handlung verkleinert wird, muss eventuell auch eine bestimmte Intention angepasst werden, nämlich wenn die Überzeugung für eine bestimmte Handlung kleiner als die Wahrscheinlichkeit der Intention geworden ist. Die in Abschnitt (3.1) erörterte Belief-Intention Beziehung wird auch in diesem Modell verwendet.

Im Hauptprogramm werden in jedem Tick die Intentionen dazu verwendet, um jeweils die Handlungstypen auszuwählen, die die Akteure ausführen. Wenn sich Intentionen im letzten Zeitpunkt geändert haben, werden die Akteure unter Umständen zum jetzt bearbeiteten Zeitpunkt andere Handlungstypen auswählen und ausführen. Damit entsteht in den Zeit- und Akteurschleifen eine Art von Kreislauf. Durch Handlungen (hier Predigten) werden einige Überzeugungen und Intentionen von Akteuren verändert, so dass in der »nächsten« Periode eventuell andere Handlungen durch die Akteure ausgewählt werden. Zum Beispiel kann eine Predigt über Ehebruch Folgen haben. John ist nach deutschem Recht verheiratet, er lernt eine andere, verheiratete Frau kennen, diese Ehefrau lässt sich scheiden, sie war auch bei dieser Predigt anwesend, schließlich muss John Hartz-IV beantragen. Hier sind die so formulierten Regeln nicht zentral, sondern die Auswirkungen dieser Handlungen auf die Überzeugungs- und Intentionsbasen der Akteure. Es lässt sich ziemlich schnell sehen, wie »allein durch das Wort« Taten folgen können.

In diesem Beispiel wird auch die klassische »Zeit-Akteur« Doppelschleife im Hauptprogramm abgewandelt. Dazu werden im Hauptprogramm in jedem TICK vorbereitende und nachbereitende Prädikate eingefügt, siehe (1.6). Am Anfang eines Ticks werden drei Listen eingeführt und am Ende des Ticks wieder gelöscht. In diese Listen werden neue Fakten eingetragen, die durch Handlungen entstehen, welche zu diesem TICK ausgeführt wurden. Am Ende des Ticks werden diese veränderten Fakten mit den Fakten abgeglichen, die zu Beginn des Ticks in der Datenbasis standen.

Dies lässt sich auf zwei Arten durchführen. Wir können erstens eine Liste der *Originalfakten* am Anfang des Ticks in eine neue Liste schreiben und aufbewahren. Zweitens können wir die Originalfakten bis zum Ende des Ticks unbeachtet lassen. Stattdessen werden Fakten, die durch Veränderung hervorgegangen sind, in eine neue Liste geschrieben. Wir haben in dem vollständigen Programm (*KG*! 441) die zweite Variante verwendet. Die alten Fakten über Überzeugungen und Intentionen werden erst am Ende des Ticks angepasst.

Unten finden Sie einige weitere Programmklausen. Im Hauptprogramm, bevor die Zeit-Akteur-Schleifen beginnen, haben wir eine Akteurliste vorbereitet. Die Indexzahlen 1,...,NUMBER_OF_ ACTORS werden zufällig gemischt und jede Zahl bekommt einen echten Namen. Nach den Zeit-Akteur-Schleifen müssen – wie gerade beschrieben – die Überzeugungen und Intentionen auf den neusten Stand gebracht werden.

In der Akteurschleife wird zuerst ein Akteur ACTOR ausgewählt und durch choose_action_type(T,ACTOR,ACTION_TYP) ein Handlungstyp ACTION_TYP. In der Anfangsphase des Programms haben wir eine Liste list_of_intention_typs(INTENTION_LIST) von Ereignistypen erzeugt, die wir auf Handlungstypen und dann auf Typen eingeschränkt haben, die als Intentionen benutzt werden können. Diese Liste enthält hier alle Handlungstypen, die bei allen Akteuren für Intentionen in Frage kommen.

```
choose_action_type(TICK,ACTOR,ACTION_TYP) :-                              1
  list_of_intentions_typs(INTENTION_LIST),                               2
  length(INTENTION_LIST,MXINT),                                          3
  asserta(list_of_intended_pairs([ ])),                                  4
  ( between(1,MXINT,INTENTION_N),                                        5
    make_intended_pairs(INTENTION_N,ACTOR,RUN,TICK,                      6
       INTENTION_LIST),                                                  7
    fail ; true ),                                                       8
  list_of_intended_pairs(LIST_INTENTION_PAIRS),                         9
  retract(list_of_intended_pairs(LIST_INTENTION_PAIRS)),               10
  sort(LIST_INTENTION_PAIRS,SORTED_LIST),                              11
  length(SORTED_LIST,LENGTH1),                                         12
  nth1(LENGTH1,SORTED_LIST,[W,ACTION_TYP]),!.                          13
make_intended_pairs(INTENTION_N,ACTOR,RUN,TICK,INTENTION_LIST)         14
     :-
  nth1(INTENTION_N,INTENTION_LIST,ACTION_TYP),                         15
  fact(RUN,TICK,intent([ACTOR,W,ACTION_TYP])),                         16
  list_of_intended_pairs(UNSORTED_LIST),                               17
  change(append,UNSORTED_LIST,[W,ACTION_TYP]),!.                       18
```

In 2 wird die Liste aus der Datenbasis geholt und in 3 die Länge MXINT berechnet. In 4 wird eine Liste der vom ACTOR intendierten Handlungstypen eingerichtet, die am Anfang leer ist. Diese Liste wird in der Schleife 5 - 7 gefüllt. In 14 - 15 wird im Schritt Nr. INTENTION_N in der Liste INTENTION_LIST der Handlungstyp ACTION_TYP gefunden. Für diesen Handlungstyp gibt es in der Datenbasis in 16 auch eine Intention mit der zugehörigen Wahrscheinlichkeit W:

$$\texttt{fact(TICK,intent([ACTOR,W,ACTION\_TYP])).}$$

Diese beiden Komponenten werden als Paar in die Liste der von ACTOR intendierten (nicht sortierten) Handlungstypen in 17 eingefügt. Wenn die Liste durch die Schleife fertig gestellt ist, wird in 9 die Liste LIST_INTENTION_PAIRS geholt. Eine Komponente dieser Liste hat die Form [W,ACTION_TYP], wobei ACTION_TYP ein Handlungstyp und W eine Wahrscheinlichkeit ist. W drückt aus, wie stark beim Akteur ACTOR die Intention für den Handlungstyp TYP gerade ist. In 11 wird diese Liste sortiert. Dies war in diesem Fall der Grund, warum wir die Wahrscheinlichkeit W als erste Komponente der Liste verwenden. Auf diese Weise können wir Paare so sortieren, dass das letzte Paar aus der Liste die größte Wahrscheinlichkeit hat. In 12 ist dieses letzte Paar explizit zu sehen. Schließlich wird in 1 die Variable ACTION_TYP für den hier zur Wahl stehenden Handlungstyp durch den gerade berechneten Handlungstyp ersetzt. Z.B. könnte ACTION_TYP nun das Prädikat preach sein.

Schließlich haben wir noch die erste der drei Handlungsregeln unten in etwas gekürzter Form (siehe auch *KG!* 441) notiert, die für den Handlungstyp preach zuständig ist.

In Zeile 2 unten wird ein Akteur ACTOR_B gesucht, der einer Predigt zuhört. In diesem Programm kann der Akteur ACTOR (hier: der Prediger) alle Überzeugungen von allen anderen Akteuren abrufen. Da über ACTOR_B vorher nichts bekannt ist, wird PROLOG den ersten Akteur ACTOR_B nehmen, der die Überzeugung hat, eine Predigt zu hören. Die Wahrscheinlichkeit W, das Wort Gottes zu hören, sollte bei ACTOR_B nicht zu klein sein, siehe 2. Wenn PROLOG keinen solchen Akteur ACTOR_B findet, wird die Handlung der Predigens bei ACTOR abgebrochen. Findet ACTOR wenigstens einen potentiellen Zuhörer, wird ACTOR die nächste Predigt in 3 in die Tat umsetzen. In 6 wird eine Liste list_of_sinful_deads([ ]) von sündhaften Handlungen angelegt und in 10 - 11 genauer bestimmt. Dazu wird eine Schleife über alle Akteure gelegt. In 21 wird zunächst eine Hilfsliste aux_list angelegt. In 22 werden nun alle Überzeugungen, die mit Sünde zu tun haben, gesammelt und in die Hilfsliste geschrieben. Genauer beginnt in 26 eine offene Schleife, in der in 27 und 28 für einen ersten Akteur ACTOR_B zwei Fakten geholt werden.

```
act_in_type(preach,ACTOR,RUN,TICK) :-                                          1
  fact(RUN,TICK,bel([TICK,ACTOR_B,W,hear])), 0.30 =< W,                        2
  perform(preach,ACTOR,RUN,TICK),!.                                            3
perform(preach,ACTOR,RUN,TICK) :-                                              4
  number_of_actors(NUMBER_OF_ACTORS),                                          5
```

```
asserta(list_of_sinful_deeds([ ])),                                    6
search_sinful_event(RUN,TICK,ACTOR,NUMBER_OF_ACTORS,                    7
    ACTION_TYP), list_preachings(LIST),                                8
change(append,LIST,[ACTOR,ACTION_TYP]),!.                              9
search_sinful_event(RUN,TICK,ACTOR,NUMBER_OF_ACTORS,ACTION_TYP)        10
    :-
( between(1,NUMBER_OF_ACTORS,ONE_ACTOR_B),                             11
    search_sins(ONE_ACTOR_B,RUN,TICK), fail ; true ),                 12
list_of_sinful_deeds(LIST_OF_SINS),                                   13
retract(list_of_sinfuls_deeds(LIST_OF_SINS)),                         14
sort(LIST_OF_SINS,LISTnew), length(LISTnew,LENGTH1),                  15
ratio(RATIONAL), X is random(101),                                   16
( X < RATIONAL , Y is random(LENGTH1) + 1,                           17
    nth1(Y,LISTnew,[W,ACTION_TYP])                                    18
; X < 101, nth1(LENGTH1,LISTnew,[W,ACTION_TYP]) ),!.                 19
search_sins(ONE_ACTOR_B,RUN,TICK) :-                                  20
asserta(aux_list([ ])),                                              21
complete_aux_list(RUN,TICK,ACTOR_B,W,ACTION_TYP),                    22
aux_list(FACT_LIST), list_of_sinful_deeds(LIST1),                    23
change(append,LIST1,FACT_LIST),!.                                    24
complete_aux_list(RUN,TICK,ACTOR_B,W_B,ACTION_TYP) :-                25
repeat,                                                              26
( fact(RUN,TICK,bel([1,ACTOR_B,W_B,ACTION_TYP])),                   27
  fact(RUN,TICK,sinful(ACTOR_B,ACTION_TYP,W)),                      28
  W_B1 is 0.2 * W_B, W_B1 =< W, aux_list(LIST),                     29
  \+ member([W,ACTION_TYP],LIST),                                   30
  change(append,LIST,[W,ACTION_TYP]),                               31
    fail ; true ),!.                                                32
sinful_deads(X,RUN,TICK,ONE_ACTOR_B) :-                             33
actor_list(LL), nth1(ONE_ACTOR_B,LL,ACTOR_B),                       34
fact(RUN,TICK,bel([1,ACTOR_B,W_B,ACTION_TYP])),                     35
fact(RUN,TICK,sinful(ACTOR_B,ACTION_TYP,W)),                        36
W_B1 is 0.2 * W_B, W_B1 =< W, X = [W,ACTION_TYP].                   37
```

Für ACTOR_B ist die Handlung ACTION_TYP im Grad W sündhaft und die Überzeugung über ACTION_TYP liegt bei ACTOR_B bei W_B. Sie wird weiter verringert; die Sündhaftigkeit W muss aber in 29 immer noch größer sein: W_B*0.2 = W_B1 =< W. In 30 wird geprüft, ob dieses Paar [W,ACTION_ TYP] in der Hilfsliste schon zu finden ist. Wenn nicht, wird in 31 das Paar in die Hilfsliste aufgenommen. In 32 werden Ausnahmen behandelt, so dass diese offene Schleife bei 25 immer positiv endet. Die Ausnahmefälle kommen zustande, wenn die Fakten und die dazugehörigen Wahrscheinlichkeiten nicht zusammenpassen. In 23 wird nun die berechnete Hilfsliste FACT_LIST und die noch in Bearbeitung stehende Liste list_of_sinful_deeds(LIST1) geholt und die Hilfsliste in 24 an die Liste LIST angehängt und angepasst.

In 12 findet PROLOG die vollständige Liste LIST_OF_SINS und sortiert sie. In 16 wird die Konstante für Rationalität ratio(RATIONAL) geholt, die aus der Parameterdatei stammt. Im Beispiel ist RATIONAL auf 67 gesetzt. Die Konstante besagt, wie wahrscheinlich es für ACTOR ist, gegen die Sünde zu predigen. In diesem Beispiel ist für ACTOR die Wahrscheinlichkeit gegen die Sünde zu predigen, etwa 1/3. In 18 und 19 wird der so bestimmte Handlungstyp ACTION_TYP an 7 übergeben. Am Schluß wird dieser ausgewählte Handlungstyp in eine Liste aller zu diesem Tick stattfindenden Predigten eingetragen.

Durch weitere Regeln wird am Ende des Ticks diese Predigt abgehalten. Dies wird durch die Hörer und die in diesem Tick aufgebauten Listen umgesetzt ($\mathcal{KG}$! 443). Abhängig von den Themen und den Hörern werden am Schluß auch die Überzeugungen und die Intentionen geändert.

4.5 Soziologie: Soziale Institutionen

Das Wort »Institution« kann vieles bedeuten. Im US-amerikanischen wird es unter anderem für alltägliche Verabredungen gebraucht wie: »Ich bin um 8 Uhr bei dir« (Searle, 1995). In der Spieltheorie ist eine Institution ein mathematischer (Nash-) Gleichgewichtspunkt (Diekmann, 2009, 3.4). In den Sozialwissenschaften wird »soziale Institution« meistens im Sinn von »Organisation« benutzt. Wir verwenden hier den Term in einer speziellen Art, der vielen empirischen Fällen angemessen und auf der Programmebene einfach zu beschreiben ist. Es geht um Institutionen, die hierarchisch aufgebaut, fundiert untersucht und gut bekannt sind.[8]

In einer Institution dieses Typs gibt es, wie in Abschnitt (3.2) beschrieben, immer eine *Führungsgruppe*, die alle anderen Gruppen der Institution beeinflusst. Diese Beeinflussung kann auf vielerlei Weise erfolgen. Extreme Arten der Beeinflussung wären auf der einen Seite »befehlen« mit dem Gegenpol »gehorchen«; auf der anderen Seite »werben « mit dem Gegenpol »kaufen«.

Die Beziehung des Beeinflussens spielt in den hier diskutierten Institutionen eine zentrale Rolle (3.2). In einer solchen Institution führt ein Akteur A eine Handlung aus, die dazu dient, einen anderen Akteur B zu beeinflussen. Dabei versucht Akteur A Akteur B dahin zu bringen, eine Handlung auszuführen, die B eigentlich gar nicht ausführen möchte: B hat nicht die Intention, diese Handlung umzusetzen. Die Beeinflussung von A bewirkt aber eine Änderung der Intention von B, so dass B schließlich die Handlung doch ausführt. Je nach dem Grad der Beeinflussung können dabei verschiedene Begriffe verwendet werden. Oft sagen wir aber einfach, dass eine beeinflusste Gruppe (oder Person) *abhängig* von einer anderen Gruppe (oder einer Person) ist – oder auch abhängig von der Institution.

Dieses Mikroformat reicht für die Simulation einer sehr kleinen Institution aus. Wenn eine Institution aus größeren Gruppen besteht, können neben den

---

8 Diese Ansicht findet sich z.B. schon in (Weber, 1980), siehe auch (Balzer, 1993).

individuellen Intentionen (*intentions*) auch gemeinschaftliche Intentionen (*joint intentions*) verwendet werden. Die Frage, wie wir von individuellen zu gemein-schaftlichen Intentionen (und auch wieder zurück) kommen, wurde schon in (3.2) prologisch diskutiert. Persönliche Intentionen erwachsen meistens aus Systemen von persönlichen Überzeugungen, siehe Abschnitt (3.1).

Die hierarchische Struktur einer Institution lässt sich mit einer speziellen Art von Netzen darstellen. Die Punkte in diesem Netz stellen Gruppen dar und die mit Pfeilen versehenen Linien die Beeinflussungsrichtungen. Bildlich sieht dann ein hierarchisches Netz wie ein umgedrehter Baum aus, dem die Wurzel fehlt. Wenn wir eine bestimmte Institution simulieren möchten, nutzen wir deshalb diese hier-archische Netzstruktur.

Die Erzeugung von Netzen wurde in (3.1) genauer beschrieben. Dort haben wir gesehen, dass solche Netze im Programmablauf am einfachsten durch Zufallszah-len generiert werden. Ein so erzeugtes Netz tragen wir in die Datei para für Para-meter ein.

Für den Einstieg haben wir ein Beispiel aus dem ökonomischen Bereich gewählt. Es lässt sich einerseits sprachlich einfach beschreiben, wird aber andererseits ge-rade nicht aus der Sichtweise von Tausch, Nutzen und Profit betrachtet, sondern eben institutionell. Das Beispiel soll demonstrieren, dass es in der ökonomischen Welt neben dem Wettbewerb auch andere soziale Mechanismen gibt wie Beeinflus-sung. Wir erörtern die zentralen Punkte einer Institution am Beispiel eines Unter-nehmens, in dem ein Produkt hergestellt wird. Dieses Unternehmen besteht aus sechs Gruppen, die in Abbildung 4.5.1 darstellt sind.

Abb. 4.5.1

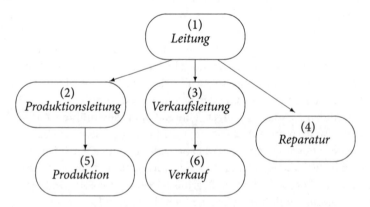

Jede der sechs Gruppen bekommt eine Zahl als »Namen« zugeordnet: 1,...,6. So können wir bei einem Sim-Programm für ein Unternehmen die Kategorien *Lei-tung*, ..., *Reparatur* einsparen, weil in den Schleifen über die Gruppen auf jeden

Fall Indexzahlen verwendet werden müssen. In $\mathcal{KG}$! 451 haben wir ein solches Sim-Programm formuliert.

Abbildung 4.5.1 zeigt eine etwas lehrbuchhafte Formulierung, wie sie in der deutschen Betriebswirtschaft üblich ist. Auf der PROLOG Ebene benutzen wir Prädikate wie leite, leite_die_Produktion, leite_den_Verkauf, repariere, produziere und verkaufe. Ein Pfeil symbolisiert in Abbildung 4.5.1 die Beeinflussung von einer Gruppe zu einer anderen, »unteren« Gruppe. Der bildliche Pfeil lässt sich auf Zeichenebene in PROLOG durch das entsprechende Paar von Gruppen ausdrücken. Dabei nimmt in dem Beispiel die untere Gruppe die erste Position ein und die obere Gruppe die zweite, z.B. [*Reparatur, Leitung*] und [*Verkauf, Verkaufsleitung*] oder einfach [4,1] und [6,3]. Im Beispiel können wir das Netz durch eine Liste LIST von Gruppenpaaren (Zahlen) der Form tree(LIST) beschreiben:

$$[[1,0],[2,1],[3,1],[4,1],[5,2],[6,3]].$$

Neben den »Namen« 1,...,6 wird hier noch die Zahl 0 benutzt. Diese Zahl ist ein Dummy für eine nicht weiter inhaltlich beschriebene, virtuelle Gruppe, von der aus die Gruppe 1 beeinflusst wird. Die erste Komponente in einem Paar ist der Zahlenname für die beeinflusste Gruppe, die zweite bezeichnet die Gruppe, welche die erste Komponente beeinflusst. Z.B. besagt das Paar [6,3], dass die Gruppe Nr. 6 durch die Gruppe 3 beeinflusst wird – der Pfeil geht von 3 nach 6. In dieser Abbildung sehen wir auch sofort, welche Gruppen gar keine anderen Gruppen beeinflussen, nämlich 4,5 und 6 (Reparatur, Produktion und Verkauf). Diese Gruppen sammeln wir in einer eigenen Liste der Form end_line(4,5,6) auf und nennen sie *Endgruppen*. Diese und weitere charakteristische Netzeigenschaften lassen sich durch tree(LIST) definieren, siehe Abschnitt (3.2) und ($\mathcal{KG}$! 452).

Erwähnt sei nebenbei, dass eine Gruppe der mittlerer Ebene, wie z.B. die Produktionsleitung, auch mehrere Produktionsgruppen leiten kann. Das heißt, wir können z.B. die Gruppe Nr. 5 in zwei Gruppen Nr. 5a und 5b gliedern. Angemerkt sei an dieser Stelle auch noch, dass zu einem Pfeil ein hier nicht dargestellter spezieller Inhalt gehört, der genauer besagt, wie die obere Gruppe die untere Gruppe durch Handlungen beeinflusst.

Wie lässt sich das eben Gesagte in ein Programm umsetzen? Die Pfeile haben bestimmte gemeinsame Merkmale. Daher lässt sich jeder Pfeil in einer inneren Beeinflussungsschleife in derselben Weise bearbeiten. In [3.2.1] hatten wir Beeinflussung (exert_power) allgemein formuliert. Dort haben wir die Kausalrelation caus ins Spiel gebracht und die Handlungstypen und Prädikate für Handlungen abstrakt ausgedrückt. Dagegen haben wir im Beispiel hier eine etwas lesbarere Formulierung gewählt, die allerdings nicht für alle Arten von Institutionen funktioniert. In der Klause unten verwenden wir in Zeile 1 die Variable TICK für einen Tick, die Variable NAME_OF_A_GROUP für den Namen einer Gruppe und NAME_OF_A_ GROUPdependent für den Namen einer beeinflussten Gruppe. Die Variable TARGET ist eine Zahl und drückt das Produktionssoll (production_quantity) der Institution aus, also die zu TICK gewünschte Menge des Produkts. Der Begriff des Produktionssolls fasst in diesem Sim-Programm die ökonomischen Aspekte in einfacher Weise zusammen.

```
exert_power(TICK,NAME_OF_A_GROUP,NAME_OF_A_GROUPdependent,TARGET     1
     ) :-
  list_of_exertion_typs(LIST_EXRT_TYPS), aux_deps(NAME_DEP),...,     2
  nth1(NAME_DEP,LIST_EXRT_TYPS,TYP_EXRT),                            3
  joint_intention(TICK,NAME_OF_A_GROUP,TARGET),                      4
  \+ joint_intention(TICK,NAME_OF_A_GROUPdependent,TARGET),          5
  change_joint_intention(TICK,NAME_OF_A_GROUPdependent,TARGET),      6
  action_superior(TICK,TYP_EXRT,NAME_OF_A_GROUP,                     7
     NAME_OF_A_GROUPdependent,TARGET),
  joint_intention(TICK,NAME_OF_A_GROUPdependent,TARGET),             8
  action_inferior(TICK,TYP_EXRT,NAME_OF_A_GROUPdependent,TARGET)     9
     ,!.
change_joint_intention(TICK,NAME_OF_A_GROUPdependent,PV)  :-        10
  joint_intention(TICK,NAME_OF_A_GROUPdependent,PV1),               11
  retract(joint_intention(TICK,NAME_OF_A_GROUPdependent,PV1)),      12
  asserta(joint_intention(TICK,NAME_OF_A_GROUPdependent,PV)),!.     13
```

In 2 wird eine Liste LIST_EXRT_TYPS von Typen von Beeinflussungen (exertions) aus der Datenbasis geholt. Sie muss am Anfang als Konstante bereit liegen. Die Komponenten dieser Liste können normalsprachliche Begriffe sein [lead,manage_prod,manage_sale,repair,produce,sell] oder einfach abstrakte Entitäten:

$$[exty1,...,exty6].$$

In 2 wird weiter eine Zahl NAME_DEP aus einem hier nicht genauer beschriebenen Hilfszähler geholt und in 3 wird aus der Liste LIST_EXRT_TYPS der richtige Typ der Beeinflussung TYP_EXRT herausgesucht. In diesem Beispiel haben wir für eine Gruppe nur jeweils eine einzige gemeinsame Intention aus den individuellen Intentionen erzeugt ($\mathcal{KG}$! 453). In 4 findet PROLOG genau eine solche gemeinsame Intention für die Gruppe NAME_OF_A_GROUP. Sie besagt, dass die Gruppe NAME_OF_A_GROUP die »joint intention« hat, genau TARGET Stück einer Ware in Periode TICK herzustellen. Dazu prüft PROLOG in 5 zunächst, ob auch die beeinflusste Gruppe NAME_OF_A_GROUPdependent dieselbe gemeinsame Intention wie NAME_OF_A_GROUP hat, nämlich die Anzahl TARGET Stück des Produkts zu TICK herzustellen. Dies ist bei einer Beeinflussung – wie nicht anders zu erwarten – nicht der Fall. D.h. in 5 findet PROLOG keine gemeinsame Intention

joint_intention(TICK,NAME_OF_A_GROUPdependent,TARGET)

in der Datenbasis. Dieser Term joint_intention(...) ist für PROLOG falsch und der negierte Term damit richtig. Die Programmausführung kann also fortgesetzt werden. In 6 wird die gemeinsame Intention der Gruppe NAME_OF_A_ GROUPdependent verändert. Wie dies inhaltlich geschieht, wird hier nicht diskutiert. In 8 haben wir vorauseilenden Gehorsam unterstellt. In der wirklichen Welt schafft es die Gruppe NAME_OF_A_GROUP »irgendwie«, der Gruppe NAME_OF_A_ GROUPdependent die andere Intention aufzuzwingen. In unserem Beispiel hat die beeinflussende Gruppe ihr geplantes Produktionssoll NAME_OF_A_GROUP internalisiert. In 7 wird die Handlung

```
action_superior(TICK,TYP_EXRT,NAME_OF_A_GROUP,
                NAME_OF_A_GROUPdependent,TARGET)
```

von NAME_OF_A_GROUP ausgeführt. Dabei ist der Typ TYP_EXRT der Beeinflussung und die beeinflusste Gruppe NAME_OF_A_GROUPdependent wichtig. Dieser Handlungstyp wird in einer unabhängigen Datei, z.B. in rules, genauer programmiert. Wir wählen diese Methode, um die inhaltlich unterschiedlichen Handlungstypen von den allgemeinen Prozessen, die in einer Institution ablaufen, zu trennen. Im Gesamtablauf des Sim-Programms wird an der richtigen Stelle auch die Regeldatei rules durch consult('rules.pl') dazugeladen. PROLOG wird den Term action_superior(TICK , TYP_EXRT , NAME_OF_A_GROUP , NAME_OF_A_ GROUPdependent,TARGET) bearbeiten, der in der Datenbasis nun zu finden ist (auch wenn wir hier nicht beschreiben, was bei dieser Handlung genau passiert). Die Gruppe NAME_OF_A_GROUP handelt; sie übergibt die vorher generierte Anweisung an die Gruppe NAME_OF_A_GROUPdependent. Diese hat in 8 nun die neue gemeinsame Intention verinnerlicht. Die Gruppe NAME_OF_A_GROUPdependent hat das neue Ziel, das Produktionssoll TARGET zu erreichen. In 9 handelt schließlich die beeinflusste Gruppe NAME_OF_A_GROUPdependent; mit dem Term action_ inferior(TICK,TYP_EXRT,NAME_OF_A_GROUPdependent,TARGET) wird diese Handlung ausgeführt. Auch dieser Term findet sich in der Regeldatei rules, wobei wir uns auf das Nötigste beschränkt haben. Die Prädikate action_superior(...) und action_inferior(...) können in dieser Weise *für alle* Handlungstypen der Art des Beeinflussens in derselben Weise benutzt werden.

Die Unterschiedlichkeit der Handlungen wird erst sichtbar, wenn die Variablen TYP_EXRT,NAME_OF_A_GROUP und NAME_OF_A_GROUPdependent instantiiert sind. Dazu müssen in der Datei rules alle Handlungstypen progammiert sein. In unserem Beispiel passiert in der beeinflussenden Handlung action_superior(...) gar nichts. Am Anfang des Ablaufs werden die individuellen und die gemeinsamen Intentionen für die Führungsgruppe erzeugt. Damit sind die Produktionsziele – das Produktionssoll TARGET – für die Institution festgelegt. Die Gruppen der mittleren Ebene reichen in rules diese Ziele einfach an die Endgruppen weiter. Nur in diesen Endgruppen wird produziert und repariert. Die Gruppe 5 (die »Arbeiter«) produziert (produce), die Gruppe 6 (die »Verkäufer«) verkauft (sell) die Waren und die Gruppe 4 (die »Techniker«) repariert (repair) die Produkte.

Als Beispiel tragen wir in `rules` für den Handlungstyp `typ_ex5=sell` und die Gruppe 6 (Verkauf) folgende Klausen ein:

```
action_inferior(TICK,typ_ex5,6,TARGET) :-                              1
  sell(T,6,TARGET,PRODUCTION).                                          2
sell(TICK,6,TARGET,PRODUCTION) :-                                      3
  X is random(100) + 1, Y is random(2),                               4
  ( Y = 0, PRODUCTION is TARGET + (X/100) * TARGET ;                  5
      Y = 1, PRODUCTION is TARGET - (X/100) * TARGET ),              6
    asserta(performance(TICK,6,PRODUCTION)),!.                        7
```

Die Handlung beschreibt, wieviele Waren die Gruppe zu TICK tatsächlich verkauft hat. In dieser Klause gibt es zwei zufällig ausgewählte Möglichkeiten. Im ersten Fall in 5 (Y=0) wird das Verkaufsziel TARGET überschritten. Das bedeutet, dass die Gruppe X Prozent zusätzlich verkauft hat: PRODUCTION is TARGET+(X/100)*TARGET. Im anderen Fall hat sie in 6 X Prozent weniger verkauft. Dieses Resultat wird natürlich durch die Institution kontrolliert. Der neue Fakt wird in die Datenbasis mit performance(TICK,6,PRODUCTION) eingetragen und in einer höhergelegenen Schleife wieder verwendet.

```
periode(TICK,NUMBER_OF_GROUPS,LIST_OF_DEPENDENT_GROUPS) :-            1
  make_joint_intentions(TICK), joint_intention(TICK,1,TARGET),       2
  asserta(aux_stock(TICK,0)), asserta(aux_dependents(1))             3
  number_of_dependents_typs(NUMBER_DEPENDENTS),                      4
  length(LIST_OF_DEPENDENT_GROUPS,LENGTH_DL),                        5
  ( between(1,LENGTH_DL,ONE_COMPONENT),                              6
     traverse_tree(ONE_COMPONENT,TICK,TARGET,NUMBER_DEPENDENTS,      7
          LIST_OF_DEPENDENT_GROUPS),                                 8
     fail ; true ),                                                  9
  end_line(END), length(END,LENGTH_EE),                             10
  MM is (NUMBER_OF_GROUPS - LENGTH_EE) + 1,                         11
  ( between(MM,NUMBER_OF_GROUPS,ONE_GROUP),                         12
     work_upward(ONE_GROUP,TICK), fail; true ),                    13
  aux_stock(TICK,ACTUAL_NUMBERS),                                  14
  TO_DO is max(TARGET - ACTUAL_NUMBERS,0),                         15
  market(TICK,TO_DO,ACTUAL_NUMBERS,TARGET,TARGETnew),             16
  TICK1 is TICK+1,                                                 17
  adjust_intentions(TICK,TICK1,TARGET,TARGETnew),                 18
  retractall(joint_intention(TICK,YYY,ZZZ)),!.                    19
traverse_tree(ONE_COMPONENT,TICK,TARGET,NUMBER_DEPENDENTS,        20
    LIST_OF_DEPENDENT_GROUPS) :-                                  21
  nth1(ONE_COMPONENT,LIST_OF_DEPENDENT_GROUPS,COMPONENT),         22
  nth1(1,COMPONENT,ONE_GROUP),                                    23
  nth1(2,COMPONENT,LISTCOM), length(LISTCOM,NUMBER_DEPENDENTS),   24
  ( between(1,NUMBER_DEPENDENTS,Y),                                25
     nth1(Y,LISTCOM,ONE_GROUPdependent),                          26
```

```
     exert_power(TICK,ONE_GROUP,ONE_GROUPdependent,TARGET),        27
     fail ; true ),!.                                              28
work_upward(ONE_GROUP,TICK) :-                                     29
  aux_stock(TICK,ACTUAL_NUMBERS),                                  30
  perform(TICK,ONE_GROUP,TO_DO),                                   31
  ACTUAL_NUMBERSnew is ACTUAL_NUMBERS + PRODUCTION,                32
  retract(aux_stock(TICK,ACTUAL_NUMBERS)),                         33
  asserta(aux_stock(TICK,ACTUAL_NUMBERSnew)),!.                    34
```

Im Hauptprogramm beschreiben wir drei Schleifen, die den Gruppenbaum (das Netz) abarbeiten. Die »oberste« Schleife 1 unten bearbeitet einen bestimmten TICK, eine Periode der Institution. In 2 wird die gemeinsame Intention der Führungsgruppe (Gruppe 1) aus den individuellen Intentionen der Gruppenmitglieder generiert und gespeichert. Die Institution hat in dieser Periode TICK das Ziel, TARGET Stück der Ware zu produzieren . In 3 werden zwei Hilfszähler eingerichtet: aux_stock(TICK,0) und aux_dependents(1). Zu TICK ist der Vorrat (stock) der Ware auf 0 und die Zahl der abhängigen Gruppen (dependents) auf 1 gesetzt. Die Liste LIST_OF_DEPENDENT_GROUPS der von der Führungsgruppe abhängigen Gruppen wurde im Anfang des Ablaufs bereits ermittelt. PROLOG berechnet in 5 die Länge LENGTH_DL dieser Liste. In 6 - 9 wird nun eine Schleife über diese Anzahl LENGTH_DL gelegt. Die Komponente Nr. ONE_COMPONENT aus der Liste LIST_OF_DEPENDENT_GROUPS hat die Form [ONE_GROUP,[N_i_1GR,...,N_i_mGR]], wobei ONE_GROUP der Name einer Gruppe ist und die Liste [N_i_1GR,..., N_i_mGR] genau die Gruppen N_i_1GR,...,N_i_mGR enthält, die durch ONE_GROUP beeinflusst werden. Dies sieht man am einfachsten in Abbildung 4.5.1. In 20 und 21 wird   eine   bestimmte Komponente Nr. ONE_COMPONENT aus der Liste LIST_OF_DEPENDENT_GROUPS analysiert. Die »unabhängige« Gruppe hat in 23 den »Namen« ONE_GROUP; in 24 ist NUMBER_DEPENDENTS die Anzahl der von ONE_GROUP abhängigen Gruppen und LISTCOM die Liste der von ONE_GROUP abhängigen Gruppen. In einer weiteren Schleife in 25 - 28 werden diese Indexzahlen bearbeitet. Dazu wird in 26 aus der Liste LISTCOM die abhängige Gruppe ONE_GROUPdependent bestimmt. In 27 wird die Beeinflussungsklause für exert_power aktiviert, die oben schon diskutiert wurde. Mit Schleife 6 - 9 werden alle Beeinflussungen in der Institution bearbeitet. In 10 wird die Liste der Endgruppen end_line(END) geholt, die durch das Netz konstruiert wurde. In 11 wird berechnet, welche Gruppen am Ende der Abhängigkeiten liegen. In einer letzten Schleife (in 29 und 13) werden alle Endgruppen weiter bearbeitet. In 14 wird der Hilfszähler aux_stock(TICK,ACTUAL_NUMBERS) und die in den Regeln beschriebenen Einträge über die Erfolge

```
        performance(TICK,ONE_GROUP,PRODUCTION)
```

der jeweiligen Gruppe geholt und zum Eintrag ACTUAL_NUMBERS hinzuaddiert. In 15 wird ausgeschlossen, dass der Vorrat (stock) am Ende von TICK nicht mehr als das ursprüngliche Soll überschreiten darf. In 16 wird durch den Markt der neue

Sollwert TARGETnew für die Institution in 17 im nächsten Tick TICK+1 bestimmt. Wir haben dies hier nicht weiter beschrieben. Eine einfache Möglichkeit wäre, einen Teil von TARGET zufällig dazu zu addieren oder von TARGET wegzunehmen. Schließlich werden in 18 auch die individuellen Intentionen – und damit auch die gemeinsamen Intentionen von Gruppe 1 – angepasst, so dass der nächste Tick beginnen kann.

Wie erwähnt, gibt es in diesem Beispiel auch eine ökonomische Komponente, die Produktionsquantität TARGET. Diese Zahl drückt einen Wert aus, der bei ökonomischen Aktionen im Vordergrund steht. Bei einem rein wirtschaftlichen Produkt verfolgt das Unternehmen als Institution das Hauptinteresse, Gewinn zu machen. Im Programm sind diese ökonomischen Kennzahlen im Prinzip vorhanden, allerdings nicht explizit. Im Beispiel werden die Intentionen für die Produktionsquantität am Anfang erzeugt und als Fakten abgelegt. Aus diesen individuellen Intentionen werden in jeder Periode TICK die gemeinsamen Intentionen generiert, die wir für Gruppe 1 als Produktionssoll bezeichneten. Ein Anteil dieses Solls lässt sich ökonomisch auch als Kapital betrachten, welches das Unternehmen einsetzt, um es gewinnbringend zu vergrößern. Die zweite Kenngröße, der Gewinn, ist im Programm ebenfalls zu finden. Am Ende einer Periode TICK ist der Vorrat (stock), der zu TICK produzierten, verkauften oder reparierten Mengen als Zahl STOCK explizit zu sehen, siehe Zeile 14 oben. Genauso ist dort auch, wie erörtert, das Kapital als Teil von TARGET zu erkennen. Neben dem Unternehmen müssen auch die »Kunden« vorhanden sein. Wir haben dies in Zeile 15 oben in rein formaler Weise codiert. Implizit spricht über die Kunden der Markt; »er« gibt eine für die nächste Periode zu produzierende Menge vor. Dabei werden, wie in der Ökonomie üblich, die Daten von der gerade untersuchten Periode in die nächste Periode übertragen.

Für Analysen sind solche Zahlen zentral. Wir können alle Fakten, die in den verschiedenen Perioden entstehen, in Resultatdateien speichern und die diskutierten Kennzahlen als Grafiken darstellen, wie in Abschnitt (3.6) beschrieben. Die Kennzahl TARGET beispielsweise lässt sich als eine Funktion über die Zeit präsentieren. Wir sehen so ziemlich schnell, wie sich TARGET über die Zeit verändert. Je nach Festlegung der Konstanten am Anfang kann TARGET ständig abnehmen, zunehmen oder fluktuieren. In wirklichen Unternehmen wird sich diese Quantität teilweise periodisch verändern. All dies führt zu Themen, die wir in früheren Kapiteln bereits diskutierten.

Literatur

Aebli, H. 1980: *Denken: Das Ordnen des Tuns. Band* I. Stuttgart, Klett - Cotta.

Aktiengesetz · GmbH-Gesetz (25. Auflage) 1993: Beck-Text, dtv, München.

Axten, N. & Fararo, T. J. 1977: The information processing representation of institutionalised social action. In *Mathematical Models of Sociology*, Krishnan, P. (ed.), Sociological Review Monograph 24, University of Keele, Keele UK.

Balzer, W. 1990: A Basic Model of Social Institutions, *Journal of Mathematical Sociology* 16, 1-29.

Balzer, W. 1993: *Soziale Institutionen*, Berlin: de Gruyter.

Balzer, W. 1996: A Theory of Binary Crises. In: Huber, R. K. & Avenhaus, R. (eds.), *Models of Security Policy in the Post-Cold War Era*, Nomos Verlag, Baden-Baden, 233 - 52.

Balzer, W. 2000: SMASS: A Sequential Multi-Agent System for Social Simulation. In Suleiman, R., Troitzsch, K.G., Gilbert, N. (eds.), *Tools and Techniques for Social Science Simulation*, Heidelberg, Physica Verlag, 65-82.

Balzer, W. 2009: *Die Wissenschaft und ihre Methoden* (2. Aufl.), Verlag Karl Alber, Freiburg i.B.

Balzer, W. & Brendel, K. R. 1996: DMASS: A Distributed Multi-Agent System for Simulation in Social Science. http://www.munich-simulation-group.org

Balzer, W., Brendel, K. R., Hofmann, S. 2008: Künstliche Gesellschaften, *Facta Philosophica* 10, 3 - 24.

Balzer, W., Brendel, K. R., Hofmann, S. 2010: A Simple Frame for Artificial Societies, in: (Ernst & Kuhn 2010).

Balzer, W., Brendel, K. R., Hofmann, S. 2012: How Can We Simulate a Society?, Salzburger Geographische Arbeiten, Band 48, 111 - 120. (ESSA Kongress 2012).

Balzer, W. & Tuomela, R. 2003: Collective Intentions and the Maintenance of Social Practices, *Autonomous Agents and Multi Agent Systems* 6, 7-33.

Balzer, W. & Zoubek, G. 1994: Structuralist Aspects of Idealization, in M. Kuokkanen (ed.), *Idealization* VII: *Structuralism, Idealization and Approximation, Poznan Studies* 42, 57-79.

Bauer, H. 1974: *Wahrscheinlichkeitstheorie und Grundzüge der Maßtheorie* (2. Aufl.), Berlin: de Gruyter.

Bergmann, F. 1994: BAP v1.3, Brain Aid Systems. *BAP Online Manuals*. http://www. fraber.de/bap/bap.html

Bildungsserver Hessen: http://lakk.bildung.hessen.de/netzwerk/faecher/ informatik/swiprolog/swiprolog.html

Bonjean, C. M., Hill, R. J., McLemore, S.D. 1967: *Sociological Measurement: An Inventory of Scales and Indices*, Chandler Publishing Company, San Francisco.

Bortz, J. 1985: *Statistik* (2. Aufl.), Berlin etc., Springer.

Bourbaki, N. 1968: *Theory of Sets*, Berlin, Springer.

Bratko, I. 1986: *Prolog - Programmierung für künstliche Intelligenzen*. Bonn: Addison - Wesley.

Brecher, M. 1993: *Crises in World Politics, Theory and Reality*, Pergamon Press, Exeter.

Brecher, M. & Wilkenfeld, J. 1988: *Handbook of International Crises*, Bände I und II. Pergamon Press, Oxford.

Brendel, K. R. 2010: *Parallele oder sequentielle Simulationsmethode*. Herbert Utz Verlag, München.

Brewka, G. 1991: Belief Revision in a Framework for Default Reasoning. In: Proceedings of the Workshop on *The Logic of Theory Change*, Springer, London, 602 - 622.

Broutin, E., Bisgambiglia, P., Santucci, J.-F. 2009: A Python Validation of the Multilayer DEVS Theory: case of a Catchment Basin. *European Simulation and Modelling Conference* 2009, Leicester UK, 15 - 19.

Buchanan, M. 2003: *Nexus: Small Worlds and the Groundbreaking Theory of Networks*, Norton W. W. & Company.

Burt, R. S. 1982: *Toward a Structural Theory of Action. Network Models of Social Structure, Perception, and Action*. New York, Academic Press.

Clocksin, W.F. & Mellish, C. S. 1984: *Programming in* PROLOG, (2.Aufl.), Springer, Berlin.

Colmerauer, A. & Roussel, P. 1992: *The birth of Prolog*, Prolog IA, 31p.

Covington, M. A., Nute, D., Vellino, A. 1997: *Prolog programming in depth*. Prentice Hall, London.

Davidson, D. 1995: *Handlung und Ereignis*, Frankfurt a.M., Suhrkamp Verlag TB.

Debreu, G. 1987: *Theory of Value*. Yale University Press, New Haven and London, (1. Aufl. 1959).

Deutsch, M. & Krauss, R. M. 1976: *Theorien der Sozialpsychologie*, Frankfurt a.M., Fachbuchhandlung Psychologie.

Deransart, P., Ed-Dbali, A., Cervoni, L. 1996: *Prolog: The Standard*. Berlin - Heidelberg: Springer.

Diekmann, A. 2009: *Spieltheorie*, Rowohlt Taschbuch Verlag, Reinbek bei Hamburg.

Doyle, J. 1979: A Truth Maintenance System, *Artificial Intelligence* 12, 231 - 271.

Duden - Band 7, 1997: *Ethymologie*, 2. Aufl., Mannheim etc. Dudenverlag.

Durkheim, E. 1984: *Die elementaren Formen des religiösen Lebens* (2. Aufl.), Frankfurt/Main, Suhrkamp.

Ernst, A. & Kuhn S. (eds.), 2010: Proceedings of the 3rd World Congress on Social Simulation WCSS2010 (CD-ROM). Kassel, Germany: Center for Environmental Systems Research, University of Kassel.

Fagin, R., Halpern, J. Y., Moses, Y., Vardi, M. Y. 1995: *Reasoning about Knowledge*, MIT Press, Cambridge Mass.

Fararo, T. J. & Skvoretz, J. 1984: Institutions as Production Systems, *Journal of Mathematical Sociology* 10, 117 - 82.

Friedrichs, J. 1985: *Methoden empirischer Sozialforschung*, (13. Aufl.), Opladen, Westdeutscher Verlag.

Gärdenfors, P. 2000: *Conceptual Spaces*, Cambridge MA, MIT.

Giddens, A. 1984: *The Constitution of Society: Outline of the Theory of Structuration*, Berkeley - Los Angeles, University of California Press.

Gilbert, M. 1992: *On Social Facts*, Princeton NJ, Princeton University Press.

Gilbert, N. & Conte, R. (eds.) 1995: *Artificial Societies: The Computer Simulation of Social Life*, London, UCL Press.

Gilbert, N. & Troitzsch, K. G. 2005: *Simulation for the Social Scientist* (2. Aufl.), Maidenhead: Open University Press.

Gilbert, N. 2008: *Agent-Based Models*, Thousand Oaks, Cal., SAGE publications.

Goehler, G. (Hrsg.) 1987: *Grundfragen der Theorie der politischen Institutionen*, Opladen, Westdeutscher Verlag.

Heider, F. 1946: Attitudes and Cognitive Organization, *Journal of Psychology* 21, 107-112.

Heider, F. 1977: *Psychologie der interpersonalen Beziehungen*, Stuttgart, Klett.

Henderson, J. M. & Quandt, R. E. 1971: *Microeconomic Theory, A Mathematical Approach* (2. Aufl.), New York, McGraw Hill.

Hofmann, S. 2009: *Dynamik sozialer Praktiken*. Wiesbaden, VS für Sozialwissenschaften.

Holland, J. H. 1975: *Adaptation in Natural and Artificial Systems*, Cambrigde, (2. ed. 1992).

Holland, P. W. & Leinhardt, S. 1971: Transitivity in Structural Models of Small Groups. *Comparative Group Studies* 2, 107 - 124.

Krantz, D. H., Luce, R. D., Suppes, P., Tversky, A. 1971: *Foundations of Measurement* Vol.1, New York, Academic Press.

Krusch, C. 2008: *Mikroökonomie in künstlichen Gesellschaften*, LIT Verlag, Berlin.

Kurzawe, D. 2010: Eine computergestützte Simulation von Theoriebewertungen, Magisterarbeit, Universität München (LMU).

Lebow, R. N. 1981: *Between Peace and War*, Baltimore, Johns Hopkins UP.

Lewis, D. K. 1973: *Counterfactuals*, Cambridge Mass., Blackwell.

Ludwig, G. 1978: *Die Grundstrukturen einer physikalischen Theorie*, Berlin, Springer.

Luhmann N. 1997: *Die Gesellschaft der Gesellschaft*, Frankfurt/Main, Suhrkamp.

Manhart, K. 1988: Prolog und Logik, *mc*, Teil (1) 41 - 43 und Teil (2) 87 - 89.

Manhart, K. 1995: *KI-Modelle in den Sozialwissenschaften. Logische Struktur und wissensbasierte Systeme von Balancetheorien*, München, Oldenbourg.

Manna, Z. 1974: *Mathematical Theory of Computation*, McGraw-Hill, New York etc.

March, J. G. & Simon, H. A. 1958: *Organizations*, New York Wiley.

McClelland, C. A. 1968: Access to Berlin: The Quantity and Variety of Events 1948 - 1963. In: Singer J. D. (ed.), *Quantitative International Politics: Insights and Evidence*, New York, 159 - 86.

Milgram, S. 1967: The Small World Problem. In: Psychology Today. Mai 1967, S. 60–67.

Mises, R. von 1951: *Wahrscheinlichkeit, Statistik und Wahrheit* (4. Aufl.), Wien Springer Wien New York.

Müller, N. 1991: *Civilization Dynamics II – Nine Simulation Models*, Aldershot etc., Avebury.

Olson, M. 1965: *The Logic of Collective Action*, Cambridge MA, Harvard University Press.

Parsons, T. 1951: *The Social System*, Glencoe, Free Press.

Partusch, A. C. 2012: Multi-Threaded Simulation von Sozialem Schwarmverhalten durch ein Agenten-System mit Künstlicher Intelligenz, Magisterarbeit, Universität München (LMU).

Pitz, T. 2000: *Anwendungen Genetischer Algorithmen auf Handlungsbäume in Multiagentensystemen zur Simulation sozialen Handelns*, Frankfurt - Main etc., Peter Lang.

Pujol, J. M., Flache, A., Delgado, J, Sangüesa, R. 2005: How Can Social Networks Ever Become Complex? Modelling the Emergence of Complex Networks from Local Social Exchange, http://jasss.soc.surrey.ac.uk/ 8/4/12.html.

Reiter, E. & Selten, R. (Hrsg.) 2003: *Zur Lösung des Kosovo-Konflikts*, Baden-Baden, Nomos Verlagsgesellschaft.

Robinson, J. A. 1965: A Machine-Oriented Logic Based on the Resolution Principle, *Journal of Logic, Language and Information* 1, 23 - 41.

Sander, J. 1993: Theoretische Grundlagen für rechnergestützte Krisensimulation und -Beratung, Forschungsbericht 44, Institut für Statistik und Wissenschaftstheorie, LMU Universität München.

Sandu, G. & Tuomela, R. 1996: Joint Action and Group Action Made Precise, *Synthese* 105, 319 - 345.

Schelling, T. C. 1971: Dynamic Models of Segregation, *Journal of Mathematical Sociology* 1, 143-86.

Schmid, H.B. 2012: *Wir-Intentionalitäten*, Karl Alber Verlag: Freiburg i.Br.

Schubert, H. 1964: *Topologie*, Stuttgart, Teubner Verlag.

Searle, J. R. 1995: *The Construction of Social Reality*, London: Penguin.

Shannon, C. E. 1948: A mathematical theory of communication, *Bell System Technical Journal* 27, 379-423 and 623-656.

Shoenfield, J. R. 1967: *Mathematical Logic*, Addison-Wesley, Reading MA.

Sneed, J.D. 1971: *The Logical Structure of Mathematical Physics*, Dordrecht, Reidel.

Sterling, L. & Shapiro, E. 1994: *The Art of Prolog - Advanced Programming Techniques* (2. Aufl.), Cambridge, Mass.: MIT Press.

Tazarki, J. 1995. Künstliche Intelligenz in der Sozialwissenschaft am Beispiel einer sozialen Institution, Dissertation, Universität München LMU. (siehe auch unter neuem Namen J. Sareiter).

Thünen, J. H. 1990: *Der isolierte Staat in Beziehung auf Landwirtschaft und Nationalökonomie*, Aalen. (zuerst veröffentlich 1826).

Tuomela, R. 2013: *Social Ontology*, Oxford etc., Oxford UP.

Weber, M. 1980: *Wirtschaft und Gesellschaft* (5. Aufl.), Tübingen: Mohr.

Will, D. 2000: Krisensimulation mit abstrakten Handlungstpyen: Ein neuer methodischer Ansatz. Dissertation, Universität München (LMU).

Wooldridge, M. 2000: *Reasoning about Rational Agents*. Cambridge MA, MIT Press.

Wooldridge, M. & Jennings, N. 1995: Intelligent agents: theory and practice. *Knowledge Engineering Review* 10, 115 -152.

Zeigler, B. P. 1984: *Multifaceted Modelling and Discrete Event Simulation*. London, Academic Press.

Autorenindex

Symbolindex

Sachindex

abbilden 171
Abbildung 174
abhängig 166, 251
Ablauf 20, 112, 145, 179f., 195, 197, 199, 201f., 209, 211, 213, 221
Ableitung 22, 30f.
Absicht 84
abstimmen 170
abstrakt 83, 85
Achse 204, 210
action_typ 85, 107
actor_history 236
Addition 59
AG, Aktiengesellschaft 175
Aggression 234, 237
Akteur 18, 70f., 81, 84, 90, 100, 105, 109,
    127, 131, 135, 139, 143, 155, 160, 164, 170, 174f., 182, 189, 209, 223, 225, 227, 233, 242f., 249, 251
    -sebene 166
Akteurliste 68, 77, 127, 133, 139, 144f., 248
Akteurschleife 58, 69, 119, 125, 130, 160, 227, 231, 236f., 247
aktiv 131, 136, 154, 236
alias 182f., 187
Analyse 179, 190
Analyseschleife 195f., 201f.
Anführungszeichen 21, 35, 43, 46
Anfangspunkt 63, 204

Anfangszustand 83, 107
anweisen 155, 157
Anweisung 166f., 176, 180, 255,
Anzahl 22, 117, 144, 164, 193, 198, 217, 257
append/1 45, 132, 187, 231
append/3 132
Approximation 195
Argument 197f., 210, 223
Argumentbereich 198
arithmetisches Mittel 190
asserta 42, 203
ausführen 155, 247, 251
Ausprägung 92, 100, 102, 106, 191, 234, 237, 239
automatisieren 198f.
autonom 81

b-Prädikat 108f., 111, 117, 119
Backtracking 31
Baum 164, 252
bedingendes Prädikat 85, 108, 227
beeinflussen 126, 155, 157, 160, 166, 176, 242, 251, 253f., 257
Beeinflussung 157, 160, 163f., 170, 175, 251f.
beenden 184
Befehl 182, 238
bel 142, 243, 245
Bereich 198f.
Besitzverhältnis 90, 216, 218